JN050683

心理学

［第5版 補訂版］

鹿取廣人／杉本敏夫／鳥居修晃／河内十郎［編］

東京大学出版会

Psychology, Fifth Revised Edition
Hiroto KATORI, Toshio SUGIMOTO,
Shuko TORII, and Juro KAWACHI, Editors
University of Tokyo Press, 2020
ISBN 978-4-13-012117-0

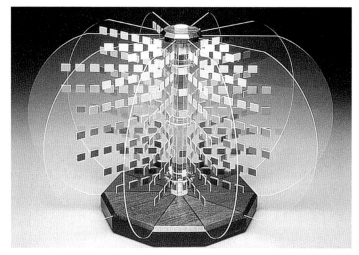

1―色立体（本文p.115参照）
Smith *et al.*（2003）より

きみどり

き

みどり

だいだいき
（あおの補色）

あおみどり
（あかの補色）

だいだい

はいいろ

スペクトルの色

560

567

573

580

607

700-780

521

494

490

480

470

450

380

みどりあお

あお

むらさきあお
（きの補色）

あか

あか（み）むらさき
（みどりの補色）

スペクトルにない色

あお（み）むらさき
2―色相環（本文p.115参照）

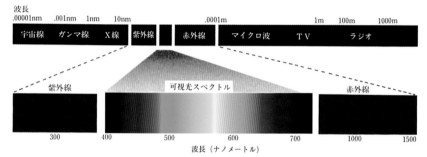

3—電磁波スペクトルと可視光スペクトル（本文p.115参照）

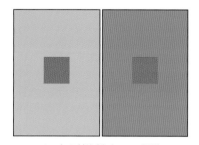

4—色の対比（本文p.116参照）

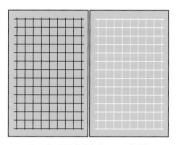

5—色の同化（本文p.116参照）

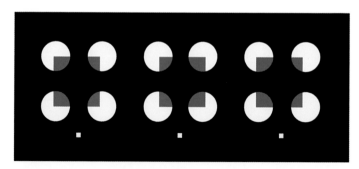

6—ネオン色拡散と両眼立体視（1）（本文 p.121，128参照）

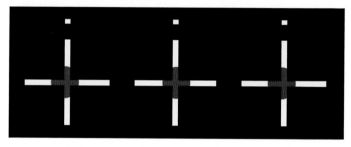

7—ネオン色拡散と両眼立体視（2）（本文 p.121，128参照）

序

　教科書として広く使用されてきた故高木貞二編『心理学』（初版 1956 年，故小笠原慈瑛改訂の第 3 版 1977 年）の後継に当たる本書は，「大学における一般教育の教科書または参考書，また一般の読者に対する心理学の入門書」という性格を引き継ぎ，その後の学問の進歩に対応するとともに，入門書としての基本的な事実を盛り込み，さらに大学院受験の準備にも役立つことをもって編集方針とした．

　また，従来の入門書が知覚，学習，動機づけ，個体差，発達，社会などの章からなり，通読したとき心理学の全体の姿が見通しにくい傾向にあることを考慮し，I 部「こころのありか」（1〜3 章）を設け，現代のこころの科学としての心理学が成立した過程，および心理学はなにを目標として，どんな問題を解決しようとしているか，という全般的な見通しを与えることを基本方針とした．

　計画の初めには，本書全体を I 部と同じ立場で貫くことも考えたが，基本的事実をすべて組み込むのは無理があるため，従来とほぼ同様な章立ての II 部「こころの働き」（4〜9 章）を設定し，各章をできるだけ相互に参照し合い，基本方針を生かすようにした．とくに各章の後半には神経科学や行動の障害についての知見を配置して，行動やこころの働きを包括的にとらえるための手がかりを提供した．この点も従来の教科書とはちがう特色と言えよう．III 部「こころの探求」（10 章）は，I 部に呼応して歴史的な見方を再び提供する．

　初版の序に述べたこの編集方針は，以後の版にも引き継がれた．第 2 版の準備の際，中沢仁氏（現・専修大学教授）の綿密な通読による問題箇所の指摘をいただいた．さらに，初版で学んだ学生に不明・難解な箇所を指摘してもらい，平易な文章への改訂を目指した．また大学院受験の際にも役立つよう，新しい事実と定説として確立された事項を補充した．それに伴い，発達の章を分割し

て全体に配分するなど，編成をかなり改めた．第3版から新たな編者，執筆者を迎え，全面改訂を行った．とくに5章には聴覚と触覚を補充し，目次は他章よりも詳しくした．第4版，新たな執筆者を加えた第5版，新たな編者を迎えた同補訂版では，認知神経科学・発達障害・進化心理学などの研究の進展に伴い，新しい項目およびトピックを補ってある．

　1章は，こころを意識としてとらえる立場からはじまった心理学が，多くの研究方法を取り入れて発展する中で，とくに客観的に観察される「行動」に限定する主張の強い影響を受けて，現代の科学的な心理学が成立する流れを，具体的な研究例を通して述べた．（鹿取，渡邊）

　2章は，人間や動物の行動を手がかりにして，こころの働きをとらえる立場に立って，生まれつきの反射から，習得的な行動様式を経て，人間の最も高次なシンボルの働きに支えられた言語と思考について述べる．また発達的な観点から意識の成立に触れる．（鹿取，鳥居）

　3章は，こころの働きと行動の変化過程である発達の問題を概観したのち，こころの働きや特徴が，生まれつきのものか，経験を通して獲得されたものか，すなわち遺伝と環境の相互的な作用を述べる．（斎賀，鹿取，石垣）

　4章は，新しい行動様式が習得されるこころの働きとしての条件づけ，技能の学習，模倣などを取り上げる．さらに知識が習得される記憶の現象を長期・短期の両面にわたって扱う．また，こうした学習，記憶を成立させる神経科学的な基礎を述べる．（篠原，斎賀，渡邊，河内）

　5章は，環境世界の状況をとらえるこころの働きである感覚と知覚を扱う．それは単に，あるがままの世界を受け容れるというような受動的な働きではない．視覚は，感覚系と運動系の活動を通して状況をとらえ，見分け，状況に応じて適切な行動を行なう働きである．この働きはさらに，先天盲者が開眼手術後にはじめて見る世界，脳損傷者の認知の特徴などの研究を通じて，その本性が明らかにされる．聴覚は音の把握とともに，言語受容の役割を担う．触覚は接触と探索を通じて他とは異なる側面から環境をとらえる．（鳥居，下條，河内，重野，鹿取，杉本）

　6章は，洞察による問題解決を扱い，こうした思考の働きを支える概念の形成，イメージの重要さを述べ，発見に導く推理の様相を論じる．また言語の未

発達期のコミュニケーションから対人関係の発達を基礎におく言語の展開までを解説し，言語の特徴を論じる．さらに脳損傷者に見られる言語や行為の障害を解説する．（杉本，斎賀，鹿取，河内）

7章は，人間の行動を始発，方向づけ，推進，持続させるこころの働きである動機づけと情動について述べる．食，性のような基本的な動機づけの特徴，喜怒哀楽のような基本的な情動の働きを概観し，人間に特有の動機づけを論じ，欲求不満の現象などを扱う．（金城，鹿取，石垣）

8章は，人間の行動様式の違い，すなわち個人差を問題として，その人特有の個性とも言えるパーソナリティを取り上げる．それは知的・認知的な行動の側面である知能，および情動的・意志的な行動の側面である性格としてとらえられる．性格には類型と特性の二つのとらえ方がある．種々の検査法とともに性格の特徴を解説し，さらにその不適応と障害および情動，パーソナリティの神経科学について取り上げる．（金城，丹野，鹿取，石垣）

9章は，他者を含む環境，つまり社会における行動を扱う．まず社会行動の発達を述べた後，他者や社会的な出来事の認知のしかたを論じる．次いで，態度の変化をもたらす説得などの働き，他者の及ぼす多様な影響と対人関係，集団の中の個人，リーダーシップなどの主題を取り上げ，社会という文脈の中での行動特徴を解説する．さらに，最近の認知神経科学の発展を受けて，いわゆる「社会脳」の研究について取り上げる．（斎賀，安藤，末永，鹿取，鳥居）

10章は，哲学的なこころの考え方から，自然科学の研究方法を取り入れて科学的な心理学が発展した経緯，それまでの意識を中心的な主題とした立場から，客観的に観察可能な行動へと主題を限定した流れをたどった．そして情報科学と脳神経科学の発展に促されて，今日の意識と行動を科学的に研究する心理学が成立するまでを概観する．とくに最近の認知神経科学の研究の進展を述べた．（末永，杉本，鹿取，鳥居，渡邊，長谷川，河内）

各章を通して，動物と人間との比較ならびに進化の観点を重視している．そこで必要な場合には，生物的存在として考えるときは〈ヒト〉，社会的存在として考えるときは〈人間〉と記すことにした．なお脳神経科学の用語はそのまま用いたので，必要に応じて専門用語の辞典を参照していただきたい．

本文は基本的な内容の叙述とし，さらに本文の理解を助けるために罫（けい）で囲ん

だトピックを随時挿入して関連のある研究内容を解説した．トピックは講義の進行を早める目的で，学生の自習に任せてもよい．

　入門的な教科書の性質上，本文中に用語や人名の原綴りを入れることは原則として省いた．ただし，その領域で古典的な研究についての年次は，研究の開始を知る手がかりとなるので挿入した．用語や人名などの原綴りは索引で知ることができる．詳細な人名と年次が必要ならば引用文献（第3版以降は，翻訳書を付載した）を見るか，または章末の参考書から調べてほしい．以上の原則の例外は，トピックの中および歴史的な叙述を中心とした Ⅲ 部である．

　各版とも，必要に応じて編者が本文やトピックを補ったが，これについてはもちろん，編者がその責を負う．図や写真の原稿は，編者の責任により大部分は描き直し，写真の多くは線画に直した．2色刷りが可能になったので，網版を多用して変化をつけてある．

　初版では，東京大学出版会の伊藤一枝さんに，長年にわたる編集の期間を辛抱強く支え，多くの新味を盛り込む示唆を与え，一冊の書物に仕上げていただいた．第2版では，同出版会の後藤健介氏に，内容が増したにもかかわらず頁数をおさえるという困難な改訂作業を進める上で，有益な助言と綿密な配慮をいただいた．また，第3～5版補訂版では，同出版会の小室まどかさんに，大幅な変更と補充を手際よく処理し，読者の目に代わって細部まで表現の改善に努め，読みやすい本文に仕立てていただいた．上記の諸氏に心から感謝する．

　この間，末永俊郎氏，篠原彰一氏，金城辰夫氏，鹿取廣人氏，斎賀久敬氏が亡くなられた．謹しんで哀悼の意を表する．とくに鹿取氏には，長年，筆頭編者として多大なご尽力をいただいたことに深謝する．

　2020年1月

編　者

目次

I部 こころのありか

1 章 心理学の視点

　この章では，はじめて心理学を学ぶ際の心得に触れながら，現代の「**こころ
の科学**」である心理学が成立するまでの，先人たちの努力の歴史的な経緯について簡単に述べる．すなわち意識内容を「内観」によってとらえようとして出発した科学的心理学が，発達研究や動物研究，またこころを障害の面からとらえる病理学的研究など種々の研究法を取り入れながら，いかに発展してきたかをたどる．中でも行動主義心理学は，研究対象を意識内容ではなく客観的に外側から観察できる「行動」であると主張して，心理学の考え方に大きな変革を迫った．しかし現在ではまた，行動主義の行き過ぎに対する反省をふまえて，意識を積極的に取り上げるようになっている．

1.1—はじめに

1.1.1—こころの問題と心理学

　この本は，はじめて心理学を学ぼうとする人たちのための一般的なテキストブックである．そこでまず，現代の心理学における基本的な考え方とその理解に必要な基礎的な知識を提供することにしよう．

　心理学に関心をもち，これから心理学を学ぼうと思っている人の中には，心理学で学んだ知識をもとに，こころの悩みやさまざまな障害をもつ人たちに，援助の手を差し伸べたいと思っている人も多いだろう．また心理学を学ぶことによって，自分自身の**こころの問題**の解決に役立つ指針を得たいと考えている人もいるだろう．心理学は，そうしたこころの問題に強いかかわりをもってきたし，そうした問題について多くの研究を生み出してきた．また，心理学のいくつかの応用の分野では，このような問題に対処し解決するための具体的な方策を探る努力をしてきた．その結果は，すでに多くの分野で実際に役に立つようになってきている．

1.1.2──基礎と応用

心理学は，その言葉が示すように，こころについての科学的研究を目指す学問である．心理学の最終目標は人間のこころの理解であり，その理解を通してなんらかの形で人類の福祉に役立つことを目指している．しかし，そのための手っとり早い簡便な方法は存在しない．通俗雑誌の記事に見られるような表面的な興味本位の理解は，間違いを生じやすいし，ときには有害である．実際には，長い地道な研究の積み重ねが必要なのである．したがって，心理学を先に述べたような問題意識から学ぼうとする人たちも，回り道に見えるかもしれないが，まず，動物の条件づけの研究や，ヒトの基本的な情報処理のメカニズムといった，基礎的な知識と思考方法を身につけることが必要である．そのような基本的な考え方と知識を身につけることによって，新しく開発される応用的な手法を理解することができるようになる．またときには，自分自身で適切な手法を工夫することもできるようになる．

しかし，基礎的研究も大学や研究所の実験室から生み出されるとは限らない．具体的な実践場面から生じた課題の要請に応え，あるいは心理学者自らが具体的な目標を設け，実践を行なうことによって，新しい基礎研究の視野が開けてくることも多い．そうした実践によって，基礎研究は足腰の強い基盤を備えるようになる（たとえば5.2.8項参照）．心理学を新たに学ぶに当たり，まずこのような基礎と応用の両者の関係をこころに留めておくことが必要である．

1.2──心理学の方法

1.2.1──こころの理解と実証的方法

人のこころを理解しようとする試みは，まさに人間の歴史とともに古い．先人たちは，これまで多くの努力とさまざまな方法の工夫をこらして，こころを研究してきた．その歴史的な経緯については10章にゆずり，ここでは，現代の心理学の視点やその方法を理解するのに必要な範囲内で，その工夫の跡を簡単にたどっておくことにしよう．

19世紀の西欧では，観察や実験などによる確実な証拠（実証）をもとに研究を進めていく実証主義の気運が盛んになる．それに伴って，物質の作用や構造についての科学的研究がおおいに活発化して，その成果が社会的に集積されつつあった．さらに，生物の身体的構造ばかりでなく，動物の行動を知ろうと

する研究も行なわれつつあった（10.5.2項参照）．こころについても，同じように，実証を重んじて科学的研究を行なおうとする関心が高まり，感覚の研究（10.3節参照）などいくつかの試みが行なわれるようになってきた．

　そのような時代精神の中で，ヴント（10.4.1項参照）は，心理学の体系化を試み，心理学の対象を，われわれが直接に経験する意識内容であるとして，その研究には内観法を用いるべきだと主張した．従来の哲学的心理学では心理学者自身が自分の意識的な体験を記述していたが，その報告が本当かどうか，また異なる心理学者の報告が一致するかどうかの保証はない．ヴントは，科学としての客観性をもった心理学を構築するため，実証的なデータをもとにすることが必要だと考えて，刺激を十分コントロールして作り出せる実験室を設置し（1879年），その室内で被験者（実験参加者ないし協力者ともいう）に刺激を提示して，被験者に意識的な体験についての報告（内観報告）を求めた．こうした実証的なデータをもとにしてヴントは，実験をとおして新しい科学的な心理学を創ろうとしたのである．

　こうした内観法をもとにした心理学は，少なくとも，それまでのような研究者個人の心理学ではない．しかし反面，十分信用できる内観報告を求めるためには，被験者には訓練を受けさせる必要があり，その結果，内観に熟達した選ばれた人々という，限られた対象についての心理学となった．

1.2.2——個体発生的研究と心理学

　人間のこころを理解するには，成人だけを相手にしていたのでは十分ではない．人は，生まれてから，乳児・幼児・児童期，さらに青年期から成年期を経て老年期に達し死に至るまで，さまざまなこころの状態を経過していく．そのあいだに，人は独自のこころの働きを営んでいる．特に生まれてから成人に達するまでの成長過程では，そのこころの働きは，大きく変化する．こうした発達変化の様相とその変化を規定する条件を分析し，発達の過程に応じたこころの仕組みを明らかにすることは，理論的にも興味深いことであるし，また実践的にも重要である．

　しかし，ヴントの心理学では，子どもの内観報告は訓練を受けた成人のそれに比べると信用が置けないものとして，発達研究は軽視された．ことばをまだ話すことのできない新生児や乳児のこころの働きの研究は，当時の正統な心理

学からは，当然除外されることになった．こうした発達研究ないし**個体発生的研究**は，当時すでに，ダーウィン（10.5.1項，10.5.2項参照）をはじめ何人かの研究者によって，自分の子どもを対象とした行動観察の研究として散発的に行なわれていた．しかしそうした研究が心理学の1つの大きな分野として確立されるようになるには，20世紀半ばまで待たなければならなかった．

　現在では，まだことばを話すことのできない新生児・乳児が示すさまざまな行動の分析から，乳児が外界をどのように認識しているか，といった認知的な働きをはじめとして，こころのさまざまな仕組みが明らかにされつつある（トピック1-1）．

トピック 1-1　　乳児の知覚・認知研究

　ことばを話すことができない乳児の知覚や認知を研究する場合，乳児の行動を目印にする必要がある．研究初期には乳児の示すおおまかな身体の運動を目印にしていたが，それでは十分な情報は得られない．1960〜70年代から，組織的な行動分析の手法が開発されて，活発な研究が行なわれるようになってきた．

　視知覚の研究には，**選好注視法**（preferential looking technique : PL法）と呼ばれる方法が一般的に用いられている．これは，乳児が適度の刺激変化に敏感に応答し，変化のある刺激に視線や頭を向けるといった反応傾向，いわゆる**定位反応**の傾向を利用する方法である．**視力**（縞視力）の測定を例にとって説明しよう．

　まず，測定のための刺激として，粗い縞模様の図形から細かい縞模様までの種々な**空間周波数**（cycle per degree : cpd）をもった図形とそれらと同じ平均的な明るさをもった均一の灰色図形とを用意する．次に縞図形と灰色図形とを2つ対にして並べて，乳児に提示する（図A，試行ごとに左右に提示される図形をランダムに変える）．一般に乳児は，均一の灰色図形よりも変化のある縞図形のほうを好んで**注視**する（選好注視）．しかし縞模様を細かくしていくと，次第に灰色図形との区別がつかなくなり，ついには両方の図形に等分に視線を向けるようになる．そこで縞図形を100％注視したときと両図形をそれぞれ50％ずつ注視したときとの中間点（75％）における縞図形の空間周波数をもって乳児の**縞視力**とするのである．図Bに示すように，視力は月齢とともに次第に増加して，学齢に達する頃には成人の視力とほぼ等しくなる．

　このような手法を使って，縞視力の他，奥行き知覚，色覚など，種々の感覚・知覚の測定が行なわれてきた．こうした研究によって，生育初期の感覚・知覚機能とその発達の様相や規定要因が明らかにされている．

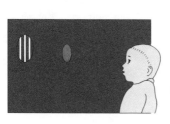

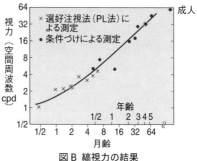

図 A　選好注視法の実験　　　　図 B　縞視力の結果

（Atkinson *et al.*, 1982 を改変）

　さらに，**馴化─脱馴化法**（habituation-dishabituation paradigm）と呼ばれる
方法がある．乳児は好奇心が強く，刺激変化を積極的に求めるといった傾向がある
一方で，同じ刺激が反復されると，慣れ（馴化）が生じてほとんど反応しなくなる．
そのとき新しい刺激を与えると，反応が回復する（脱馴化）．このような脱馴化が
生じる場合，乳児が先の刺激（馴化刺激）と新しい刺激（テスト刺激）とをなんら
かのレベルで区別して受け取っていると考えてよい．この馴化─脱馴化法は，視知
覚の研究ばかりでなく，音声知覚の研究（トピック 5-22 参照）や種々の認知の働
きの研究にも利用されている．

　たとえば，ケルマンとスペルク（Kellman & Spelke, 1983）は，図 C の a のよ
うに部分的に隠れた棒が左右に動くシーンを乳児に繰り返し提示して馴化させた後
（注視しなくなった後），b または c の図形をテスト図形として提示した．4 ヵ月児
は，b に対して脱馴化を生じて注視が回復するが，c では回復しない．したがって
4 ヵ月児は，馴化図形 a とテスト図形 b を異なったものとして受け取っている可能
性がある．すなわち a を，運動する 2 つの部分を b のようなばらばらな 2 本の棒
としてではなく，長方形の背後で動くまとまりをもった c のような 1 本の棒として，
認知していることが示唆される．

a. 馴化図形：長方形の上下　　　b. テスト図形　　　c. テスト図形
　の棒が同期して動く

図 C　馴化─脱馴化法の実験（Kellman & Spelke, 1983）

　また乳児は一般に，予期していた事象よりも予期しない事象を長いあいだ注視する傾向がある．ウィン（Wynn, 1992）はこうした傾向を利用して，乳児（5ヵ月児）の計算能力を調べようとした（図D）．足し算の場合，図a〜dのような状況を提示した後で，テストAの状況（e・f）またはテストBの状況（g・h）を提示してみる．すると乳児はA（正しい答え）よりもB（誤った答え）のほうを長いあいだ注視する．引き算の場合，対応する図の状況にa′やb′のように′をつけた．この結果から，ウィンは，5ヵ月児では少なくとも1＋1や2−1のような初歩的な足し算や引き算のような演算処理が，なんらかの形で可能であると推論している．

　＊　空間周波数とは，縞模様の粗密を表わす測度．視角（5.2.1項(2)参照）1度以内に入る白黒（明暗）の周期の数．成人の正常視力は64 cpd．視角を用いるのは，観察距離が変化しても網膜に映じる像の大きさを一定に保たせるため．

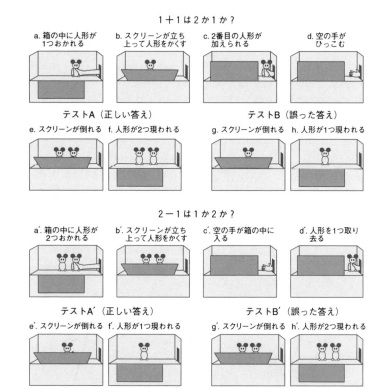

図D　乳児の足し算・引き算能力（Wynn, 1992を改変）

1.2.3━系統発生的研究と心理学

　ことばをもたない，という点では動物も新生児と同じである．内観法を研究の手段とする心理学では，動物もその研究の対象には入ってこない．心理学の最終の目標は，人間のこころの理解だが，人間のこころの働きの特徴は，人間だけを対象としているのでは，十分に理解されない．下等な動物から高等動物までのいろいろな進化レベルの動物種と比較する**系統発生的研究**によって，その特徴を浮き彫りにすることができる（トピック1-2）．

トピック 1-2　　動物の問題解決

　ゲシュタルト心理学派（10.6.1項参照）のケーラー（Köhler, 1917）は，動物の問題解決について，一種の知能テストを用いた一連の実験を行なった．

　（1）回り道：図A，Bのように目標の餌に直接近づく道が遮断されて，回り道が必要とされる場面．ニワトリは，餌が見えるとその方向にまっすぐ進み，柵にぶつかるとその前を右往左往する．偶然，柵の切れ目に達したときに餌にありつく．その解決のしかたは試行錯誤（6.1.1項参照）的である（図A）．一方イヌは，はじめポカンとしているが，やがて急に後ろ向きに走りだし，なめらかな曲線を描きながら柵を迂回して餌に到達した（図B）．ニワトリは，自分と目標との関係を理解していない．これに対してイヌは，場面全体から自らの位置と柵との関係を認知して，問題解決を行なっている．

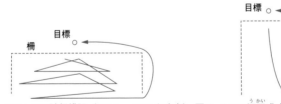

図A ニワトリの試行錯誤（Köhler, 1917を改変）　**図B イヌの迂回成功**（Köhler, 1917）

　（2）道具の使用：周囲を柵で囲まれ直接目標に達することも回り道も不可能だが，餌に結ばれたひもが柵の外まで伸びているとか，柵の中に長い棒があるというような場面で，自分と目標とを関連づける介在物としての道具を利用した行動ができるかどうかを見る．ひも引きの課題の場合，チンパンジーは，目標の餌を見つめながらひもをそろそろ引いて餌を手に入れた．しかしイヌは，ひもをくわえて引っ張ることができないわけではないが，あえて試みようとはしなかった．天井から高い所に吊るされた餌を取るために，チンパンジーは箱を他の場所から餌の下まで引いていき，箱に登り，そこから餌に飛びついた．箱は「踏み台」の働きをしている．

（3）道具の製作：適切な既成の道具が手に入らない状況を設けて，動物自身が周囲にあるものに手を加えて，新たに道具を作り出す行動が出現するか否かを観察する．1頭のチンパンジーが行なった棒つなぎ課題の解決の様子は，思考過程の特徴をよく表わしている．まず2本の棒（継ぎ竿のようにはめ込み式のもの）を柵の中に入れ，棒1本では届かない距離に餌を置いておくと，はじめ1本の棒を使って肩を柵のあいだに入れるなどして懸命な努力をする．また部屋の隅にある箱をもってくるが，これも役に立たない．次に1本の棒を地面に置き，もう1本の棒でそれを

図C　チンパンジーの継ぎ竿の製作
（Köhler, 1917）

注意深く餌のほうに押しやって，棒の先端が餌に届くようにする．この試みも無効だとわかると，課題を放棄してしまう．しばらく棒をもてあそんでいるうちに，偶然2本の棒が一直線につながるのに気づき，はめ込むことができる（図C）と，すぐさま立ち上がって柵のところに飛んでいき，餌を引き寄せた．

この例では，むだな模索的行動を解決の前に何度か行なった末，解決が突然現われる．はじめのうちは，1本の棒を使う，箱を用いるなど，むだな動作や「悪い誤り」をするが，やがて2本の棒を使って餌と棒の先端を接触させるといった解決へと導く「よい誤り」を行なうようになる．こうした種々の模索的な行動の積み重ねが，やがて有効な解決を生み出すことになる（6.1.2項参照）．さらにケーラーは，チンパンジーが1つの箱では高さが足りないとき，多くの模索的な行動の末に，2つの箱を積み重ねることに成功した（図Dは箱が3つの場合）．

図D　重ね箱の製作（Köhler, 1917）

ヒトの行動とそれを支えるこころの働きは，身体構造の変化と同様に，長い進化の道程を経て今日のようなものになってきている．したがって，いろいろな進化の段階にある動物を対象とした系統発生的な研究を進めることが必要になるのである（トピック1-2，6.1節参照）．たとえば現在，チンパンジー，ゴリラなどの類人猿に，言語の習得を行なわせようとする試みが種々なされている．こうした試みから，言語自体の特性とそれを操るヒトのこころの働きが，いっそう明らかになる（トピック1-3）．

トピック 1-3　　類人猿の言語習得

　チンパンジーに言語習得をさせようとする試みは，20世紀半ばから多数行なわれている．初期の研究は，音声言語を習得させようとした．たとえば，ヘイズ夫妻（Hayes & Hayes, 1952）は，チンパンジーのヴィッキーを生後3日目から自宅に引き取って育てたが，話しことばの聞き取りは多少できても，わずか数語しか発声できなかった．その後チンパンジーの発声器官の構造上，ヒトのような多様な発声ができないことが明らかにされ，手話を習得させる研究が盛んに行なわれるようになった．たとえば，ガードナー夫妻ら（Gardner *et al.*, 1989）による研究では，チンパンジーのウォッシューは手話の「単語」を100以上習得し，2語文や3語文を自発的に使うようになったという（図A）．

　その後，手話に代わって，視覚的な記号がもっぱら用いられた．プリマックら（Premack & Premack, 1972）は，種々の形・色・大きさのプラスチック片をそれぞれ「単語」として，それらを1列に並べることによって「文」を作り，サラというチンパンジーがその「文」にしたがって適切な行動をするかどうかを調べた（図B）．たとえば「サラがリンゴをバケツに入れ，バナナを皿に入れる」に応じて，適切な行動をとることができたという．この場合の単位記号（単語）は，「飲む」という手話の「単語」（図A）と違い，「リンゴ」を藍色の三角形で表わすというように，指示対象と類似していない（有縁性のない）「単語」が用いられ，ヒトの使う言語に近い．

　京都大学霊長類研究所の松沢らがアイに習得させた単位記号は，一定数の構成要素から合成された図形記号（レキシグラム）であり，ヒトの言語の単位記号により近い（松沢，2000：図C）．アイは，このような図形記号からなる「文」を「文法」にしたがって理解したり（「A・近づく・B」と「B・近づく・A」と

図A ウォッシューの「飲む」サイン（Gibson, 1969）

（赤色）	…"Sarah"
（藍色）	…"insert"
（藍色）	…"apple"
（ピンク色）	…"pail"
（ピンク色）	…"banana"
（緑色）	…"dish"

図B サラの言語活動（Premack & Premack, 1972）
ボード上に"書かれた"文を読んだ後，適切な行動をとる.

を区別して提示された場面どおりに応答することができる），指示対象に応じて構成要素を合成して図形記号（たとえば「てぶくろ」）を合成することができる．

　ボノボ（ピグミーチンパンジーという種）のカンジは，日常のヒトとのやりとりから，かなりの程度，ヒトの音声言語の聴き取りが可能である．カンジが9歳のときにサベジ-ランボウ（Savage-Rumbaugh, 1994）が行なった理解力テストでは，カンジにヘッドホンを着けさせ，検査者は隣室からマジックミラーを通して観察する．テスト文としては，カンジが日常活動の中でふだん聞くことのない新しい文

図C　アイがおぼえた文字
（松沢，2000 を改変）

660種（たとえば英文「レーズンを靴の中に入れなさい」など）を聞かせて，正しく応答するかどうかを見た．その結果，72%正しく応答できたという（ヒトの2歳児の正答率は66%）．このことは，カンジが英語の言語環境に曝されて周囲とのやりとりを行なってきた過程で，英語の文法を抽出できたことを意味する．ただしカンジの側からの発信はレキシグラムによっている．

1.2.4──動物研究と心理学

　心理学では，動物を対象とした研究が重要な意味をもっている．動物研究は，前述のような，進化の視点からの系統発生的な比較研究以外にも重要な役割をもつ．知的能力や情動的な働きの特徴が生育環境によってどのように左右されるかといった問題の研究には，動物を用いた育成実験や交配実験が必要である．また，こころの働きが神経系や脳の働きとどのように関係するかを突きとめようとする研究（4.5節，5.2.9項，6.8節，7.2.2項，9.7節，トピック10-15参照）には，動物を用いて，脳のさまざまな部位に刺激を与える実験や，ときには脳の一部を破壊する実験が必要になってくる．

　一般に，神経系の成り立ちや構造は，動物種によって変形，脱落や，複雑化の相違があるものの，とくに哺乳類のあいだには基本的には共通の特徴が認められる．そこで生理心理学や神経心理学の分野では，ネズミ，ネコ，サルなど，種々の動物種を用いた研究が多く行なわれることになる．こうした研究は，もちろん理論的な興味だけからではなく，人間の心的障害の理解やその治療に対しても，貴重な情報を提供している．

1.2.5──臨床的・病理学的研究

　心理学は，実証的なデータに基づいて人間のこころを理解しようとしている，ということを述べてきた．そのためには，成人となったヒトを対象とするだけではなく，個体発生的なデータや系統発生的なデータの分析が必要だ，ということも指摘してきた．さらに，こころの働きを十分理解するためには，健康な状態のこころの働きばかりでなく，それが適切に働かなくなったときの状態や，働かなくなるための条件を知る必要がある．

　心理学にとって，1つの実践上の大きな問題は，種々の精神障害をもつ人々，こころの病いや，こころに悩みをもつ人々に対して，どのように援助の手を差し伸べることができるか，という点にある．こうした問題に対処するには，いま一度基本的な問題に立ち返って，不適切なこころの働きをもたらす条件を明らかにする臨床的・病理学的研究が必要になる．

　このような人々の理解には，もちろん，その人々の話に直接耳を傾けることが重要である．しかし，自分自身の状況について，人は必ずしも正確に表現できるわけではない．知的な遅れがある場合や情動的な強い興奮にとらわれている場合はとりわけそうである．さらに当人自身が，自分の状況を正確にとらえていると思っている場合でさえも，その例外ではない．この点について，精神分析学の創始者，フロイト（10.2.3項参照）は，人が特定の他者を憎んでいると表明していても，さらにまた，自分自身そう思い信じていても，逆に，その他者を実は好んでいる場合があるということを，多くの事例によって例証した．すなわち，人がそう思い，そう信じていることをそのまま報告しても，それは，その人のこころの直接の情報になるとは限らない．言語報告は，ただちにその人のこころの働きそのものを表現するとは限らない．質問紙によってテストを行なう場面でも，人は，自分自身をよく見せるために，知らず知らずのうちに都合のよい回答を行なう傾向がある．

　もちろん言語報告は，こころの働きを知るための貴重な手がかりだが，それは，こころの状態や働きそのものを直接教えてくれる一次的な情報ではない．むしろわれわれは，こうした内観による言語報告を材料として，当人の心的状態を推論しなければならないのである．

1.3——行動研究と心理学

1.3.1——S-R 結合の心理学

これまで述べてきたような，個体発生的な考察と系統発生的な考察，さらに臨床的・病理学的場面の考察をとおして，こころの働きの研究には，内観報告だけに頼っていたのでは，不十分であることが明らかになった．

20世紀はじめにワトソン（10.5.3項参照）は，そうしたヴント流の内観主義の心理学に反対して，行動主義の主張を展開した．ワトソンによれば，心理学の対象は，ヴントが考えたような私的で主観的な内観報告をもとにした意識内容であってはならない．心理学が科学であるためには，公共客観的な，すなわち誰もが目で見て，手で触れて確かめることができる行動を，その対象としなければならない，と主張したのである．したがって，客観的に確かめることのできる刺激（stimulus）と，それに対する反応（response）との結合関係，つまり S-R 結合の関係を明らかにすることが，心理学の仕事となる．このような立場に立てば，乳児も動物も成人と同じく心理学の対象となる（トピック1-4）．ところがワトソンは，内観心理学の打破を目指すことにあまりにも性急であり，極端であった．そして，反応を末梢的な筋の収縮や腺の分泌としてとらえ，中枢における内的な心理過程，つまり「人はなにを考え，どう感じているか」という内容を考慮しなかった．そのため，「こころなき心理学」とか「意識なき心理学」などと呼ばれて，多くの反発を招くことになった．

トピック 1-4　ワトソンの恐怖条件づけの実験

ワトソンら（Watson & Rayner, 1920）は，アルバートという生後11ヵ月になる男児を対象に，次のような恐怖条件づけの実験を行なった．

まずアルバート坊やに白ネズミを見せると，坊やは手を伸ばして触ろうとする．その後，白ネズミが現われたときには背後で鉄の棒を金づちで激しく叩くと，坊やは激しく飛び上がって倒れ，マットに頭をつけてしまう．これを数回繰り返すと，白ネズミを見せただけで泣き出し，ハイハイして逃げ出す．数日後，白ネズミを見せても，また白ウサギや白いあごひげのサンタクロースのお面を見せても，泣き出して顔や体をそむけたという．ただし積み木を見せれば手を伸ばして遊び出す．

坊やは，実験の前は，白ネズミなどに興味をもち，手を伸ばしていたが，実験後，

白ネズミに対しては，一種の古典的条件づけの手続きによって，また白ウサギ，サンタのお面に対してはその般化によって（4.1.1項(2)参照），それまでなかった恐怖（7.2.1項参照）の反応が生じたことになる．ワトソンによれば，激しく大きな音や，突然支えを失うことなどは，生まれつきもっている恐怖の情動的反応である．一方，暗闇に対する恐怖，動物や昆虫に対する恐怖などは，経験を通して条件づけられた反応であるという（Watson, 1913）．

ワトソンは，行動主義を唱えるに当たって，動物やヒトの行動がいくつかの基本的な反射と種々の条件づけを通して獲得された行動から成り立つとする極端な経験主義の主張をした．彼は，「私に1ダースの健康でよく育った乳児と，彼らを養育するための私自身が自由にできる環境とを与えてほしい．そうすればそのうちの1人をランダムに取り上げて訓練し，私が選ぶどのような型の専門家にでも育て上げることを保証しよう．その才能，好み，傾向，適性，先祖の民族とは関係なしに，医者，法律家，芸術家，大商人，そう，乞食やどろぼうにさえも……」（Watson, 1930）とまで述べている．こうした発言や，乳児を恐怖に陥れる前述のような実験は，その極端な行動主義的主張とともに，人間性を冒瀆する不遜な態度として非難されることとなった．しかし，上に紹介した実験は，恐怖に関する古典的条件づけ（4.1.1項参照）の最初の実験である．さらにそれが，その後の行動療法（8.6.3項参照）の研究に刺激を与えたことも，また事実である．

しかし行動主義は，心理学を客観的な科学として構築するための重要な道程であったことも事実である．その後の心理学では，ワトソンからの批判に応えて，他人が外からうかがい知ることのできないこころの内側（内的過程）をいかにして客観的にとらえられるかが，大きな課題となった．その場合考慮すべきは，前述のように，内観によって内的な心的過程を直接知ることができるとは限らないという点である．人が自分自身の内的過程について表明した言語報告は，それ自体，その人の内的過程についての貴重な手がかりにはなるが，内的な心的過程そのものではない．それは，内的過程を推論するための1つの材料なのである（トピック1-5）．

トピック 1-5　顔面視覚と内観

一般に視覚障害者の場合，前方にある壁のような大きな障害物の存在にかなり遠方から気づくことが知られている．視覚障害者のこうした障害物知覚については，

かつてはいろいろな仮説が提出されていた．視覚障害のため視・聴・嗅・味・触覚などのいわゆる五官以外の第六官（感）が働く，というのもその1つである．その中で，反響音説（自分の足音などの周囲からの反響音を手がかりとしているとする説）と並ぶ有力な仮説は，顔面に未知の光覚受容器があって，それによって障害物の知覚が行なわれるという説であった．これは，「大きな障害物に接近すると，額のあたりに圧迫感と暗い陰が迫ってくるような感じがする」という視覚障害者の内観に基づいており，顔面視覚と呼ばれていた．

心理学者のダーレンバッハら（Supa et al., 1944）は，一連の実験的分析を行ない，この障害物知覚が顔面視覚ではなしに，高周波の反響音による聴覚の働きによることを明らかにした．その実験ではまず晴眼者（視覚の健常な人），視覚障害者の両方を被験者として，彼らを未知の部屋に連れてくる（晴眼者は目隠しをして）．実験者は被験者の体を回して方向感覚の手がかりをなくしてから，試行ごとに距離をランダムに変化させた衝立に向かって歩かせる．そして，まず衝立の存在に気がついたとき手を挙げ，次いで，できるだけ衝立に接近して止まるように指示した．目隠しした晴眼者も衝立にぶつかる前に障害物の存在に気づく．ただし晴眼者は視覚障害者に比べてかなり衝立に接近してしまう．またできるだけ接近して止まるようにと指示すると，ときには衝突してしまう．視覚障害者はぶつからずに，わずか数十cmから数cmのところで止まることができたという．

こうした障害物知覚を規定する要因を明らかにするため，①額を覆うカバーをかぶる，②靴底を柔らかいものにする，③床にカーペットを敷く，④耳に栓をする，などの条件変化をもうけて検討を行なった結果，①では障害物知覚になんの影響もない．また②，③の条件では障害物知覚の成績は，低下はするもののなんとか可能である．一方④の条件ではまったく不可能になる．さらに反響音の効果を確かめるため，別人にマイクをもたせて障害物に向かって歩かせ，視覚障害者には，隣室でその際のマイクを通した音をレシーバーから聞いてもらった．この場合も，正確に判断を行なうことができた．ダーレンバッハらは，こうした種々の分析を通して，障害物知覚が，実は高周波の反響音を手がかりにしていることを示した．その後の研究によると，晴眼者でも訓練すれば，かなりの程度までこうした障害物知覚が可能になり，障害物の材質や大きさの判断もできるようになるという．

この実験が示すように，視覚障害者の内観報告は，顔面視覚の存在を示唆するようなものであったが，そうした主観的な体験（知覚内容）がなにによって規定されているのかは，内観報告からはわからない．規定要因を明らかにするためには，種々の条件のもとで示される行動を目印にした組織的な分析が必要なのである．

1.3.2─こころと心理学の方法

それでは現代の心理学は，〈どのようにして〉こころの働きを研究しようとしているのだろうか．また，こころを〈どのようなものとして〉とらえているのだろうか．

現在，心理学では，こころとはヒトおよびその他の動物，つまり生体の複雑な行動を支える内的過程を指す．この内的過程は，高次の脳の活動で支えられている．そして心理学は，生体が示す特定の行動が，どういう条件で発現し，また抑制されるかを，さまざまな実証的データから明らかにして，その分析から，そうした行動を支えている内的過程のメカニズムを推論しようとするのである．この内的過程のメカニズムの理解に当たっては，扱う問題領域によって，心理学的な概念を用いたり，脳活動との対応づけを行なったり，さらに数理的な演算を用いたりなど，種々のアプローチの立場がありうる．それぞれの章には，最近の脳研究の成果も述べられている．

1.3.3─行動とこころ

生体の行動は，基本的には，筋の収縮および腺の分泌としてとらえることができる．しかし心理学が対象として取り上げる〈行動〉は，個々の筋の収縮や個々の腺の分泌ではなく，そうした個々の項目がまとまったもの，体制化した行動であって，それをもっぱら研究の対象とする．

さて前項では，こころを，生体の複雑な行動を支える内的過程，というようにあいまいな言い方をしたが，それはどういう意味なのだろうか．通常，多くの人は，イヌ，サル，さらにチンパンジーなど，高等の哺乳類が示す多くの行動から，彼らにこころがあると認めるだろう．一方，多くの人は，アメーバーなどの単細胞動物，さらにミミズなどは，こころをもたないということに賛成すると思われる．それでは，その中間にあるアリやミツバチなどの昆虫はどうか，爬虫類，魚類，鳥類はどうか．

ここで，一方の極にある単細胞動物の行動について考えてみよう．その場合，通常一定の刺激変化に応じてほぼ一定の反応を行ない，そのときどきに応じて種々に反応が変化することはない．そこでわざわざこころの存在を仮定する必要はない．ところが他方の極にあるチンパンジーやヒトの行動では，同じ刺激変化があっても，そのときどきに応じて異なる反応を行なったり，ときにはま

ったく反応が生じなかったり，またときには，しばらく後になって（その刺激変化を記憶しておき）反応したりと，さまざまに変化する．したがってこのような場合には，刺激とそれに応じる反応とのあいだに，なんらかの内的過程（こころの働き）の存在を仮定する必要が生じてくる．こころの存在の有無がはっきりしているこのような2つの極の中間には，さまざまな段階の動物が存在している（このように両極端でその存在の有無を決める立場を両極性の定義という）．その場合，こころの有無の境をどこに決めるべきかは難しい．したがって，こころの働きというものを考える場合，それが希薄なレベルから濃厚なレベルにわたって，一種の連続した次元上のこころの働きを扱っていることになる．そこで心理学では，その問題の性質に応じて，神経系が比較的単純な，一般の常識ではこころの存在が疑われるような下等な動物から，その複雑な行動によってまさに「こころをもつ」とみなされる高等なサル，チンパンジー，ヒトに至るまでの，さまざまな進化レベルの生体の行動を対象にするのである．

1.3.4──心理学と応用

この教科書では，主に心理学の基礎的な問題を提供している．しかし心理学には，そうした基礎研究で明らかにされた事実，手法，考え方を用いて，日常生活の実践場面における問題の処理を目指すとともに，さらにその実践活動の中から，新たに問題を発掘し，展開してその目的を達成しようとする応用心理学の分野がある．教育心理学，臨床心理学，犯罪心理学，産業心理学，交通心理学などがそれである．そのそれぞれは，知覚・認知，学習，記憶，情動などの種々の基礎分野と関連しているが，またそれぞれの応用心理学自体からも，基礎研究に対して新しい事実の側面に光を当て，新たな課題を提起することになる．基礎研究と実践場面とは相互的な関連をもっているのである．

［参考図書］

3章末（p. 61）参照．

2 章 行動の基本様式

　心理学では，こころの働きについてヒトや動物の行動の分析を手がかりにして推論しようとする．そのためには生体の行動を，刺激と反応の関係が直接的か間接的かの基準に照らして分けておくと便利である．この章では，まず，この関係が直接的な反射や本能行動から，多少間接的な習得的行動を経て，さらにシンボルの働きを含んだより間接性の高い思考などの中枢過程を伴う高次行動までの，それぞれの特徴について簡単に記述する．一般に，ヒトの高次行動では意識を伴う．そこで意識と言語との関連について触れるとともに，最後に，発達的視点から意識の成立の過程について述べる．この章の後半は，はじめて心理学を学ぶ学生にとっては，すぐには理解できないかもしれない．はじめはざっと読み，II 部を一通り学んでから，再び読み返すのがよいだろう．

2.1─行動の水準

2.1.1─生体の行動パターン

　心理学では，前述のように行動の分析から，こころの働きについて推論をしていく（1.3.3 項参照）．しかし，ヒトやいろいろな動物が示す行動のパターンには，種によって単純なものから複雑なものまで，さまざまな相異がある．また同一の種でも，その個体が，どのような刺激状況に曝されているか，どのような課題状況に置かれているかによっても，変わってくる．したがって，そうした行動をひとまとめにして扱うよりも，行動に見られる特定の特徴を目印にして，いくつかのレベルに分けて扱うのが便利である．

　生体は，内・外の環境からの刺激情報を受容し，神経系や脳の種々の回路の仲介を経た後，応答としての行動を行なっている．そこで，刺激の受容から応答までの関係が直接的か間接的かによって，行動を分けて扱うことができる（図 2-1）．一般に動物は，空腹時には食物を求めて動き回り，食物が見つかれ

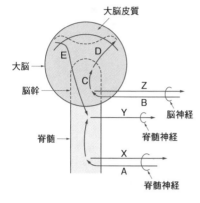

図 2-1 直接的回路と間接的回路の模式図（Hebb, 1972 を改変）

思考のように大脳を通る間接的な結合による長い回路（B→C→D…E→Y）と，反射のように直接的な結合による短い回路（A→X，A→Y，B→Z）とが区別できる．間接的な回路の中で，DとEのあいだには複雑な回路を多く含み，情報の保持や変換が行なわれる．一方，直接的結合による行動は複雑な回路を含まず，刺激作用に直接支配されている．A, Bは受容器からの上行路，X, Y, Zは効果器への下行路．

ばそれを摂取する．また，満腹時には静かに休息する．このように生体は，内的な環境の刺激作用や外的な環境の刺激作用に応じて，特定の行動を発現させたり抑制したりして環境に適応している．その場合，環境からの刺激とそれに応答する生体の反応との関係が直接的か間接的かによって，生体における行動の意味や機能，さらに行動の様式が異なってくる．

2.1.2──直接的行動と間接的行動

　直接的行動は，比較的短い神経回路によって支えられている行動である．この場合には，刺激によって感覚器官に生じた興奮が，上位の中枢過程を経由せずに筋や腺の効果器に直接達している．すなわち，感覚受容器に与えられた刺激情報が，脊髄または脳幹などの下位の中枢でただちに切り替えられて筋・腺の効果器へと興奮が送られて行動が発現する．ヒトの場合，膝を軽くたたくと脚が伸展する膝蓋腱反射，梅干しを口に入れたときの唾液分泌の反射などがそのよい例である．下等な動物の場合は，主としてこのような直接的行動から成り立っている．この種の行動は，ある時点で与えられた感覚刺激によってただちに規定され支配されているという意味で，感覚支配的行動と呼ばれる．感覚支配的行動は，一般に，生まれつき生体に組み込まれた行動様式であって，特に生体が病的状態でない限り，一定の刺激に1対1に対応して，ほぼ決まった特定の反応が，それほど遅れなしに生じる．それゆえ反射的行動（2.2.1項参照）が生じるか生じないかが，病的な状態の目印として使われる（たとえば脚気の診断における膝蓋腱反射）．動物の示す本能行動（2.2.2項参照）は，

個体の内的な動因によってその発現が左右されている．しかしその行動は，もっぱら外的な刺激に依存し，規定されていることが多い．したがって，一般に，反射的行動に加えて，本能行動も感覚支配的行動の1つとみなすことが多い．

　一方，間接的行動は，受容器から効果器に達するまでのあいだに，上位の中枢の複雑な過程が介在する行動である．すなわち刺激情報は，比較的長い神経回路を通過するとき，上位の中枢である大脳の中で保持されたり，過去の保持された情報と照合されたり，さらに情報の新しい組み替えが行なわれたり，といった複雑な処理がなされる．とくに記憶や思考を含む行動がそのよい例だ．この種の行動は，高度の情報処理過程である認知の働きが関係することから，認知的行動と呼ばれる．この場合，刺激とそれに対する応答との関係が，いつも一定しているとは限らない．また，刺激が与えられてもすぐに応答が生じるとは限らない．応答にとって適切な時期がくるまで，ポテンシャルな状態（潜在的にいつでも実行可能な状態）に留まったままで情報を保持して待機することもできるようになる．また，与えられた刺激情報に対して，そのときは目立った反応を行なわずに，その保持や組み替えを行なった後に，それを知識として蓄えておくようなことも生じる．

　以上の，直接的または間接的の2つの種類の行動を両極として，そのあいだに多くの移行的で中間的な段階での行動が存在している．

2.2──感覚支配的行動

2.2.1──反射的行動

　刺激と反応の関係が直接的で単純な感覚支配的行動の1つとして反射的行動が挙げられる．ヒトや動物には，生得的に組み込まれた多数の反射的行動が備えられており，こうした反射的行動に基づいて，内・外の環境の変化に対し種々の適応を行なっている．その具体例としては，口中の刺激によって生じる唾液分泌，消化管を通る食物の消化や吸収に関連した胃や腸の種々の反射，身体のそれぞれの部分に血液を送る心臓や血管の反射など，生命維持に直接関係する多くの反射，また空間の中で身体の姿勢を維持することに関係する多数の姿勢・運動反射行動などが挙げられる．

　下等な動物や，ヒトの新生児・乳児では，こうした反射的行動が，その適応行動の大部分を占めている．新生児・乳児のそうした反射的行動の中には，原

表 2-1 ヒトの原始反射の例

反射の名称	刺激作用	行　動
乳探し反射	指・乳首で頬をなでる	刺激の方向に頭を向け口を開けてから，吸啜運動（吸啜反射）を始める．
吸啜（吸引，吸いつき）反射	口唇，口腔粘膜への触刺激	乳探し反射によって探し当てた乳首を口唇などの特有の運動で吸う．
モロー（抱きつき，驚愕）反射	大きな音，支えを失うなどの突然の刺激	脚・腕・指を一度外側に伸ばした後，さらに胸を抱きかかえるように腕を内側に曲げる．
ダーウィン（把握）反射	掌をなでる	強く握りこぶしを作る．棒を握らせたまま，その棒をもち上げると，乳児はぶら下がることができるほど把握力が強い．
バビンスキィ反射	足の裏をなでる	足を折り曲げて足指を扇状に開く．発達後には，足指を内側に曲げる．
歩行反射	腕をもって足を平らな面に触れさせる	歩行するように足踏み運動をする．

始反射と呼ばれる生育初期だけに見られる特有な反射行動がある（表 2-1）．バビンスキィ反射，乳探し反射，吸啜反射，ダーウィン（把握）反射（これは，仔ザルの把握反射の痕跡とみなされる），などがそれだ．このような反射は，通常，発達が進むにつれて次第に弱まり，生後数ヵ月間に大体消失する．ただし吸啜反射，把握反射など反射の種類によっては，随意的な運動との区別が難しいものもある．中枢神経系に障害がある場合には，こうした原始反射が消失しないことがある．随意的な運動を制御する上位の脳が発達するにつれて，上位の脳が下位の脳を制御・抑制するために原始反射が消失すると考えられている．また乳児は，周囲の目立つ刺激に対して，自分の身体や感覚器官を向けるといった定位反射を備えている．誕生直後の新生児でも，音源の方向に視線を向ける．また視野の中で適度に変化している部分を注視する（図 2-2）．一方，突然の大きな音とか，急に身体の支えをはずして落下させるような刺激に対して，両腕を一度前に広げてから胸を抱きかかえるように内側に曲げるモロー（抱きつき，驚愕）反射のような，防御性反射もある．発達の過程では，定位反射行動はこうした防御性反射行動による抑制を受けながら，やがてその対象に手を伸ばし，いじるなどの，外界への積極的な探索行動へと展開して，子どもの世界が広げられていくのである（6.2.1 項参照）．

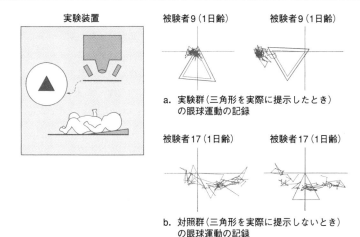

図 2-2 三角形に対する新生児の眼球運動（Salapatek & Kessen, 1966 を改変）
眼から約 20 cm 上方に提示された黒三角形に対する新生児の眼球運動の記録．三角形の 1 辺は 20 cm．a は実際に三角形が提示されたときの同一の新生児の眼球運動の記録．b はなにも提示されていないときの眼球運動の記録．三角形が提示されると，（刺激変化が最も大きい）頂点に視線が行き，そこに視線が「固着」する．

2.2.2—本能行動

　動物，特に下等な動物が示す一見複雑な行動パターンである本能行動も，特定の信号刺激によって生得的に規定されていることが多い．

　ただし本能行動は，反射的行動に比べて，生体の内分泌などの内的状態にも大きく依存する．トピック 2–1 に述べるようなトゲウオの求愛行動は，成熟した個体のみに観察される行動であり，季節はずれや，未熟な個体では生じない．

トピック 2-1　　トゲウオの求愛行動

　ティンバーゲン（10.6.3 項参照）が研究したトゲウオのオスがメスに示す一連の求愛行動（Tinbergen, 1951）では，まず，成熟したメスのふくらんだ腹部が，オスの求愛のジグザグダンスを引き起こす信号刺激（解発刺激・触発刺激）となる．そしてジグザグダンスに対するメスの応答の動作が，次のオスに対する刺激となってオスの反応を引き起こし，またその反応が相手に対しての刺激となる，というように，刺激と反応とが連鎖になって，最終的な受精にまで達する（図）．この場合トゲウオは，先輩のトゲウオの行動を見習ったり，教わったりする必要はない．その意味で，この行動はすでに生得的にトゲウオに組み込まれている行動パターンと

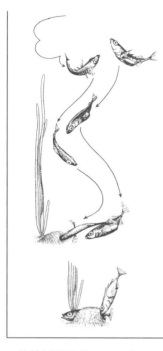

考えられる．そしてオス，メス双方の行動が互いに相手の示す刺激によって規定されている．

こうした本能行動は，通常の自然環境の中では十分適応しているが，刺激との結びつきが固定的なため，自然環境・状況に変化が生じれば，それに応じて必ずしも臨機応変に対応できるとは限らない．なお，従来，生得的な本能行動とされてきた行動が，実は学習を含んでいることが明らかになってきている．

オス		メス
ジグザグダンス	←	出現する
誘導する	→	求愛する
巣の入口を示す	←	追随する
体を震わす	→	巣に入る
放精する	←	産卵する

図 トゲウオの求愛行動（Tinbergen, 1951）

　比較行動学者のアイブル-アイベスフェルト（1970）によると，ヒトが出会ったときに行なう挨拶行動は，文化的条件によって握手，お辞儀，キスなどの形をとり，それぞれの人種や国民によって一見異なっているように見えるが，その基本的行動パターンは同じで，ヒトという種に固有な生得的行動であるとされている．すなわち，出会ったときには，お互いに目を見つめてから，1/6秒ほど眉を上げ，それから微笑む．ヒトとヒトはこの行動によって相互にその攻撃性が弱められるという（図 2-3）．

a. バリ島原住民　　　　　b. パプア人　　　　　c. フランス人女性　　　　d. ワイカ族インディオ
図 2-3 ヒトの挨拶行動（Eibl-Eibesfeldt, 1970）
　ヒトが出会った際の目礼の表情．眉が 1/6 秒間ふいに上がる．それぞれ組になった人物の写真は，視線が相手と合った瞬間の警戒または不安の表情（左）と，挨拶行動のときの微笑みの表情（右）とを示している．

　ヒトやその他の動物は，反射的行動，本能行動を含めたさまざまな感覚支配的行動を多数備え，これらの行動をもとにして，環境の状況変化に対応している．しかし，こうした生得的に組み込まれた行動様式では，その適応範囲は限られており，多様な環境の変化には応じきれない場合も生じてくる．

2.3─習得的行動

2.3.1─古典的条件づけ行動と予報的信号

　生体が環境に対する適応の範囲を広げるには，環境とのやりとりの過程から新しい行動様式を習得していく必要がある．

　習得的行動の中で基本的なものは，条件づけによる行動である．これは，習得に際しての手続きをもとにして，大きく，古典的条件づけによって獲得された行動と，オペラント条件づけによって獲得された行動との2つに分けられる．

　前者は，20世紀はじめロシアの生理学者パヴロフ（10.5.3項参照）によって発見され，また組織的に研究された（4.1.1項参照）．古典的条件づけでは，たとえば条件刺激のベルの音は，無条件刺激としての食物が次に与えられることをあらかじめイヌに知らせるといった機能をもっている．すなわち条件刺激は，特定の事象（無条件刺激）が生じることをあらかじめ生体に予告する，といった予報的信号である．生体はこの予報的信号によって，次に生じる事象に対してあらかじめ準備することができる（トピック4-1参照）．

2.3.2─オペラント条件づけと約束的信号

　オペラント条件づけの研究は，19世紀末，ソーンダイク（10.5.2項参照）によって行なわれたネコの問題箱の実験（6.1.1項参照）がそのはじめである．20世紀半ばになって，スキナー（10.6.2項参照）によって，ネズミやハトを対象とするオペラント条件づけの組織的な実験的研究（4.1.2項参照）が行なわれるようになった（トピック2-2）．

トピック 2-2　条件づけの区分

　パヴロフによって発見され，組織的に研究された条件づけは，パヴロフ型とも，またその後の研究の典型となったので古典的条件づけとも呼ばれる．これに対して，

スキナーによって組織的に研究された条件づけは，スキナー型とも呼ばれる．この とき，ネズミがレバーを押して餌をとるようになったのは，レバー押しの反応が， 報酬を得るための道具（手段）として機能していることから，**道具的条件づけ**とも 呼ばれる．この場合，習得的行動としての本質的な違いに注目したとき，パヴロフ 型は刺激に応答する（respond）ことが基本になっているので**レスポンデント**（re-spondent）**条件づけ**，またスキナー型は被験動物が自発的に行動する（operate） ことが基本になっているので，**オペラント**（operant）**条件づけ**とも呼ばれる （図）．厳密に言えば「古典的」には「道具的」が，「レスポンデント」には「オペ ラント」という用語が対応する．しかし，本書では慣用にしたがって「古典的」と 「オペラント」を対応させて用いることにした．なお，古典的条件づけとオペラン ト条件づけとでは用語にも違いがあるが，本書では2つの条件づけの共通性に注目 して，同じことばを通して用いることにする．

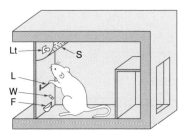

図 スキナー箱（Keller & Schoenfeld, 1950）
オペラント条件づけの代表的な装置．スキナーは， 当時，アメリカ文化の象徴ともなったタバコやジ ュースの自動販売機の仕掛けを改良し，動物用の 装置を作った．白ネズミが壁から突き出たレバー （L）を押し下げると，壁の裏側の仕掛けが作動し て，皿（F）に餌がポロリと落ちてくる．別の実 験では蛇口（W）から水が出てくる．上方のスク リーン（S）の中の明かり（Lt）がついていると きに餌が出て，消えているときには餌が出ないよ うに条件を設定することもできる．

Lt
S
L
W
F

オペラント条件づけでは，光，音などの特定の刺激や装置全体のような特定 の状況に応じて，動物がレバーを押す，キイをつつくという行動を行なえば， 報酬が手に入るといった事態が生じる．したがってそれらの特定の刺激・状況 は，その動物にとって望ましい事態を約束する信号である．すなわち，オペラ ント条件づけの状況では，生体は，こうした**約束的信号**に応じて特定の行動を 自発的に行なうことによって，望ましい事態をもたらすことができる．

2.3.3─行動の間接化
以上のように生体は，行動に際して，予報的信号に基づいてあらかじめ行動 の準備ができるようになる．また，約束的信号に基づいて自分にとって都合の よい状況をもたらすように，能動的に環境に働きかけることによって，種々の

事態への対処ができるようになる．こうして，前述の感覚支配的行動様式（2.2節参照）に比べれば，適応の範囲を拡大することができる．

　しかし，以上の条件づけによる習得行動が成立するためには，①信号刺激（条件刺激）が出現した直後に報酬（たとえば餌）が出るとか，②信号刺激のすぐ近くに報酬があるとか，③生体が反応を行なう場所が信号刺激や報酬の近くにあるとかというように，時間的・空間的に接近していることが必要である．ところが一方で，日常の環境では，むしろ信号刺激と報酬との位置が離れていたり，信号刺激が出現してから報酬が得られるまでに時間がかかったりすることが多い．さらに困難な状況の場合には，信号刺激があった場所からかなり離れたところで報酬を探さなければならなかったり，信号刺激が出現してかなり時間が経ってから反応しなければならなかったりする．こうした状況を，間接化した状況と呼ぶ．生体が，間接化した状況で適切に行動できるようになれば，適応の範囲を飛躍的に拡大することができる．

2.4——シンボル機能と発達レベル

2.4.1——遅延反応

　ハンター（1913）によってはじめて行なわれた遅延反応の実験（トピック2－3）は，間接化した状況における生体の行動の特徴を明らかにしてくれる．

トピック 2-3　　遅延反応の実験

　ハンター（Hunter, 1913）の遅延反応の実験では，①まず予備訓練として，図のaのような装置で，一種のオペラント条件づけによって，位置とは無関係に明かりのついた部屋に行くように動物を訓練する．この場合の明かりは，明かりのついた部屋に行けば報酬の餌が手に入ることを約束する信号である．②次に遅延テストとして，明かりのついている間は，出発箱（留置箱）のドアを閉めておき，動物の反応を留めておく．ただし，留置箱はガラス張りなので，どの部屋の明かりがついたかは，動物から見えるようになっている．③続いて明かりが消えてから一定時間，留置箱に動物を留めて待機させた後，ドアを開けて反応を許すのである．

　一般に，この課題は，動物にとってきわめて難しい．動物によってはわずか数秒ほどの遅延時間で正答できなくなってしまう（表）．また動物によっては，明かりが消えて待機している遅延時間中ずっと，明かりのついた部屋の方向に姿勢の固定

を続け，解放されたとたんその方向に走りだすという方法で，はじめて正答することができる．ヒトの子どもの場合は，図のbのような部屋で，ゲートが開いたら向かい側の壁のところに行き，そのボタンを押すように，と教示される．豆球が点灯しているボードのボタンを押すとブザーが鳴りキャンディーが与えられるが，音の出ないボタンを押すと，はじめからやり直しをさせられる．この予備訓練の後の遅延テストでは，豆球の点灯中はゲートが閉められていて反応ができない．豆球が消えてから一定時間待機させた後ゲートを開け，豆球が消えた状態で反応させる．

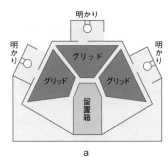

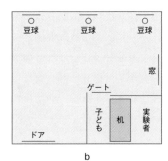

a   b

図 遅延反応の実験（Hunter, 1913 を改変）

a は，ネズミに対して用いられた装置の例であり，明かりのついた部屋に行けば餌が与えられる．誤反応をしたとき，床に設置された電気グリッドによって電撃が与えられる．留置箱はガラス張りで，ドアが閉まっているときでも向こうが見える．
b は，子どもに対して用いられた装置であり，ゲートは実験者のハンドル操作によって開かれる．なお，その後に行なわれる実験では，子どもに対して，主として直接法の遅延テストが行なわれた．

表 遅延反応の実験結果（Hunter, 1913）

対象	最小遅延時間	最大遅延時間
ネズミ	学習未完成（1匹），および遅延期間0秒（1匹）	10秒
アライグマ	3秒	25秒
イヌ	2秒	5分
子ども	50秒	25分

　この遅延反応の研究は，その後，多くの研究者によって種々に手続きが変更され，またさまざまな動物種を対象として検討され，特に最近では**ワーキングメモリ**（トピック4-10参照）の研究法として用いられている．
　たとえば，動物の眼前で，同じ大きさ，形，色をした複数の容器のうちの1つに報酬の餌を入れるのを見せる．そしてスクリーンを下ろして，動物に容器が見えないようにして待機させる．一定時間の経過後，スクリーンを上げて動

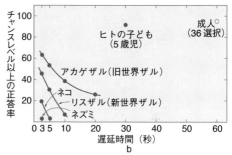

a b

図2-4 種々の動物種における遅延反応テストの比較（Miles, 1971）

a は，リスザルに与えた直接法による遅延反応テストの場面を示し，5つの箱のうち
餌を入れた箱を選択させる．b は，ネズミ，ネコ，リスザル，アカゲザル，ヒトの子
ども（5歳），成人についての遅延反応テストの成績を示す（成人の場合は36選択：○
印；その他の場合は5選択：●印）．

物に容器をどれか選ばせる（図2-4a）．この手続きは，前述のハンターの手続
きと違い，特別な予備訓練なしに直接遅延反応のテストを行なうことができる．
予備訓練後にテストする場合を間接法，予備訓練なしの場合を直接法と呼ぶ．
この方法を用いて，ネズミ，ネコ，サルなどの動物，それにヒトの子どもを被
験対象としてテストした結果と，同様な手続きで幼児から成人までをテストし
た結果とを示しておく（図2-4b）．

　用いられるテストの方法や動物種の行動の特性によって例外はあるが，一般
的に，系統発生的・個体発生的に発達レベルが低い場合は，遅延可能な時間は
短く，発達レベルが高くなるにつれて長くなる．発達に遅れのある子ども，と
くに言語的コミュニケーションの欠如した言語発達遅滞の子どもでは，遅延可
能な時間がきわめて短い（トピック2-6参照）．

2.4.2—シンボル機能と記号行動

　ハンターの遅延反応実験のテスト状況は，約束的な信号としての明かりが消
えた状態である．そのため，生体はその信号を直接利用できず，間接化した状
況になっている．したがって，前述のように直接の条件刺激を前提とした条件
づけの学習方法ではうまくいかない．そこで生体が正答するには，一度見た刺
激が消えてから反応が許されるまでの時間，それに代わる信号を自分自身で作
り，代わりの信号を適切な時期が来るまで（反応が許されるまで）内的に保持
しておかなくてはならない．ヒトの場合にはことば（6.2.2項参照）やイメー

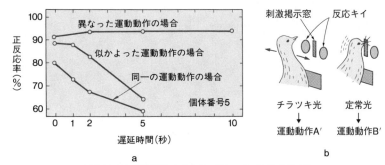

図2-5 ハトの遅延見本合わせ（Blough, 1959 を改変）

刺激提示窓にチラツキ光Aか定常光Bかどちらかが提示される．一定の遅延時間（0
〜10秒）後，反応キイの窓に左右ランダムにチラツキ光と定常光が点灯される．ハト
が刺激提示窓に提示されたのと同じ刺激の反応キイをつつけば正答となる．提示窓の
刺激が消えた後の遅延期間中に，bのようにハトがチラツキ光のときはA'頭を前後
にゆっくり動かし，定常光のときはB'せわしく刺激提示窓をつつく，というように
自ら分化した動作を行なうときは，aのように遅延時間が10秒でも正反応率は高い．

ジ（6.3.2項(2)参照）に置き換えて記憶し，内的に保持しておくことになる．
このように以前存在した信号刺激の情報を内的に保持しておく過程を**シンボル
過程**，またそうした働きを**シンボル機能**と呼ぶ．この過程は，高次の中枢の働
きと関係する．また，経験によって得られた情報を，イメージ，さらに概念，
知識などとして内化したものを**表象**，その働きを表象機能と呼ぶ．

　ハンターの遅延反応の実験では，正答するには明かりが消えた後，その方向
に姿勢を固定しておくことが必要だった．この**姿勢固定**の動作は，信号刺激と
しての明かりと食物獲得の行動とのあいだを橋渡しする**仲介的な行動**だ．この
姿勢固定の行動も，外界にある信号刺激の代わりとして，生体自身によって作
り出されたシンボル的信号である．遅延反応の実験では，記憶しておくべき信
号刺激は，消えた明かりの位置・方向に直接規定されているので，その方向に
姿勢固定することがシンボル的信号となる．ところが，信号刺激がAとBの
2種類の特徴をもつ場合には，動物はそれぞれの信号刺激の特徴に対応したA'
とB'の2種類の運動動作を自発的に作り出して，それを代わりのシンボル的
信号にすることが必要である．たとえば，ハトの**遅延見本合わせ**の実験では，
ハトが，Aチラツキ光とB定常光の2種類の信号刺激に対応して，遅延期間
中，別々に分化した運動動作A'（ゆっくりした動作）とB'（せわしい動作）
を自ら行なった場合に，はじめて正しく反応することができる（図2-5）．

　一般に，①発達レベルの低い段階では，遅延期間中，姿勢固定を含めた運動動作のシンボル行動や，それに基づく運動の表象の働きによって，信号刺激の情報が保持され，間接化した状況に対処する．②発達が進むにつれて，**イメージ**（6.3.2項参照）のような内的な表象が，代わりのシンボル的信号として用いられるようになる．たとえばティンクルポウ（1928）によると，サルの場合，好物のバナナを容器に入れるのを見せてから，遅延のあいだに，容器の中身をレタスにすり替えておくと，容器を開けた際にレタスを見つけても手に取ろうとせず，周囲を探したりする．この場合，サルは，バナナのイメージを表象として保持していて，それを見つけることを期待していたと言ってよい．③ヒトのように，言語や身ぶりサインなど他の記号系をもつようになると，信号刺激の色・形などを言語などの記号系に変換して，それを保持したり，さらにそれを組み合せて新しい記号を作り出すなどの記号操作を行なったりして，より間接化した複雑な課題状況に対処できるようになる（トピック2-4）．またヒトでは，こうした言語やその他の記号系を用いて，種々の刺激対象に共通な特徴をまとめて「三角形」などと概括化して，他の動物よりも一般性をもった概念を形作ることができる（トピック2-5）．

トピック 2-4　　子どもの遅延反応テスト

　スパイカー（Spiker, 1959）は，言語的な命名が**遅延反応テスト**にどのような役割を果たしているかを見るために，年少組（3歳9ヵ月〜4歳9ヵ月）と年長組（4歳9ヵ月〜5歳6ヵ月）の幼児に，次のような遅延反応テストを行なった．

　まず，図のような5重丸（A）と7重丸（B）の2つの図形を用意する．そして年少組，年長組それぞれを2つのグループに分けて，一方のグループには予備訓練として，それぞれの図形に「ゴ」「シチ」と名称を与えて完全に覚えるまで命名学習を行なわせた（命名群）．もう一方のグループは対照群として，図形を命名群と同じ回数だけ提示するが，2つの図形が同じか違うかを答えさせる弁別学習を行なわせた（弁別群）．こうした予備訓練の後，図に示すような大きな円盤上の2つの箱の蓋に，AとBそれぞれの図形を貼り，子どもの見ている目の前でその一方にオハジキなどのほうびを入れて蓋を閉める．そして25秒間すばやく円盤を回転させてから停止し，ほうびの入った箱がどちらか当てさせる．円盤の回転が速いので，子どもは目で追いかけることはできないし，円盤が止まる位置もはじめと違うので，蓋の図形を目印に覚えておかなくては成功しない．

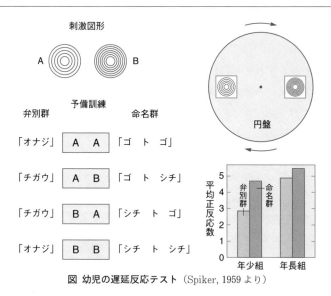

図 幼児の遅延反応テスト (Spiker, 1959 より)

　その結果，年少組では弁別群よりも命名群のほうが統計的に有意な差で成績がよく，命名が遅延反応の成績を向上させることが見出された．一方，年長組では，命名群のほうが弁別群よりも多少成績がよいが，わずかな差でしかない．この理由は，年長組の子どもになると，弁別訓練中にそれぞれの図形に「明るいほう」（図形A），「黒っぽいほう」（図形B）（両方の図形とも同心円が詰まっているので，円の数よりも見かけの明るさの違いだけがわかる）というように，〈自己流の命名〉を行なっていたためという．この遅延反応テストでは，子どもが，信号刺激（2つの図形）を言語記号（ゴトシチ，または明るいと暗いなど）に変換することによって，間接化した遅延状況に効果的に対処することができることを示している．

トピック2-5　三角形の概念

　初歩的な意味での概念行動とは，種々の無関係な属性（たとえば大きさ，色など）の違いを無視して，その共通の特性（たとえば三角性）に対応して一貫した行動を行なうことである．

　ゲラーマン（Gellermann, 1933）は，チンパンジーとヒトの幼児（2歳）に，図のaのような白三角形と比較刺激として黒い四角形とを同時に示し，aを選択させる弁別訓練をした後，aの代わりに大きさの違うb，白黒の反転したc，倒立したdを示した．チンパンジー，幼児ともこれ対にして提示した比較刺激の黒地に白四角や白丸に対して正しく三角形を選ぶことができた．特にdが提示されたときには，

両者とも頭を60度ほど傾けて図形を見比べてから正しい反応を行なった。ただし小さい丸でできた三角形eでは、幼児はほとんど誤りなしにeを選ぶことができたが、チンパンジーは混乱して反応は50%のチャンスレベルに落ちたという。

　幼児の場合、こうした課題では身ぶりやことばなど、シンボル行動を利用して形の弁別を行なっている。1人の幼児は、最初の試行で三角形の上の2辺を指でなぞりながら「これはAよ」と言って選択した。dの倒立三角形が提示されたときは、「Aはどこ？　クッキーがほしい」と言いつつ図形を見比べ、頭を傾けつつ見ていたが、突然「Aがあった！」と言って正しく反応した。小丸の三角形eが提示されたときは、しばらく躊躇した後、「おかしなAね」と言いつつ選択を行なった。

　チンパンジーの場合、大きさ、色、向きなどの変化にかかわらず同じものとみなして反応する等価反応ができることから、原始的な三角形の概念をもっていると言ってもよいが、2歳児のもつ概念よりも限界がある。2歳児では、「サンカク」のことばも知らず、その定義もできないという点では成人の三角形の概念とは異なっているが、チンパンジーの原始的概念よりもそれを抽象化、記号化している。

図 三角形の概念 (Gellermann, 1933)

2.5—意識と行動

2.5.1—思考・自己調整の道具としての言語

　言語は、個体間コミュニケーション行動の道具として、相互の意思伝達を可能にするだけではなく、子どもの発達に伴い、個体内コミュニケーション行動の道具としても、用いられるようになる。

　言語発達遅滞によりことばがまったく欠如した状態の子どもに、シンボル機能を促進するための手助けとして、しばしば遅延反応を用いた訓練状況が設定される。たとえば、赤・黄・緑・青の色紙を貼った小箱の1つにクッキーやオハジキなどのほうびを入れるところを見せ、次に一定時間スクリーンで隠した後、どの箱にほうびが入っているかを子どもに選択させる。こうした子どもは、色名の習得前には、遅延時間が10秒を超えると、もはや正しい選択ができなくなる。しかし、色名習得の訓練を受けた後は、健常児と同じように、数分以

上も遅延できるようになる．しかも，最初のうちは遅延時間中しきりに色名を
つぶやいているが，やがてその必要もなくなってくる（トピック2-6）．

トピック 2-6　　言語発達遅滞児の遅延反応

　言語発達遅滞児の中には，聴覚は十分保たれていても，種々の原因で学齢近くに
なってもことばを話すことも理解することもできず，言語をまったく欠いた状態に
あるような子どもがいる．このような子どもに対して，シンボル機能の発達を促進
させ，言語の表象機能の発達を促すために，言語訓練の過程で，しばしば**遅延反応
テスト**（2.4.1項参照）の課題が与えられる．たとえば，子どもにとって身近な事
物の絵（帽子・靴など）や色紙（赤・黄・緑・青）をそれぞれ貼った小さな箱をい
くつか用意する．そして子どもの前にそれらの箱を並べて，子どもの見ている前で
箱の1つにクッキーかオハジキなどのほうびを入れる．次に一定時間，衝立で箱を
隠して，箱を並べかえてから，ほうびが入っている箱を子どもに選ばせる（図）．

　言語も**身ぶりサイン**（帽子を見て頭に手をやる動作など）も獲得しておらず，ま
た自前の**身ぶり**も作り出せない子どもは，ほんの10秒隠しただけで，ほうびの入
った箱がわからなくなってしまう．一方，身ぶりサインを獲得しているか，自前の
身ぶりを作り出すことのできる子どもは，遅延期間中，ほうびが入った箱の絵に沿
った身ぶりをしながら待機し，遅延時間が多少延びても正しい選択ができる．さら
に子どもがそれらの事物の名称を習得した後は，遅延時間を数分以上延ばしても，
健常児と同じように正しく選択できるようになる．

　なお色紙の色が手がかりとなる遅延反応テストの場合，色の違いに対応した身ぶ
りサインを作り出すことは困難なため，とくに混乱の傾向が著しい．赤い色紙を見
せて「アカ」と言わせるなどの色名の習得が必要になる．

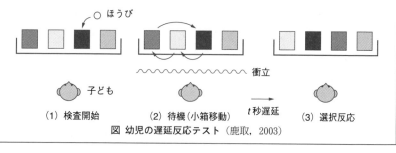

図　幼児の遅延反応テスト（鹿取，2003）

　ロシアの心理学者ルリヤら（1971）のボタン押しの実験によると，3, 4歳の
子どもは，1回ごとに外から命令を与えると課題をうまく遂行できるが，外か

らの命令を省くと混乱する．しかしやがて，言語的発達につれて，外からの命令なしに言語による**個体内コミュニケーション**によって自分自身に命令を下して，行動を適切に制御できるようになる（トピック2-7）．

トピック 2-7　個体内コミュニケーション──自己調整機能（意志）

ルリヤら（Luria & Yudovich, 1971）は，1歳半ほどの，やっとことばがわかるようになった年少児に，一種のゴムマリを与えて，ふくらんだ状態のマリの空気を押し出すといった簡単な動作を，言語的命令にしたがってうまく実行できるかどうかを調べた．この年齢の子どもは，実験者の「押せ」の命令に応答して動作を引き起こすことができる．しかし，いったん動作が始まると，「やめ」と言われても途中で動作を中止することができずに，かえって押す動作が強められてしまう．この年齢の子どもは，ことばがもつ**発動機能**によって行動が促進され，「やめ」ということばの**意味的側面**に応じて行動を調整することができない．

しかし，3,4歳頃になると，赤ランプがついたときにはボタンを押し，緑ランプがついたときにはボタンを押さないといった課題を，1回ごとに実験者が「押せ」「押すな」といった命令を与えてやると，うまくできるようになる．しかし，このように1回ごとに外から命令を与えないときには，混乱してしまう．次の段階では，課題をやりながら赤ランプがついたときだけ「押せ」と子ども自身に声を出させて〈自分自身に命令を下す〉ようにさせた場合はうまくいく．緑ランプがついたときに「押すな」と言わせると，緑ランプがついたときにもしばしばボタンを押してしまう．この年齢の子どもは，まだ，自分自身に向けたことばのもつ意味的側面に応じて，行動を適切に調整することが難しい．

しかし5,6歳を過ぎる頃になると，子どもは，言語的な**自己調整機能**を獲得して，次第に意図的に自己制御が可能になり，意志的にふるまうことができるようになる．しかもはじめのうちは，声を出して自分自身に命令をしていたのが，やがて声を出さずに〈頭の中で〉自分自身に内的に命令をして行動の調整ができるようになるのである（6.6.4項参照）．たとえば電車の運転手による「指さし確認」も，この言語的自己調整機能についての，成人の実際場面における適用例である．

すなわち，人間は，①外界のいろいろな事物・事象を言語記号に置き換えて，それを個体内部でやりとりしながら，情報を保持し操作を行なって種々の問題を解決する．この意味で言語は，思考を含む認知的行動の道具として重要な役

割を果たす．②また一方，人間は，言語記号を内的にやりとり（自己発信・自己受信）して，自分自身に命令を下して自分の行動や種々の情動を意図的に制御して，特定の行動を引き起こしたり，逆に抑制したりして行動の調整をする．この意味で言語は，自己調整機能の役割をもつ．

　人間は，言語記号による個体間コミュニケーションによって相互の意思伝達を行なう一方，個体内コミュニケーションを通して，外界の事物・事象に代わって言語記号を内的に保持，操作して，問題解決を行なうとともに，自身の行動や内的状態（意識）を制御・調整する．高等な哺乳類の場合，言語をもたなくても十分意識の存在を認めることができる．したがって言語は，意識の必要条件とは言えないが，ヒトに最も特徴的な明瞭な意識状態では，言語による個体内コミュニケーションがかかわってくる（6.6.4項参照）．なお，個体内コミュニケーションの自己発信・自己受信のサイクルが，周囲の環境，社会的状況と乖離（かいり）して，それらとかかわりなく進行し，現実を拒否するような状態も生じる．このような場合，現実性を欠いた思考，意図，信念が生じ，ときには妄想を抱き，情動状態が高まっていわれなき不安，恐怖に駆られて（7.2.1項参照），神経症的状態に陥ったり，過度の敵意や攻撃行動が生じたりする（7.5.1項参照）．したがって，こうした個体内コミュニケーションのサイクルに対しては，現実の状況へとフィードバックするなんらかの操作ないし働きかけが，適宜かかわることが必要となるだろう．

2.5.2─意識の行動学的視点

　科学的心理学の出発点と言われるヴントの心理学では，意識が，その中心的な概念であった（1.2.1項参照）．他方，行動主義の心理学では，意識は，主観的であいまいな概念で，科学的な用語としては不適切なものとして排除された（1.3.1項参照）．

　しかし意識は，高等な動物種の行動の特徴や仕組みと下等な動物種の行動のそれとを区別したり，高等な動物の生体が十分な覚醒状態（7.3.2項参照）にあるときとそうでないときとを区別したり，さらに高次の認知行動の特性を記述したりする上で有用な概念である．現代の心理学の視点からいうと，意識とは，ヒトや高等な動物が正常な覚醒状態にあり，環境の刺激に対して応答しうる状態，ないしはそうした場合の脳の活動状態を指す．しかし，刺激に対する

反応性だけでは意識の十分条件とは言えない．反射的行動や本能行動のような感覚支配的行動（2.2節参照）では，とくに意識を想定する必要がない．事実，ヒトの反射は一般に意識を伴うことがない．この問題は1.3.3項で述べたこころの存在の有無を考えるときと共通する問題である．意識も，一方の極に意識が欠如した状態を，もう一方の極に明瞭な意識をもった状態を置くというように両極の明瞭な特性によって理解すべき両極性の概念である．

　下等な動物が行なう反射的・本能的行動の場合には意識を仮定する必要がない．また，ヒトが示す種々な反射的行動や昏睡状態にある場合には，意識が欠如していると考えてよい．一方，ヒトが注意を集中して目的をもって課題を遂行したり，自己の感情状態や行為を反省したりしている場合は，まさに明晰な意識状態にあるということができる．一方，ネズミなど下等な哺乳類の行動が意識的か否かとか，ヒトが夢うつつの状態やしたたかに酔っぱらった状態にあるときが意識的かどうかは，必ずしも明らかではない．これは両極の中間にある意識状態だ．したがって，意識と無意識の状態は連続的であり，その境は不明瞭ではあるが，少なくともその両極の状態は明確である．

2.6─意識の成立過程

2.6.1─シンボル機能と対象物の永続性

　一般に，系統発生的，個体発生的な発達に伴って，シンボル機能が生体の適応行動に大きな役割を果たすようになってくる．この場合，生体に与えられた外界の事物・事象についての刺激情報は，内的に保持されるばかりではない．刺激情報は，さらに経験を通して組織化されて，いわば，外的な事物・事象についての心的なモデルが形成されて意識が形成されてくる．

　生後20日から100日の乳児を被験対象として，バウア（1971）は，次のような一種の手品を行なった（図2-6）．まず，乳児が興味を引くような物体を置き，一方の端から衝立をゆっくりと移動させていき，正面にきた衝立の背後に物体を隠す（a-c）．そして一定時間たってから衝立を取り去るのである．その際，1つの条件（d）では，その物体を以前の場所に置いたままにしておき，衝立がどけられると物体が再び見つけ出せるようにしておく（再出現条件）．もう1つの条件（e）では，cの後，衝立に隠れているうちにひそかにその物体を除いておく（消失条件）．衝立で物体を隠しておく時間を，1.5秒か

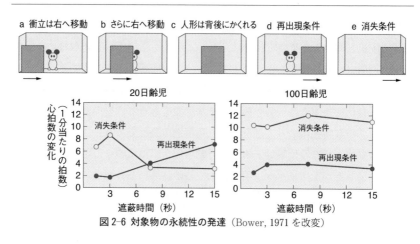

図 2-6 対象物の永続性の発達（Bower, 1971 を改変）

表 2-2 初期の「対象物の永続性」の概念の発達（Bower, 1974）

段階	月齢*	成　功	失　敗
I	0–2	物体を隠してもそれに応じて特別な行動は見られない．	
II	2–4	物体が動いてスクリーンの後ろに入っていくのを目で追おうとする．場所から場所へと物体を目で追うことを学習できる．	動いている物体が停止してからも目はそのまま動き続ける．物体が新しい場所へ動いていくのを見てもその物体が以前にあった場所を探そうとする．
III	4–6	もはや第II段階の追跡の誤りを犯さない．一部分が布で覆われた物体を見つけることができる．	布で完全に覆われてしまった物体は見つけることができない．
IV	6–12	布の下に完全に隠された物体を見つけることができるようになる．	物体が隠された場所を見ていたにもかかわらず，以前に見つけたことのある場所を探す．
V	12–15	もはや第IV段階の場所の誤りを犯さない．	見えないところで物体を置き換えるとうまく対処できない．
VI	15–18	完全に成功──物体がどこにどのように隠されようとも，見つけることができる．	

＊これらの月齢はおおよそのものであり，かなりの個人差が見られる．

ら 15 秒までと種々に変化させて，衝立を取り去ったときの乳児が示す驚きの反応を，心拍数の変化を目印にして測定してみた．その結果，20 日齢の乳児は，衝立の遮蔽の時間が 3 秒ほどでは再出現条件よりも消失条件のほうが心拍の変化が大きい．しかし 3 秒を超えるとむしろ再出現条件のほうが大きくなる．すなわち 20 日齢児では，物体が見えないまま 3 秒を超えると，もはやこの物体情報が失われてしまっていたことを示唆している．ところが 100 日齢の乳児

になると，15秒まで，一貫して消失条件のほうが変化が大きい．このことは，100日齢児は，物体が15秒ほど見えないままであっても，（a）のときに見た物体の情報が〈内的に〉保持されており，したがって衝立が取り去られたら物体が当然そこに見えることを期待していること，そのため，消失条件では驚きの反応を示し，心拍の変化がより大きくなった，と考えてよい．

このように，物体が一時的に隠されても，相変わらずそこに存在するといった**対象物の永続性**の概念は，シンボル機能の発達とともに，一定の段階を経ながら約1歳半頃までに完成する（表2-2）．やがて子どもは，環境とのやりとりを通して経験を重ねて，外的な事物・事象の心的なモデルを形成するようになる（6.2.1項参照）．

2.6.2—自己意識と自己鏡映像認知

自分自身について意識していること，すなわち**自己意識**をもっているということは，意識の形態の中で最も際（きわ）だった，そして最も特徴的なものの1つだ．このような自己意識の形成過程について，行動の側面から分析する1つの方法として，鏡に映った自分の映像を自分として認知できるかどうか，という**自己鏡映像認知**の研究がある．

一般にサカナやトリでは，自己鏡映像認知は成立しない．トゲウオのオスは，鏡に映った自分の映像を敵とみなして攻撃を続け，しまいには攻撃の衝動が本来とは別の方向に向かう砂ほりを始める（**転位行動**）．このようにサカナやトリでは，鏡映像を実在する対象とみなして反応している（図2-7）．ネコやイヌでは，鏡映像に接した当初は，においを嗅ぐ，触るなどの探索的行動をとる．やがて鏡映像が実在しないものと認知して，鏡への興味を失ってしまう．

図2-7 オスのトゲウオの転位行動（Tinbergen, 1951）
鏡に映る自己の映像に向かって攻撃する．ついには攻撃の衝動が本来とは別の方向に向かい，砂ほりや倒立の形をとる．このような本来とは別の方向に向けられた転位行動は，攻撃と逃走との動因が拮抗している状態で生じる．

一方，チンパンジーは最初は鏡映像に攻撃行動や探索的行動をとるが，やがて実際の仲間の視覚像と鏡の中の仲間の映像とを比較して鏡映像の非実在性を認知する．同時に自分の鏡映像の非実在性も認知して，それが自分とわかるようになり，自己認知も成立する．そして，鏡を道具として利用するようになる．

自己鏡映像認知の発達的研究によると，ヒトの子どもは，通常，生後5,6ヵ月頃から自分の鏡映像に興味を示し始める．1歳前後までは，外的な実在としてそれに触れようとしたりするが，やがて母親など他者の鏡映像が実物でないことを認知できるようになる．そして1歳半頃，自己の鏡映像を自分とは半ば独立した分身として遊んだりするが，2歳以上になると，自分の像の非実在性も認知して，自分の鏡映像を自分自身ではなく自分が映った姿であることを理解し，最終的に自己鏡映像認知が成立する．そして，帽子，めがねなどを身に着けた自分の鏡映像を見て喜ぶといったように，鏡を道具として使用できるようになる（トピック2-8）．

トピック 2-8　自己鏡映像認知

子どもは，およそ1歳までに，自分の名前を呼ばれると呼ばれた方向にふり向く．このような行動は，子どもが自分の名前と他人の名前とを区別して聞き取っていること，さらに自分と自分の名前とのあいだに結合が形成されていることを意味している．この場合，子どもは名前が自分に対する呼びかけの信号であることを理解していると考えられる．このような行動の変化は，子どもが，他人と区別された自己についての初歩的な概念を形成しつつある証拠，と見てよいだろう．

鏡に映る自分の映像に対して子どもが示す反応も，自己認知の発達の目印として多くの人々の関心を集め，研究されている．一般に子どもは，生後数ヵ月頃から鏡に興味をもちはじめ，5,6ヵ月になると裏側をのぞいたり手を回したりして探索的行動をとり，鏡映像をあたかも実在するものとして扱う．そしておよそ2歳以降，自己鏡映像認知が成立する．自己鏡映像認知の成立を確かめる具体的なテストとして，額や鼻に子どもに気づかれないようにシールを貼るか無臭の口紅などで色を塗り，鏡を見たときに自分の額や鼻に手を触れるか取り去ろうとするかどうかを見る．また子ども自身の鏡映像を「誰?」とたずね，自分の名前を言えるかどうかを見る．

チンパンジーも最初は，鏡映像を他者とみなすような攻撃行動や探索的行動をとる．やがて前述のような方法で，チンパンジーの額に気づかれないように色を塗るなどのテストをすると，鏡を見て自分の額を触れるなどの反応をするようになる．

また鏡を利用して目やにを取ったり，足の裏を調べたりするという（このような自己鏡映像認知を，なぜ自己意識の目印とみなすことができるか，考えてみよう）.

アルツハイマー病の場合，痴呆が進むと自己鏡映像認知に障害が生じる．すると，自己の鏡映像を他人と見誤り，話しかけたり，ものを手渡そうとしたりする.

一方，先天盲開眼者の少女（14歳）の場合，最初は鏡の表面や裏側を探り，何も存在しないと知ると，自分や周囲の動きと鏡映像との同期に気づき始めた．その後，鏡映像を生き物と見なす時期を経て，実物と鏡映像とを見比べてその対応（色など）を理解しようとする．鏡映像による人の識別では，顔よりも洋服の色，背の高さなどを手がかりとした．鏡映像の機能を，対象との空間関係を含めて理解するに至るのは鏡を見せてからほぼ2年後であった（望月，1997）．なお，野生児ヴィクトールは鏡を見せられた時，裏側を探すような行動を示したという（鈴木，2014）.

2.6.3—意識の発生段階

意識の発生段階を，両極性の定義に中間的な段階を挿入して，おおまかに次の3つに分けることができるだろう.

① 反射的・本能的な感覚支配的行動のレベル：このレベルでは，意識の存在を認める必要がない.

② 外界に対する心的なイメージや表象，ないしは心的なモデルを形成して，それをもとに認知的行動が可能なレベル：多くの哺乳類は，こうした心的モデルを，経験を通して獲得して，それに基づいて課題の解決を行ない，外界に適応することができると考えられる．この場合は，外的な事物・事象についての意識（ないし意識の萌芽）をもつと言ってもよいだろう．しかし，この段階ではまだ自分自身を対象としてとらえることができない.

③ 自分自身に対するモデルを形成して，それとのかかわりのもとに，感情・情動などの内的状態や認知的行動の調整や制御が可能なレベル：自分自身を対象化してとらえる段階にある．すなわち認知する主体としての自分が，同時に自分自身を対象として認知している．そこで自分に戻るという意味で再帰的モデルと呼ぶことができる．ヒト，および少なくともチンパンジーなどの類人猿では，②のような外界についての心的モデルをもつだけではない．さらに，自分自身についてのモデルを形成して，環境における対個体関係（対人関係）や対事物・事象関係における課題を解決していると考えられる.

　とくにヒトの場合，言語記号を用いて個体内コミュニケーションを行なって，自分自身に向かって話しかけて考え，自分をコントロールすることができる．ヒトは，このような心の働きによって自分自身についての明確なモデル（自己意識）を維持しつつ，多様な課題状況（7.4.2項，7.5.3項，9.3.2項参照）において内的な状態や認知的行動を調整・制御することができる（逆に，前述の個体内コミュニケーションのサイクルが現実から乖離（かいり）している状況を思い出してみよう，2.5.1項参照）．これは，ヒトに最も特徴的な明瞭な意識状態と言ってよいだろう．

　言語は，必ずしも意識の必要条件ではないが，通常，ことばによって直後に再生（4.4.1項参照）ができるかどうかが，意識の存在の1つの目印になっている．したがって，ヒトにおける最も特徴的な明瞭な意識状態では，ある種の自問自答のような，言語による再帰的な個体内コミュニケーションの過程がかかわり合っている．言語を用いての個体内コミュニケーションの過程を基礎にして，やがて子どもは，外界についてのモデルを作るとともに，自己自身についてのモデルをも形成する．そして，このような自己自身のモデルに基づくことによって，「明瞭意識」をもちつつ，問題解決を行なったり，自分自身の内的状態や行動の調整，制御を行なう可能性が備わってくる（トピック2-7参照）．「ヒトは，まさに言語によって人間となる」．

2.6.4──他者のこころについての推量──「心の理論」

　人間は，他者の「こころ」の状態をどれだけ理解し，推量することができるだろうか．また子どもは，他者の「こころ」の状態を何歳頃になったら理解し，推量することができるようになるのだろうか．これは前項の自己意識の問題と関連し，社会行動や人間の行動一般の理解にとっても重要な問題である．

　このような問題は，最初，チンパンジーがヒトの「こころ」を理解できるかどうかの研究として，プリマックら（1978）によってはじめられた．その結果，チンパンジーが種々の実験場面で，ヒトの「こころ」の状態を理解できることが見出された．ヒトや動物が（異なった動物種間を含めて）他者の「こころ」の状態（目的，思考，意図，信念など）を理解し推量する働きを比喩的に「心の理論」と呼んでいる．この問題は，他者の「こころ」や自己の「こころ」についての理解や，メタ認知（自己の通常の認知活動を監視して，目標に沿って

制御する認知の働き）の問題とかかわりをもち，幼児の認知発達を明らかにするための重要な課題である．

　通常，トピック2-9のような「誤信念課題」または「サリーとアンの課題」と呼ばれる実験を通して，子どもが他者（サリー）の考えや信念を推量できるか否かを調べる．「サリー（人物A）はビー玉（対象物X）がカゴ（場所Y）にあると思っているか？」をたずねると，被験児は4歳頃までに正しく答えることができるようになる．これは一次的課題と呼ばれる．

　それに対して，複雑にした状況を設定することができる．すなわち「『人物Aは対象物Xが場所Yにあると思っている』と人物Bは思っているか？」というように入れ子状にした課題を，二次的課題という．このような課題に正答できるのは，健常児でも4〜7歳頃になってからである（ダウン症児や自閉症児については，トピック2-9参照）．

トピック 2-9　　他者の「こころ」の推量――「サリーとアンの課題」

　「誤信念課題」と呼ばれる次の研究例を参照して，「子どもは他者の〈こころ〉を推量できるか？」という問題を考えてみよう．

　被験児に，サリーとアンの人形を示し（a），サリーがビー玉を自分のカゴに入れてから（b），その場を立ち去るのを見せる（c）．サリーが留守のあいだに，アンはサリーのビー玉を自分のハコに隠す（d）．やがてサリーが戻ってきたときに，サリーは自分のビー玉をどこで探すだろうか（e），という課題である．

　子どもに対して，①ビー玉は本当はどこにあるか，②前にはそれはどこにあったか，③サリーはどこを探すと思うか，の3つをたずねる．①と②の質問は，被験児による状況の理解と記憶を調べる質問であるから，他者（サリー）の「こころ」とは関係がない．③の質問が，この研究の焦点であり，被験児が他者（この場合サリー）の考えや信念を推量できるか否かを問うている．被験児が③の質問に対しても自分が見たまま「サリーはハコを探す」と答えれば，他者の考えを推量していない．

　それに対して，サリーの考えを推量して「サリーはカゴを探す」と正しく回答できるようになるのは，健常児では4歳頃である．これ以前の子どもは，直接自分が見た事実を中心にして「サリーはハコを探す」と推量することが多い．なお，この実験を行なった研究者は，客観的な事実（ビー玉はいまハコの中にある）を基準にとるため，「サリーは誤った考え，誤った信念によって，ビー玉がカゴの中にあると思っている」とするのである．

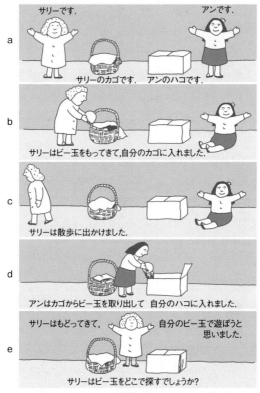

図 サリーとアンの課題（Frith, 1989 を改変）

　この場合，他者の「こころ」を推量する働きを子どもがもつことを，比喩的に「心の理論」をもつと呼んでいる．自閉症児は，他者との相互的なやりとりなどの対人関係に重い障害をもつため，「サリーとアンの課題」のような「誤信念課題」には著しい困難を示す．健常児，ダウン症児，自閉症児についてIQや言語能力をほぼ等しく5,6歳に合わせて，「サリーとアンの課題」を行なわせると，健常児，ダウン症児とも①～③の質問に正しく答えられた．一方，自閉症児は①と②の質問には正しく答えられるが，③の質問に「サリーはハコを探す」と答え，他者の考えや信念を推量する働きに障害のあることが示唆される（Frith, 1989；飯塚，2007）．

　＊　自閉症については，3.3.1項，9.7.3項参照．

　＊　ダウン症候群は，ダウン（Down, 1866）によってはじめて記載された発達
　　　障害．21番目の染色体異常により知的障害が生じ，一般に，IQは25～50程
　　　度と低いが，情動や社会性の発達は比較的よく，ひょうきんで温厚である．

　こうした研究は，子どもが他者の「こころ」，さらには自己の「こころ」について正しく理解し，かつ他者の「こころ」を正しく推量する働き，いわゆる「心の理論」をもつようになるには，かなり長期間の発達過程が必要なことを示す．またサクスら（2003）によれば，その働きにはいわゆる「社会脳」と呼ばれる領域（9.7.1項参照）などがかかわっているとされている．

　なお直接に事物・事象を心に浮かべる働きを一次表象作用というのに対して，自分または他者が一次表象をもっていることを思い浮かべる働きを二次表象作用と呼ぶ．これは，メタ認知とも呼ばれる．チンパンジーやヒトの子どもがこうしたメタ認知をもつことは，認知発達の重要な側面である．

　　［参考図書］

　　3章末（p.61）参照.

3 章 発達──遺伝と環境

　人間の行動やこころの働き方，その特徴が，生まれつきのものか経験をとおして獲得されるものかという問題については，古くから論議されてきた．哲学では先験論 対 経験論の論争が行なわれてきたし，心理学でも，生得説と学習説とがそれぞれの主張を展開して，その立場を支持する資料を提出してきた．心理学にとって，行動やそれを支えるこころの働きを明らかにするには，生得的（遺伝的）要因と学習的（経験的，環境的）要因の役割を明らかにすることが，理論的にも実践的にも，重要な問題である．この章では，遺伝的要因と環境的要因とが行動やこころに及ぼす影響や，それらの要因の相互的な働きについて述べ，とくにそれらが行動発達をどう規定するかについて考察する．

　一方，こうした遺伝と環境の働きを扱うには，それらの働きによって，行動やこころがどのように発達変化していくかを見ることが不可欠である．誕生直後の乳児はほとんど無力な存在だが，時間の経過とともに身体的・心理的に大きな変化を遂げて大人になっていく．こうした発達過程のそれぞれの時期に，行動やこころはどんな特徴をもっているのか，またどのように変化していくのかを明らかにすることが，発達研究にとって必要である．最近では発達の問題を，誕生から死までの一生の過程，すなわち生涯発達の問題として取り上げている．人間の機能や特性にはそれぞれに発達の過程が存在しているが，この章では，それらの発達過程に共通したいくつかの一般的な問題点について取り上げることにしよう．

3.1─遺伝と環境──行動発達を規定する要因

3.1.1─氏か育ちか

　2章では，生体の行動を感覚支配的行動と認知的行動との2つに分け，前者を生得的に生体に組み込まれた行動様式，後者を獲得された行動様式として説

明した. しかしこれは, 説明を簡単にするための便宜上の分類である.

　人間の行動やこころの働きの特徴, 能力を規定する要因が, 遺伝的要因（生得的要因）によるのか, 経験によって獲得された環境的要因（経験的要因）によるのか, といった生得 対 経験, 遺伝 対 環境, 成熟 対 学習の問題は, 従来から哲学や心理学, さらに生物科学において繰り返し取り上げられてきた. 世間でも個人の性格や能力について「氏か育ちか」といったように 2 つを対比させて話題にする. また民族や人種の性格や能力について, 生まれつき固有なものかどうかが問題にされる. しかし, 遺伝的要因と環境的要因とを対立させる問題の立て方は, 本当の理解にはつながらない. 生体の行動は, 長い進化の道程で組み込まれるようになった種々の生得的要因と, 周囲の環境からのさまざまな刺激作用との相互作用をもとにして展開していくのである.

　ヒトの発生においては, 両親の遺伝子を運ぶ卵子と精子とが結合して受精卵となり, 母親の子宮に着床して発育する. しかし, 受精卵の成長には, 母体内環境における栄養的な刺激作用が必要である. 一方, 胎児の生育には, 母体の生理的状態や母体をとおして入り込んでくる毒物や病原体が影響を与える. さらに誕生後, 子どもは直接外界の環境と接してさまざまな影響を受けることになる. したがって, 生得的に組み込まれた行動が発現したり維持されたりするには, 遺伝的要因の支えと並んで, 誕生前の母体内環境および誕生後の刺激作用が関係してくる.

　近い将来, 遺伝子の解読によってヒトの発達について生物学的, 医学的ないくつかの予測が可能になると思われる. しかし, 発達は遺伝だけで決定されるわけではない. 同じ遺伝子をもっていても, 異なった環境に置かれれば異なった発達が生じる. 特定の遺伝子をもつ人がある環境に置かれれば, その環境の影響を受けつつ一定の発達をすることになる. 遺伝と環境とは, こうしてそれぞれと相互作用しながら発達過程を形成していく. この点から言って, 発達過程について, エピジェネティクス（後成遺伝学：DNA 配列以外の要因による遺伝現象について研究する分野）の研究が重要となる（知能に関する遺伝と環境の相関関係の例は, トピック 8-3 参照）.

3. 1. 2—2 つの要因の相互作用

　反射行動や本能行動のような感覚支配的行動は, 生得的な要因のウエイトが

大きい（2.2節参照）．しかし，その発現や維持には，そのときどきに与えられる刺激の働きも無視できない．とくに複雑な本能行動は，経験，学習の働きや知的能力の支えによって，より適応的，効率的なものとなる（トピック3-1）．

トピック 3-1　乳児の乳探し反射

　乳児の原始反射の1つである乳探し反射（2.2.1項参照）は，右側ないし左側の頰に与えられる触刺激によって誘発される反射で，通常，反応生起率は30%程度だ．しかし，乳児にこの反射が生じたときに，乳児がくわえた「おしゃぶり」をとおしてブドウ糖溶液を与えてその行動を強化（4.1.2項(1)参照）すると，やがて生起率は80%程度まで上昇する．一方，こうした強化を与えないようにするとやがて生起率は30%以下に低下する（図）．このように乳児のもつ原始反射も，環境からの刺激作用によってその発現や維持が支えられている．

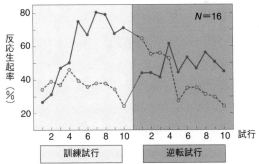

図　乳児の「乳探し反射」の分化（Siqueland & Lipsitt, 1966）
実線は頰に触刺激を与えて「乳探し」をしたとき強化した場合，破線は強化しない場合．横軸の試行数は6試行をまとめて表示した．60試行（表示は10）訓練したところで訓練を逆転させ，いままで強化した側の頰刺激への反応を非強化とし，いままで非強化だった側の頰刺激への反応を強化し，さらに60試行（表示は10）訓練した．

　動物の行動には，遺伝的に組み込まれ，生まれつき型の決まった生得的な面と，学習によって成立し変化する習得的な面とがある．原始的な動物では行動の型がほとんど生得的であり，学習によって変わる面が少ないのに比べ，哺乳動物では学習によって変わる面が多い．本能行動にも，環境の影響を受けない比較的不変な反射的な部分（完了的位相）と，経験や学習による変容を受けやすい高次機能と関連した部分（予備的位相）とが含まれる（トピック3-2）．

> **トピック 3-2　　ネズミの性行動**
>
> 　ネズミの性行動（求愛行動，交尾行動ばかりでなく，母性行動，育児行動も含む）は，一種の本能行動といってよい．成熟したメスは，発情期には活動性が高まるが，その時期に身体の後部に触刺激が与えられると，オスの交尾行動を受け容れる姿勢をとる．またメスは出産の1, 2日前になると，藁くずや紙きれなどを集めて，巣を作りはじめる．仔が生まれると，きれいに汚物をぬぐって，羊膜を取り去る．そして胎盤を食べてから（それまでは仔に注意を払わない），仔ネズミを巣に集めて授乳しやすいように巣に座り込む．こうした一連の養育行動は，とくに他のネズミから教わる必要がない．
>
> 　ネズミに迷路の学習を行なわせると成績に個体差が生じる．一般に，迷路学習の成績がよいオスは，交尾行動の能率，頻度が高く，性的活動が活発である．一方，メスの交尾行動は，迷路学習の成績とは関係がない．しかし，前述の養育行動の効率とのあいだに相関（トピック8-2参照）がある．また大脳皮質を除去すると，ネズミの学習能力や知能が低下するが，オスでは交尾行動，メスでは養育行動の効率が低下する．本能的行動を完了的位相と予備的位相とに区分すると，オスネズミの交尾行動やメスネズミの養育行動は予備的位相のウエイトが大きく，メスネズミの交尾行動は完了的位相のウエイトが大きいと言えるだろう．

3.1.3—行動発達の規定要因

　行動やこころの発達変化は，どのような要因によって規定されているのだろうか．それは，生得的に個体の中に組み込まれた生物学的，遺伝的な素因が，成熟につれて，次第に現われてくるのだろうか．それとも，環境での経験を重ねるにしたがって，次第に形成されてくるのだろうか．

　ヘッブ（1972）は，このような行動発達を規定する要因を，表3-1のような6つの要因に分けた．要因Iは遺伝的要因，受精卵のもつ遺伝子，DNAだ．要因Iを除いた他の要因が環境的要因になる．そしてIVとVの要因がいわゆる経験の要因（5.2.7項(1)参照）である．一般に，身体的成熟という場合は要因I～III，心理的成熟という場合は要因I～IIIに加えIVの初期経験が関与している．要因IVとVは通常の学習をとおしての経験であるが，とくに要因IVは，初期経験として行動発達に対して重要な役割をもっている．従来の遺伝 対 環境の議論では，要因Vとしての経験・学習がかかわっていなければ，その行動発達は要因Iによって規定されていると主張することが多い．

表 3-1 行動発達における要因の分類 (Hebb, 1972)

要因	分　類	原因，作用様式など
I	遺伝的要因	受精卵の生理学的特質
II	出生前の化学的要因	子宮内環境の栄養ないし毒物の影響
III	出生後の化学的要因	栄養ないし毒物の影響：食物，水，酸素，薬物など
IV	定常的な感覚的要因	正常な場合には種に属するメンバーすべてが避けることのできない出生前後の経験
V	変動性の感覚的要因	種に属するメンバー相互で異なる経験
VI	外傷的要因	細胞を破壊するほどの物理的事象：要因 I〜V と異なり，動物が通常曝されるとは思われないような「異常な」部類に属する事象

　この要因 IV は，ネズミならネズミ，サルならサル，またヒトならヒトといったように，特定の動物種にとっての通常の生育環境に置かれれば，その動物種のメンバーに通常与えられる初期の経験である．ヒトを含めて多くの動物では，行動発達における初期経験の果たす役割は大きい．しかし現在のように急激に環境条件・社会状況が変化する時代では，この要因 IV の初期経験がいままでとはまったく異なったものとなり，そのため種々の教育問題，社会問題が生じてくる．一般に，生得的な本能的行動とされているもの，ないしはその動物種にとってその種本来の特徴とされている行動には，この要因 IV の初期経験によって支えられているものも含まれている．行動発達を決めるそのおおまかなプランは，すでに生体に組み込まれている．しかし，そうしたプランをもとに，それぞれの状況に適合した調整を行ないながら行動を作動させ実現化していくには，環境からの刺激作用が必要になる．

3.2—発達的変化

3.2.1—分化と統合
　発達は時間の経過の中で見られる変化であるが，あらゆる変化がすべて発達ではない．行動やこころの変化の中には，そのときどきに偶然起こる変化もある．その中で，一定の方向へ向かう持続的な変化が見られるとき，それを発達的変化とするのである．たとえば，子どもの体重は，そのときどきの身体の調子によって多少増えたり減ったりしている．そのような小さな変動をとおして，ある期間内に身体が大きくなり体重が増加していく傾向が見られるときに，それを発達であるとみなすのである．発達的変化が時間の経過の中で生じるとい

う意味は，それが以前にあった過程を基礎にして生じる，ということである．発達的変化は，徐々に現われることもあれば，急激に起こることもあるが，いずれにせよ，それ以前の過程と無関係に生じることはない．

　成熟に至るまでの発達過程には，分化と統合の変化という顕著な変化が生じる．すなわち，発達過程の初期の段階では，身体の各部やいろいろな機能が，全体としてひとまとまりで未分化の状態であるが，成長につれて次第にそれぞれの部分に分かれて，部分部分が独自の働きをすることが可能になる．これが分化である．しかし，発達には分化と同時に，統合に向けた変化も生じる．発達の経過にしたがって，分化したものがバラバラになってしまうのではなく，分化したものどうしが互いに組織化，調整されて，より複雑な全体に統合され，より高度な働きができるようになっていく．たとえば乳児は，ものをもつにも手全体でぎこちなく握るだけであるが，成長すると1本1本の指が分化して別々に独自に動かせるようになる．その一方で，それらの指は，協応して「つまむ」というような統合された精緻な動きができるようになってくるのである．

3.2.2──発達のとらえ方(1)──量的変化（身体の発達）

　発達は，時間の経過に伴って起こる変化であるが，その変化については量的なとらえ方と質的なとらえ方とがある．量的な発達変化の1つとして身体の変化，とくに身長の変化を取り上げてみよう．

　ヒトの**身体発達**は，1個の受精卵からはじまり，細胞分裂を繰り返して，次第にそれぞれの部分が分化してヒトの形態をかたちづくるが，こうした身体的発達の変化は，時間とともに直線的に増加していくものではない．したがって誕生後，身長の量的発達の過程にはいくつかの特徴が現われる．こうした身長の量的発達が時間の経過とともにどのように変わるかを**発達曲線**として示すことができる．身体の量的な発達変化では，生後1年以内の急激な成長が目立つ．この時期は，胎児期の延長の時期と考えられている．なお，ヒトの新生児は，自由に動くことができないほど未熟な状態で生まれてくるが，これは胎児の脳が大きくなりすぎて出産が困難になるため，とされている．幼児期から児童期にかけては，身長の比較的定常的な成長が見られる．さらに青年期のはじめに，再び急激な身体の成長がはじまる．これは性的成熟と密接な関係があり，女子のほうが男子より早くはじまり，早く終わる．20歳に近づくと，身体の発達

は次第に緩やかになり，停止する．このようにヒトの身体の発達は，長い期間を必要とする点で他の動物に比べて著しい特徴をもつ．通常，年齢的な発達時期を示すために，次のような区分が用いられている．

　乳児期（0〜1歳）：とくに分娩直後〜2週間ないし4週までを新生児と呼ぶ——生理的体重減少などが生じる生後1週間を早期新生児ということもある

　幼児期（1〜6歳頃）

　児童期（6〜12歳頃）：学童期ともいう

　青年期（12〜22歳頃）

　これらの区分は，心理的な発達そのものよりは，むしろ学校制度のような社会的な区分に対応している．

3.2.3—発達のとらえ方(2)——質的変化（発達段階説）

　発達は量的な変化と見ることができる一方，質的な変化と見ることもできる．この場合発達は，質的に異なるいくつかの段階，すわなち「発達段階」から構成される序列として考えることができる．特定の発達段階の中では比較的等質に推移するが，ある時点で質的に飛躍的に変化して次の段階に移行する．ただし，段階と段階とのあいだには，中間的な移行期が見られることもある．発達段階の順序は一定であるが，それを経過する速さには個体差がある．個々の機能や特性の変化についての経過を，発達段階としてとらえることもできるが，広い活動領域についての全体的な発達段階を扱うこともありうる．

　発達段階についての理論，発達段階説としては，パーソナリティについてのフロイトの性愛説（トピック8-5参照），エリクソンの漸成説（トピック8-6参照），および認知についてのピアジェ（10.6.3項参照）の発達段階説などがある．

　子どもは，成長につれて，認知機能が量的にも質的にも変化し，困難な問題場面にすばやくかつ適切に対処できるようになる．ピアジェの発達段階説では，こうした認知過程の発達的変化に焦点を当て，総合的に理論化を行なった．ピアジェは，認知発達の過程を次のような時期に分ける（6.2節参照）．

　感覚運動的知能の時期（生後2歳頃まで）：新生児は生得的な反射（2.2.1項参照）によって外界に反応しているが，やがて感覚／運動をもとにして周囲の環境とのかかわり合いをとおして，外界の知識を獲得し，簡単な予測的行動

が可能になる.

　前操作の時期（2歳頃〜7,8歳頃）：シンボル機能（2.4.2項参照）が発達し,
内的に言語を用いて考える能力も備わる. ただし, 自分の視点を中心にして考
える自己中心性や, 外見や1つの側面だけに注意を向ける中心化などの傾向が
ある.

　具体的操作の時期（7,8歳頃〜11,12歳頃）：客観的にものごとを考え（脱中
心化）, 数, 長さ, 質量などの保存の概念（トピック6-2参照）も成立し, 論
理的にものごとを処理できる. ただし, この段階では, 実際の事物を用いた直
接的な具体的課題に限られる.

　形式的操作の時期（11,12歳以後）：抽象的な推理, 論理的な思考が可能に
なり, 仮説を立てて正しさを検証し, 推理を行なう.

　ただし, このピアジェの考え方は, その後の発達研究に大きな影響を及ぼし
たが, 後の研究によって批判を受け, 修正されている.

3.2.4──刷り込みと初期経験

　「三つ子の魂, 百まで」というように, 初期の経験が, 人の行動やこころの
さまざまな側面, 個人の性格特徴に対して深い影響を与える可能性があること
が, 古くから言われてきている. フロイトの精神分析では, 性格形成にとって
幼時期の体験が重要な役割を演じていることを指摘した（8.5.2項参照）.

　アヒル, カモなどの雛は一般に, 孵化して最初に見た動く対象に対して, 愛
着行動ないし追尾行動（その対象の後を追いかける行動）を示す. 通常は最初
に接する対象は親鳥であるが, 人工的に孵化してすぐに接するのが人間だとす
ると, その雛は一般に人間に愛着を示し, 人間につきまとう傾向が見られるよ
うになる. そして成熟してから人間に対して, 性的接近を試みる（図3-1）.
動物行動学者のロレンツ（1935）は, このような初期に生じる特殊な学習を刷
り込み（刻印づけ）と呼んだ（10.6.3項参照）. そして, この刷り込みが生じ
るには特定の期間ないし臨界期が存在し, その期間を過ぎると刷り込みが起こ
らなくなること, また刷り込みは餌のような強化をとくに与えなくても生じる
こと, さらに, いったん刷り込みが生じると取り消しがきかないこと（非可逆
性）, などの特徴を挙げている. しかしその後の多くの研究によって, 臨界期
は単に特定の刺激作用の影響を受けやすい期間ということに過ぎず, したがっ

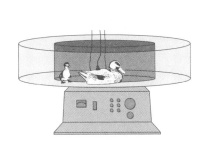
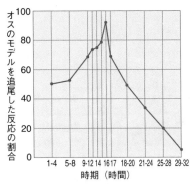

a　　　　　　　　　　　　　b

図 3-1 カモに対する刷り込みの実験（Hess, 1958 を改変）

a は実験に用いられた装置で，カモのオスの模型は実験者の操作によって円型の軌道の上を動く．雛は人工的に孵化し，一定時間箱の中に隔離したのち，この装置の中で動く模型に曝される．

b は孵化後はじめて模型に曝される時間と刷り込みの強さとの関係を示す．図によると，孵化後 12～17 時間において最も強く刷り込みが成立している．

て敏感期と呼んだほうが適切なこと，またいったん刷り込まれた後でも多少の修正がきくこと，などが指摘されている．

　この刷り込みによる一種の初期学習は，多くの早熟性のトリで明瞭に観察されるが，哺乳類でも存在している．とくにヒツジ，ヤギ，シカなどの有蹄類は，成長期に人間に飼育され仲間から遠ざけられると，同種の仲間の群れには加わらず，むしろ人間に近づこうとする．イヌをはじめ他の哺乳類，さらにヒトでも，程度の差はあるが，初期経験（3.1.3 項参照）によって社会的な愛着行動や社会的同一視が影響を受ける（9.1.1 項参照）．

　仔ザルを幼時期に隔離して，他のサルと社会的接触がないように育てると，こうした初期経験によって社会的な場面で種々の問題行動が生じる．他の仲間に対して適切な対応ができず，退行的になったり，自傷的になったり，さらに過度に攻撃的になったりして仲間とうまくつき合えない（図3-2）．また，性行動を適切に行なうことが難しくなる．このように，生育初期に個体にとって適切な環境条件が与えられず，正常な経験が与えられないと，異常な情動的行動が生じる．ただし，問題行動を後で取り消すことも不可能ではない．問題行動を生じるようになったサルも，早い時期に他の健全なサルと一緒に遊ばせると，その交渉過程で，通常の社会行動を回復することもある．

図 3-2 隔離飼育によるサルの異常行動（Harlow & Harlow, 1962 から模写）
誕生後から6ヵ月まで隔離して飼育したサルが，人の接近に対して情動的に混乱して自分に嚙みつくなどの自傷行動をとっているところ．

3.2.5──知覚・認知過程と初期経験

　知覚や認知のような，より基本的な情報処理の過程も，初期経験が重要な役割を果たしている．生育初期に長期間視覚刺激が与えられないと，視覚の働きは深刻な障害を受け，回復は難しくなる．白内障が原因で，生まれたときからないしは生後ごく初期から失明状態の人に，白内障に罹った水晶体を取り除くなどの開眼手術をして失明の原因を除いても，そのままでは視覚機能は回復しない．開眼手術直後は，強い光に圧倒されて光を避け，ときには痛みを訴える．また眼球の動きを意図的にコントロールすることも難しい．そして周囲からの適切な働きかけがなされないままに過ぎると，ほとんど視覚を使わなくなり，触覚に頼る生活に戻ることもある．視知覚の働きの形成には，周囲からの適切な援助と本人の根気よい努力が必要である（5.2.8項参照）．

　生育初期に適切な視覚刺激が与えられない場合も，成長後の視知覚の働きに種々の障害が生じる（トピック3-3）．生育初期に斜視などの手術のために一方の眼に一定期間以上眼帯をかけて刺激を与えないと，その眼（とそれに対応した中枢）の視覚機能が低下する．乱視の幼児は矯正用のめがねをかけずにいると，成人後めがねによって光学的に矯正しても特定方向（乱視によって像がぼやけていた方向）に対する中枢の解像機能が低下したままになる．

トピック 3-3　生育環境と視覚の働き

　図に示した動物実験のように，仔ネコの一方を縦縞，他方を横縞だけの環境で1日一定時間過ごさせ，あとは暗闇で育てる．ブレークモアら（Blakemore & Cooper, 1970）によると，その後行動をテストすると，縦縞を見て育った仔ネコは縦方向の刺激には反応するが横方向の刺激は無視する．横縞を見て育った仔ネコの

反応はその逆となる. 仔ネコは, 自分の身体が見えないように, 首の周りに覆いを
つけている. さらに仔ネコの視覚皮質に微小電極を挿入して, 1つ1つのニューロ
ン (トピック 10-13 参照) がどの方向の線分刺激に応答するかを調べると, 縦縞で
育った仔ネコの視覚皮質のニューロンの大半は縦方向の刺激に応答し横方向の刺激
には応答しない. 一方, 横縞で育った仔ネコはその逆になる.

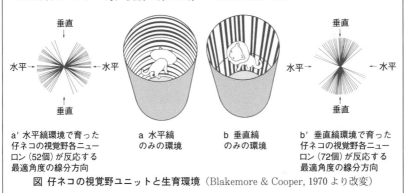

a′ 水平縞環境で育った
仔ネコの視覚野各ニュー
ロン (52個) が反応する
最適角度の線分方向

a 水平縞
のみの環境

b 垂直縞
のみの環境

b′ 垂直縞環境で育った
仔ネコの視覚野各ニュー
ロン (72個) が反応する
最適角度の線分方向

図 仔ネコの視覚野ユニットと生育環境 (Blakemore & Cooper, 1970 より改変)

　一般に知覚機能は, 初期経験に応じて環境における特定の刺激特性をより選
択的に受容し, 処理するように調整が行なわれる. ヒトの音声知覚の発達は,
その最も顕著な例だろう (トピック 5-22 参照).

3.2.6──レディネス

　心理学者のゲゼルら (1929) は, ワトソンの行動主義心理学が主張した極端
な経験主義──基本的な反射以外のすべての行動を学習によるとする考え (ト
ピック 1-4 参照)──を批判して, 成熟優位説を主張した. そしてその説を実
験的に検証するため, 遺伝的素因が同一の一卵性双生児を用いて, 運動技能,
言語, 数記憶などの能力について双生児統制法と名づけられる一連の研究を行
なった (トピック 3-4). 一卵性双生児のうち, 一定期間特別の訓練を行なわ
なかった子どもも, 訓練を受けた子どもにすぐに追いつくことを示した. そこ
で, 特定の行動を習得するには, 子どもがその学習を受けつけることができる
ような内的な成熟段階に達していること, つまりレディネス (学習準備性) が
備わっていることが必要なことを指摘した. さらにそれ以前の訓練は無駄であ
るばかりか, 場合によっては有害になるということも指摘した.

トピック 3-4　　ゲゼルの階段昇りの研究

　ゲゼルら（Gesell & Thompson, 1929）は，遺伝的に同一である一卵性双生児を対象に双生児統制法の実験を行ない，成熟優位説を検証しようとした．種々の心的機能の発達について検討が行なわれているが，階段昇りの実験はとくに有名である．

　双生児の一方の子ども T に対して，まず，生後 46 週目から 6 週続けて毎日 10 分間，階段を用いて特別な訓練を行ない，他方の訓練を与えない子ども C と比較してみた．階段を昇ると，棚の上に置かれたおもちゃに手が届く．T は訓練を行なった当初は，たしかに一時成績が向上し，26 秒で階段を昇れるようになったが，C はこの時点で 45 秒かかった．これだけ見ると，早期の訓練の効果がありそうだ．しかし T は，はじめての階段昇りのとき手助けを必要としたが，遅れて訓練をはじめた C は手助けを必要としなかった．その後 2 週間の訓練で，C は 10 秒ほどで階段を昇ることが可能になり，場合によっては T を追い越すほどであった．これは適切な時期に訓練を行なうことが有効であることを示す．

　このことからゲゼルは，訓練・学習のような経験よりも神経系の成熟が発達に重要な要因であること，そして訓練・学習が効力を発揮するには，その成熟にとって適切なレディネスが備えられることが必要だと主張した．しかしこの場合 C は，T が訓練している期間中じっと動かずにいたわけではない．C は，階段昇りそのものの訓練は受けてはいなかったが，そのあいだに動き回っていたはずである．ゲゼルの実験は，それぞれの学習にとって適切な時期があることを示唆してはいるが，レディネスの形成には，種々の先行経験がその基盤にあることを考慮しておく必要がある．

　しかし，いわゆる成熟には，要因Ⅰの遺伝的要因のみが関係しているわけではない（3.1.3 項参照）．子どもの成熟には，要因Ⅰの他に，誕生前後の刺激作用としての要因Ⅱ，Ⅲ，および要因Ⅳの初期経験が関係する．そしてレディネスには，さらにそれ以前の，子どもそれぞれが与えられる要因Ⅴによる予備的な基礎の学習の積み重ねが関係している．

　ここで述べた双生児統制法において一方の子どもに特別な訓練が与えられているあいだ，他方の子どもは，すべての経験を遮断されていたわけではなく，その期間中，その行動に必要な基礎的な経験を重ねていたのだ．もちろん，特定の行動の習得には，それぞれの発達段階の適切な時期（臨界期ないし敏感期）に経験・学習が与えられることが望ましいし，必要である．しかし，この

ような時期は，そしてレディネスは，要因 IV，V と関連した先行の経験と学習によって形成されるのである．

3.3—発達障害

発達障害は多種の障害の統合的概念だが，主として自閉症に関するものと，注意の異常に関するものがある．それぞれ，2.6.4 項やトピック 5-17 で解説されている「心の理論」や「注意」といった認知機能に生得的な偏りがある．

3.3.1—自閉症

自閉症（autism）は，3 歳よりも前に現われる発達の異常であり，①社会性の障害，②コミュニケーションの障害，③想像力の障害およびそれに基づく行動の障害を「ウィングの三つ組」症状と呼ぶ（9.7.3 項参照）．自閉症の IQ はさまざまだが，約 4 分の 3 では著しい精神遅滞が見られる．男子には女子の 3〜4 倍多く出現する．

すなわち，①社会性の障害が，いわゆる自閉の状態であり，症状の中核と言える．親を求めない，目が合わない，平気でどこかへ行ってしまうという行動にはじまり，双方向の交流ができない，人の気持ちが読めないといった相互的社会関係の問題に発展する．

②コミュニケーションの障害には，言葉の発達の遅れからはじまり，オウム返し，人称の逆転，疑問文による要求，会話の困難などがある．自閉症でも高い機能が保たれている場合（高機能自閉症）は言語能力も発達するが，比喩や冗談が理解できず，会話による双方向の交流ができない．

③想像力の障害とそれに基づく行動の障害として，自閉症に独特で多彩なこだわり行動（同一性保持行動）が見られる．最も早く現われるのは，手をひらひらさせるような常同的反復的自己刺激行動で，次いで，興味の限局，順序への固執，強迫的な質問癖が順に現われる．高機能自閉症の場合は自分が創り出したファンタジーへの没頭が見られる．

なお，自閉症との関連で取り上げられることの多いアスペルガー症候群は自閉症に似た特徴をもつが，言語あるいは認知発達において遅延や遅滞が見られないという点で自閉症と異なる（3 歳まではほぼ正常な発達を遂げる）．言語コミュニケーションの障害は一般に軽微であり，知能全般は正常範囲にあるが，

著明な不器用さがあるため日常生活に支障が生ずる場合もある．約 8：1 で男子のほうが多い．

　自閉症の症状には薬物療法が用いられることも多いが，根本的な治療法ではなく，医学・心理学的対応と教育的配慮の両方を兼ね備えた療育が重要となる．

3.3.2——多動性障害

　ICD-10（国際疾病分類）では「多動性障害（hyperkinetic disorders）」，DSM-5（精神疾患の診断・統計マニュアル）では「注意欠如・多動症」と呼ばれている．幼少期から見られる著しい不注意，持続した課題の遂行ができないことを伴う調節不良の多動，およびこうした行動特徴がさまざまな状況でも持続することを特徴とし，その中核的な問題は不注意だと考えられている．その頻度は 3〜5％，男女比は 5：1 で圧倒的に男子に多い．

　根本原因は生物学的要因によると考えられており，行動制御や注意機能に関与する神経伝達物質ドーパミンやノルエピネフリンがうまく作用していない可能性がある．また，親が多動性障害の場合，その子どもも多動性障害になりやすいと言われており，多動性障害のきょうだいが多動性障害になる可能性は，一般にくらべて 2〜3 倍と言われている．

　多動性障害の二次的な影響としては，①学習の問題と②情緒障害が挙げられる．①に関して，多動性障害では知的発達がアンバランスなことが多い．絵を描いたり文字を覚えたり文章を書いたりすることが極端に苦手なことがある．授業に集中できないことから学業不振も多い．漢字や計算ドリルを繰り返し根気よく練習するといったことは苦手である．②に関しては，行動特徴から親や教師から叱られやすく，子ども集団からも受け入れられないことが多いことが原因で自尊感情や自己評価が低下する傾向があり，「ひねくれた」言動や非行が出現し，それがさらに批判を招くという悪循環になりがちである．

　メチルフェニデート（コンサータ®）やアトモキセチン（ストラテラ®）を中心とする薬物療法も有効であるが，根本的治療法ではなく，生活がより楽になるための一手段と考えたほうがよい．周囲の大人は，低自己評価，低自尊心になりがちな子どもの訴えを受容することがまずは大切である．また，適切な場面での適切な行動を学習する「子どものためのソーシャル・スキル・トレーニング（SST）」が用いられることもある．

　また，自閉症の場合と同様に養育者と教師への援助も重視しなければならない．養育者は子どもの行動に対して不安になり，過剰に反応したり自責的になったりすることが多い．養育者には，子どもに対して簡潔な指示を出すことや，課題が遂行できたら十分ほめることの大切さを伝える必要がある．また，学校関係者には，教育現場の環境調整，指示の出し方や課題の与え方など教室場面での対応の仕方について助言・支援をする必要がある．

[参考図書]（1〜3章）

内田伸子　1999　発達心理学　岩波書店

苧阪直行　1996　意識とは何か　岩波書店

鹿取廣人　2003　ことばの発達と認知の心理学　東京大学出版会

鹿取廣人（編著）　2013　障がい児心理学への招待　サイエンス社

キーナン，J. P., ギャラップ，G. Jr., フォーク，D.（山下篤子訳）　2006　うぬぼれる脳　日本放送出版協会

グールド，S. J.（浦本昌紀・寺田　鴻訳）　1995　ダーウィン以来　早川書房

グレゴリー，R.（鳥居修晃他訳）　2001　鏡という謎　新曜社

ジョンソン，M. H.（鹿取廣人・鳥居修晃監訳）　2014　発達認知神経科学　原著第3版　東京大学出版会

高橋　晃　2011　発達（キーワード心理学シリーズ5）　新曜社

ドーキンズ，M. S.（長野　敬他訳）　2005　動物たちの心の世界　青土社

鳥居修晃・川上清文・高橋雅延・遠藤利彦（編）　2011　心のかたちの探究　東京大学出版会

永田良昭　2011　心理学とは何なのか　中央公論新社

仲野　徹　2014　エピジェネティクス　岩波書店

ハンフリー，N.（垂水雄二訳）　1993　内なる目　紀伊國屋書店

開　一夫　2011　赤ちゃんの不思議　岩波書店

フランシス，R. C.（野中香方子訳）　2011　エピジェネティクス　ダイヤモンド社

ヘッブ，D. O.（白井　常・鹿取廣人・平野俊二・鳥居修晃・金城辰夫訳）　1987　心について　紀伊國屋書店

ミラー，G. A.（戸田壹子・新田倫義訳）　1967　心理学の認識　白揚社

矢野喜夫・落合正行　1991　発達心理学への招待　サイエンス社

II部 こころの働き

4章 学習・記憶

われわれは毎日多くのことを学習している．授業に出たり本を読んだりして知識を得るだけではない．友達とのつき合い方やさまざまな場面での判断は経験から学ぶところが大きい．自動車の運転や楽器の演奏を習う人もいる．そして長い期間の学習により，幼時期から蓄積された記憶は膨大なものになる．

学習は意図的なものに限らない．行動は，多かれ少なかれ毎日の経験の影響を受けて変容している．覚えようと思わないのにいつのまにか覚えている事柄がある．知らず知らず友達の考え方に影響されていることもあるだろう．

学習・記憶の問題は，新しい行動様式や知識がどのようにして習得されるのかという問題である．その基礎的な過程はどのようなものか．こうした問題にはどういうアプローチがあるか．学習・記憶の神経学的な基礎はどのようなものか．記憶の障害からなにが生じるか．この章ではこうした問題を扱う．

4.1—条件づけ

行動は環境に適応しながら絶えず変容している．そうした行動変容の基礎には条件づけの過程があると考えられている．条件づけには2つのタイプがある．古典的条件づけとオペラント条件づけである（トピック2-2参照）．

4.1.1—古典的条件づけ

古典的条件づけの系統的な実験をはじめて行なった（1903年）のはパヴロフである（2.3.1項参照）が，その実験手続きでは，まずイヌにベルやメトロノームの音などの聴覚刺激を聞かせる．通常イヌは，ベルの音を聞いただけでは唾液を分泌しない．音は，唾液分泌に対して無関係な中性刺激である．一方，イヌに餌を与えれば唾液を分泌する．この唾液分泌は，イヌが生まれつきもっている反射（2.2.1項参照）である．このイヌに，ベルの音を聞かせつつ餌を

条件づけ以前
　　　ベルの音→唾液に関係する反射は生じない
　　　（中性刺激）
　　　餌　　　　→ 唾液の分泌
　　　（無条件刺激）（無条件反射）
条件づけ
　　　ベルの音を聞かせ，その後，餌を与える
条件づけができた後
　　　ベルの音　→　唾液分泌
　　　（条件刺激）　（条件反射）

図 4-1 古典的条件づけの経過

与えることを繰り返す．するとやがてイヌは，ベルの音を聞いただけで唾液を分泌するようになる．この場合イヌは，ベルの音に対する新しい唾液分泌の反射を習得したことになる（図 4-1）．

このベルの音に対する唾液分泌が条件反射である．またベルの音は条件刺激，餌は無条件刺激，餌を食べたときの唾液分泌は無条件反射と呼ばれる．一般に，特定の反射（無条件反射）を生じさせない中性刺激を無条件刺激と時間的に接近させて反復，対提示すると，中性刺激が条件刺激としての働きを獲得して，条件反射が成立する．なお条件刺激として，視覚刺激や触覚刺激も用いることができる．このような手続きが，古典的条件づけである．

この条件づけの原理は，唾液分泌以外の広い範囲の反射にも当てはまると考えられている．これまで，自律神経系の支配するさまざまな反射や目に空気を吹きつけるとまばたきをする反射（眼瞼反射）などで多くの実験が行なわれてきた．注目されるのは，この条件づけが情動に影響すると考えられていることである．情動的に中性な刺激が不快な刺激，つまり嫌悪刺激と対提示されると，中性刺激によってネガティブな情動を引き起こすようになることが実験で示されている．すなわち，音や光刺激を条件刺激として嫌悪刺激を無条件刺激とする古典的条件づけによって恐怖の反応を引き起こす．たとえばネズミに音を聞かせ，その後足に電気ショックを与えるという条件づけを行なうと，音がするとネズミはうずくまったりする恐怖反応を示すようになる（トピック 4-1）．

トピック 4-1　　条件刺激の予報性

古典的条件づけの実験では，一般に条件刺激（中性刺激）と無条件刺激をあまり

時間をおかないで対提示する手続きがとられる．条件刺激と無条件刺激の時間的接近は，条件づけが成立するための基本的な条件であると長いあいだ考えられてきた．この考え方によると，刺激の時間的に接近した対提示の回数が条件づけの重要な変数となる．これに対し，レスコーラ（Rescorla, 1967）は条件刺激の予報性を重視する．すなわち条件づけには，条件刺激が無条件刺激をどの程度予報するか，言い換えると，条件刺激が無条件刺激の情報をどの程度提供するか，ということが重要であると主張した．彼の見解のよりどころとなったのは，音を条件刺激（中性刺激）とし，電気ショックなどの嫌悪刺激を無条件刺激とした恐怖条件づけである．被験動物としてはイヌが用いられた．説明のため実験の手続きを図解する．

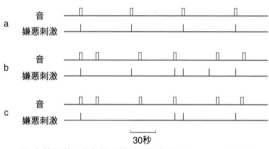

図 条件刺激の予報性を検討した実験 （Rescorla, 1967）

a の手続きでは音が提示されるたびに嫌悪刺激が，同時あるいは数秒以内に提示される．これは条件づけの標準的な手続きであり，時間的接近の条件も満たし，また音は嫌悪刺激の予報的信号（2.3.1項参照）としての機能も果たしている．

b の手続きでは音と嫌悪刺激を無関連に提示する．この場合，音に続く嫌悪刺激の提示が偶然生じたとしても，全体としては音と嫌悪刺激とは独立に提示されるので，音は嫌悪刺激の生起についての情報をなんら与えない．この手続きで実験を行なうと条件づけは生じない．すなわち，予報性を重視する立場の主張と一致する．

c は b の手続きのうち，最も近い音刺激から30秒以上遅れて与えられる嫌悪刺激（b の2番目と5番目）を取り除いてある．時間的接近の考え方によると，c の場合は b の場合と対提示の回数は同じだから，b の場合と同様に条件づけは生じない．一方，c の手続きを b と比較すると音の提示回数は同じで，しかも音から離れた嫌悪刺激は少ない．したがって条件刺激が無条件刺激に与える予報性は b の場合よりも相対的に高くなる．すなわち予報説から導かれる条件づけの可能性が出てくる．実際に実験を行なった結果，c の場合には条件づけが成立し，恐怖反応を引き起こすようになった．

(1) 消 去

条件づけを行なってから，条件刺激だけを繰り返し提示して無条件刺激を提示しないと，条件反射は徐々に低減する．この手続きあるいは現象は条件反射の消去である．しかし，しばらく休憩時間をおいた後で再び消去を試みると，休憩前よりも条件反射が大きくなっている，つまり自発的回復が見られる．したがって，消去は条件反射を取り消す手続きというよりは，むしろ消去には一時的に条件反射を抑制する過程が含まれていることがわかる．

(2) 般化と分化

条件反射は，条件刺激に対して生じるだけでなく，それと類似した刺激に対しても生じる．すなわち般化（条件反射では「一般化」をこう呼ぶ）が見られる．たとえば，ある波長（高さ）の音を条件刺激とした条件づけを行なった後では，その音だけではなくその音に類似した波長の音に対しても条件反射が生じる．ただし，もとの条件刺激から波長が遠ざかるにつれて条件反射を引き起こす力は弱くなる（般化勾配）．

一方，2つの刺激の片方には無条件刺激を伴わせ，他方には無条件刺激を伴わせないで提示すると，刺激が極端に類似していなければ，前者の刺激に対しては条件反射を生じ，後者の刺激には生じないというように，動物は刺激を区別するようになる．すなわち，刺激の分化が見られる（トピック4-2）．

トピック 4-2　　分化と実験神経症

分化を観察するには次のような方法をとればよい．まず，実験室でイヌを，図のようにひもで架台に固定して，動き回らないようにする．そして，イヌの前にスクリーンを置き，そこに明るい円を提示し餌を与える．この手続きを繰り返すと，円が提示されると唾液の分泌が生じるようになる．そこで，次にほぼ同じ面積の正方形を提示する．ただし正方形の提示の場合は餌は与えない．こうして円および正方形の提示を繰り返していくと，はじめのうちは正方形にも少量の唾液の分泌が見られる（般化）．しかし，そのうちに正方形にはまったく唾液が生じないようになる．そして円が提示されたときにだけ唾液分泌が生じるようになるのである（分化）．

パヴロフの研究室で，この分化の方法を用いて1914年に，イヌが種々の形を区別する限界を調べる実験が行なわれた（Pavlov, 1927）．まず明るい円をイヌの前のスクリーンに投影し，その後，餌を与えるという条件づけの手続きがとられた．

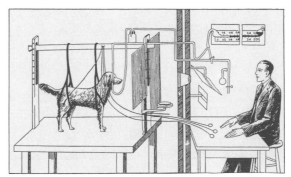

図 パヴロフの古典的条件づけ（Pavlov, 1927 を改変）

イヌと実験者は壁で隔てられている．実験者は遠隔的にイヌの皮膚に刺激を与えたり，また餌を与えたりの操作を行なう．イヌの体はひもで架台に固定され，餌皿は回転方式で提示される．イヌの頬に取りつけられた管は右上方のメーターにつながり，唾液の分泌量が測られる．実験者は壁中央の窓からイヌを観察することができる．

条件反射が十分確立してから，円および長軸と短軸の比が2対1の楕円の分化の実験にとりかかった．はじめのうちは般化が見られ楕円に対しても唾液の分泌が生じたが，まもなく安定した分化が得られ，円に対しては唾液の分泌が生じ，楕円に対しては唾液は出ないようになった．そこで，楕円の長軸と短軸の比を3対2，ついで4対3と円に近づけ，9対8になるまで実験を進めた．しかし9対8の楕円（円と区別がつきにくい）の場合には完全な分化にはなかなか達しなかったので，さらに実験を3週間続けた．すると成績が低下し，ついには分化をまったく示さなくなると同時に，イヌの行動全体に急激な変化が生じた．イヌは台の上で鳴き声を上げ，暴れたり装置の一部を咬み切ったりした．こうした行動は以前には見られなかった．

　このように困難な分化の条件づけを続けることによって，行動の混乱が生じることがある．これは**実験神経症**と言われ，その後，ヒツジ，ネズミ，ネコ，その他の動物で例証されている．この実験は，区別の困難な刺激の分化条件づけが行動全体に影響を与えることを示している．

（3）二次条件づけ

　獲得された条件反射を利用して新たな条件づけを行なうことも可能である．はじめにベルの音と餌を対提示して条件づけを行ない，ベルの音によって唾液を生じるようにする．その後，イヌに新しい刺激，たとえば白い正方形の図形を見せ，その後ベルの音を聞かせる．イヌはベルの音を聞くと唾液を分泌する．このような手続きを繰り返すと，正方形は唾液分泌の新たな条件刺激となる．

こうした条件づけは二次条件づけと言われている．ベルの音は，もともと餌の
もっていた強化の働きを代行するようになったのである．

4.1.2──オペラント条件づけ

古典的条件づけは刺激により誘発される反射が対象であった．ところで，行
動の多くは刺激によって引き起こされるというよりも自発的に生じる．環境の
刺激は行動を誘発するよりも，いわば行動の手がかりとして働くとみなされる．
自発的な行動の変容はオペラント条件づけ（2.3.2項参照）による．

(1) オペラント条件づけの実験

オペラント条件づけの代表的な例として，スキナー（10.6.2項参照）のハ
トの実験がある（ネズミの実験についてはトピック 2–2 参照）．ハト用の装置
（スキナー箱）は，中にキイと呼ばれる円形の部分があり，空腹のハトが偶然
にキイをつつくと餌が出てくる．これが繰り返されると，ハトはキイをつつい
て，出てきた餌を食べる行動をとるようになる．この場合，餌はキイつつき行
動をうながす（反応生起の確率を増大させる）働きをしている（キイつつき行
動を強化している）．ハトは，はじめのうちはなかなかキイをつつかない．そ
こで，ハトがキイに近づくと餌を与えるようにすれば，ハトはキイの近くにく
ることが多くなる．次にハトがキイに触れると餌を与えるようにすれば，キイ
つつき行動の可能性が高まる．こうして予備的な手続きを導入して，段階的に
目標とする行動が生じやすくなるようにする手続きを反応形成（シェーピン
グ）といい，多くの実験で有効に用いられる（トピック 4–3）．この場合，餌
は強化子と呼ばれる．

トピック 4–3　自動反応形成

4.1 節では，古典的条件づけとオペラント条件づけとを異なった条件づけのタイ
プとして対比してきたが，これらの関係は単純ではない．その例としてブラウンと
ジェンキンス（Brown & Jenkins, 1968）による自動反応形成の実験がある．スキ
ナー箱（トピック 2–2 参照）に空腹のハトを入れ，円形半透明のキイを点灯し，その
後餌を与えた．ハトの行動にかかわりなくこの手続きを 50 回ほど繰り返すと，ハ
トはキイをつつくようになる．報酬と関係なしに「自動的に」つつき行動が行なわ
れるようになるので，この現象は自動反応形成（オートシェーピング）と呼ばれる．

オペラント条件づけの手続きでは，動物の反応の後に報酬が与えられたり，罰が与えられたりする一方，古典的条件づけでは，動物の行動に関係なく2つの刺激の対提示が行なわれる．ブラウンらの実験は刺激の対提示だけによってつつき行動が成立するので，古典的条件づけの手続きと言ってよい．ただし，ハトが偶然キイをつついたときに餌が出てそれが報酬になった可能性がある．そこで，ときどきキイを点灯し，ハトがキイをつつかないと餌が出るが，キイをつつくとキイの光が消え餌が出ないという条件でハトの行動を観察したところ，多くのハトはキイをつつき続けた（Williams & Williams, 1969）．この場合も，つつく，つつかないに関係なく点灯と餌とが対提示されており，オペラント条件づけでは説明できない．一方，古典的条件づけでは，形成される反応は無条件刺激に対して生じる反射に類似したもの，ないし拮抗したものであるが，自動反応形成ではこれと異なった反応が生じている．このことから，自動反応形成ではその動物種に固有の行動がかかわっている可能性が指摘されている（Timberlade & Grant, 1975）．

古典的条件づけと同じく，オペラント条件づけの実験にも報酬の他に電気ショックなどの嫌悪刺激も用いられる．嫌悪刺激を何回か経験すると，その状況からすばやく逃げることを学習する．また，あらかじめ適当な行動をとれば嫌悪刺激を回避できるような状況を設定して，嫌悪刺激が与えられる状況を回避するように訓練することもできる．前者の条件づけを逃避学習，後者を回避学習という．後者の場合には嫌悪刺激が回避行動を強化するために用いられることになる．この他，行動の後に嫌悪刺激を与えてその行動を抑制する手続き，つまり罰の効果も実験で例証されている（トピック4-4）．

トピック 4-4　学習性無力感

セリグマンら（Seligman & Maier, 1967）は，イヌを使って次のような実験を行なった．まず2頭のイヌを別々の箱に入れ，2頭同時に電気ショックを与える．そのとき，片方のイヌAは前にあるパネルを頭で押すと電気ショックを止めることができるが，他方のイヌBはこの電気ショックを止めることができないようにする．この場合イヌAが電気ショックを止めるとイヌBの電気ショックも止まるので，A，B2頭のイヌは同じ回数，同じ時間だけ電気ショックを経験したことになる．こうした手続きの後，A，Bのイヌには，それぞれ電気ショックの回避条件づけの訓練が行なわれる．すなわちイヌは2つに区分された箱の片方の部屋に入れ

られ，電気ショックを避けるためには，光を合図に真ん中の柵を飛び越えて，もう一方の部屋に移動する必要がある．その結果，イヌ A は光を合図に電気ショックを回避することを学習した．イヌ B は学習できず，座り込んでしまい，受動的にただショックを受け続けるようになる．セリグマンは，こうした実験例から，人間が抑うつや無力感・無気力の状態に陥るのも，どうしても避けることのできない制御不能な負の（好ましくない）出来事・状況に置かれたという先行の経験が，その原因にあるとして，学習性無力感理論を唱えた（Seligman, 1975）．

　人間の場合は，同じ負の状況に置かれても必ずしも抑うつや無力感の状態に陥るとは限らず，かなり個体差がある．その後，学習性無力感理論は改訂され，抑うつや無力感の理解には，個人がそうした負の状況をどう認知し予測するか，その原因を何に帰属させるか，などについて考慮が必要なことが強調されるようになった．この理論をもとに，抑うつに対する認知行動療法も試みられている（8.6.3項参照）．

(2) 条件づけと生物学的制約

　オペラント条件づけによって，さまざまな行動の習得が可能である．それは，サーカスの動物の行動を見てもよくわかるだろう．複雑な行動の場合には，前述の段階的に行なう反応形成の手続きをとる必要があるが，反応形成を用いても条件づけが困難な場合もある．動物の種に固有な反応様式が条件づけを制約するからである．たとえば，アライグマにコインを拾って容器に入れる条件づけを試みると，コインが 1 枚のときには条件づけは可能であったが，コインが 2 枚になるとアライグマはコインをこすり合わせて手から放そうとせず，結局条件づけはできなかった．このように，動物の種によって条件づけに用いることができる刺激や反応に制約，すなわち生物学的制約がある（トピック 4-5）．この制約はオペラント条件づけに限らず，古典的条件づけにおいても，条件刺激と無条件刺激の組み合わせ方によっては条件づけが生じない場合がある．

トピック 4-5　　引換券

　食物や嫌悪刺激はそれ自体動作を強化する働きをもつが，本来は強化の働きをもたない中性刺激が条件づけによって強化の働きをもつようになることがある．引換券（トークン：token）はその 1 つである．乾しブドウと交換できるポーカーチップは，チンパンジーにとって一種の引換券として，強化の働きをもつようになる．

　引換券は新しい行動の学習に利用することができ，かなり手間のかかる課題にも

有効なようである．ある研究（Kelleher, 1958）でポーカーチップを引換券として
チンパンジーのオペラント条件づけが観察された．チンパンジーはポーカーチップ
1個を手に入れるためにある反応を125回行なわなければならず，さらにポーカー
チップを50個集めてそれをスロットに入れてはじめて餌を得ることができる．こ
れはかなりの時間と労力を要する課題であるが，チンパンジーはこの課題を遂行し
た．この場合1回の報酬を得るために，実に6250回もの反応が必要になる．広い
意味での引換券は私たちの身の回りにも見られる．たとえば，母親が子どもに「1
回お手伝いすれば花のスタンプを押してあげよう．スタンプが5つ集まったらお菓
子をあげよう」と言う場合には，スタンプは引換券の役割をもつと言ってよい．引
換券は強化の働きをもつとともに，実際の報酬を得る前に，多数回反応を行なって
1個のポーカーチップを手に入れ，さらにそれを多数個集めるというように，2つ
あるいは多くの行動をつなげる働きをもつとみなされる．なお，この引換券の強化
の働きを利用した行動療法の一種として**トークン・エコノミー**（token economy）
がある．患者が望ましい行動を行なった際に引換券を与え，これが一定量に達した
ときに特定の品物と交換させたり特定の活動を行なうことを許したりする．

　ネズミにサッカリン溶液を与えた後に，胃の不調を生じさせるX線の照射
を行なう群と，足に電撃を与える群に分け，サッカリン溶液に対する行動の比
較実験が行なわれた．摂取後にX線の照射を受けた群はその後サッカリン溶
液を避ける傾向を示した．これは，**味覚嫌悪学習**と言われる．しかし，足に電
撃を与えられた群はそうした傾向は示さなかった．このことは，一般に食物を
嗅覚や味覚によって選択するという動物の行動特性を反映している．なお，視
覚および聴覚に対する嫌悪条件づけは，味覚とは異なり，X線の照射は有効
でなく，電撃のほうが有効であった．

（3）強化スケジュール

　条件づけを行なった後，学習された行動が現われても強化しなければその行
動が生じる頻度は低下する．つまり条件づけの「**消去**」が起こる．しかし必ず
しも毎回強化を受けなくても一般に行動は維持される．行動が生じるたびにで
はなく，ときどき強化を与えるやり方を**部分強化**という．部分強化を行なう場
合，強化をどのように配分して挿入するかの配分法には，反応の回数を基準に
して2回に1回強化するなどの方式，時間を基準にして1回強化を受けると1
分間無強化にするなどの方式があり，さらにそれらを組み合わせて，さまざま

な方式が考案されている．このような強化の配分の仕方を強化スケジュールという（トピック 4-6）．部分強化の現象が注目されるのは，毎回強化を与えて連続強化を行なった場合に比べて，部分強化の場合，条件づけが消去しにくい（消去抵抗が大きい）点である．連続強化に比べて少ない強化数のとき，かえって消去抵抗は大きくなる．この現象は注目され，部分強化効果と呼ばれる．

トピック 4-6　スキナーの強化スケジュール

スキナーは，一定数の反応ごとに強化する定率強化（給与制度の出来高制に相当する），一定の経過時間ごとに強化する定時強化（週給や月給に相当する），ランダムに強化を与えながら平均的な率や時間を一定にする変率強化や変時強化，などを考えた（Skinner, 1938 ; Ferster & Skinner, 1957）．これらを単独または組み合わせて用いることによって個々の反応傾向を確率的に統制し，生体内の仲介的過程に触れることなく，反応累積曲線（反応変数）の変化に直接結びつけるのである．彼の立場は，スケジュールの設定を組み込んだ実験操作を採用するという点で実験的行動分析とも呼ばれる．

---

(4) 弁別学習と般化

刺激に応じて異なった反応をするように，つまり刺激を区別するように条件づけを行なうこともできる．この種の条件づけは弁別学習と言われる（パヴロフの実験の場合は分化という，トピック 4-2 参照）．スキナー箱（トピック 2-2 参照）の実験において，キイの色が緑色のときにはハトがキイをつつくと餌が出るが，黄色のときにはつついても餌が出ないようにすると，ハトはキイが緑色のときだけキイをつつくようになる．その後さまざまな色のキイに対するハトの反応を調べると，緑色に類似した色に対しても（程度は少ないが）反応が見られ，般化勾配（4.1.1 項 (2) 参照）が生じる．この方法を利用して種々の動物の感覚・知覚の働きを調べることができる（トピック 5-3 参照）．

(5) 潜在学習

ネズミに迷路を走って目標箱へ行くことを学習させるには，目標箱に餌を置いて，ネズミが目標箱に到達すれば餌を与える手続きがとられる．しかし，目標箱に餌のない状態で迷路の探索をするだけでも迷路の学習は行なわれる（トピック 4-7）．餌のない事態から餌を与える事態に切り替えると，次の試行か

ら成績が急速に向上し，はじめから餌を与えられた群の成績にまもなく追いつく．この結果は，報酬なしの時期に潜在的に進行していた学習が，報酬によって顕在化したものと解釈することができる．こうした学習を潜在学習という．

トピック 4-7　　潜在学習

トールマンら（Tolman & Honzik, 1930）は図Aのように14個の分岐点をもつ迷路で3群のネズミの行動を比較した．この迷路は出発箱Sから目標箱Gまでのあいだのそれぞれの分岐点にドアがあり，ネズミは後戻りすることができないようになっている．いずれの群も1日1試行ずつ行ない，Ⅰ群のネズミは目標箱で餌を与えられるが，Ⅱ群のネズミは目標箱に行っても餌がなかった．Ⅲ群は10日目までは目標箱に餌がないが，11日目からは餌を与えられる手続きに切り替えられた．

結果は図Bに示されている．縦軸は袋小路に入り込む誤りの数を示す．Ⅲ群のネズミはⅡ群と同じく10日目までは誤りの減少はあまり見られない．しかし，餌を導入した翌日からは予想される点線の経過はとらず，急速に誤りが減少して，1回目から毎回餌を与えられていたⅠ群に追いついている．この結果は，報酬のない時期にも学習は進行していたこと（潜在学習）を示唆するが，学習にとって強化を必要とする立場とは相容れない．

トールマンは，学習を「刺激反応間の連合の形成」とはみなさず，「環境の認知のしかたの変化」としてとらえた．後には学習を認知地図（目標への道筋についての内的な地図）の獲得という形でも表現している（10.6.2項参照）．

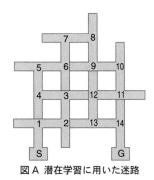

図A 潜在学習に用いた迷路
（Tolman, 1932）
ドアやカーテンなどは省略した．S：出発箱，G：目標箱．数字は各分岐点の番号．

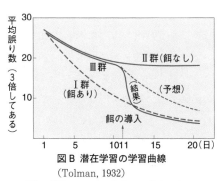

図B 潜在学習の学習曲線
（Tolman, 1932）
実際の結果でなく，理想化した曲線に書きあらためた．Ⅲ群は10日目まで餌なし条件，11日目から餌あり条件で訓練した．

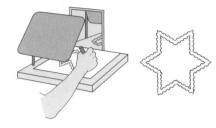

図4-2 鏡映描写装置
机の上の星形は斜めの板に遮られて直接には見えない．前方の鏡に映った図を見ながら，机の上の図の内・外の星形の隙間を鉛筆でたどる．ギザギザの枠は鉛筆をなめらかに動かすことを妨げるためである．

4.2―技能学習

　これまで学習の基礎としての条件づけについて述べてきた．学習のもう1つの側面に，運動技能を習得していく過程で，ぎこちない行動が熟練したものへと変わっていく過程がある．こうした学習は技能学習（知覚運動学習）と言われ，特に人間の場合重要である．自転車に乗ったり，楽器を弾く練習をしたりするのが，身近な例である．技能学習は長い時間をかけて行なわれるのが一般的だが，従来実験室においては，短時間で習得できる課題を用いて学習に関与する要因が検討されてきた．たとえば鏡映描写装置を使い，鏡に映った逆さまの図を鉛筆でたどる練習を行なう（図4-2）．

4.2.1―技能学習の段階

　技能学習は，認知，連合，自律の3つの段階に分けることができる．①学習者はまず課題についての知識を得ることから始める．スポーツの練習では，初心者は教示を受けたり実際に選手の動作を見たりして，はじめにそのスポーツについて，たとえばテニスのボールを打つにはどのように腕を振ればよいかというような基本的な知識を得ることが第一段階（認知）である．②次に第二の連合の段階では，練習を行なうことによって部分的な技能は一連の動作にまとめられていくとともに，遂行の誤りが減少する．③練習を重ねていくと個々の動作の遂行はいわば自律的になる．この第三の自律の段階では自分の動作にいちいち注意する必要がなくなる．テニスのボールを打つ場合に自分の腕をどう動かせばよいかなど考えなくなる．そして部分的にはフィードバックを受けなくても動作が進行する．言い換えると，「運動のプログラム」が学習される．

4.2.2──練習

前項で述べた連合の段階の練習は，繰り返し行なうことが大切である．ただしこの場合，フィードバックが重要な役割を果たすことに注意する必要がある．フィードバックには2通りある．1つは，実際の遂行が目標の動作とどの程度異なっているかという情報（結果の知識）である．これは自分で気づく場合もあるが，指導者によって指摘されるまで気がつかない場合もある．もう1つは，なんらかの動作を行なうときに常に伴われる内的なフィードバックである．たとえば，手を動かすときには筋肉から中枢へのフィードバックがある．

古くから実験によって，集中練習と分散練習の問題が検討されてきた．練習にかける時間は同じでも，短期に集中して練習する集中練習と長期にわたって少しずつ練習する分散練習とのどちらが有効かという問題である．従来の実験の結果によると，一般的には分散練習のほうが上達が早い．

実地に練習を繰り返すだけではなく，練習の合間にその遂行をイメージ（6.3.2項参照）に描いてみたりすることも学習に役立つ．たとえば，ピアノの練習の場合，実際に弾くだけでなく，鍵盤から離れて演奏のイメージを追ってみることもよい．スポーツのトレーニングの場合，自分の運動動作や運動場面をイメージしながら練習を行なうメンタル・プラクティスが利用されている．

4.2.3──技能学習の転移

たとえばスケートができるとスキーが早く上達する場合が多い．逆に水道のレバーを下げるのに慣れると，上げる方式にとまどう．このようにある学習を行なうと，その他の学習を促進したり，逆に遅らせたりする．このようなときに学習または訓練の転移があるという．学習が促進される場合を正の転移，その逆の場合を負の転移という．一般に運動技能においては正の転移はあるが，負の転移は比較的少ない．特殊な転移としては，一方の手や足で学習した技能が他方の手や足に転移する 両側性転移がある．たとえば鏡映描写（図4-2参照）を右手で練習すると，一度も練習しなかった左手に転移する．

4.3──社会的学習

われわれの行動やものの考え方が周囲の人々の影響を受けているということは言うまでもない．先輩の行動を見てさまざまな事態に対処していくことを学

んでいく．また他人の好ましくない行動を見て，自分はそうした行動を控えたりする．こうした学習は社会的学習と言われる．

4.3.1──模倣の学習

幼い子どもたちが遊んでいる場面で，弟や妹が兄や姉の行動をまねしている微笑ましい光景がしばしば見られる．こうした模倣が生まれつきのものなのか，それとも学習されたものなのかということは以前から関心を引いていた．この問題について，ミラーとダラード（1941）の実験は1つの解答となった．彼らは，模倣を条件づけすることが可能なことを，ネズミの迷路学習の実験によって示した．すなわち，迷路をすでに学習したネズミ（リーダー）の後についていくと報酬を与えるという訓練を他のネズミに行なった結果，ネズミはリーダーの行動を模倣することを学習した．ミラーらはまた，学習された模倣が他のリーダーや装置へと般化（4.1.1項(2)参照）することも示した．模倣の般化は種類の異なる反応にも及ぶことがある．幼児を被験者として操り人形を使って実験が行なわれた．幼児が人形のある特定の動作をまねするたびに人形がそれをほめる（一種の社会的報酬）と，その特定の動作の模倣が増えるばかりでなく，人形の他の動作も模倣されるようになった．これを般化模倣と呼ぶ．

4.3.2──観察学習

前述したようにある種の模倣は，条件づけの手続きによって学習される．すなわち模倣は，模倣するたびに強化を受けることによって繰り返されやすくなる．模倣のこうした側面を強調する立場は模倣の強化理論と言われる．

われわれは日常生活において，他者の行動を観察することによって学んでいることが多い．社会の慣習には，なんらかの意味で他者の行動の観察によって学習されている部分が存在する．こうした学習，すなわち観察学習は必ずしも強化を受ける必要がなく，強化理論によっては説明できない．多くの場合，観察の対象とされる人，すなわちモデルの行動を見ただけでは，学習は生じないように見える．この場合，学習をしている観察者は，モデルの行動を1つ1つ模倣して実行しているのではあるが，その模倣行動1つ1つに対して，そのつど賞や罰が与えられているのではない（9.1.3項参照）．

バンデューラ（1973）は観察学習の検討を進め，認知過程を組み込んだ理論

図4-3 大人の攻撃を模倣する幼児（Bandura, 1973 の写真より模写）
幼児は大人が風船人形をさまざまに攻撃するのを観察した後，自分も人形に攻撃（持ち上げて投げ落としたり，ハンマーでたたいたり，蹴ったりする）を仕掛けた．

を提唱した．それによると観察学習は，注意，保持，運動再生，動機づけの4つの過程からなる．スポーツを例にとると，観察学習が生じるには，①まずモデルの行動のある特定の面（たとえばモデルの腕の動かし方）に注意する（注意），②次に動かし方を覚える（保持），③さらに，動きを学習するには，その動きを自分で再生できる（運動再生）ことが必要である．そして，④学習されたことが遂行されるかどうかには，以下に述べる強化がかかわりをもつ（動機づけ）．ただしこの場合，強化はかなり多様な意味をもつ．4.1.2項(1)で述べた意味での強化を外的強化というが，一方，観察者が，他者が賞や罰を受けるのを観察し，その観察が観察者の行動に影響する場合，そうした働きの過程を代理強化という．さらに観察者の行動には，自己強化という概念がかかわってくる．たとえば，文章を書くとき，外的強化は通常すぐには与えられないが，満足のいくものが書けているときにはそのまま書き続けていくであろう．自己強化とは，ある基準に自分の行動が達したとき，自分でコントロールできる報酬を自分自身に与えてその行動を強めたり維持する過程をいう．

　バンデューラは，この考え方を例証しようとしてさまざまな実験を行なった．たとえば代理強化の効果を検討した1965年の実験では，3歳から6歳の幼児を3グループに分け，まず子どもたちに5分程度の映画を見せるが，映画の前半では，大人の男性（モデル）が等身大の風船人形に腕力を振るい，乱暴な言葉を浴びせる．後半はグループごとに内容が異なり，モデルが賞を受けるグループ①には，画面に別の男性が現われ，モデルにお菓子を差し出したりほめたたえたりする場面を見せる．モデルが罰を受けるグループ②には，画面に別の男性が出てきて，モデルを腕力でこらしめる場面を見せる．強化を受けないグループ③には，映画の前半だけを見せる．その後，映画の中に出てきた人形，その他が置いてある別室で，10分間ほど子どもたちを遊ばせ，行動の観察を

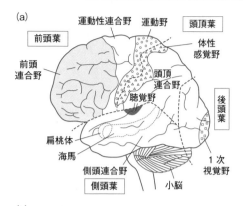

(a)

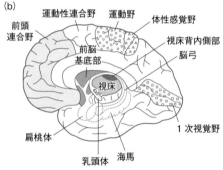

(b)

図 4-4 宣言的記憶に関連した脳部位

a は脳を左から見た外側面. 前頭葉, 側頭葉, 頭頂葉, 後頭葉の区別は太い破線で示す. b は脳を垂直方向に左右に二分した内側面. 全体の位置関係を示すため小脳も示す. 海馬, 扁桃体は外側からは見えないため, おおよその位置を点線で示す.

行なった（図 4-3）. その結果, モデルの行動と一致した乱暴な言動の数は, モデルが罰を受けたグループ②では他のグループ①, ③に比べて少なく, したがって代理強化の効果が見られた. 一方, モデルが賞を受けたグループ①と, 映画の前半（乱暴なシーン）だけを見たグループ③には, 乱暴な言動が多く見られたという（なお, 攻撃行動とカタルシスの関係についてはトピック 7-11 参照）.

4.4——記憶

4.4.1——記憶の過程

学習ができるということは, 人間に限らず, その生体が過去の経験の効果を保持できるということである. このような保持にかかわる過程を記憶という. すなわち, 経験によって行動が変化する過程を, 新しい行動の獲得という変化の面で見るときは学習, その変化の保持という面で見るときは記憶と呼ぶ.

原始的な生物においても学習が可能である. したがって記憶は生体の基本的な機能である. 人間の日常生活で, 記憶にかかわりのない活動はほとんどない. さらに, 自分が何者かという自己認識も, 過去の記憶に支えられている. このように, 広い意味での記憶は, 人間のあらゆる活動に欠くことのできない機能である. 記憶には, 私たちがものを覚えるときにまず行なう「覚え込む」過程（記銘）, その記銘されたものを頭の中にしまっておく過程（保持）, その保持しているものを必要に応じて取り出す過程（想起）の 3 つの段階がある. なお,

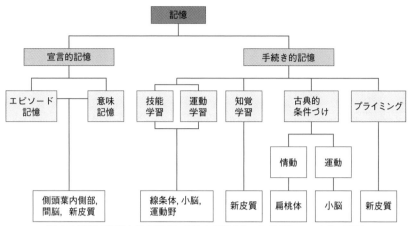

図 4-5 記憶の種類とその基礎にあると想定されている脳システムとの関係
（Gazzaniga *et al.*, 2009 を改変）

　最近ではコンピューターにおける情報処理と対応させて，記銘を符号化，保持を貯蔵，想起を検索と呼ぶこともある（6.3 節参照）.

　記憶はその「内容」により，宣言的記憶（陳述記憶とも呼ばれ，意識的に想起でき，陳述できる記憶を指す：図 4-4）と手続き的記憶（非宣言的記憶，非陳述記憶とも呼ばれ，意識的に想起できない記憶を指す）に大きく分けられる. 宣言的記憶は，いつどこで何を経験したのかというエピソード記憶と，事物，事象の一般的知識や言葉の意味などの意味記憶とに分けられる. 手続き的記憶には，自動車の運転を学ぶような技能学習，スキーやテニスがうまくなるようにする運動学習，何度も見たり聞いたりしたものがより容易に認めやすくなる知覚学習，古典的条件づけなどの学習を通して得られるものやプライミング（トピック 4-8）が挙げられる（図 4-5）.

トピック 4-8　プライミング

　プライミングとは，文字，単語，図形など，先に提示した刺激（プライム刺激）が後に提示した刺激（ターゲット刺激）の認知処理を促進したり妨害したりする現象を指す. 手続き的記憶の一種である.

　プライミングには 2 種類ある. 1 つは，知覚的プライミングと呼ばれる. たとえ

ば,「だ□□ころ」のような単語完成課題を行なわせると,あらかじめプライム刺激として「だいどころ」のような単語が提示されていた場合,提示されていなかった場合と比較して,有意に正答率が向上したり反応時間が速くなったりする.刺激の知覚様式(モダリティ)の違いによって,それぞれのモダリティに特異的な大脳新皮質によって媒介されると考えられる.もう1つは意味的プライミングと呼ばれる.たとえば,プライム刺激として「ネコ」が提示されていた際に,ターゲット刺激として「イヌ」が提示された場合,「スギ」が提示された場合と比較して,語彙判断に要する時間が有意に速くなる.この処理は,側頭連合野(図4-4参照)などの意味処理に関連する大脳新皮質によって媒介されると考えられる.

　プライミングは潜在的な想起過程において起こっている現象であり,無意識的な処理によって行なわれるという特徴がある.

　記憶を思い出す(想起)方法には,以前の経験をことばや絵や動作で再現する**再生**,以前経験したことと同じことを経験した場合にそれと確認できる**再認**,以前経験したことを,その要素を組み合わせて再現する**再構成**がある.記憶の保持は,想起されてはじめて確認される.記憶の失敗は,記銘・保持・想起のいずれの段階においても生じる.記銘が不十分で,そもそも記憶されなかった場合,いったん記憶されたことが保持の期間中に消失してしまった場合,記憶は保持されているものの,一時的に想起できなくなっている場合などである.記憶されていたことが,想起できなくなるのが**忘却**である.しかし,想起できるか否かには,さまざまな条件が影響している.自発的に再生できなくても,手がかりがあれば再生できることがある.再生できなくても,再認できることが多い.再生も再認もできないときでも,**再学習**させると,初めてのときよりも容易に学習できる場合は,なんらかの記憶の効果が残存していると推測される(トピック4-8参照).

　記憶に関する情報処理モデル(図4-6)によれば,外界から視覚や聴覚の刺激が入ると,それはまずごく短期間(数百ミリ秒)の感覚レベルの**感覚記憶**となり,その一部が数十秒間持続する**短期記憶**に,さらにその一部が長期に持続する**長期記憶**になるとされる.感覚記憶は注意を向けなければすぐに消えてしまう.短期記憶は持続時間が数十秒と短く,またその容量は非常に小さいので,必要な情報は容量がほぼ無限大である長期記憶に移される必要がある.長期記憶になった情報は記憶痕跡として脳の中のなんらかの物質的変化の形で保持さ

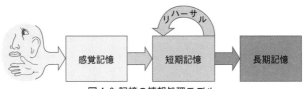

図4-6 記憶の情報処理モデル

れると考えられる.

4.4.2—感覚記憶

感覚記憶とは,目や耳などの感覚器で受け取った外界の情報を,ごく短期間保持しておくための記憶である.視覚的な感覚記憶(**アイコニックメモリ**:トピック4-9)の持続時間は1秒以内であるが,聴覚的な感覚記憶(**エコーイックメモリ**)の持続時間は数秒間とされる.

トピック4-9 アイコニックメモリ 眼に映ったものと記憶されるもの

われわれの眼には,常にいろいろなものが映っている.しかし,後で思い出すことができるのは,そのうちのごく一部にすぎない.スパーリング(Sperling, 1960)は,被験者に,図Aのように文字(数字を含む場合もある)を3行3列あるいは3行4列に並べた刺激を,ごく短時間(50ミリ秒)瞬間提示し(図Bの左下の山形の線),直後になるべく多くの文字を報告させた.

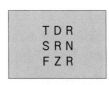

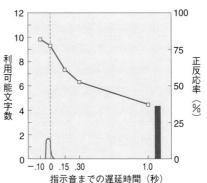

図A 刺激材料の例
(Sperling, 1960)

図B 利用可能な情報の減衰(Sperling, 1960)
右下の太い棒線は全体報告による文字数.
左下の山形の線はフラッシュ光.

　このように全体について答える**全体報告法**では，正しく答えられた字数は，多少の個人差はあるが，提示された刺激の字数や配列にかかわりなく，平均して 4.3 字であった（図Bの右下の太い棒線）．提示時間が短すぎてその程度しか見えなかったのではないかという疑問を検討するために，提示時間を 10 倍の 500 ミリ秒まで増しても，結果は変わらなかった．しかし，被験者の中には，自分が報告したよりも多くの文字が見えていたと述べる人が多かった．これは短時間に多くの情報を保存できていたのに，その情報を報告する直前に忘れていったという可能性を示す．

　このような短時間の保存を調べるために，たとえば，4 文字×3 行＝12 文字の提示後，3 種類の音をランダムな順序で提示し，高い音が聞こえたときは上の 1 行，中間の高さの音のときは中の 1 行分，低い音のときは下の 1 行を報告する，**部分報告法**が考案された．その結果，それぞれ 1 行 4 文字中，平均 3 文字が報告できた．被験者には全体の文字のうちどの行が指定されるのかが予測できない．したがって指定された 1 行 4 文字中平均 3 文字が報告できたという事実は，指定されない他の行についても同程度に報告できた可能性を示唆する．そこで 4 文字×3 行＝12 文字分に換算すると，平均して 9 文字が報告できたという可能性が考えられ，全体報告法の場合の平均 4.3 文字より高い割合であった．さらに，文字刺激の提示後，報告する行を指示する音までの時間間隔を変化させたところ，時間間隔が大きくなるにしたがって部分報告の有利さが減少し，約 1 秒の遅延でほとんど全体報告と同じとなった（図Bの折れ線を参照）．

　視覚刺激の場合，眼に映った情報はそのまま神経系内に保たれる（スパーリングは，**視覚情報保存**と呼ぶ．これは感覚記憶の一種である）．そして，そのあいだにパターンとして知覚され，過去の知識（記憶）と照合されて，文字なら文字として認知され，短期記憶に保持される．一方，読み取られなかったものは，ごく短時間（1 秒以内）に消えてしまう．ただし，ごく一部の人は，見たものをあたかも写真を撮ったかのごとく長期間保持する能力をもつことが知られている．こうした記憶を**直観像記憶**と呼ぶ（トピック 4-10）．

トピック 4-10　　直観像記憶

　直観像記憶とは，ある事物を見たとき，写真に撮ったかのごとく鮮明に記憶される内容．見た数分後，数日後，ときには数年後まで，その事物のイメージが実在するかのように鮮明に再現される．直観像記憶に優れている人は，その場にいなくても緻密にスケッチしたり，本を紙面ごと想起したりできることが示されている．な

お，この記憶に基づく能力は幼少期の人間の多くに見られるが，6歳頃までに消失してしまう．ダ・ヴィンチやゲーテ，三島由紀夫などは，大人になっても直観像記憶の能力をもっていたと報告されている．脳損傷後に直観像記憶能力が発揮されるようになった例もある．最近の研究では，幼少期のチンパンジーにも直観像記憶能力があることが示されている（Inoue & Matsuzawa, 2007）．

4.4.3—短期記憶

短期記憶は，はじめて見た電話番号をダイヤルするまで覚えている場合のように，見たことや聞いたことなどを，すぐ後に思い出すまでのあいだ覚えているような記憶である．短期記憶は，短時間で減衰し，消えてしまうため，繰り返し反復すること（リハーサル）によって記憶を維持する必要がある．

情報が短期記憶に取り込まれるとき，各種の符号化（6.3.2項（1）参照）がなされる．しかし，言語的材料を用いた場合，しばしば視覚的符号化よりも聴覚的符号化を用いたほうが保持がよい．これは，音声言語化することによって，リハーサルが容易になり，記憶が保持しやすくなるためと考えられる．

短期記憶の重要な特徴は，その容量に限度があるという点である．たとえば，ランダムな順の何個かの数字をゆっくり読み上げて，直後に再生させる．3個くらいならば容易に再生できるが，個数が増えるにしたがって，再生の誤りが増す．人が見たり聞いたりした事柄につき，直後に正しく再生できる個数を，記憶範囲という．ミラー（1956）によれば，記憶する材料によって違いはあるが，相互に無関連な対象については，健常な成人の記憶範囲は7±2個であるとされる．記憶範囲を超えた情報が入ってきた場合には，前の項目のどれかが置き換えられて，記憶から失われてしまうことになる．

ただ実際には，私たちは短期記憶として7個以上の事柄を覚えることができる．そこで用いられるのが，チャンキングと呼ばれる方法である．多くの文字からなっている事物の名前のように，1つのまとまり（チャンク）をなしているものは，1個の単位として取り扱うことができる．たとえば，仮名1文字の無意味な系列を聴覚提示すると，7個程度再生できる．一方，日常的な事物の名前の系列を聴覚提示する場合にも，7個程度は再生できる．この名前を仮名文字の個数に換算してみると，無意味な仮名1文字の系列の何倍もの量を記憶したことになる．もし，多くの情報を効率よくチャンキングして扱えるならば，

短期記憶で扱える情報の量を増すことができる。成人は，長期記憶に多くの知識を保持しており，これが短期記憶のチャンキングの基礎として働いている。

　人は計算の途中の数値や，複雑な文章を読んでいる場合の関連情報など，処理の途中の情報や長期記憶から取り出した情報を一時的に蓄え，それに基づいて計算や推論などの操作を行う。こうした記憶は**ワーキングメモリ**（トピック4-11）と呼ばれる。

トピック 4-11　　ワーキングメモリ

　ワーキングメモリは，持続時間からすると短期記憶に近いものの，機能の点で短期記憶とは大きく異なる。バドリー（Baddeley, 2012）の定義によると，「言語理解，学習，推論といった複雑な認知課題の解決のために，必要な情報（外から与えられたもの，あるいは記憶から呼び出したもの）を必要な時間だけアクティブに保持し，それに基づいて情報の操作をする機構」とされ，そこには不必要になった情報をリセットする過程も含まれる。

　バドリーのモデルによれば，ワーキングメモリは図に示すように，1つの中央実行系と，視空間メモ，エピソードバッファー，音韻ループという3つの従属システムからなる。視空間メモは，内容を言葉ではなく視空間的なイメージとして保持し，音韻ループは，内容を言語的に保持する。エピソードバッファーは，長期記憶から引き出したものを保持する。中央実行系は，従属システムの情報を取捨選択し，必要なら長期記憶からエピソードバッファーに移行するような操作も行いつつ，課題解決に向けて保持された情報を整理，統合する働きをする。つまり，刺激の内容を単に一時的に覚えておく（短期記憶）というだけではなく，「刺激に関する情報」に加えて，必要に応じて「過去の記憶（エピソード記憶，意味記憶どちらもありう

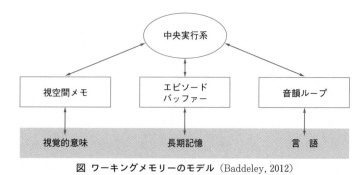

図　ワーキングメモリーのモデル（Baddeley, 2012）

る）から引き出した情報」をもアクティブに保持し，それに基づき，問題解決のために情報を操作する，という機能を持っているのである．ワーキングメモリには前頭連合野（図 4-4 参照）が重要な役割を果たすことも示されている．

4.4.4—長期記憶

　新しく入ってきた情報のうち，あるものは秒・分よりももっと長い時間にわたって記憶される．これが長期記憶である．なにかをよく記憶しようとするときは，そのことを繰り返し見たり聞いたりする．そして，リハーサルを行なう．リハーサルは，情報を短期記憶として維持する働きをもつが，それを長期記憶に組み込むことにも役立つ（トピック 4-12：図 4-6 参照）．

トピック 4-12　系列位置効果

　無関係の単語 30 個を選び，1 秒に 1 つずつ，順に 1 回だけ被験者に聞かせてから，想い出すことのできる単語を，提示順序に関係なくできるだけたくさん紙に書くといった「自由再生」を多数回行なう．リスト内の各位置についての正答率を示すと，図 A のように，最終位置の数個の単語の再生成績が最もよく，次いで最初の位置の数個の成績がよく，そして中央の項目の成績が最も悪くなる．項目数を 20 個にしても 40 個にしても結果は同様である．このような現象を系列位置効果と呼び，また最終項目の成績上昇を新近効果，最初の項目のそれを初頭効果と呼ぶ．

　この系列位置効果は，記憶過程が短期記憶と長期記憶の 2 つのシステムから成るとする二重記憶モデルを支持する証拠とされている．このモデルによると，再生は図 A のように，短期記憶による再生と長期記憶による再生の 2 つの部分に分かれるとされる．すなわち，最後の数項目はまだ短期記憶に存在しており，容易に検索が可能なため再生率が高くなり，新近効果が生じる．一方，系列の最初の数項目は短期記憶に余裕があり，リハーサルもしばしば行なわれるため，長期記憶に転送されやすく再生率も比較的よい（初頭効果）．引き続き多くの項目を提示すると，すでに短期記憶には余裕がないため，リハーサルや転送の機会も低下して再生率も低くなる，というわけである．単語提示を 1 語当たり 2 秒ずつに延ばしてリハーサルを行なう時間的余裕を生じさせると，短期記憶の部分（新近効果）には変化が見られないが，長期記憶の部分の再生率が上昇すること（図 B），逆にリスト提示後すぐに逆算をさせるなど短期記憶からの再生を妨げると，最終部分の成績の上昇が消失すること，なども示されている．

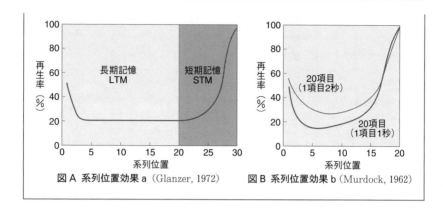

図A 系列位置効果 a（Glanzer, 1972）　　図B 系列位置効果 b（Murdock, 1962）

　情報を長期に保持するための有効な方法は，それを以前の記憶に関係づけることである．たとえば聞いた音声をある文字に結びつける場合のように単純な方法もあるが，すでにもっている知識に関係づける意味的な符号化（意味づけ）を行なうとより有効である．意味のあることは，無意味なことに比べてはるかによく記憶される．無意味なことを覚えるときに，有意味化して覚えやすくしようとすることが多い．ある事柄を述べた文章の内容について，理由づけをしたり，原因や結果を考えたりすることも，その文章の記憶を助ける．このように，関連した情報を付加し，内容をより豊富にするようなしかたを，精緻化という．これによって，記銘が促進され，想起の際の手がかりが増す．

　われわれは，いろいろな事物・事象について，それがだいたいどのようなものであるかの知識をもっている．そのような個々のまとまった知識を**スキーマ**という（6.7.3項(1)参照）．日常生活におけるなんらかの経験は，すでにもっているスキーマに当てはめて認識され，スキーマに基づいて整理されることにより，日々の経験の中の膨大な情報が効率よく処理される．このように，記憶する事柄をスキーマに基づいてまとめることを，体制化（組織化）と呼ぶ．

　精緻化，体制化は記憶を促進する上で重要であるが，それが困難な事項を覚えるために多くの方法（記憶術）が編み出されている（トピック4-13）．

トピック 4-13　記憶術と特異な記憶能力

　記憶しにくい材料をすみやかに多量に記憶する記憶術（mnemonics）は，ギリ

シアの昔からあった.

　円周率を 10 万桁まで暗唱した人物は,「語呂合わせを混ぜながら数字にストーリーを与えていく」という方法でこの驚異的な記憶を可能にした(原口, 2006). 以下のような記憶術の基本は, 覚えたい情報をほかの情報と関連させることであるとされる. ①場所法:自宅など, よく知っている場所を思い浮かべ, 記憶したい項目を順序に従ってそれぞれの場所に置いて行く方法. ②語呂合わせ:数字 2 の平方根 1.41421356 を「ひとよひとよにひとみごろ」(一夜一夜に人見頃)というように, 数字は仮名に, 仮名は単語に, 単語は文に変換する方法. ③イメージ法:記憶しようとする内容を心の中で映像化する方法. ④物語連鎖法:物語を考え, その話に記憶したい対象を登場させる方法.

　一般の人がものを覚えようと努力するときには, 情報を精緻化, 体制化したり, 記憶術を使ったりするが, こうした努力をしなくても記憶がほとんど失われない人も存在する. ルリヤ(1968)が報告している特異な記憶力の持ち主は, 新聞記者をしていたが, デスクからの指令を一切メモに取らないことが着目され, 記憶能力が詳しく調べられた. この人物は, 1 カ月後でも, 1 年後でも, さらには 10 年後でも, 何百もの文字からなる無意味な文字列を, 記憶した当初と同じ正確さで再現してみせた. この人物には幼児の頃から, 音を聴くと色や形が見えるという共感覚(トピック 5-1 参照)能力があった. 彼は, 語や数を視覚像に変換することで記憶していた. 再生のとき, 彼は単に記憶した視覚像を読むだけで答えられたので, 文字列を反対方向でも, 対角線でも流暢に「読む」ことができた. ただ, 人生の後半は物事が忘れられないこと, 膨大な記憶量によって心が混乱することで,「忘れること」と普通の人間に戻ることを望んでいたとされる.

　なお, サバン症候群(知的能力に著しい障害を示すが, 特定の能力については健常者をはるかに凌駕する)の人の中には, 直観像記憶(トピック 4-10)能力をもち, 天才的な記憶能力を示す人がいる. その 1 人は小脳に障害があり, また脳梁を欠損しており, 日常生活が一人ではできなかったが, 9000 冊以上の本を丸暗記し, 母国アメリカのすべての都市の市外局番, 郵便番号, その都市をカバーするテレビ局や電話会社名も記憶していたとされる(Treffert & Christensen, 2005).

　われわれの記憶は, 経験したことそのままではなく, われわれ自身の知識に関係づけるように処理されて, 組み入れられ, また取り出されるため, 想起された記憶内容は, 記銘時に与えられたものと比べると, いろいろの変容が生じる(記憶の変容). 記憶の変容は, ①まず記銘時に, 出来事を自分のスキーマに従って解釈する中で, 実際の出来事とは異なったものが記憶される. ②再生

または再認までにその出来事に関する情報を与えられると，その情報がなんらかの形ですでに記憶されたものの中に取り込まれる．③さらに再生時には，記憶の中にあるものをもとに，話につじつまを合わせるための必要な再構成が行なわれる，といった各段階で生じる．

　こうしたことから，犯罪や事故の目撃証言が得られた場合でも，その信憑性に関し，記憶の変容の問題を常に考慮する必要がある（トピック 4-14）．

トピック 4-14　偽りの記憶

　1990 年代のアメリカでは，心の問題を抱えた人が，偏執的で問題のある一部のカウンセラーに，「あなたは子どもの頃，虐待された可能性がある」と聞かされ，さらには催眠を含む暗示や誘導を受けて，「子ども時代に親から受けた虐待」を思い出したという例が数多く報告された．こうした例の多くでは，実際には虐待はなく，カウンセラーによる偽りの記憶の植え付けが起こっていたが，そのために多くの家族が崩壊し，無実の親が起訴され，収監されたのである．しかし，そのようにありもしない虐待を，本当に自分の記憶と信じるようになるのだろうか．

　ロフタスら（Loftus & Ketcham, 1994）は，子ども時代の偽りの記憶を大人の心に移植する実験を行った．たとえば，「ショッピングセンターで迷子になり，怖かったが，最後は老人に助けられて家族に再会できた」あるいは「結婚式のパーティーでガラス製ボウルをひっくり返した」というような，「倫理に触れない範囲」で外傷的な記憶を移植すると，成人の 4 分の 1 に偽りの記憶をもたせることができたと報告している．

　こうした実験により，偽りの虐待記憶が作られた可能性が示され，親たちの冤罪も晴れたのである．

4.4.5—忘却と忘れにくい記憶

　長期記憶に取り入れられた情報は，必要に応じて想起される．これは膨大な記憶の中から必要な情報を探し出すことにより可能になる．しかし，記憶したはずの事柄が想起できないことがしばしば起こる．これが忘却である．一般に，記銘後時間が経過するにしたがって忘却の率が増す．記銘後の時間経過に対して，忘却した量は忘却曲線で表わす（トピック 10-7 参照）．

　忘却を生じる原因はいろいろある．単なる時間の経過によって長期記憶が減

衰するということはほとんどない．特定の対象の忘却が生じる最も重要な要因は，他の対象の記憶である．一般に，ある程度の類似性があり，しかも組織化されていない事柄は，互いに記憶を妨げる．これは干渉と言われる．干渉は，時間的方向を考えるとき，2つに分けられる．前に記憶したことが後の記憶を妨げるのを順向抑制といい，後で他のことを記憶することによって前の記憶が妨げられるのを逆向抑制という．

　一方，学習が100%に至らない状態で記銘を終えた場合，記銘直後より，記銘後しばらくたってからのほうが記憶がよい場合がある．この現象はレミニッセンスと呼ばれ，記銘後の一定期間に記憶内容が整理されるために生じるものと考えられる．

　また，なにか作業をさせたときにその作業を途中で強制的に中断させると，最後まで終えることのできた作業に比べて，未完成な作業の内容がよく記憶されていることが示されている．これはゼイガルニク効果と呼ばれ，作業を中断させられたために生じた緊張感によって生じるものと考えられる．

　特異な記憶体験として，デジャビュ，ジャメビュという現象が知られている（トピック 4-15）．

トピック 4-15　デジャビュとジャメビュ

　一度も経験したことのないことが，いつかどこかですでに経験したことであるかのように思われる場合をデジャビュ（フランス語 déjà vu：既視感）という．逆によく見知っているはずなのに，見たはずはないという感じをジャメビュ（フランス語 jamais vu：未知感）という．

　デジャビュは脳損傷や精神疾患に関係して述べられることも多いが，健常成人の7割以上の人が体験しているという報告もある．デジャビュの起こる原因として，記憶における類似性認知のメカニズムが考えられる．私たちがなんらかの経験をするときには，類似した過去経験が想起されることが多い．そのとき，現在の経験と過去経験の類似性が高いほど，既知感が高まり，懐かしさを感じる場合も多い．重要なのは，強い既知感がありながら「未経験である」ことを認識している点であり，これが不思議な出来事として体験される原因と考えられる．ジャメビュはデジャビュに比較して精神的，身体的疲労時に感じることが多く，疑わしい，恐ろしいというような感情が伴うことも報告されている．

　記憶していることが想起できるか否かは，手がかりの性質によることが大きい．ある手がかりでは再生できなかったことが，別の手がかりがあるとき容易に再生できる場合がある．ある事柄が記憶された場面や文脈も想起の手がかりとして働く．

　マルセル・プルーストによる『失われた時を求めて』という小説の中に，"紅茶にひたしたマドレーヌを食べていると，ふと幼い頃の記憶が鮮明によみがえってきた"という内容の記述がある．匂いと結びついた過去の記憶がよみがえることを，プルーストが印象的に描いたことから，**プルースト現象**と呼ぶ．匂いによって思い出される記憶は，言葉を手がかりに思い出された記憶より，詳細で鮮明だとされる．

　フラッシュバルブ記憶と呼ばれる記憶がある．これは，なにか衝撃的事件が起きると，その事件そのものや事件が起きた前後の出来事がいつまでも鮮明に保持されるというものである．2001 年のニューヨーク世界貿易センタービルにおける同時多発テロが報道されたとき，自分がいた場所，していたこと，ニュースの情報源，事件の余波などの記憶が，多くのアメリカ人に強固に残っていることが示されている．こうした特徴をもつフラッシュバルブ記憶には，強い情動の関与など，普通の記憶とは違うメカニズムが働いている，という主張があるとともに，衝撃的事件はマスコミで何度も取り上げられ，会話で話題に上ることが多いために強固な記憶になる，という主張もある．

　経験に伴う感情も記憶に影響する．一般に強い情動を伴う経験は，よりよく記憶される．イラク戦争などの過酷な経験や，阪神・淡路大震災，東日本大震災などの悲惨な経験のように極めて強い情動を伴う経験をすると，**心的外傷後ストレス障害**（post-traumatic stress disorder：PTSD）が生じ，その経験がいつまでも忘れられない場合がある．衝撃的事件は強い情動を伴うことを考えると，フラッシュバルブ記憶と PTSD は共通のメカニズムをもつ可能性もある．

4.5─学習・記憶の脳メカニズム

　経験が脳の中にどのように記銘され，脳のどこに蓄えられ，どのようにして想起されるのかは，脳の損傷によって起こる記憶障害の事例を分析することによって知ることができる．

4.5.1──健忘症とその分類

記憶障害の代表に当たるのが健忘症だが，知能や他の認知機能が保たれていることが条件とされており，認知症は，記憶障害が重度であっても健忘症とは言わない．

健忘症は，発症時点を基準として，前向性健忘と逆向性健忘とに分類される（トピック 4-16）．前向性健忘は発症時以降の経験が脳に残らない記銘の障害，逆向性健忘は発症時より前の一定期間の経験が思い出せない想起の障害である．逆向性健忘の期間は数時間，数日のこともあれば，十数年におよぶこともある．回復につれ，より古い記憶から想起できるようになり，逆向性健忘の期間は次第に短くなる．発症時に近い記憶が想起できて古い記憶が想起できないことはほとんどない．これを時間勾配という．逆向性健忘の期間中の経験が部分的に想起できることがあり，これを記憶の島という．前向性健忘が発症すると記憶が形成されないので，回復しても発症から回復までの間の記憶は想起できず，これを発症後健忘という．前向性健忘と逆向性健忘とは，だいたい重症度（後者の場合は健忘の期間）が並行しているが，乖離していることもあり，逆向性健忘がほとんどないのに前向性健忘が認められる孤立性前向性健忘の報告は多いが，これとは逆の孤立性逆向性健忘は非常にまれである．

トピック 4-16　さまざまな健忘症

出典健忘は，エピソード記憶の内容は想起できるが，その内容がいつどこで獲得されたかを想起できない状態をいう．

一過性全健忘は発作性で，突然重度の前向性健忘で始まる．患者は直前のことも覚えていないので自分が置かれた状況がわからず当惑し，直前の自分の行動や現在いる場所，時間などについて同じ質問を繰り返す．発作中の短期記憶と意味記憶，手続き記憶は保たれ，記憶以外の認知機能も正常で，発作中自動車の運転を続けた例も報告されている（Fisher & Adam, 1966）．逆向性健忘は数日から数十年まで症例によってさまざまで，発病初期が最も長く時間とともに短縮する．発作は数時間持続して徐々に回復し，24時間以内には消失して再発はきわめてまれである．回復後は発症後健忘を示すが，発作中に見られた逆向性健忘は消失し，他の後遺症も生じない．原因としては海馬を中心とした大脳辺縁系の一過性の機能低下が考えられ，発作中の側頭葉内側部の血流低下が捉えられている（Tanabe *et al.*, 1991）．

小説や映画などで話題になることが多い全生活史健忘は，発症前のエピソード記

憶が幼少期まですべて失われる特異な状態で，前向性健忘はなく意味記憶と手続き記憶は保たれていることが多い．大半が心因性とされるが，器質性病変もごく少数報告され，側頭葉前部を中心とした病巣が捉えられている（Kapur *et al.*, 1992）.

　古くから知られる健忘症に，19世紀末にコルサコフが記載したコルサコフ症候群がある．これは視床背内側核，乳頭体など間脳の病変による重度の前向性健忘とさまざまな程度の逆向性健忘，見当識障害，作話，病識欠如を特徴とする．特に，実際には経験していないことをあたかも経験したかのように話す作話は，他の部位の損傷による健忘症には見られない特異な点とされる．主な原因はアルコール中毒で，ビタミンB1欠乏によるウェルニッケ脳症の回復期に出現することが多い．

4.5.2―症例HM

　コルサコフ症候群（トピック4–16参照）の例からも明らかなように，記憶と脳との関係は古くから議論されてきたが，この理解を一気に進めてくれたのが症例HMの出現である．

　HMは，1953年，27歳の時に，てんかんの治療のために，両半球の扁桃体と海馬の前半（図4-7）を含む側頭葉内側部を切除する手術を受けた．手術後は，言語，注意，知覚に問題はなく，てんかんも日常生活に問題がない程度に軽減したが，重度の前向性健忘が生じ，記銘ができなくなってしまった．逆向性健忘は16歳まで及ぶが，16歳からてんかんの大発作が始まっているので，記憶が十分形成されなかった可能性があり，孤立性前向性健忘と言える．さらにHMの場合，50年以上にわたり症状がほとんど変化せずに続いたことも特徴である．

　発症後，HMは自宅で両親と暮らし，晩年は82歳で亡くなるまで施設に入所していたが，両親もHMも研究にきわめて協力的で，記憶について多くが明らかになった．HMは20世紀の記憶研究に最も貢献した人物と言える．手術したスコヴィルは，側頭葉内側部の扁桃体までの切除は経験していたが，HMの場合はてんかんの重症度を考慮し，はじめて

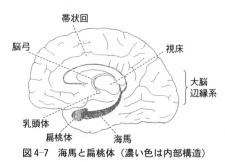

図4-7　海馬と扁桃体（濃い色は内部構造）

（帯状回／脳弓／視床／大脳辺縁系／乳頭体／扁桃体／海馬）

海馬の前半部まで切除した．しかし重大な後遺症に驚き，こうした手術は二度と行うべきではないというキャンペーンを始めたので，HM は記憶研究史上唯一の存在となったのである．

4.5.3──記憶の種類による障害の乖離

HM の出現で，記憶はその種類によって障害が乖離することが明らかになった．ランダムな数列を聞いて直後に正しく言い返す数唱テストでは，手術後HM は一貫して 6 桁か 7 桁という正常範囲の成績を示しているが，記憶範囲を 1 桁でも超えると，何回繰り返しても正しく言い返すことはできなかった．何度同じ数列を聞いても，前に聞いたことを忘れてしまっているからである．

こうした結果から，HM の場合，長期記憶は障害されているが短期記憶は障害されていないことになるが，1969 年に，長期記憶は障害されていないが短期記憶が障害されている，HM とは逆の症例 KF が報告された（トピック 4-17）．KF の障害は聴覚言語的短期記憶に限られているが，これによって長期記憶と短期記憶の障害の二重乖離が示されたことになる．つまり，症例 HMのみでは，短期記憶は機能が単純なために脳の損傷でも残ったという解釈も可能だが，これとは逆の症例 KF の存在によってはじめて，機能の単純さでは解釈することができなくなり，長期記憶と短期記憶は脳内のそれぞれ別の部位で営まれる，相互に独立した機能と結論することができたのである．

トピック 4-17　短期記憶，エピソード記憶，意味記憶の選択的障害

交通事故によって左頭頂葉に損傷が生じた若い男性 KF（Warrington & Shallice, 1969）は，聴覚的に提示された刺激は，数列でもアルファベットでも単語系列でも確実に言い返せるのは 1 項目だけで，2 項目になると誤りを示した．しかし日常生活では記憶障害はなく，また 10 個の単語の系列を同年齢の健常者 10 人の平均（10 回）よりも少ない反復回数（7 回）で学習している．

HM の出現によって記憶研究が隆盛を極める中，タルヴィング（Tulving, 1972）は宣言的記憶をエピソード記憶と意味記憶に分けることを提唱した．その契機となったのは，交通事故により左前頭頭頂領域と右頭頂後頭領域に損傷が生じ，さらに左後大脳動脈の流域に梗塞が生じた男性 KC を経験したことである．KC は精密機械を製造する会社で働いていた．自社製品のカタログを見ながら製品について詳しく説明することはできたが，自分がその会社で働いていたことは一切思い出せず，

オフィスのカラー写真を見せても認知できなかった.

　KC は，エピソード記憶は障害されているが意味記憶は障害されていない症例に当たるが，これとは逆の症例がイタリアで相次いで報告された．その1人はヘルペス脳炎によって左側頭葉前下部に損傷が生じた女性 LP で，チェルノブイリの原発事故後に野菜の販売が禁止され，主婦として苦労したことを明確に述べることができたが，繰り返し報道され誰もが知っている，事故が起きた場所や原子力との関係などについてはなにも想起できなかった（De Renzi *et al.*, 1987）.

　症例 KC と LP（トピック 4-17 参照）によってエピソード記憶と意味記憶の障害の二重乖離が成立し，この2種類の記憶の独立性が確認されたが，これは逆向性健忘の場合で，HM のようにエピソード記憶の形成が重度に障害されている前向性健忘の症例で，意味記憶が形成されるのかどうかが次の問題となった．ある実験では，HM の発症後にマスコミに登場した人物の名前を与えて姓を答えさせる課題が与えられ，健常者よりは劣るがかなりの成績を示し，職業などの手がかりを与えると正答率が倍増することが明らかになった.

　こうした結果から，HM でも意味記憶の形成は可能だが，健常者とは異なり，素材の多数回の反復を通じてゆっくり形成されていくと考えられた．その証拠に，健常者ではマスコミに登場した時期が検査時に近い人物ほど成績がよいのに対して，HM は発症時に近い人物ほど成績がよかった.

　HM はきわめて重度の前向性健忘であるにもかかわらず，運動学習，知覚学習，各種のプライミングなど手続き的記憶は形成可能なことが示されている．運動学習では，鏡映描写課題や回転追跡課題などを健常者よりは遅いがこなし，1日の試行の中で明らかな進歩を示し，学習した結果は翌日，さらに1年後も保持していた．しかし，訓練を繰り返した経験は全く記憶されておらず，HM は実験装置の前に来るたびに，装置を初めて見るような態度を示している.

　HM と同様に，多くの健忘症患者で手続き的記憶の形成が可能なことが示されているが，逆向性健忘の場合，特定の手続きが健忘の期間内に習得されたかどうかの判定が困難なため，報告がほとんどない．しかし，ECT（electro-convulsive therapy：電気けいれんショック療法）という，重いうつ病の治療などの目的で脳に強い電流を流して人工的にてんかんを起こす方法を用いた研究がある．鏡映文字の読み取りなどの手続き的記憶を訓練し，ECT 後にテス

トすると，ECT 前と同じレベルの成績を示したが，訓練を受けたこと自体は覚えておらず，エピソード記憶は失われても手続き的記憶は残ることを示している．逆に手続き的記憶が失われたと思われる症例も報告されている．

4.5.4—想起の障害

逆向性健忘では，健忘の期間中の記憶は回復すれば想起できるので，保持されていて想起ができない状態にあるが，発症後に記銘された記憶についても同じことが知られている（トピック 4-18）．

トピック 4-18　発症後に記銘された記憶の回想と親近性の乖離

ブレイン（Brain, 1954）の症例は，交通事故で前頭部に損傷が生じた建築技師で，発症後の IQ は 130 と高く，高次機能の障害は視覚イメージの喪失のみで，発症後も建築業務を続けている．彼は，事務所で長時間打ち合わせをした相手が部屋を出るともうどんな人物だったか想起できないが，その相手に町で偶然出会ったときにはすぐに再認できた．そこで，言語化が困難な視覚刺激をいくつか提示した後，なにを見たか答えさせる再生テストを行うと，1 つも想起できなかったが，同数の新しい刺激を加え，1 つずつ提示して以前に見たか否か答えさせる再認テストではすべて正答した．つまり，提示された刺激は記銘されているが想起できなかったのである．

再認には，各項目の詳細を意識的に思い出すエピソード記憶に近い回想と，詳細は思い出せないが見たことはあると感じる意味記憶に近い親近性の 2 つの段階が関与している．ブレインの症例は回想が喪失し親近性が残った事態だが，ボウレスら（Bowles et al., 2007）は，回想の成立には親近性より時間がかかることに注目して再認テストで 400 ミリ秒以内に反応することを要求し，これとは逆の事態の存在を明らかにした．ボウレスらの症例は，通常の再認テスト（回想が成立）では障害を示さないが，400 ミリ秒の条件（回想は成立しない）では障害を示したのである．親近性が残っている場合，400 ミリ秒の条件でも障害を示さない．これによって，回想と親近性の二重乖離が，発症後に記銘された記憶についても示された．

前向性健忘では，特異な記憶障害を示す症例（トピック 4-19）の報告がある．

> **トピック 4-19**　　**特異な記憶障害を呈した症例ニール**
>
> 　ニールは明るく社交的な子どもとして順調に成長していたが，13歳の時に松果
> 体腫瘍を発症．記憶障害，視覚性失認症，失読症を呈したが，音声言語に障害はな
> く，書くこともできた．日常の会話をみる限り，認知能力にはとくに問題はない．
> 逆向性健忘はなく，発症以前の経験を明確に述べることができたが，前向性健忘が
> 重度で，物の置き場所，人の名前などを覚えられず，日常生活で困難を示していた．
> ところが，書字で答えさせると記憶が形成されていることが偶然明らかになった．
> たとえば，学校の先生や友達の名前を口頭では1人も言えなかったのに，書字では
> 長いリストのすべてが正しいことが確認された（Vargha-Khadem *et al.*, 1994）．
> 前向性健忘は記憶の形成の障害か想起の障害かという議論があるが，この症例では
> 記憶の形成の障害はなく，記憶痕跡が口頭表出機構にアクセスする過程は障害され
> ているが，書字表出機構にアクセスする過程は健全に残されていることになる．

4.5.5—記憶の神経機構をめぐる論争

　記憶の神経機構については古くから議論があるが，唯一見解が一致している
のは，健忘症患者は逆向性健忘を起こしても回復するため，健忘症の病巣は記
憶の貯蔵庫ではなく，記銘と想起に関連しており，記憶はそれぞれの経験が関
係した脳の部位に貯蔵されるという点である．以前はコルサコフ症候群などに
より間脳を中心に議論されていたが，HM出現後は海馬が注目を集め，動物
実験での確認が試みられた．しかし，ラットやサルでは海馬を損傷しても学習
の障害は起きないという報告が続き，海馬はヒトと動物で機能が異なるとまで
言われ出した．これを解決したのがミシュキンである（トピック 4-20）．

> **トピック 4-20**　　**ミシュキンの遅延非見本合わせ**
>
> 　ミシュキン（Mishkin, 1978）は，それまで動物に使われていた弁別学習は，試
> 行の反復によって成績が上昇するので，健忘症患者でも残る手続き的記憶に相当す
> るとして，サルに遅延非見本合わせ（delayed non matching-to-sample: DNMS）
> を行わせた．これは見本刺激を見せ，一定の遅延時間後に見本刺激と新しい刺激の
> 対を見せて，新しい刺激のほうを選ばせるもので，多数の刺激を用意し，それぞれ
> 1回の提示で記憶を調べるので，一度だけの経験で成立するエピソード記憶に相当
> する．海馬と扁桃体を損傷したサルは，HMと同様にDNMSの障害を示した．

　ここで新たに出てきた問題は，海馬と扁桃体両方の破壊で遅延非見本合わせ（トピック4-20参照）が障害されるとするミシュキンの主張と，スコヴィルの両側扁桃体切除患者では記憶障害がなかったことを根拠に，扁桃体と記憶とは関係ないとするスクワイヤらの主張の対立である（トピック4-21）．

トピック 4-21　　スクワイヤの側頭葉内側記憶システム説

　スクワイヤらは，これまでの損傷例は，周囲の皮質も壊しているとの観点から，破壊を精密に行い，サルでは扁桃体のみの損傷では遅延非見本合わせは障害されず，海馬のみの損傷では障害されることを明らかにした．さらに，脳虚血発作のために記憶障害が生じた男性RBを解剖したところ，海馬の一部のみに細胞喪失が起きており（Zola-Morgan *et al.*, 1986），ヒトでもこの結果が確認された．扁桃体は，以上の結果からエピソード記憶には関与していないとされる．

　その後，海馬と大脳皮質との線維結合の解明から，各種の連合野からの情報が周嗅野か海馬傍回を経て嗅内野から海馬に入り，同じ経路を逆行して各種連合野に戻り，記憶が定着すると考えられるようになった（図）．この側頭葉内側記憶システムは，全体として機能して，記憶，とくに宣言的記憶に関与し，他の高次機能には関係しないと主張されるようになった（Squire & Zola-Morgan, 1991 など）．

　一方，ラットやサルでは，海馬は空間弁別，周嗅野は物体弁別に関与することを示す研究結果が古くから知られている．ヒトでも同様の結果が報告され，海馬と周嗅野では機能が異なるとする主張が台頭し，さらに周嗅野には腹側〈なに〉経路が，海馬傍回には背側〈どこ〉経路が入っていることが明らかにされ（Eichenbaum *et al.*, 2007），機能分化の根拠とされている．これに対して，一貫して内側側頭葉記憶システム説を主張しているスクワイヤらは，周嗅野損傷患者でも物体弁別に障害がなかったと報告している．

図　側頭葉内側部各領域の繊維結合の概要
（Lavenex & Amaral, 2000 を改変）

4.5.6——記憶の固定

　経験が後に想起されるのは，脳内に永続的に残るなんらかの変化が生ずるためだとする考え方は，1904 年にゼーモンが提唱した記憶痕跡の概念に見られるが，その 10 年前に神経解剖学者のカハールは，記憶はシナプスの結合強化によって成立すると述べている．1949 年には，ヘッブがヘッブシナプスの概念（トピックス 10-13 参照）を提唱し，カハールの考え方を復興させた．さらに 1973 年，海馬への入力線維に高頻度の電気刺激を加えると，海馬のニューロンのシナプス伝達効率が上昇し，それが長時間続くことが示され，長期増強と名づけられた．これにより，カハールやヘッブの概念に対応する生理過程が明らかになった．

　しかし，記憶の貯蔵庫ではない海馬でなぜ長期増強が起きるのだろうか．これは，記憶の内容や種類によって，それぞれ関係する脳の部位で新しいタンパク質が合成され，永続する記憶痕跡が成立するまでの間，海馬が一時的に記憶を保持しているためと説明されている．この説明は，記憶が固定されるまでには，脳への衝撃によって影響を受ける不安定な時期と，影響を受けない安定した時期との 2 段階がある事実によって支持されている．

　ニューロンは，出生後は減る一方で新しくできることはないと考えられてきたが，近年多くの部位で新生ニューロンの存在が捉えられており，海馬の新生ニューロンは，記憶の固定の際に経験の選別に関係していると見られている．

［参考図書］

コーキン, S.（鍛原多惠子訳）　2014　ぼくは物覚えが悪い——健忘症患者 H・M の
　　生涯　早川書房
実森正子・中島定彦　2019　学習の心理（第 2 版）　サイエンス社
篠原彰一　2008　学習心理学への招待（改訂版）　サイエンス社
スクワイア, L. R., カンデル, E. R.（伊藤悦朗・宋時栄訳）　2013　記憶のしくみ
　　（上・下）講談社
パヴロフ, I. P.（川村　浩訳）　1975　大脳半球の働きについて（上・下）　岩波書店
バドリー, A.（井関龍太・齊藤智・川﨑惠里子訳）　2012　ワーキングメモリ　誠信
　　書房
横山詔一・渡邊正孝　2007　記憶・思考・脳（キーワード心理学シリーズ 3）　新曜社

5 章 感覚・知覚

ヒトおよび動物はそれぞれが備えている感覚系と運動系の活動を通して，周囲の環境世界の状況をとらえ，そのときどきの状況に応じて行動を調整している．「もの」や「ひと」を見分ける，車の音を聞いて避ける，絵画・音楽を鑑賞する，といった行動はそれぞれの感覚系・運動系にその基礎を置いている．五官ということばは古くから用いられているが，そのどれが主たる役割を演じるかは，動物の種によっても，またそのときの状況によっても異なる．ヒトの場合，周囲の環境情報を得るにあたって，特別な事情がない限り視覚が優位に働く．

この章では，古くから人々の関心を引き，また多くの考察や研究が積み重ねられてきた感覚・知覚の機能とその本性，すなわち受動的にあるがままの世界を受け容れるだけではなく，積極的に状況の意味をとらえ，適切な行動に導く側面を，視覚・聴覚・触運動知覚の3領域について探ってみることにする．さらに，知覚の本性を探る上で重要な知見を与える開眼手術後の視覚体験，脳の損傷による認知の障害に関する研究にも触れることにしよう．

5.1—感覚の分化と統合

5.1.1—感覚の種類と機能分化

人間の感覚は，古くから5系統（視・聴・嗅・味・触覚）に分けられて，五官（感）と呼ばれてきた．現在では，視覚，聴覚，嗅覚，味覚，皮膚感覚，自己受容感覚（運動感覚・位置感覚），平衡感覚，内臓感覚の8系統を挙げるのが一般である．皮膚感覚はさらに触（圧）覚，温覚，冷覚，痛覚に分けられる．また，運動感覚と深部痛覚を合わせて深部感覚と呼び，これと皮膚感覚とをまとめて体性感覚ということがある．嗅覚と味覚の2つの感覚は，化学的刺激に反応するため合わせて化学感覚と呼ばれ，身体に有害な刺激や必要な刺激を検出する．

なお，嗅覚と味覚は相互作用し，しばしば両方が一緒になった体験をする．

　感覚の種類とそれに即した体験内容を感覚様相（感覚モダリティ）という（トピック5-1）．たとえば，色覚と触覚の体験の違いは様相の違いであり，一方，赤，黄，緑，青のような色彩の違いは，同一の様相内での質の差である．

トピック 5-1　　感覚様相と可塑性

　見る，聞く，触れる，嗅ぐ，味わうなど，感覚様相には，独特の現象的性質がある．健常者であれば，このような性質は他の感覚には還元できず，また互いに混乱することもない．たとえばバラの美しい写真を見て，かぐわしい香りを連想することはあっても，見る経験そのもの，嗅ぐ経験そのものを相互に取り違えることはない．このように健常者にとっては感覚様相の区別は一般的である．一方で，共感覚と呼ばれる現象があり，たとえば音を聞いて同時に色を見る色聴と呼ばれる現象がよく知られている．

　それぞれの感覚様相に対応して，視覚皮質，聴覚皮質などの皮質部位が局在しているが，その局在にはある程度の可塑性（変容可能性）がある．白イタチの胎児，または生まれたばかりの仔を用いた実験で，網膜（図5-3参照）から視覚中枢に至る神経路（視覚皮質および外側膝状体，図5-16参照）に手術によって損傷を与えて，視覚神経路の通常の発達を妨げ，その後の経過を調べた研究がある（Sur et al., 1990）．このとき同時に，内耳（図5-20参照）から聴覚皮質の中継核（内側膝状体）に至る神経路（図5-21参照）も切断しておく．その結果，網膜から発した視覚神経路が，内側膝状体に新しい神経接合を形成して聴覚中枢の皮質部分に達し，そのため聴覚皮質細胞において網膜への光刺激に対する応答が見られた．したがってなんらかの意味で，この動物は光を「知覚した」と考えられる．

　発達の初期には，脳の機能分化に著しい柔軟性があり，たとえば健常者では幼時期に大脳左半球に損傷を受けると，左半球に局在する言語中枢の機能が，右半球にかなりの程度移行する．これと同じように，感覚・知覚の機能も多少の可塑性をもち，脳の部位そのものによって一義的に決まるのではなく，初期の経験に基づく行動や環境への適応との関連で，生育初期にはかなり変容が可能である（トピック5-22参照）．

　生体の適応は，遺伝と成熟の基盤に基づきながらも，感覚と行動の経験を通じて形成されていくのである．

表 5-1 感覚の種別とその適刺激・受容器および感覚体験

感覚の種別		適刺激	受容器	感覚体験
視 覚		光(約400〜700 nmの波長範囲の電磁波)	網膜内の桿体と錐体	明るさ, 色, 形, 奥行き, 運動
聴 覚		音(約 15〜20000 Hzの周波数の音波)	内耳蝸牛の基底膜上の有毛細胞	音の高さ, 音の大きさ, 音色など
嗅 覚		揮発性物質(刺激源から発する気体または微粒子)	鼻腔内の嗅上皮にある嗅細胞	匂い(腐敗性, 花香性, 果実性, 焦臭性, 薬味性, 樹脂性など)
味 覚		水溶性物質(唾液に溶ける物質)	舌の味蕾の中にある味細胞	味(たとえば, 甘, 酸, 苦, 塩など)
皮膚感覚	触(圧)覚	皮膚に加えられる機械圧	皮膚下の各種細胞の小体・毛根終末(ルフィニ終末)・パチニ小体・マイスナー小体・メルケル触覚盤など	触感, 圧感
	温 覚	温度刺激あるいは電磁波の熱線部	皮膚下のルフィニ小体	暖かさ, 熱さ(ものの温度)
	冷 覚		皮膚下のクルーズ小体	冷たさ
	痛 覚	強い機械圧, 化学薬品, 電流など	皮膚下の自由神経終末など	痛み
自己受容感覚(運動感覚・位置感覚)		筋, 腱, 関節部の緊張の変化	筋, 腱内の受容器	身体の運動状態や手足の位置(緊張感, 弛緩感), 身体全体もしくは部分の緊張ないし運動
平衡感覚		身体の傾き, 全身の加速度運動	内耳前庭器官の受容器	重力に対する身体の位置あるいは全身の運動の感じ
内臓感覚		内臓諸器官の内部の生理的バランス変化	(不明)	身体内部の痛みや諸器官の状態

　各感覚系には, その末端に外界のエネルギーを受容する受容器があり, それぞれ特殊化された機構をもつ(トピック 5-2). 表 5-1 に見るように, 受容器ごとにそれに適したエネルギーがあると考えられ, それらを適刺激と呼ぶ(たとえば, 視覚に対する光). しかし, 適刺激以外(たとえば, 視覚に対する機械的圧や電気刺激など)でも, 各感覚系に対応した感覚体験が起こる. このような刺激を不適刺激と呼ぶ. 眼の場合, 適・不適にかかわらず刺激が与えられたとき「光が見えた」と感じるが, この事情は他の感覚系でも同じである.

トピック 5-2　　**受容野**

　視覚，触覚，聴覚など感覚系の感覚受容細胞やさらに上位の段階のニューロン（神経細胞）は，受容面の特定の範囲が刺激されたときにのみ反応する領域をもつ．このように感覚系における特定の限られた範囲の領域をその細胞の受容野と呼ぶ．視覚系では視細胞の受容野は視野中（網膜上）の限られた空間の刺激にのみ，触覚系ないし体性感覚系の受容細胞では，その受容野は身体部位表面（皮膚面）の限られた位置の刺激にのみ反応する．聴覚系の受容細胞では，その受容野は蝸牛の基底膜における位置上の限られた周波数の音刺激にのみ反応する（5.3.1項参照）．ただし一般に，受容野の大きさは変動し，下位のニューロンから上位のニューロンに進むにしたがって拡大していく（視覚系については，トピック5-20参照）．

　なおそれぞれの感覚受容細胞は，それに隣接した領域の受容野をもち，外界がもつ特性とこれらの複数の感覚受容細胞における受容野の特性とのあいだには，特定の秩序だった関係が保たれている．この関係は1次感覚皮質にも保たれている．すなわち1次視覚皮質（V1）上では，外界もしくは網膜における空間的関係に対応したトポロジカルな空間的関係が保たれており（これを視野局在配列もしくは網膜特性地図という，5.2.9項(2)参照），また触覚系ないし体性感覚系の体性感覚皮質上では，同じく身体の皮膚面上における特定部位のトポロジカルな空間的関係が保たれている（これを体部位局在配列もしくは体性感覚特性地図という，5.4.2項参照）．人間の1次聴覚皮質は，外側溝の中に隠れている側頭葉上面に，内側から外側に向けて斜め前方に走る，ヘシュル回の一部に位置している．そこでの周波数局在配列（もしくは音特性地図）は，ヘシュル回の内側に高周波対応部位があり，外側に進むにつれ低周波に移行し，再び高周波に進む鏡映型をなしていることが知られている．

5.1.2─接触感覚と遠隔感覚

　各種感覚は，その情報源が身体表面に接しているか離れているかに応じて，接触感覚と遠隔感覚の2種に分類される．一般に，前者には触覚と味覚が，後者には視・聴・嗅覚がそれぞれ属するとされている．しかし，匂いのある物体からただよう揮発性の化学物質は距離とともに薄められるから，嗅覚が有効に働くのは一般に鼻の近辺である．こうした理由から，嗅覚は実質上，接触感覚とみなすこともできる．

図5-1 迷聴器（シュードフォン：pseudophone）（Young, 1928 の写真を模写）
ヤングは右側の音源からの音が左耳に，左側の音源からの音が右耳に聞こえるように
した装置を考案した．これを装着した被験者に眼を閉じた状態で音を聞かせると，方
向指示は聴覚に応じたものとなる．ところが，眼を開いて音源が見えるようにした条
件では，視覚が優位となるような音源定位をする．

5.1.3—感覚間の相互作用

　各種の感覚・運動系を介して，われわれは周囲の事物のさまざまな性質，た
とえば「赤い」「球形の」「甘酸っぱい」「なめらかな」といった性質を認める
ことができる．いわば「もの」とは，色，形，香り，手ざわりなどのさまざま
な属性の集まりである．このようなさまざまな属性は，いったいどんな原則に
よって，まとまりをもった「もの」として統合されて知覚されるのだろうか．
　それは，その動物種がどのような棲息環境で生活しているか，どのような行
動パターンをもっているかによっても異なっている．たとえば主として嗅覚，
聴覚に依存する動物の例として，暗闇に棲むコウモリを挙げることができる．
これに対してヒトの場合には，通常視覚が優位であり，そのことを示す現象が
いくつか知られている．たとえば，縮小や変形を生じるレンズやプリズムなど
を用いて「見た大きさ，形」と，実物に「触った大きさ，形」とのあいだに不
一致を起こすような場面を設定すると，ある範囲内で，「見た大きさ，形」に
依存した「大きさ，形」の判定がなされる．このように，ヒトの場合，異種の
感覚のあいだで矛盾や不調和をもたらすような実験場面を設けると，多くの場
合，視覚優位の統合がなされ，視覚支配の現象が生じる（図5-1）．
　しかし，どのような場合にも視覚が優位とは言えない．視覚に対して聴覚が
優位となるような現象が近年いくつか報告されている．さらに，視覚と他の感
覚様相とのあいだの統合や，知覚系と運動系とのあいだの協応過程なども，わ
れわれの世界の実感を成り立たせ，行動を適応的にする重要な役目を果たして
いる．プリズムや逆さめがね（トピック 5-10 参照）に対する順応過程では，
視覚と触覚や体性感覚との再統合，知覚系と運動系との新たな協応関係の成立
などが，適応の必要条件となる．

5.1.4—精神物理学（心理物理学）と閾

感覚・知覚の研究にとって，それぞれの感覚系がどれほどの感度や精度をもっているかを知ることは重要である．視覚・聴覚などの感覚系の感度は，通常，刺激閾によって，精度は弁別閾によって表わされる．

刺激閾は感覚を生じるのに必要な最小の刺激強度を指し，絶対閾とも呼ばれる．ただし，この「見えた」「見えない」のような刺激強度の限界（たとえば「見えた」「見えない」の境目に当たる刺激値）は常に変動しているので，通常は統計的に50%の確率で感覚を生じさせる刺激値で示される．この刺激閾は種々の刺激の条件，被験者の条件，個体差などによって異なる．なお，文字や図形など複雑な刺激パターンに対しては認知閾の語が用いられる．また感度は通常，閾値の逆数で表わされる．

一方，弁別閾は，2つの刺激の強さ（たとえば明るさの差）や性質の区別（たとえば色の違い）を感じうる最小の刺激差（たとえば明るさでは光の強度差，色では波長差）を指す．弁別閾も通常50%の確率で区別できる刺激差を弁別閾値とする．弁別閾はまた丁度可知差異（just noticeable difference：jnd）ともいう．

このような感覚系についての研究はすでに19世紀半ばに精神物理学として始められ，20世紀になってからも心理学における基礎的過程の研究として進められている（トピック5-3）．最近では精神物理学の語に代わって心理物理学と言われることがある．

トピック 5-3　　精神物理学（心理物理学）

ウェーバー（10.3.2項参照）は1840年代に2つのおもり（標準重量と比較重量）の重さを比べる実験で，弁別しうる最小の重量差（弁別閾，丁度可知差異）を調べた．たとえば，300gの標準重量に対して，比較重量を306gにしたときその差がはじめてわかったとすると，このときの弁別閾は6gである．次に標準の重量を600gにしたとすると，このときの弁別閾は6gではなく，12gとなる．このような実験結果から，ウェーバーは一般に標準重量をSとし，弁別閾をΔSとすると，SとΔSの比はほぼ一定になると考えた．

重さの感覚だけでなく，他の感覚系についても，一般に標準となる刺激Sと弁別閾ΔSとのあいだには，たとえば上の場合，$6/300 = 12/600 = 1/50$というような

$$\Delta S/S = k \qquad (k \text{ は定数})\ (1)$$

で示される関係が成り立つことをウェーバーは明らかにした. $\Delta S/S$ を相対弁別閾といい, ΔS を絶対弁別閾という. 式(1)で表わされる事実, すなわち「相対弁別閾が一定である」ことをウェーバーの法則と呼び, 定数 k をウェーバー比という. この比は感覚系によってその値が異なることも知られている (表 A).

フェヒナー (10.3.2 項参照) は物質界と精神界とのあいだの調和的関係を信じ, その関係の学問として精神物理学 (Psychophysik) を提唱し, ウェーバーの法則の中にその例を見出して, それを発展させた (Fechner, 1860). フェヒナーは, 感覚 (R) を量的に扱うことができるとみなし, 弁別閾 (ΔS) に相当する感覚の増加量 (ΔR) は一定であると仮定して, 「感覚 (R) は刺激強度 (S) の対数に比例して変化する」という結論を導いた. その関係式は,

$$R = k \log S \qquad (k \text{ は定数})\ (2)$$

となる. これをフェヒナーの法則という (図).

表 A 種々の感覚に対するウェーバー比の最小値
(Boring *et al.*, 1948)

	標準刺激	ウェーバー比
深部圧	400 g	1/77
視覚の明るさ	1000 trolands	1/62
おもりの持ち上げ	300 g	1/53
音の大きさ	1000 Hz, 100 dB	1/11
嗅覚 (ゴム臭)	200 olfacties	1/10
皮膚の点圧	5 g/mm^2	1/ 7
味覚 (塩味)	3 mol/l	1/ 5

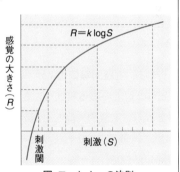

図 フェヒナーの法則

「感覚」あるいは「感覚の大きさ」を直接測ることができなければ, フェヒナーの法則を実験的に吟味することは困難である. この点を克服しようとしてスティーヴンス (Stevens, 1957) は, たとえば, 基準となる「明るさ」を提示してこれを「10」としたとき, 次に提示する種々の「明るさ」がどれくらいかを数値で答えさせるという方法を考案した. このような方法をマグニチュード推定法という. この方法を用いた多くの研究により, 刺激強度 (S) と被験者が答えた数値 (心理量) (R) とのあいだには, 一般に,

$$R = k \cdot S^n \qquad (k \text{ は定数})\ (3)$$

と表わされる関係が成り立つことが見出された. これをべき法則という (表 B).

表 B 種々の感覚におけるべき指数の値（Lindsay & Norman, 1977）

判　断	べき指数
音の大きさ（単耳）	0.3
視標の明るさ（暗順応眼，視標の大きさ5°）	0.3
コーヒーの香り	0.55
塩辛さ	1.3
蔗糖の味	1.3
冷たさ（腕）	1.0
暖かさ（腕）	1.6
木のブロックの厚み（指で触れた）	1.3
持ち上げたときの重さ	1.5
指に対する電気ショックの強さ（60 Hz）	3.5
線分の長さ	1.0

　このように一般に刺激の物理的特性と，その刺激によって生じる感覚・知覚などの心理的過程との量的関係を研究する実験心理学の分野を，精神物理学または心理物理学（psychophysics）という．最近では，種々の動物や，ヒトの乳児の感覚・知覚の働きについても精神物理学的な研究が行なわれている．

5.1.5─主観的等価値（点）

　2つの対象のある属性（たとえば，長さ）について比べる実験では，観察者がそれらを主観的に同じと認める点を求める．このような等価値（点）を測定して，物理量で表わしたものを主観的等価値（点）（point of subjective equality : PSE）と呼ぶ．

　図5-2のaに示したのは，ミュラー・リヤー錯視図形の外向図形で，この主線の長さ（矢羽根を除いた部分）をlとしよう．aの横に1本の線分bを配置し，これを伸縮させる（長さの調整操作）．いま，aの長さlに対し，bの長さを調整して，主観的に等しく見えるようにしたとする．その長さをl'とすると，これがlに対する主観的等価値である．

図5-2 主観的等価値の測定（調整法による）例

5.1.6──閾／PSE の測定法

閾や PSE を測るのに用いられる精神物理学的測定法には大別して調整法（method of adjustment），極限法（method of limits），恒常法（method of constant stimuli）の 3 つがある．これらはフェヒナー以来，種々の改良が加えられつつ用いられてきたものである．他に上下法（up-and-down method）あるいは階段法（staircase method）と呼ばれる方法がある．調整法は以上の諸方法のうちで最も古く，かつ基本的なものと言われている．閾の測定に用いられることもあるが，従来からこの方法は，PSE の測定に適したものと考えられてきた．閾の測定には極限法ないし恒常法が通常用いられる．中でも絶対閾や弁別閾の測定法としては恒常法が最も信頼するに足る方法とされ，高い評価が与えられてきた．上下法は，極限法や恒常法の短所を補う方法として，考案され広く用いられるようになった．

5.1.7──測定の水準

実験や調査で得られるデータは数値で表わされることが多い．その数値は，統計的処理との関連で，スティーヴンス（1958）により次の 4 つの水準に分けられる．

名義尺度：賛成を 1，どちらとも言えないを 2，反対を 3 と表わす場合は，数値の大きさも順序も意味はなく，意見を分類するためのカテゴリーを区別するため，仮の数値を当てはめているにすぎない．

順序尺度：意見を，1. 非常によい，2. よい，3. どちらとも言えない，4. 悪い，5. 非常に悪い，と 5 段階に区分するときは順序としての意味がある．しかし，1 と 2 の距離が 2 と 3 の距離よりも短いなどとは言えない．数値の足し引きもできない．

間隔尺度：数値を間隔の差で表わすのが間隔尺度であり，数値の比を考えない．たとえば温度計の数値で，40 度は 20 度よりも暑いとは言えるが，前者が後者の 2 倍暑いとは言えない．通常，標本の平均，分散，相関など，ほとんどすべての統計量を求めることができる．被験者の回答を数値で表示するのに用いることが多い．

比尺度：通常，長さや重さなどを数値として考える内容と同じである．間隔尺度と違い，原点 0 からの距離を測ることができ，数値どうしの比が考えられ

る．幾何平均，調和平均，変動係数なども計算できる．

5.1.8──感覚経験とその外在化

　視覚，聴覚には感覚受容器に与えられた刺激作用を外界に位置づけて知覚する働きがある．これを感覚経験の外在化という．たとえば，視覚刺激は網膜の受容器に与えられているにもかかわらず，われわれはそれを外界のある場所に「あるもの」として知覚する．このような働きは対象性ないしは対象指向性とも呼ばれている．

　これに対して触覚では外在化が現われにくい．いま，自分の一方の手Ａを動かしながら，自分のもう一方の（静止させたままの）手Ｂをなでると，手Ａにとっては他方の手Ｂを「対象」として知覚する．ところが，なでられている手Ｂの部位には，ある「触感」が生じる．このように，触知覚では対象指向性と自己指向性とを同時に体験することができる．カッツ（1925）は，このような特性を触知覚の「両極性」と名づけた．

5.2──視知覚

5.2.1──網膜内の機能の分化

(1) 視　野

　前方の1点を固視（凝視^{ぎょうし}）したときの，「見えている」空間の広がり全体（ないし範囲）を一般的な定義では視野と呼ぶ（トピック5-4）．ただし，その全域にわたって視覚の機能（光感覚，色覚，視力など）は均一ではない．

トピック 5-4　　視野の測定

　視野の測定は，動的視野測定と呼ばれる方法（可児，1978）の場合，一般に簡便な周辺視野計により，その視標（約30cmの黒い棒の先端についた直径1cmの白色円盤）を用いて，左右各眼につき行なわれる．視標をまず外方（耳側）の「見えない」ところから水平方向に徐々に内側に移動させたとき，初めて「見える」位置を，周辺視野の限界値とする．この他，内方（鼻側），上方，下方および斜め上下方向を含む計8方向について求めた限界値を点線で結合して，図Ａ（主要4方向のみ値を示す）のように視野用紙上に，固視点への視線を基準とした角度で表示する．視力は固視点およびその近くで最も高く，周辺では低くなる（図Ｂ）．

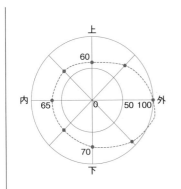

図A　健常成人の主要4方向での周辺視野の限界値（右目平均，直径1cmの白色視標）

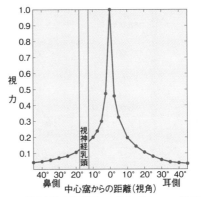

図B　網膜部位と明所視での視力（Alpern, 1962）
中心窩での視力が1.0の場合でも，網膜周辺部での視力はそれ以下となり，しかも中心窩から離れるにつれて次第に低下する．

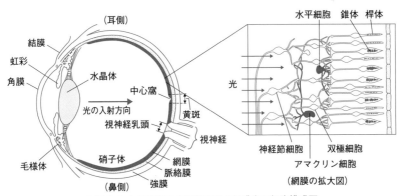

図5-3　ヒトの右眼の水平断面図と網膜内の細胞構成図

(2) 桿体と錐体

　図5-3はヒトの右眼を上方から見た水平断面図であるが，視覚系の光受容器は，この網膜の中に含まれている．網膜は，さまざまな細胞から構成されているが，このうち，光を受容するものを光受容細胞（視細胞）と呼び，ヒトでは桿体（約1億2000万個）と錐体（約650万個）の2種類がある（図5-3）．

　図5-4に示すように，錐体は中心窩に集まり，中心窩を離れるにしたがって急速に少なくなる．逆に桿体は中心窩の中心から視角1.5～1.7度の範囲内には存在せず，15度周辺で最も多くなる．

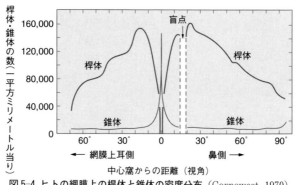

図5-4 ヒトの網膜上の桿体と錐体の密度分布（Cornsweet, 1970）

図5-5 盲点を見つける（Palmer, 1999）

右眼を閉じて，左眼を＋に固定したまま眼前から少しずつ離していくと，約22〜23cmのあたりで，上段では円が消え，下段では横棒が切れ目なくつながるのを体験できる．

　視神経乳頭（トピック5-4 図B・図5-3参照）には錐体も桿体も存在せず，それに対応する視野上の領域は，像が結ばれても視覚が生じないため，盲点（図5-4参照）と呼ばれる．左眼と右眼の盲点は一致しないため，両眼で観察するときにその存在に気づくことはないが，図5-5のような図版を用いて片眼で観察することにより確認できる．

　なお，視角とは，ある長さあるいは幅（S）の対象が，眼の結節点から一定距離（D）だけ離れているときの，Sが眼に対して張る角度（θ）を指す（図5-6）．θは次式で与えられる．

$$\tan \theta = S/D$$

（3）二重作用説

　桿体と錐体は異なった機能をもっている（視覚の**二重作用説**）．すなわち，表5-2に示すように，①桿体は**暗所視**，錐体は**明所視**と呼ばれる条件下でそれ

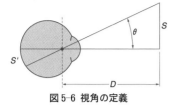

図5-6 視角の定義
θ：視角，D：眼の結節点と対象までの距離，S：与えられる対象の長さないし幅，S'：網膜の像の長さないし幅.

表5-2 桿体系と錐体系の特性
(Lindsay & Norman, 1977)

人間の視覚系	桿体系	錐体系
活動環境	暗 所	明 所
感 度	高 い	低 い
空間分解能	低 い	高 い
時間分解能	低 い	高 い
分光感度の最大値	505 nm	555 nm
暗順応の速度	約40分	約7分
色識別	不可能	可 能

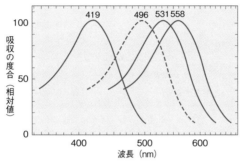

図5-7 ヒトの4種類の視細胞の分光吸収特性（Dartnall *et al.*, 1983を改変）
ヒトの眼における4種類の視細胞について測定された分光吸収特性を示す．このうちの1種類は桿体の測定結果（吸収の最大値が496 nm：破線）で，残りの3種類は錐体の測定結果（吸収の最大値がそれぞれ419，531，558 nm：実線）である．

ぞれ活動する，②十分に暗順応（トピック5-5）した状態では桿体のほうが錐体よりも光に対する感度が高い，③桿体の分光感度の最大値が505 nm（ナノメータ：長さの単位，10^{-9}m）にあるのに対して錐体のそれは555 nmにある，④錐体は色の識別機能を担っているが，桿体にはその機能がない（図5-7参照）．

トピック5-5　暗順応

　明るい場所から暗室に入ると，直後には光に対する眼の感度は低く，暗闇しか感じられない．その後，感度は次第に高くなっていき，30〜40分でほぼ最大の状態に達する．この過程を暗順応という．

　暗室内で小光点を網膜の周辺部（たとえば，中心窩から視角15度離れた部位）に提示し，その絶対閾（光覚を生じるための最小の光のエネルギー）を刻々測定し

て，時間軸に対しプロットすると，図の△印のようになる．これに曲線を当てはめ
たものが暗順応曲線である．図の例の場合，曲線全体は単調な低下を示さず，途中
10分ぐらいで屈曲（曲線aとbの交差点をコールラウシュの屈曲と呼ぶ）が現わ
れている．この屈曲の前半は閾値が錐体によって，後半は桿体によって決まること
が，多くの実験を通して明らかにされた（Alpern *et al.*, 1969, 1970; Lamb, 1990）.

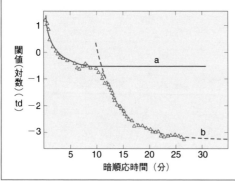

図 暗順応曲線
△印はアルパンら（Alpern *et al.*,
1972）のデータによる．実線aは錐
体系について得られる暗順応曲線であ
り，点線bは桿体系について得られ
る暗順応曲線である.

（4）色覚と錐体

　原則として，分光感度の異なる2種類以上の錐体の存在が色覚成立の前提と
なる．通常，ヒトの網膜内には，顕微分光光度計による測定の結果が示すよう
に（図5-7），分光吸収特性を異にする3種類の錐体が備わっている．ただし，
ヒトの色弁別活動に関しては，ドルトン（1798）以来，多様な個人差があるこ
とが知られており，三色型，二色型，一色型の3種の色覚の類型（トピック5
-6）に大別されている（色覚理論とその発展については，トピック10-5参照）.

> **トピック5-6　　色覚の類型**
>
> 　色覚には個人による特性があり，その特性によって，図のように三色型（trichro-
> matism），二色型（dichromatism），一色型（monochromatism）に大別されて
> いる．これらの種別は網膜における錐体の構成が異なることによるとされている.
> 通常の三色型（normal trichromatism）では3種類の錐体（S, M, Lと略す）が
> すべてそろっているが，二色型では，3種のうちのいずれか2種の錐体でその網膜
> が構成されている（たとえば，二色型のうち第1色盲（protanopia）ではSとM，
> 第2色盲（deuteranopia）の場合はSとL）と言われている.

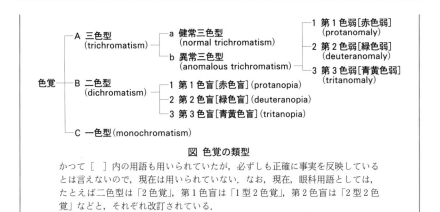

図 色覚の類型

かつて［　］内の用語も用いられていたが，必ずしも正確に事実を反映している
とは言えないので，現在は用いられていない．なお，現在，眼科用語としては，
たとえば二色型は「2色覚」，第1色盲は「1型2色覚」，第2色盲は「2型2色
覚」などと，それぞれ改訂されている．

5.2.2—色彩知覚

(1) 色の3属性・色の現われ方

　色の見え方は明度ないし明るさ（光の知覚された強さ），色相（色名によっ
て定義される光の性質），彩度ないし飽和度（光の純度もしくは色の鮮やかさ）
の3つの属性で記述できる．この3つの属性を尺度化し，数値を割り当てて三
次元的に表わしたものを色立体という（垂直軸は明度，中心から周辺に向かう
軸は彩度の変化を表わす：口絵1参照）．代表的なものにマンセル色立体がある．

　なお，青→……→緑→……→黄→橙→赤→……と色相の類似した順に並べる
と，再び青につながって全体が環のように配列できる．このように色相変化を
円環状に並べたものを色相環（色彩環）という（口絵2参照）．

　ヒトが感受できる光の波長範囲は約380〜780 nm，実用的にはおよそ400〜
700 nm（口絵3参照）であるが，最も感度のよいところでは2 nm前後離れ
た2つの波長光を区別できるという．したがって約150種の色相の弁別が可能
であり，さらにそれらの150の色相におけるそれぞれの明度，彩度の差を区別
することができるので，通常，ヒトは膨大な色の区別ができることになる．

　色は3つの属性により表示されるが，それだけでは記述できない現象的特性
を示す．たとえば，本の表紙の「青い色」とすみきった青空の「青」とではそ
の「現われ方」が異なる．この点に着目したカッツ（1911）は，表面色（本の
表紙の色など），平面色（面色ともいう．青空の色，残像の色など），空間色
（グラスの中の赤ワインの色など），鏡映色などに分類することを提唱した．表

面色として知覚される色でも，衝立（還元衝立と呼ばれる）の小穴を通して観察すると平面色となる．近年この色を開口色と呼んでいる．

(2) 混　色

波長の異なる2種またはそれ以上の色光が同時に眼に与えられると，それぞれの色とは異なった別の色が知覚される．この場合，異なったスペクトル光を加えて作られる混色であることから，加法混色と呼ばれる．一般に3つの十分隔たった波長光の混色によってどの色光も作ることができる．カラー写真，テレビなどはこの方式によって広範囲の色を再現している．

なお混色には，絵の具や色素など，異なる分光吸収特性をもつ色材を混ぜて第三の色を作る混色の方法がある．この場合，2つの吸収特性の異なるものを重ねることによってそれぞれの波長光が吸収された混色であることから，減法混色と呼ぶ．

(3) 対比と同化

スペクトル光の赤と緑を，また青と黄を適当な比率で混ぜると白色になるが，このように混色によって白色となる2つの色を互いに補色関係にあるという．色相環（口絵2参照）では環の向かい側に補色関係の色が配置される．補色の関係またはそれに近い関係にある2つの色，たとえば赤と緑を隣り合わせに接しておくと，相互に彩度を強め，鮮やかさを増す．これを色の対比のうちとくに同時対比という．また特定の色刺激を長時間見つめてから，補色関係にある他の色を示しても対比の現象が生じる（継時対比）．明るさにも同様の対比効果，すなわち明るさの対比がある（5.2.4項(2)参照）．このような対比は2つの有彩色のあいだに見られるだけでなく，有彩色と無彩色とのあいだにも生じる．たとえば，それぞれの有彩色の背景領域上にある無彩色系列（灰色）のほぼ中間の小片をしばらく見続けていると，その灰色は背景の色の補色に薄く色づいて見える（口絵4参照）．対比は色相，明るさに関して顕著に起こる．

一方，色の同化は，対比とは逆に特定領域の色，明るさが周囲の領域と同じ方向に偏位する現象である（口絵5参照）．ただし，同化については，対比ほど研究が行われていない．

(4) 残　像

強い光刺激を見た後では，その光刺激がなくなっても，刺激された網膜部分に効果が残っていて色の像が見える．これを残像という．残像には，刺激光の

色と同じ色の像が消失直後に短時間出現する陽性残像と，刺激光の補色関係の色の像が陽性残像の後に出現する陰性残像（トピック 5-7 参照）とがある．

5.2.3━視知覚の適応性

網膜に光の刺激が与えられると，視知覚系の活動が始まる．しかし，われわれは「もの」を見るとき，網膜上に与えられた刺激以上のものを見ている．視知覚には，カメラやビデオのような，単なる「画像の記録」という単純な光学機械のもつ働きだけではなく，それを超えた種々の高次の中枢の働きがかかわっている．

(1) 知覚の恒常性

月夜の雪から反射する光は，真昼の炭から反射する光に比べると光の反射量（輝度）が低いが，雪は「白」く見える（明るさの恒常）．真昼の庭に咲く赤いバラは，部屋の電球の下に置かれると，バラから眼に与えられる波長分布が変化するが，ほぼ同じように「赤」く見える（色の恒常：ただし明るさの恒常ほど顕著ではない）．丸い皿は，斜めの方向から見てもほぼ丸く見える（形の恒常）．1 m 前方にいる人物が 2 m 離れて行っても，半分に縮んで見えるようなことはない（大きさの恒常）．

すなわち，大きさの恒常を例にとれば，対象の網膜像は，その対象までの距離が遠ざかるにつれてその網膜像も変化して小さくなるにもかかわらず，われわれは，その対象をほぼ一定の大きさのものとして知覚する．このように，観察条件の変化に応じて，対象から感覚器官に与えられる刺激作用が変化するにもかかわらず，一般に，その対象の見かけ上の特性は保たれて知覚される傾向がある．この現象を知覚の恒常性という．

このことは，われわれの対象の知覚が，対象そのものから感覚器官に与えられる刺激作用だけによって決定されるのではなしに，対象を取り囲む周囲の刺激状況，文脈，知識などの情報を取り込むことによって成立していることを示している．知覚系は，このような取り込みの過程によって，外界に対して柔軟な適応性を示すことができる（トピック 5-7）．この取り込みの過程には，種々の仕方で，中枢神経系の働きがかかわっているのである．

───────────────────────────────

トピック 5-7　　**大きさの知覚と距離情報**

　日常生活における対象の大きさの知覚は，その対象が眼に対して張る視角だけで決まるわけではない．その他に周囲のさまざまな刺激情報が取り込まれて処理されている．とくに距離情報がその処理に大きな役割を果たしている．

　簡単な実験で試してみよう．カメラのストロボを発火させて，すぐ手のひらを凝視し，そこに映ったストロボの残像の大きさを覚えておく．それから遠くの壁を見てそこに映った残像の大きさと比較してみよう．壁に映った残像のほうが大きく見えるはず．このように陰性残像を任意の距離の面上に投射して観察した際，その見かけの大きさが投射面までの距離に比例して増大することをエンメルトの法則という（図 A）．ただし，この法則は投射距離がある範囲を超えると成立しない．

　図 B では，3 つの円筒はどれも同じ大きさに描かれているが，遠くに見える円筒が大きく見える．これも大きさの知覚に距離情報が大きな効果をもつ例である．

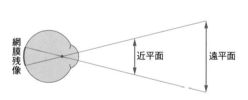

図 A　エンメルトの法則を例示するストロボ実験
近平面の手のひらに映ったストロボ残像の大きさと
遠平面の壁の上のストロボ残像の大きさを比較する．

図 B　回廊錯視

───────────────────────────────

（2）錯　視

　知覚する世界は，物理的外界そのままの写しではない．一般に感覚器官に与えられた刺激作用は，その処理過程を通してさまざまな情報を取り込み，神経相互の影響ないし推論的働きを受けて，知覚体験を生じさせる．そのため最終的な結果としての知覚と物理的な世界の特徴とのあいだに，いろいろなズレが生じる．このようなズレが明白なときに錯覚として体験される．

　（a）幾何光学的錯視　視覚の場合，このようなズレが，明るさ，色彩，形，大きさ，奥行きなどのさまざまな側面で顕著に生じ，視覚的錯覚（錯視）として体験される．とくに形，大きさ，位置などの二次元的な平面上の幾何光学的

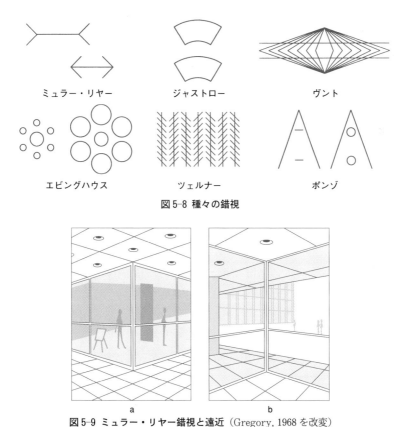

図 5-8 種々の錯視

図 5-9 ミュラー・リヤー錯視と遠近 （Gregory, 1968 を改変）
グレゴリーは，内向図形の主線が建物の近い角（a），外向図形は建物の内側の角（b）に
相当するものと考えてこの錯視を説明しようとした．

パターンのズレについては，古くから知られている．多くの錯視図形が，19
世紀後半〜20 世紀前半に発見，考案され，それぞれ考案者の名がつけられて
いる（図 5-8）．これらの幾何光学的錯視を含めて，種々の錯視，錯覚の研究は，
現在でも，知覚メカニズムを解明するための重要な分野である．
　錯視が生じる原因は，錯視の種類によって異なっている可能性があり，しか
もそのすべてが解明されているわけではない（トピック 5-8）．その中で，ポ
ンゾ錯視などいくつかの錯視（図 5-8 もその例）は，距離情報との関連で説明
可能である．グレゴリー（1968）らはミュラー・リヤー錯視も同じような説明
が可能であるとしている（図 5-9）が，この説に対してはいくつかの反証がある．

トピック 5-8　　月の錯視

　満月の直径は視角約31′（分）で，月がどの視方向にあってもほぼ同じである．にもかかわらず月が地平線近くにあるときは大きく見え，中天にくると小さく見える．この現象は月の錯視と呼ばれ，古くから知られている．実際には月だけでなく太陽（直径はほぼ32′）や星座についても見られる錯視であり，「天体錯視」という用語でまとめられる（苧阪，1995）．この現象を説明する多くの仮説・理論がアリストテレス以来提出されてきた．たとえば，地平の視覚対象の過大視（地平方向では2倍の距離にあるものの大きさが2分の1よりも大きく見える）現象と関連しているとする仮説，あるいは，地平距離のほうが天頂までの距離よりも過大視されることによるという仮説などがある．しかし，古くから人々を魅了してきた月の錯視に関する疑問が完全に解明されるまでには至っていない（Palmer, 1999）．

　（b）主観的輪郭　多くの錯視の場合，高次の推論的過程によって生じるように見えても，低次の初期的視覚過程による自動的なメカニズムによって処理されている．図5-10aでは，円形に直角のくさびが入った黒い図形が4つ並べられているが，一般に，そこに四角形の輪郭が存在しているように見える．また，白い四角形が4つの黒い円の上に浮かび上がっているようにも見える．このような現象を主観的輪郭という．この見え方は，輪郭が本当にあるかないかの知識には依存しない．たとえば，直角のくさび入りの黒い円板4つを，自分自身の手で白い紙の上に置いてみよう．この場合も，ないはずの四角形の輪郭は依然として見えるだろう．

　この現象については，与えられた刺激条件（直角のくさび入りの4つの黒い円盤の配置）に依存して，同一の線上につながるように（図5-10a），またなめらかにつながるように（図5-10b），輪郭を形成させる自動的メカニズムが

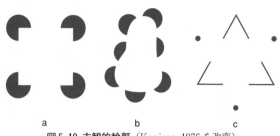

a　　　　　　　b　　　　　　c

図5-10 主観的輪郭（Kanizsa, 1976を改変）

働いていると考えられる．ただしこの説明は，図 5-10c の三点を結ぶ主観的輪郭に対しては当てはまらない．いずれにせよ，この錯視現象は，高次の推論に基づく結論があらかじめ与えられていても，刺激条件によって駆動される初期視覚過程に依存して自動的に生じる（トピック 5-9）．

トピック 5-9　ネオン色拡散

　図 5-10a の主観的輪郭のくさび型の部分を色で埋めると，色は中央の主観的輪郭で囲まれた領域に拡がり，輪郭がさらに強調されるとともに，面の透明な印象が生じる．この現象をネオン色拡散と呼ぶ．

　口絵 6 のような図で，そのまま観察すると，中央の青い半透明の正方形があり，それが白い円を覆っているように見える．つまり，この図では正方形の主観的輪郭，青の充塡（領域内への広がり），面の透明視の 3 つの現象が同時に生じる．さらに図のうち，両眼視差のある 2 つの図形を融合させて立体視を生じさせると，青の部分が手前に見える場合，この 3 つの現象は促進されるが，青の部分が背後に見える場合はいずれも抑制される．口絵 7 も，そのまま観察すると，中央部に赤い半透明の円が白い十字を覆っているように見え，立体視を成立させると，口絵 6 と同様の現象が生じる．そうした変化を丹念に調べた研究から，このような現象は，視知覚系が，輝度エッジ（輝度が急激に変化する境目）の幾何学的配置，輝度コントラスト，両眼視差などのさまざまな情報を統合し，全体として三次元解釈に到達しようとする働きによって生じることが指摘されている．

　(c) 感覚間の錯覚　視知覚系の働きが，聴覚系や触運動系の処理過程に作用して，錯覚が生じる場合がある．たとえば，腹話術効果（人形使いが口を動かさずに話すと，人形が話しているように聴こえる），誘導運動（5.2.6 項（2）参照）やシャルパンティエの効果（同じ重さでも，見かけの大きな箱と小さな箱とでは，前者が軽く感じられる．この錯覚は，閉眼したときの手のひらの接触面の大きさの相違でも生じる），などの現象がある．図 5-1 の迷聴器による視覚優位の実験もそうした錯覚の 1 つである．

　(3) 倒立世界への順応

　外界の事物は，網膜上に一定の刺激作用を及ぼす．しかしその刺激は「外在化」され，環境世界の一定の場所に存在するものとして経験される．また，網膜上では，事物は倒立した像として写っているが，外界の事物は正立している

ものとして知覚される.「逆さめがね」を着用して,実験的に網膜像を上下逆転させて長期間生活すると,やがて順応が生じて視覚─運動協応が成立し,さらに外界の状況を自然なものとして感じるようになる.また条件によっては「正立」感も生じてくる(トピック5-10).このような「逆さめがね」の順応過程は,知覚機能の柔軟な適応性と可塑性とを示す具体的な例である.この柔軟な適応の過程には,自発的運動からのフィードバックと感覚系への刺激作用との相互的な関連をもとにした中枢のメカニズムがかかわっている.

トピック 5-10　変換視

　鏡,レンズ,プリズムなどの光学系を用いた,「逆さめがね」で上下逆転させたり,左右反転させたり,左右に偏位させたりして知覚や行動を調べる研究は,変換視研究と呼ばれる.この研究は,17世紀のケプラーによる問題提起,すなわち「眼はカメラと同じ光学的構造をもち,網膜には外界の逆さの像が映っているのに逆さに見えないのはなぜか」といった問いに端を発しているとされている(トピック10-2参照).19世紀末,ストラットン(Stratton, 1896, 1897)が上下逆転のめがねをつくり,長期間連続的に着けてその知覚や行動的な経過を研究したが,その後も現在に至るまで,多数の実験的吟味が行なわれている.それらの研究は,使用する装置,実験状況で多少の違いはあるが,おおよその結果は次のようである.

　上下逆転の「逆さめがね」を着けてしばらくは,頭や眼の動きにつれて視野が動揺し,目まい,吐き気を感じる.視覚と触覚・運動感覚・自己受容感覚との不調和が生じ,視覚─運動協応が崩れ,視覚優位性や知覚恒常性が失われる.仮の映像を見ているかのように,外界はあたかも「虚像」の世界のように感じられ,外在性,現実性がなくなる.ただしおもりをつけた糸を手でもつ場合,ブランコに乗る場合,火のついたローソクを見る場合には,一時的,部分的に「正立」が体験される.

　やがて数日経過すると,視野の動揺もなくなり,視覚─運動協応が回復し,自転車に乗ったり文字を書いたりする行動が可能になる.手足が視野にあるときは外界が正立して見えるようになり,視空間は「虚像」ではなく,外在性,現実性をもつ世界,「まともな」視空間が回復してくる.ただし,「反省的態度」を取ってあれこれ考えると「正立」感が崩れる.また眼を正面に向けたときの視野(前額平行面の視野)全体が,「正立」して体験されることはない,という.

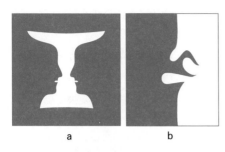

a   b

図5-11 ルビンの図・地反転図形（Rubin, 1921）

a は,「酒杯と横顔」として知られている. 白地に黒い向き合った横顔, または黒地に白い杯に見える. b は, 白地に黒のはさみ, または黒地に白の指のように見える. 一般に, 図として見えるとその領域が引きしまって, より近く「もの」としての性質を備えた印象を生じ, 一方, 地は図の背後に広がっているという印象が生じることに注意.

a   b

図5-12 ヴェルトハイマー ─ コフカの輪（Koffka, 1935）

5. 2. 4─形の知覚

形の知覚には, 二次元的なパターンや平面図形の知覚と三次元の物体や立体の知覚とがあるが, ここではパターン知覚に力点を置いて取り上げる.

（1）図─地の分化

たとえば白の画用紙に黒い円を描いた紙面を見たとき, まとまりをもって際立って見える円の部分を図（figure）, それ以外の背後に切れ目なくひろがっているように見える部分を地（ground）という. 図5-11のような図・地反転図形を用いてルビン（1921）は図と地の現象的特性を明らかにした.

（2）ゲシュタルト要因

10. 6. 1項に述べるゲシュタルト心理学では, 視知覚が知識や認知的推論とは独立に起こる現象を重視し, 知覚に固有の現象的法則があることを見出そうとした.

ここでは,「ヴェルトハイマー ─ コフカの輪」の実験を引用する. 図5-12aでは, 黒い背景と白い背景の前に置かれた灰色の半輪は, 明るさの対比（5. 2. 2項(3)参照）により, 黒い背景の前では明るく, 白い背景の前では暗く見える. しかしbでは,「1つにつながって, まとまりをもった」灰色の輪は, 明るさの対比をこえてほぼ一様な明るさに見える. この自動的な知覚過程は,

（bの配置では灰色部分が1つのドーナツ状の物体である可能性が高いことを考えれば）適応的であると言えるかもしれない．

　視知覚には，このような知識には依存しない自動的な視知覚過程と，知識に強く依存する認知的過程とが混じり合って働いている．そして前者の自動的な過程でも，環境世界の構造に合致したきわめて適応的な処理や変換を視知覚入力に対して行なっているのである．最近では，特徴検出の局所的なメカニズムの相互作用から，われわれが現象として経験する全体性（＝ゲシュタルト性）がいかに生じるかという点をめぐって，心理学的，生理学的，計算論的な研究が活発に行なわれている（トピック 5–11）．

トピック 5-11　　ゲシュタルト要因

　濃い霧に囲まれたときのように，視野全体が一様に等質な刺激状況を全体野ないし等質野という．こうした状況では事物の知覚が成立しないのはもちろん，奥行きの知覚や方向の定位も定まらない．事物の知覚が生じるためには，視野の中に異質の領域が形成されて，いわゆる図・地の分化が成立することが必要である．さらに視知覚系の働きによって視野内がいくつかの領域に分離した図は，バラバラのものとしてではなく，まとまりをもったもの，体制化されたものとして知覚される．ゲシュタルト心理学者のヴェルトハイマー（Wertheimer, 1923）は，このまとまりをもたらす体制化ないし群化の決定要因を明らかにした（図A）．

　まとまりや群化の決定要因をゲシュタルト要因ないしゲシュタルト法則という．

　ゲシュタルト心理学者たちは，このように与えられた条件の許す限り，できるだけ全体を簡潔なよい形として知覚する傾向が存在することを見出し，これをプレグナンツの法則（Prägnanzgesetz）と呼んだ（トピック 10-10 参照）．

　ヴェルトハイマーの研究方法は，種々の図を例示することによって直観的に理解させるという手法であったが，その後，実験的な手法によって群化の効果に関する研究が行なわれている．たとえば，図Bで「T」というターゲットを探す課題を行なうと，aのほうがbよりも発見が容易で反応時間が短い．これは，bでは「T」が他の妨害刺激と近接しているのに対して，aでは比較的離れているからだと考えられる．これはゲシュタルト学派のいう「近接によるまとまり」の要因による効果である．図Cで「F」というターゲットを探す課題を行なうと，aのほうがbよりも発見が容易で同じく反応時間が短い．その理由はbでは「F」ターゲットが配列の一部であるのに対して，aでは配列からはずれているからだと考えられる．これはゲシュタルト学派のいう「よい連続によるまとまり」の要因による効果である．

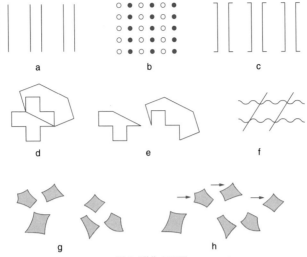

図A　群化の要因

a. 近接の要因（3組の近い2本の線どうしがまとまる）

b. 類同の要因（白い点どうし，黒い点どうしがまとまる）

c. 閉合の要因（縦線は図aと同じであるが，短い横線を付加したために，閉じ込められた中央の2つの部分がまとまり，近接の要因は働きにくい）

d, e.　よい形の要因（dは六角形と十字形［ともによい形］が交わった図としてまとまり，eのような奇形に分離しては見えない）

f.　よい連続の要因（なめらかにつながって見える直線，波型線が，それぞれまとまり，波型線が途中から直線につながっているようには見えない）

g, h.　共通運命の要因（gでは近接の要因により2組の3つの図形がそれぞれ左右にまとまるが，hのように上の3つの図形が動き出すと，同じ動きをする3つの図形がまとまって見え，静止した下の3つの図形から分離する）

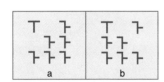

図B　近接によるまとまり
(Banks & Prinzmetal, 1976)

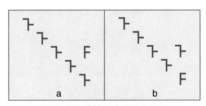

図C　よい連続によるまとまり
(Prinzmetal & Banks, 1977)

5.2.5━━奥行き知覚

　眼から前方に向かって延びる距離（遠近）を知覚する働きを奥行き知覚という（10.7.2項参照）．もともと網膜（図5-3参照）は二次元に広がる曲面であ

り，そこに投影される奥行き方向への「距離」は1点となるか，二次元に圧縮されたものになるはずである．そのような二次元の網膜像から，三次元の対象や奥行き距離の知覚はどのような仕組みで復元され，知覚されるのだろうか．

（1）奥行き知覚の手がかり

一般的には，視覚による奥行き知覚（広義には空間知覚）は各種の「手がかり（cues）」ないし要因によって成り立つと考えられている．現在，トピック5-12の図A～Hに示したような「手がかり」が知られている．単眼性の手がかりとしては相対的位置，大きさ，重なり，陰影，線遠近法・大気（空気）遠近法，運動視差などが，両眼性の手がかりとしては両眼間の「網膜像のズレ」（両眼視差）が挙げられる．なお，これらの他，眼の毛様体筋による水晶体の曲率の変化（調節），および対象を両眼で注視する際に生じる両眼の内転（輻<ruby>輳<rt>そう</rt></ruby>）も手がかりとして働く．

トピック5-12　奥行き知覚

立体ないし奥行きの知覚を生じさせる手がかりには，大別すると眼球運動的手がかりと絵画的手がかりとがある（図A）．前者には調節と輻輳とが挙げられる．後者は両眼性と単眼性とに分類される．

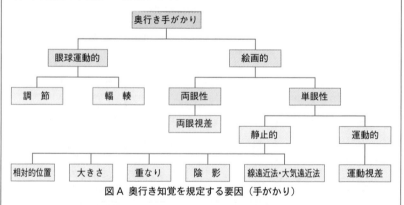

図A　奥行き知覚を規定する要因（手がかり）

図Bは絵画的，単眼性の手がかりのうち，相対的位置，大きさ，重なりおよびこれらの複合による奥行き知覚を例示している．図Cは陰影による立体・奥行き知覚の例，図Dは濃淡・陰影の勾配による奥行き知覚の例で，陰影が上（右側）だと凹みを，下（左側）にあると凸の（突き出る）印象を生じる（この図Dを上下を逆にして見るとどうなるか）．図E～図Gにはきめの（密度）勾配による奥行

き知覚の例を示す.「きめ」とは,地面や水面などの表面上の要素によって形成される配列をさす.また図Hは流れの勾配による奥行き知覚の例である.

重なりの効果

大きさの効果　　　　　位置と大きさの複合効果　　　位置,重なり,大きさによる複合効果

図B 相対的位置,大きさ,重なりならびにそれらの複合による奥行き知覚
(Arnheim, 1954 ; Gibson, 1950 ; Sekuler & Blake, 1994 を改変)

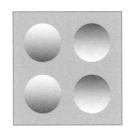

図C 陰影による立体・奥行き知覚（Kanizsa, 1979）

図D 濃淡・陰影の勾配による凹凸知覚（Gibson, 1950を改変）

図E 4方向での密度勾配による奥行き知覚（Gibson, 1950を改変）

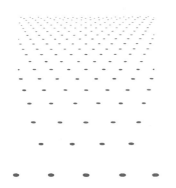

図F ドットの密度の勾配による奥行き知覚（Gibson, 1950を改変）

図G きめの勾配差による縁の知覚（Gibson, 1950を改変）

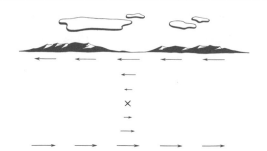

図H 流れの勾配による奥行き知覚（Gibson, 1950 を改変）
左方向（画面上）に移動する観察者が進行方向の右側に見る流れの勾配．凝視点×より遠いものは進行方向に，×より近いものは後方に動いて見える．

（2）大気（空気）遠近法・線遠近法

　大気（空気）遠近法は，遠方の事物を青っぽく（そのため，色彩遠近法とも言われる），輪郭をぼかし，薄く表わす方法．線遠近法は，2次元の画面に奥行き・遠近を描く場合，まず1本の水平線を引いて地平線（消失線）とし，次に奥行き方向に伸びるレールのような2本の平行線を消失線上の1点（消失点）に収斂した線として表わす方法．

（3）密度勾配（きめ，濃淡，陰影，流れ）

　「きめ（肌理，テクスチャー）」の勾配説によれば，勾配とは，ドットの密度や大きさなどが一定の割合で変化する状態をさす．その他，濃淡や陰影，さらには空間内で移動する観察者が見る外界の事物群の，相対的な動きの変化による勾配が，奥行き知覚にかかわる情報となる（トピック5-12図D～H）．

（4）両眼立体視

　われわれの両眼は左右に離れてついている．そこで，一定の距離から1つの対象，たとえば窓を両眼で見たとき，左右の眼から窓の左右の縁までの距離がそれぞれ異なるため，左右の眼に写る網膜像のあいだにはズレが生じる．この両眼間の網膜像のズレを，通常，両眼視差と呼ぶ．最近は「両眼非対応」もしくは「網膜非対応」と呼ばれている．この左右の像が融合したときに，画面から浮き出た立体が見える（立体視：図5-13）．ランダムドット・ステレオグラム（図5-14）では，そのまま眺めた場合は散らばった点の地肌しか見えないが，3種のうち，aとbを融合させると立体視（浮き出た正方形）が生じ，bとcを融合させると逆向きの立体視（引っ込んだ正方形）が生じる（口絵6，

図 5-13 両眼視差による立体視
点線のところにハガキを立てて，両眼で見ると，
左右の平面図が融合してピラミッドが浮き出し
て見える．

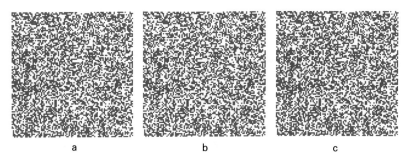

a   b   c

図 5-14 ランダムドット・ステレオグラムによる立体視（Julesz, 1971）
たとえば，a と b が融合すると，中央の正方形が浮き出して見え，b と c の融合によ
り中央領域が引っ込んで見える．

口絵 7 についても同様）．

（5）奥行き知覚の発達

　トピック 1-1 で示したように縞視力は，生育初期から徐々に発達し，およそ
生後 4，5 ヵ月頃に成人とほぼ同じレベルに達する．それに対して両眼立体視
力は，およそ生後 4 ヵ月頃から急速に発達し，その後 2，3 週で成人のレベル
になる．ヘルド（1993）によれば，これは，左右の眼からの視覚入力ははじめ，
1 次視覚皮質中の同じニューロンに共通のシナプスを形成して結びついている
が，生後 4 ヵ月頃に分離されてそれぞれが別のニューロンと結びつき，視差を
感受する上位のニューロンに出力を送るようになるためだという．このことは，
行動実験によっても確かめられている．

　奥行き知覚については，両眼視差以外にも多くの手がかりが存在している．
眼球運動的手がかりの調節と輻輳は，眼筋の運動制御の発達に伴って次第に精
度を増していく．一方，絵画的手がかりの多くは，生育初期からの経験を通し

て，徐々に手がかりとしての機能をもつようになり，生後 7 ヵ月頃までに発達するという．トピック 5-13 の視覚的断崖の実験では，両眼立体視力以外にもこれらの手がかりのいくつかが参加していると考えられる．

　両眼立体視を知識として理解するには幾何光学の基礎を知る必要があるが，乳児でさえも一定の月齢になれば成人とほぼ同じ両眼立体視ができる．またサルやネコ，さらにフクロウなども，両眼立体視の機能をもつ．視知覚系の処理過程の中には，高次の認知過程とは独立した，自動的もしくはボトムアップに実現される初期の処理過程がある．これを初期視覚過程と呼ぶ．下等な動物には，こうした行動が多数見られる．それらは進化の過程で獲得された適応行動であり，動物は，このような型にはまった，ただし効率的なメカニズムによって，生態学的に妥当な環境に即した適応を実現している．

トピック 5-13　奥行き知覚の発達──視覚的断崖

　生育初期の乳児の奥行き知覚やその発達については，なんらかの行動的指標を手がかりにして推定することが，ある程度可能である．視覚的断崖と言われる装置を使った実験もその 1 つである．この装置は，図のように厚い透明板で覆われ，そのすぐ下に底面がある浅い側と，中央のプラットフォームを挟んだ反対側の，はるか下に底面がある深い側とからなっている．それぞれの底面には，奥行きの手がかりを与えるために市松模様の敷物が貼ってある．乳児は中央で視覚的断崖に直面する．

　ギブソンら（Walk & Gibson, 1961）は，このような装置を使って，次のような実験を行なった．まず中央のプラットフォームの上に生後 6〜14 ヵ月のハイハイのできる乳児をのせ，母親に浅い側か深い側から呼びかけてもらったのである．浅い側から呼びかけたときは喜んで母親のほうに移動したが，深い側から呼びかけたときには，乳児は躊躇したり泣き出したりして母親のところに行こうとはしなかった．その後キャンポスら（Campos *et al.*, 1970）は，ハイハイのできない 1 ヵ月児と 2 ヵ月児とをどちらかの側にのせて，その際の心拍数の変化を測定している．1 ヵ月児では両方の側とも特別の変化は見られなかったが，2 ヵ月児では深い側で心拍数の低下（定位反応──対象に注目したことの指標）を示した．

　しかし，ハイハイのできる 9 ヵ月児では，深い側で心拍数が増大（情動反応──恐怖の反応の指標）したという．したがって，1 ヵ月児は奥行きの手がかりについての弁別能力はまだない．そして生後 2 ヵ月頃になると浅い側と深い側との差は知覚できるが，深い側により興味をもち，それが危険であることをまだ学習していない．ハイハイのできる頃になると深い側を怖いと感じはじめるようになる．

　ただし，その最初の頃は，母親がおびえた表情をしていると深い側を渡ろうとしないが，笑顔で招くと多くの乳児は渡ってしまうという．奥行きの手がかりそのものよりも，養育者の社会的な行動が主な手がかりとなっていると思われる．

　この視覚的断崖の装置は動物の奥行き知覚のテスト（トピック 5-18 参照）にも用いられ，奥行き知覚の成立に影響する種々の要因が検討されている．

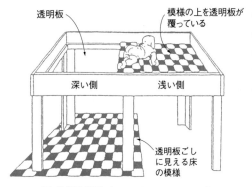

透明板

模様の上を透明板が覆っている

深い側　　　　浅い側

透明板ごしに見える床の模様

図 視覚的断崖（Walk & Gibson, 1961）

5.2.6——運動の知覚

(1) 仮現運動

　運動知覚の場合も，初期視覚過程の自動的メカニズムが働いており，運動そのものを検出する中枢の部位が存在している．すなわち，空間的に離れた2つの図形 t_1 と t_2 を一定の時間間隔をおいて提示すると，2つの図形をつなぐような連続した運動（図 5-15a では垂直方向）が知覚される．この現象を仮現運動という．実際運動では，その中間には図形の連続した運動が実在するが，仮現運動では，その中間には図形が存在しないにもかかわらず，連続した運動が見える．ヴェルトハイマー（10.6.1 項参照）の実験（1912）以来，実際運動と仮現運動との関連について多くの研究がなされてきたが，両者は共通のメカニズムによって生じ，両方に応答する神経ユニットが存在していることが知られている．図 5-15b の刺激の配置では，c に示すような垂直または水平のいずれかの運動が知覚され，条件によってはこの2通りの運動知覚が数十秒ごとに交替する．このような運動知覚が生じる事実は，中枢においてなんらかの変化が生じていることを示している（トピック 10-10 参照）．さらに2通りの運動知覚の出現が，垂直方向または水平方向の相対距離に依存し，より近いものほどより頻繁になる．ここでは「距離が近いほど，同じ対象の移動という解釈を優位とする」という制約条件が働いたものと考えられる．

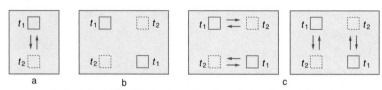

図 5-15 仮現運動の実験（Ramachandran & Anstis, 1986 を改変）

a のように 2 つの刺激を縦に並べたとき，垂直方向の運動が知覚される．

b は，4 つの刺激の提示方法を示す．t_1 の 2 つが同時に点滅し，t_2 の 2 つが同時に（t_1 と逆のタイミングで）点滅する．

c は，b に対して生じる多義的な仮現運動を示す．左図のように水平方向の運動が見えるときと，右図のように垂直方向の運動が見えるときとが交替する．

(2) 誘導運動

　風に流されている雲間の月を見ると，月を囲む雲のほうが基準となって，静止した小さな月が雲の動きと逆方向に動いて見える．このように，実際には静止している対象が，その周辺の動きによって，あたかも運動しているように見える現象を誘導運動という．

　一方，停車中の電車の中に座っていて，向かい側の電車が動き出すと，自分の電車が動き出したと感じることがある．これは視覚によって観察者自らの身体の位置や動きが知覚される現象で，視覚誘導性自己運動知覚（ベクション）という．ギブソン（1966）によれば，これは自己受容感覚としての運動の錯覚である．このような自己と環境世界との関係に関する知覚の機能は，これまで十分に解明されてこなかったが，重要な機能として注目されつつある．

5.2.7──視知覚の可塑性

　視覚系の初期過程は自動的ではあるが，いわば「推論的な働き」のように，適応的な処理を行なっていることをこれまで指摘してきた．しかし，この働きは，すべてがあらかじめ知覚系の構造の中に生得的に備わっているわけではない．ごく基礎的な情報の処理の大筋は経験に依存しないとしても，より高次の過程は，むしろ経験による学習の過程を通して獲得される．高等な動物，とくにヒトでは知覚機能の可塑性が増大し，経験に応じて自らの働きを変える柔軟な側面がある．ここではそのことを示す 2，3 の例を挙げる．

(1) 経験の要因

　ヴェルトハイマー（1923）は，前述の群化の諸要因（トピック 5-11 参照）

に加えて，経験の要因を挙げている．たとえば【むかしこ】という文字が与えられるとき，【むかいこ】とは読めず，【むかしに】と読めるのは，経験による効果である（トピック 5-14）．

トピック5-14　知識や先行経験が知覚に及ぼす影響

　刺激にノイズがたくさん含まれていたり，また逆に情報が少ない場合，あるいはきわめて多義的な場合には，知識や先行経験が大きな役割を果たす．図 A は，一見したところ大小の斑点が見えるだけで，なんらかのヒント，たとえば「ダルマチアン種のイヌがいる」という教示（トップダウンの情報）が与えられない限り，画面の中央右側にイヌを発見することは難しい．図 B は眺める順序が違うと，同じ絵が別のものに見える例である．すなわち左端から右に順々に眺めると，男の顔が見え続ける．右端から左に順々に眺めると，女性の姿が見え続ける．中ほどの絵は，どちらにも見える多義的な絵である．

図 A　この絵の中になにが見えるか？　（R. C. James の作品：Gregory, 1970）

図 B　左端から右に順々に眺めるとなにが見えるか？　右端から左に順々に眺めるとなにが見えるか？　（Fisher, 1967 を改変）

　ただし，ゲシュタルト心理学は，経験の要因が効果をもつのは群化の諸要因のいずれかとともに働いているときであって，群化の要因と拮抗するときにはきわめて弱くなる，と主張する．たとえば，メッツガー（1953）にならって，

　　い　みと　はむか　んけいに　お　おき　なく　うかん　をじ　のあ
　　いだ　にい　れてみる

という文章を作ったとする．このとき，いままでの経験に反して見慣れない無意味な語の断片に見えるだろう．これは「近接の要因」が「経験の要因」を抑えて，まとまり方を決定づけるためだ，というのである．

　一方ヘッブ（1980）は，三角形や正方形のような単純な幾何学的図形の知覚も，経験の積み重ねによって可能になることを，種々の資料を挙げながら指摘している（トピック 5-15）.

トピック 5-15　静止網膜像

　コンタクトレンズに取りつけた小さな光学系装置を観察者の眼球に図Aのように装着して提示図形を網膜上に結像させると，眼球の微動に伴う網膜上の映像の動きが相殺されて，網膜像は相対的に静止状態になる．これを静止網膜像という．

**図A　あお向けになった観察者の眼球に装着された
コンタクトレンズと光学系装置**（Hebb, 1980）

　比較的簡単な提示図形（たとえば，輪郭線で描いた正方形）を静止網膜像として観察すると，観察開始後まもなくその一部分が消失したり（見えなくなったり），再び出現したりすると言われている．

　図Bは提示図形として左端の三角形または正方形（輪郭線図形）を用いた場合に起こる消失・再出現の時間的経過を示したものである．図のように三角形，正方形とも，構成部分としての1本の線もしくは隣接する2本の線や平行な2本の線が1つの単位となって消失・再出現が生じる．ヘッブ（Hebb, 1980）はこの実験事実から，三角形，正方形のような簡単な幾何学的図形の知覚も，直線のような単純な要素に対応する単位知覚系の働きの合成によって成り立っていること，そしてこの合成の過程には経験の積み重ねが必要であることを主張しようとした．ただし図Cのような充実図形では，その消失・再出現の知覚は，必ずしもそのままではこの仮説とは一致しない．ヘッブはさらにこの現象を説明するため，より微小な下位の単位系を想定する副次的な仮説を立てている．

図 B 輪郭線図形（a は三角形，b は正方形）を用いた静止網膜像の
時系列的な変化（Hebb, 1980）
1 が原図，2 以下は消失・再出現を示す．b の 2 は完全消失．

図 C 充実図形の場合の消失・再出現の経過（Hebb, 1980）

（2）知覚学習の選択性

　知覚系は通常見られるような顕在的・意図的な学習の経験の他に，被験者自身にも気づかれないような潜在的な経験によって自動的に経験を取り入れている可能性がある（トピック 5-16，トピック 5-17）．この点はプライミング（トピック 4-8 参照）と共通の特徴である．

トピック 5-16　　知覚学習の選択性

　図 A のような刺激でターゲットの有無を問う課題では，訓練によって成績が向上する．最近の研究によって，片眼での学習効果が反対眼には転移しないこと，また視野の一定の場所での学習効果が別の場所には転移しないこと，などが明らかにされた．視覚皮質の機能についての神経生理学的知見と比較すると，こうした学習は，視覚皮質のごく初期の段階で生じている可能性が高い．

　図 A で被験者は中央に提示される文字が T か L か（この場合は斜めの T）を注視し弁別する課題を行ないながら，同時に 3 本の斜め線分により構成されたターゲット（この場合は ＼＼＼）を背景から検出し，横並びか縦並びかを判断する（この場合は横並び）．このターゲットの提示直後にマスク刺激（妨害刺激）を画面全体に提示する．ターゲットとマスク刺激の提示の時間間隔を縮めると検出が困難になるが，80 ％ 検出可能な時間間隔をもって閾値と定め，訓練セッションの経過を示

すと図Bのようになる．訓練が進むにつれて閾値は低下し，提示間隔を縮めても検出可能になる（すなわち，グラフが右下がりになるほど学習が進んだことになる）．訓練中はターゲットはいつも同じ領域（図Aでは右下）に提示される．

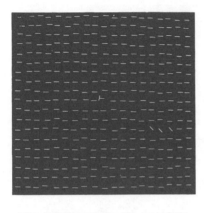

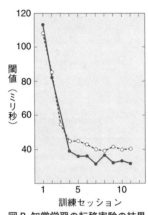

図A 知覚学習の実験に用いられた刺激の一例（Karni & Sagi, 1991）

図B 知覚学習の転移実験の結果（Karni & Sagi, 1991 を改変）

　図Bは視野右上領域で訓練（●）してから左上領域で再訓練（○）した場合であるが，学習効果の転移はまったく見られない．さらに検査する眼，背景部分の方向などを変えても結果は同様である．すなわちこうした閾値の低下（＝学習の効果）は同じ眼，同じ位置，同じ方向の場合にだけ生じることが明らかになった．

　このように知覚学習は，選択的な性質をもつと同時に，（自覚されないという意味で）潜在的な特徴を示す．この学習効果は，訓練直後よりも数時間から十数時間後，それも翌日テストしたときに著しく上昇する．そして少なくとも1年間は持続するが，言うまでもなく被験者はそのような効果を自覚していない場合が多い．

トピック 5-17　注意と眼球運動

　われわれは，絶えず，視覚，聴覚，嗅覚，触覚などの感覚を通して，さまざまな多数の刺激に曝されている．しかしそのすべてを感じて応答しているわけではない．置かれている状況に応じ，また要求されている課題にしたがって刺激情報を選択し，その他の無関係な刺激情報を無視している．このような注意の働きは，選択的注意と呼ばれている．比喩的に言うと，特定の場面にスポットライトを当てるような働きであり，しかも処理の細かさに応じてズームレンズのようにその範囲を調整している，ということができる．

　このような刺激情報の選択に当たっては，感覚器官を刺激源に定位させることが1つの条件となる．視覚の場合，その状況で最も必要な部分について鮮明な像が得られるように，その部分の像を中心窩にもってくるように眼を動かす．ただし一般に，課題の処理に必要な部分は，1つだけではない．そのため眼球運動を適切に制御することが必要になる．このような場合，眼は，ごく短時間（約300ミリ秒），ほぼ静止して特定位置を注視してから，次の場所へと移動していく．この眼球運動は，**サッケード**（飛越眼球運動）と呼ばれ，20ミリ秒ほどで次の注視位置へすばやく移動する．視覚情報は注視期間中に獲得されるが，サッケード中は抑制されている．図は，人の顔を眺めているときの視線の動きを示す．眼はでたらめに動くわけではなく，眼，口，鼻など，多くの情報を含む箇所を次々に注視している．これらの注視点は，表情を見分けたり，顔を識別したりするのに重要な箇所である．こうした眼球運動のプランニングには，中枢の制御（主として前頭眼野，frontal eye field : FEF）によって，網膜に映った周辺部のぼんやりした情報を適切に利用していくことが必要になる．ただし，網膜周辺の運動物体や目立つ刺激へのすばやい反射的眼球運動には，眼から上丘に至る皮質下の経路が主にかかわっている．

　　＊　上丘は視覚追跡などの視運動反射の信号を中継する中枢．下丘は大きな音に飛び上がるなどの聴覚運動反射の信号を中継する中枢．いずれも中脳にある．

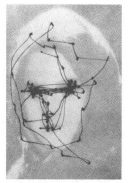

図　人の顔を眺めているときの視線の動き（Yarbus, 1965）

　以上のように，情報源に感覚器官を定位するような注意の行動は，**顕在的注意**と呼ばれる．聴覚の場合は，情報源に感覚器官（耳，ないし顔）を定位させることになるが，一般的にはそうした定位なしで，聴覚刺激の音質，情報の意味などによって，選択的注意がなされる．こうした選択的注意は**潜在的注意**と呼ばれる．視覚の場合，注視点を提示後，特定の空間位置への手がかり刺激（たとえば右向き，また

は左向きの矢印）を提示し，その直後，手がかり方向に眼球運動が生じないように眼球運動の潜時以下（約150ミリ秒以内）の刺激間隔で，ターゲットを左，または右に提示する．その結果，手がかり刺激が提示された場合のほうが提示されない場合よりも，標的刺激をすばやく検出することができる．したがって，顕在的な眼球運動なしに，手がかり刺激の示す方向に注意が向けられたと見ることができる．

　注意によって選択されなかった刺激情報は，まったく排除されたわけではない．それらの刺激情報は，意識に到達しなくても，知覚系の中でなんらかの作用を及ぼし，処理される可能性がある．視覚の例では，ストループ効果の実験で，「アカ」「アオ」「ミドリ」「キイロ」などの色名を，一方では色名と異なる色のインクで印刷したカード（不一致条件），もう一方では色名と同じ色のインクで印刷したカード（一致条件）を用意する．不一致カードをインクの色で読み上げさせた場合も，文字として読み上げさせた場合も，一致条件よりも読み上げる速度が遅くなる．このことは，インクの色と文字の意味内容の食い違いが読み上げの過程に自動的に作用して，妨害していることを示唆する．聴覚の例では，パーティなどで，注意を払っていなかった後ろの人たちによる会話の中に，自分の名前が言われると，目前の人と会話しながらも，すばやく聞き取ることができるといった現象がある（カクテルパーティ効果）．なお注意機能の障害としては，右半球損傷による左半側空間無視の症例（5.2.9項(6)参照）がある．とくにこのような半側空間無視の障害と関連して，後部頭頂葉を含む“後部注意ネットワーク”の存在を指摘する研究者もいる（Posner & Petersen, 1990）．なお，ここでは眼球運動を視覚的注意に関連してのみ取り上げたが，眼球運動はさらに視覚の認知過程全体とかかわっている．

5.2.8──先天盲開眼後の初期視覚

　前項まで，ヒトの知覚に関する一般特性を，視覚を中心に解説してきた．このような視知覚，その他の知覚における発達の様相や規定要因についての研究は，ヒトの乳幼児を対象として（トピック1-1），また動物を対象に，種々の条件で飼育することによって（トピック5-18），調べられてきた．さらに視知覚については，次に述べるように，生まれたときから，あるいは生後のごく早い時期から失明状態にある先天盲が，手術を受けて眼を開いたとき「なにを見るか」，また手術後視知覚がどのように形成されていくかの研究を通じて，視知覚の発生過程を探ることができる．その過程は視覚と触覚との統合の過程でもあり，視覚系と運動系との協応関係の形成過程でもある．ただし，種々の機会を通じて触覚を中心とする協応や統合が成立している成人の先天盲開眼者と，

そのような統合，協応関係に関して未分化な状態にある晴眼の乳幼児との相違については，常に留意しておくことが必要である．

トピック 5-18　視覚—運動協応

　ヘルドら（Held & Hein, 1963）は，視覚—運動協応の発達を調べるために次のような実験を行なった．すなわち，同じ母親ネコから生まれた2匹の仔ネコを，生後すぐに暗室に入れて育て，歩けるようになってから（生後8〜12週），1日に3時間ずつ図に示すような装置（円筒型）に入れる．この装置では一方の仔ネコ（A＝能動条件）は自発的に円筒型装置内を歩き回ることができる．他方の仔ネコ（P＝受動条件）はゴンドラに乗せられていて，自分からは動くことができないが，相手の仔ネコAが動くと，両者をつなぐ軸の回転によって，ゴンドラ上の仔ネコPも同じだけ受動的に動かされるようになっている．円筒型装置の内部は図のような縞模様がつけられているので，動きに伴って仔ネコAもPも同じくその変化を見ることになり，両方の仔ネコには同じ視覚経験が与えられる．このような装置での経験を重ねた後（合計9〜33時間），視覚的断崖（トピック5-13参照）を用いてテストしてみると，仔ネコAは，安全な浅い側をすべて選択するが，仔ネコPは，深い側と浅い側を半々に選択し，両側を区別していなかった．この結果は「視覚によって導かれる行動の形成には，自発的な運動とそれに伴って起こる視覚的なフィードバックとが必要不可欠である」（Held & Hein, 1963）ことを示している．

　ワープロを打つ，自転車に乗る，飛んでくるボールをつかむなど，視覚情報に応じて適切に運動を制御して行動を調整するには，こうした自発的運動とそれに伴って生じる視覚的フィードバック（4.2.2項参照）とが重要な要因となっていることは疑いない．

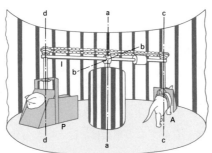

図 仔ネコの視覚—運動協応の発達（Held & Hein, 1963）
Aは能動条件，Pは受動条件の仔ネコ．a, c, dは垂直の軸，bは水平の軸．

(1) 開眼手術直後の視知覚体験

　先天性白内障ないし角膜の疾患によって生後早期に失明しても，「明暗の区別」が可能な場合，水晶体の摘出^{てきしゅつ}あるいは角膜移植などの開眼手術によって，その原因を除去することができる．そうした手術を受けた**先天盲開眼者**は，「光に眼を開いた瞬間」いったいどのような視知覚体験をするのだろうか．古典的開眼事例として知られる先天性白内障の少年（13歳）は手術直後の視覚体験について「すべてが目に触れているようだ」と語ったと，チェセルデン（1728）は報告した．この言葉はその後多くの議論を呼び起こしたが，その解釈は未だに確定していない（外在性の欠如については，トピック5-10参照）．

　この後の数十編の研究をまとめたゼンデン（1932）によると，開眼手術に成功した人たちはいずれも全盲ではなく，いろいろな程度の視覚機能を保有していた．この**保有視覚**の程度に応じて，ゼンデンは先天盲開眼者を，第1群：「明暗」の知覚のみ可能，第2群：「明暗」の他に「色彩」の知覚も可能，第3群：「明暗」「色彩」に加えて「形」の知覚もある程度可能の3群に分けている．手術直後の視知覚体験の様相も，この保有視覚の程度によって大きく異なったものになるはずである．

　近年の開眼事例報告のうちで，第1群に相当する事例MMは，表5-3に見るように，「まぶしい」「明るさはわかるけど，色はわからない」と，手術直後に答えている．第2群に近い事例TMは，「ベッドのそばにあった造花のチューリップのキイロがとても鮮明で，印象的だった」と報告している．ただし，眼でそれがチューリップとわかったわけではなく，母に教えられて知ったのであり，そのとき眼でわかったのは「色」だけである．

　開眼手術後，幾何学的な基本図形が見分けられないような初期段階でも，**図・地の分化**（5.2.4項(1)参照）はすでに成立していることを示す資料がある．たとえば，前述のTMは，白紙に1つずつ貼付した黒い正三角形，円，正方形をはじめて見たとき，「（形は）わからないが，どこにあるかはわかる」（表5-3）と報告していて，黒い部分の定位はできてもまだその「形状」を見分けるまでには至っていない．この事実は，図と地の分化が，視覚系の最も基本の知覚活動であることを示している．しかし，複数の図からなる画面では，視覚健常者のように画面全体を一目でとらえることができず，頭や眼を動かすなどの運動系の助けを借りて，それらの図を1つ1つ探索していくという方略

表 5-3 開眼事例（3 例）の保有視覚と直後の視覚体験（鳥居・望月, 2000）

開眼事例	保有視覚に関する報告	手術直後の視覚体験報告
MM：生後 10 ヵ月で両眼失明. 12 歳で右眼の虹彩切除.	「明るい，暗いの違いはわかったが色はわからない」と言い，色名も習得していない.	術後 6 日目，眼帯を取ったとき，「まぶしい」「明るさはわかるけど，色はわからなかった」と言い，色名も 1 つも答えられない.
TM：生後 1 年 2 ヵ月で角膜白斑のため両眼失明. 11 歳で左眼の角膜移植.	「アカ，アオ，クロはわかったが，ミドリとアオの区別は難しかった」「色名は母から教えられた」「形はわからなかった」.	手術直後「キイロがとても鮮明で，印象的だった」. 手術後 4 ヵ月頃，白台紙に黒色の面図形（1 辺 3.6 cm の正方形）を 1 つ貼ったものをはじめて見せたとき，「（形は）わからない. どこにあるのか，その位置はわかる. 色はアオ……でも薄い. もやもやしている」.
HH：5 歳頃，角膜炎のため両眼失明. 28 歳（右）と 29 歳（左）のとき角膜移植.	眼前で「シロ，アカ，キイロなどが見えた」「真赤はわかったが，薄い赤はわからなかった」. 本人は「形は見えない」と言うが，手術前の左眼について三角形，円，正方形の識別ができることを確認.	「手術の後，色がはっきりし，シロやキイロなら 10 cm ぐらい離れてもわかる」.（そばの机に対して）「いまは眼で〈なに〉かあることはわかるが，机とまではわからない. でも手術前はあることさえも，眼ではわからなかった」. 第 1 眼（右）の手術後 92 日目にはじめて会ったとき，4 種の二次元図形の識別が可能なことを確認した. 円錐を提示すると，「〈なに〉かあるのはわかるけど，眼では〈なに〉であるかはわからない」.

をとる. トピック 5-11 に述べた複数の「図」のまとまり（群化）は，この段階の開眼者ではまだ成立していない.

　しかもこの段階では，正三角形，円，正方形などの個々の幾何学的図形に対しても，一目でその形全体をとらえることができない. 形の弁別に際しても，形の外郭に沿う探索を試みて，図形の辺の傾きや角のところでの方向変化を探し当てようとする. いわば，図形の部分部分の探索を積み重ねていくといった，逐次探索の方略をとる. なお，この方略は通常の測定法による視野（5.2.1 項（1）参照）が健常な広さに相当するか否かに関係なく，どの開眼者についても図形を知覚しようとする際に認められる（トピック 5-19）. その意味ではヘッブ（1949）の言うように，開眼後の知覚学習の過程は漸進的で，まず色が優位となる時期にはじまり，図形の各部分に注意を向ける時期を経て，やがて一目でほぼ同時に 1 つの全体として「形」を把握できる段階に到達する.

トピック 5-19　開眼手術と視野

　開眼手術を受けた後，初期段階で視野を測定（トピック 5-4 参照）してみると，健常者の場合よりもかなり狭いという報告が少なくない（Senden, 1932 ; Umezu *et al.*, 1975）．たとえば，表 5-3 の開眼事例 TM の術後 1 年目（当時 12 歳）におけ

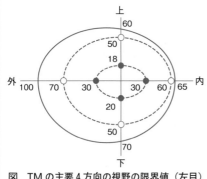

る主要 4 方向（左目）の視野の限界値は，図の黒丸のようであった．しかし，その後の視覚の活用に伴っておそらく次第に拡大したと思われる．術後 12 年目の限界値は図の白丸となっていて，健常成人の平均に近づきつつあることを示す．TM 自身も「以前より視野が広くなった」ことを認める報告をしている（鳥居, 1982）．このような術後の視野拡大傾向については，他の開眼事例についても見出されている（Moran & Gordon, 1982; 鳥居・望月，2000）．

図　TM の主要 4 方向の視野の限界値（左目）
術後 1 年目（●）は周辺視野計，12 年目（○）はゴールドマン型視野計（視角 116 分の白色光視標）による測定．実線は健常成人の限界値（左目平均）．

(2) 属性の抽出と事物の識別

　従来，開眼手術後の事例の共通点として，「触ればすぐにわかる外界の事物が眼では認知できない」こと，ならびに日頃よく知っている人の「顔を見ても誰と特定できない」ことが報告されてきた．たとえば，表 5-3 の TM は，手術直後，チューリップを見てもそれとわからず，ただそこから「キイロ」という属性だけを抽出している．しかも手術の 9 年後でさえ，橙色の缶，緑の筒，青い本など，手で触ればすぐにそれとわかるこれらの事物を，眼では見分けられず，ただ「アカ」「ミドリ」「アオ」などと「色」だけを報告する段階に留まっている．

　一方，表 5-3 の HH は，手術前から少数の二次元図形を見分けることが可能であった．手術の 4～6 ヵ月後，日用品を 1 つずつ机の上に置いて，眼だけで識別（同定）できるかどうかたずねてみたところ，たとえば，「時計」に対して，眼では「〈なに〉かあることはわかる……〈なに〉かまではわからない」と答えたが，手で触ってすぐに「トケイ」と答えた．その後「丸いことは（眼

で）わかったが，ガラスかどうかわからない」と言い，もう一度見直して「光っている」と報告した．「光っている」「丸い」という属性は，眼で取り出すことができたものの，「トケイ」と識別するまでには至らなかったのである．

　以上のような先天盲開眼者による事物の識別活動の経過をたどると，一般的には，提示された日用品などの事物を前にして，①それぞれがもつ属性のうちの１つである「色」しか抽出できない段階がある期間持続し，その後で，②「長さ」「大きさ」「二次元図形」，さらに「立体」などの弁別・識別活動が順次形成されることにより，それらの「色」以外の属性が抽出されてくる段階，③事物そのものの「材質」「機能」を認めうる段階を経て，④事物そのものの識別ができる段階に至る．この場合，抽出した属性を列挙するだけでは個々の識別には成功せず，それらの属性を共有する他のものとの区別ができないことがしばしば起こる．このような体験を積み重ねることにより，やがて日常場面で，そのものの置かれた場所や周囲の状況を事物の識別の根拠にしたり，他人から「色にまどわされないように」とことばで指示されることを頼りに「属性の取捨選択」を試みるようになる．やがては，事物そのものを特定する上で「決め手」となりうるような属性ないし形態的・機能的特性をとらえることができるまでになる．

5.2.9—脳損傷と視知覚

　前述のように，開眼後の経過を通して視知覚の機能を探ることもできるが，他方，脳損傷による視知覚の機能変化の研究からも視知覚の本性を明らかにすることができる．

　本項では，人間の脳損傷の事例を対象にした神経心理学的な研究を通して，とくに視知覚の働きを探っていくことにしよう（なお，聴覚・触覚については，それぞれトピック 5-27，トピック 5-29 参照）．

　（1）視覚系の構造

　視細胞で光のエネルギーから神経の活動に変換された視覚情報は，図 5-16 に示すような，視神経，視交差などの経路を経て，視床の外側膝状体に達する．次に外側膝状体のニューロン（トピック 10-13 参照）の軸索を介して後頭葉内側面の視覚皮質（１次視覚皮質：有線野）に達するが，有線野からさらに周囲の視覚連合野に伝わって，高次の処理を受ける（図 5-16，トピック 5-20）．

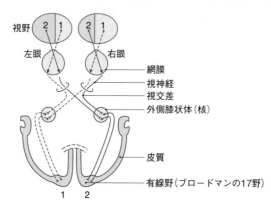

視野

左眼 右眼

網膜
視神経
視交差
外側膝状体（核）

皮質

有線野（ブロードマンの17野）

1 2

図 5-16 ヒトの主要な視覚伝導路

右眼の視野 1 と左眼の視野 2 にある対象からの光線が両眼に入り，水晶体を通るときに交差する．視交差で両眼の鼻側の網膜から出る線維が交差しているので，網膜の左の部分は脳の後部左側の有線野（17 野，図 6-15 参照）に投射し，網膜の右の部分は，右側の有線野に投射する．したがって，右の視野にある対象は左側の視覚皮質だけを興奮させる．

トピック 5-20　　視覚情報の流れ

　視覚系の場合，視細胞の受容野は眼のレンズ系を介して視野内に投影される小点になるが，神経節細胞では複数の視細胞が双極細胞を介して収束しているので，受容野はそれらの集合となる．このとき双極細胞には光の ON に反応する ON 型と OFF に反応する OFF 型とがあるため，それらとの結合様式から，神経節細胞の受容野は同心円型の二重構造となり，中心が光の ON に反応して周辺が OFF に反応する ON 中心-OFF 周辺型と，これとは逆の OFF 中心-ON 周辺型とが区別される（図 A）．神経節細胞には，網膜全域にほぼ均等に分布し，細胞体も大きく樹状突起の広がりも大きいパラソル細胞と，網膜中心部に存在し，細胞体も小さく樹状突起の広がりも小さいミジェット細胞とがある．前者が波長選択性のない光反応を示すのに対して，後者では L（赤）錐体と M（緑）錐体（トピック 5-6 参照）の入力が中心部と周辺部で分かれている．したがって受容野のタイプは，赤 ON 中心-緑 OFF 周辺型，赤 OFF 中心-緑 ON 周辺型，緑 ON 中心-赤 OFF 周辺型，緑 OFF 中心-赤 ON 周辺型の 4 種類となる．外側膝状体のニューロンの受容野も同心円型の二重構造を示すが，有線野（V1）になると，ON 領域と OFF 領域が直線状に相対峙する型（図 B）が出現し，単純型細胞では受容野を横切る特定の傾きの線・エッジに応答するようになり，この段階ではじめて輪郭の分析が可能となる．受容野は，高次視覚皮質に進むにつれて大きく構造も複雑となり，ニューロンは，ON 領域と OFF 領域の配列だけからは説明できない複雑な反応特性を示す．たとえば色彩視の中枢に当たる V4 では色の恒常性に相当する反応特性を示すニューロンが，また運動視の中枢に当たる V5（MT）では刺激の大きさや形，色に関係なく特定の方向への運動に対してだけ反応するニューロンが存在している．

　網膜に入る視覚刺激には，明るさ，色，形，運動，奥行きなどさまざまな属性が

含まれているが，視覚系はこれらの属性を個別に分析しており，それには精密な構造上の分業体制が対応している．運動や空間に関する情報を伝える経路は〈どこ〉経路あるいは背側経路と呼ばれる．色や形など対象に関する情報を伝える経路は〈なに〉経路と呼ばれ，側頭葉の方向に流れていくので腹側経路ともいう．こうしたサルの脳で明らかにされた視覚情報の流れは，人間にも当てはまると見られている．近年は研究が進み，背側経路については，①空間位置や運動に関する情報を頭頂葉下部に伝える腹背側経路と，②対象の形態や位置，運動に関する情報を意識に上らない形で頭頂葉上部から前頭葉に伝え，行為と結びつける背背側経路との2つに区分される．なお，前頭前野に向かう視覚性ワーキングメモリに関する経路，運動前野に向かう視覚に導かれた行為に関する経路，側頭葉内側

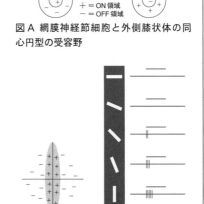

ON中心型受容野　　　OFF中心型受容野

+ ＝ON領域
− ＝OFF領域

図A　網膜神経節細胞と外側膝状体の同心円型の受容野

図B　軸の方向をもつ皮質の受容野と反応
垂直な方向の刺激に最も強く反応する．

部に向かう空間内の移動に関する経路の3つの流れがあるとする説もあり，見解が一致していない．腹側経路に関しては，顔，文字，風景，身体部位などの刺激カテゴリが，それぞれ別の部位で処理されている（トピック 5-21 参照）．

(2) 視野局在配列と視野欠損

　視覚の伝導路は，全体を通じて正確な部位的対応を保っており，網膜の各部分は有線野に整然と投射されている．こうした状態を網膜特性地図というが，網膜には視野が投射されるので視野局在配列ということもできる（図5-17，トピック 5-2 参照）．さらに視交差のために，左右どちらの眼の場合も視野の右半分の情報は左半球に，左半分の情報は右半球に伝わるが，有線野ではこの半側視野の中心視が後方，周辺視が前方になるように配列されている．このような構造上の特性から，視覚の伝導路の一部の損傷によって，損傷部位に対応する視野欠損（欠損部位を暗点と呼ぶ）が生じ，その範囲に応じて四半盲，半盲などが生じる．有線野が両側とも破壊されると，両側の視野が見えない皮質

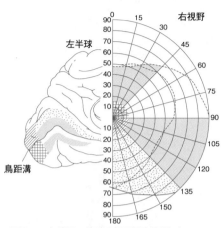

図5-17 有線野における視野局在配列（Kolb & Whishaw, 1990）

右半分は右視野，左半分は脳の左半球の有線野を示す．たとえば視野の格子模様の部分は対応する有線野の格子模様の部分に，視野の斜線部は有線野の斜線部に投射される．

盲となる．

視野欠損の場合，欠損部に提示された光刺激は意識的には知覚されないが，なんらかの形で受容されている場合がある．すなわち，欠損部に当てた光点の位置を指すように要求すると，被験者は光点が見えないので推測によって反応するが，それでも十分正確に定位できることがあり，これを盲視と呼ぶ．

(3) 中枢性錯視

視覚伝導路や皮質の損傷により，視野欠損の他にもさまざまな機能変化が起こる．その1つに刺激が実際とは異なって見える中枢性錯視がある．たとえば変形視（形がゆがんで見える），微視・巨視（実際より小さく見える，大きく見える），接近視（近くに見える），遠方視（遠くに見える），多視症（刺激の数が増える），垂直・水平が傾く傾斜視などが生じる．極端な場合は，左のものが右に，右のものが左に見える視覚性異所感覚，また天地が逆さになる逆転視が起こることもある．

(4) 特定の視知覚機能の喪失

刺激の特定の側面が知覚されなくなる場合，すなわち特定機能の喪失もある．外界の一切の色が消えてしまい，白黒テレビのような見え方をする大脳性の色覚喪失，奥行き感が弱まり，卵は平らな楕円に，床のボール箱は薄いボール紙に見える立体視の喪失，流れ落ちる水が凍ったように見えたり，近づいてくる自動車がはじめ遠くに見えていたのが，次の瞬間には近くで見えて，中間の動きがなくなる運動視の喪失などである．

こうした現象の特徴は，色覚喪失の場合は奥行き知覚や運動視には問題がないなど，機能の喪失が選択的に生じている点である．すなわち色，奥行き，運動など，視覚刺激のさまざまな要素が，脳の中で他とは独立に処理されている

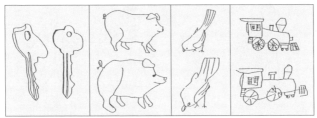

図5-18 視覚性失認の患者の模写（Rubens & Benson, 1971 を改変）
鍵は右が，その他は上が絵のモデル，その左または下が患者による模写．模写前はすべてのモデルが認知不能で，正しく模写した後も，鍵——わかりません，豚——犬かなにか動物でしょう，鳥——海岸にころがっている切株でしょう，汽車——ワゴンかなにか自動車で，大きな車輪が小さな車輪に引っぱられている，と答えている．

ことを示している．これは，サルの視覚皮質において，色の違いに反応するニューロンが集まる部位や，運動の変化に反応するニューロンが集まる部位が局在している事実と対応している（トピック 5-20 参照）．

(5) 視覚イメージの喪失

私たちは，両親の顔など，眼前に存在しないものに対しても視覚イメージを持つことができるが，脳の損傷によってそれが生じなくなることがある．その場合，記憶を頼りに日用品などの絵を描くこともできず，2種類の動物のどちらの尾が長いかといった質問にも答えられない．夢にも視覚イメージがなく，登場した人物を声で友人などと判断しており，夢を聞いているかたちになる．

視覚イメージの喪失は，色と形は喪失しているが文字，顔は残っている例など，特定のカテゴリに限って生じることもある．また，ものや人，動物のイメージは喪失し，自宅から駅までの道順など空間的イメージは残る例などもある．

(6) 対象の認知の障害——失認症

前述の (3)(4) の場合には，刺激の見え方の変化（形のゆがみなど），脱落（色の消失など）が生じていても，なおその刺激が「〈なに〉であるか」は正しく認知されている．すなわち「それが〈なに〉であり，〈なに〉に使うか」がわかっている．これとは反対に失認症は，刺激は見えているのに，「それが〈なに〉であるか」がわからない状態である．

図5-18 では，絵のモデルが隅々まで見えているのに，患者にはそれが「〈なに〉であるか」がわからない．さらに患者はモデルを正しく模写できるが，その後も自分の模写したものが「〈なに〉であるか」はまったくわからない．一

a. モデル　　　b. 症例 KT　　c. 症例 DJ　　　d. 症例 KS

図5-19 左半側空間無視患者の模写（河内, 1984）

重症度によって無視の程度が異なるが, 左側が脱落した状態のまま,
患者は「すべてを描いた」と自信をもって筆を置く点に特徴がある.

方, 手で触ったり音を聞いたりすればすぐに「それが〈なに〉か」わかるので,
原因が知能の低下によるものでないことは明らかである. このように失認症は,
知覚された事物が意味を喚起しない点に特徴があるので, **意味を喪失した知覚**
とも呼ばれる.

　失認は, 視覚全般に対して生じることが多いが, 特定のカテゴリーの刺激に
だけ選択的に生じる場合もある. 日用品を見ても「それが〈なに〉であるか」
がわからないのがいわゆる**物体失認**であり, 人の顔を認知できない場合は**相貌**
失認である. 後者では顔は顔として見えていて, 人間の顔であることもわかっ
ているのに,「誰」の顔であるのか, 家族はもちろん鏡の中の自分すらわからな
い. **失語**（6.8節参照）がなく, 書くこともできるのに字が読めなくなるの
が**純粋失読**である. この患者は自分の書いたものも読めなくなってしまう. 街
並みや建物がわからなくなるのが**環境失認**で, 長年住み慣れた街の中で迷った
り, 自分の家すらわからなくなる. 建物以外の刺激はわかるので, 自分の自動
車, 表札の名前などを手がかりにして, 自分の家を見つける.

　刺激がそれとして見えているのに「それが〈なに〉か」がわからない視覚性
失認の存在は, 刺激を見えるようにする情報処理の過程と, 処理された情報の
意味を知る認知過程とが, 脳内ではそれぞれ異なる過程として区別されている
ことを示している. また失認症が, 相貌失認や環境失認のように特定のカテゴ
リーの刺激にだけ生じることがあるという事実は, 認知を成立させる大脳皮質
の働きが, 刺激のカテゴリーによって分化している可能性を示唆している.

　(7) 半側空間無視

　脳損傷（トピック5-21）によって起こるかなり出現率の高い症状に, 右半
球損傷による**左半側空間無視**がある（図5-19）. これは, 行動の際, 自分の身

体や外空間の左半側を無視する症状であり，右足だけに靴を履く，歩いていて左側のものや人にぶつかる，皿の上の左側のおかずを食べ残す，などの問題を起こす．左半球損傷による右半側空間無視がほとんどないのは，注意の機構について，右半球のほうが優位なためと考えられている．

トピック 5-21　脳損傷と機能的脳画像法

近年の脳の研究は，陽電子放射断層画像法（PET）や機能的磁気共鳴画像法（fMRI）など機能的脳画像法（トピック 10-15 参照）の出現によって，著しい変貌を遂げている．以前はヒトの脳の高次機能の研究は，脳に損傷が生じた患者の高次機能の障害の実態をとらえて，それを損傷部位と対応づける損傷研究が唯一の方法であった．しかし，fMRI などによって，特定の課題遂行中の脳の活動部位を，脳に侵襲を加えることなく，空間分解能の高い方法によって測定することが可能となったからである（ただし，PET は非侵襲的とは言えない）．

視覚認知に関しては，後頭側頭葉の内側下部から外側面の下部にかけて，さまざまな種類の視覚刺激を見ているときに活性化する脳の部位が明らかにされている．脳の個体差や，実験法の違いなどにより，必ずしも結果が一致していない面もあるが，その存在がほぼ認められている部位として，単語を見たときに活性化する視覚性単語形態領野（visual word form area：VWFA，左半球のみ），顔刺激で活性化する紡錘状回顔領野（fusiform face area：FFA）と後頭顔領野（occipital face area：OFA），身体部位に反応する紡錘状回身体部位領野（fusiform body area：FBA）と外有線野身体部位領野（extrastriate body area：EBA），建物や風景に反応する海馬傍回場所領野（parahippocampal place area：PPA），色刺激で活性化する色彩視中枢（紡錘状回後部の V4 とその前外側の V4α の 2 つ），運動刺激で活性化する運動視中枢（外側面の側頭後頭葉接合部 V5（MT））などがある（図）．色彩視中枢と運動視中枢については，その損傷によって先に述べた色彩視の喪失や運動視の喪失が起こることが確認されているが，他の部位については，その存在自体や果たしている役割について見解が一致していない面もある．

たとえば VWFA については，単語以外の視覚刺激でも活性化するとの報告もあり，単語に対して特殊化されているかどうか疑問視されている．しかし，後頭側頭葉内側下部の小さな腫瘍の治療のために，VWFA を含む小領域を切除した患者は，術後，純粋失読を示したが，術前の検査では，単語，顔，建物，物品でそれぞれ所定の部位の活性化が確認されていたのに，術後は単語に対してのみ，反応が生じなくなった（Gaillard et al., 2006）．したがってこれは，VWFA が単語の読みに関与していることを示している．

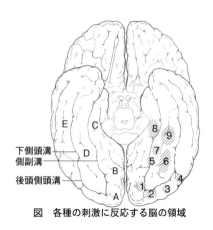

A：下後頭回，B：舌状回，C：海馬傍回，
D：紡錘状回，E：下側頭回
1：色彩視中枢 V4，2：後頭顔領野（OFA），
3：外有線野身体部位領野（EBA），4：運動
視中枢 V5，5：色彩視中枢 V4α，6：視覚性
単語形態領野（VWFA），7：紡錘状回身体
部位領野（FBA），8：海馬傍回場所領野
（PPA），9：紡錘状回顔領野（FFA）

脳を底面から見た概略図．後頭葉の
下面が見えるよう小脳と脳幹は除去
し，舌状回が見えるよう左右に開
いた形で示した．右半球（左側）に
脳回と脳溝の名称を，左半球（右
側）に反応領野を示す．

下側頭溝
側副溝
後頭側頭溝

図　各種の刺激に反応する脳の領域

FFA と OFA に関しても，やはり顔への特殊化が疑問視されている．しかし，左半球の FFA と右半球の OFA が損傷され，右半球の FFA は残っていて顔刺激にも反応する状態で，刺激が顔であることはわかるのに誰の顔かを同定することができない相貌失認が生じている．このことから，顔の同定には右半球の FFA とOFA の相互作用が必要なことが指摘されている（Sorger *et al.*, 2007）．

このように最近の脳の高次機能の研究によって，従来の損傷研究と機能画像研究とが一体となり，多くの知見が蓄積されつつある．

5.3──聴知覚

5.3.1──聞こえの仕組み

耳に入った音は，外耳・中耳・内耳を経て脳へ伝わる（図5-20）．外耳は耳介と外耳道からなる．耳介には集音の機能が，外耳道には音波を増幅する機能がある．中耳には耳小骨と呼ばれる3つの小さな骨が順につながっており，この原理で音波を増幅する．同時に，大きな音が突然与えられたとき，内耳を衝撃から守る機能がある．内耳にはカタツムリの殻のような形をした蝸牛があり，その中にある基底膜の上には聴覚の受容器である有毛細胞が並んでいる．蝸牛の中はリンパ液で満たされており，音の振動が伝えられるとリンパ液が振動し，それに応じて有毛細胞が屈伸運動をする．これにより振動という機械的運動が電気的信号（パルス）に変換され，脳にある聴覚中枢へと伝えられる．

聴覚の生理的なメカニズムの解明は視覚の場合に比べると進んでいないが，

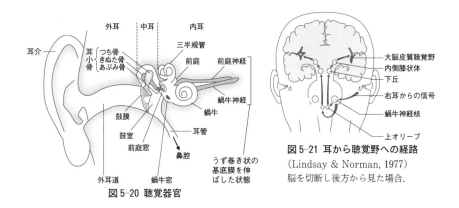

図 5-20 聴覚器官

図 5-21 耳から聴覚野への経路
(Lindsay & Norman, 1977)
脳を切断し後方から見た場合.

蝸牛の基底膜において音の高さの分析が行なわれることは，ベケシー（1960）がヒトの蝸牛を用いて観察した結果から明らかにされている．入り口付近（前庭窓側）では高い音が，先端に行くにつれて低い音の分析が行なわれる．このように基底膜が振動したときの最大振幅の位置に対応して，脳に伝えられ音の高さが知覚されるとする考え方を，進行波説という．

　聴神経によって脳へ運ばれた情報は，神経の複雑な経路を通って大脳皮質の聴覚中枢へ伝えられる（図 5-21）．音の感覚は大脳皮質の聴覚野（聴覚皮質）で生じるが，どのような音であるのかを認識するには，さらに他の領域の関与が必要である．大脳皮質の中には言語と密接な関係をもつ特定の部位があり（言語野），言語の産出や理解にはそれらの部位での処理が必要となる（6.8.1項参照）．聴覚においても視覚（5.2.4項参照）や触覚（5.4.4項参照）と同様にパターン知覚が行なわれていると考えられているが，パターンの内容や処理メカニズムについては未知の点が多い．

5.3.2──音の種類

　音は純音と複合音に分類できる．純音は，物理的に最も単純な構造の音で，波形が正弦波をしており，成分が 1 つしかない音である．複合音は，純音以外の音の総称で，さらに雑音，物音，楽音，音声などに分けられる．複合音は，周波数分析（フーリエ分析）によって，すべて正弦波（純音）の組み合わせとして表わすことができる．雑音は，波形が定まらず，常に変動するような音であり（物理的定義），人間が聞いて好ましくない音である（心理的定義）．複合

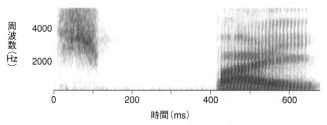

図5-22 /siQpai/（失敗）の音声波形（粕谷，2005より改変）
周波数成分の強さは濃淡で表わしてある（サウンドスペクトログラムという）.

音を構成する音は，部分音と呼ばれ，その中で振動数が最小のものを基音といい，基音の整数倍の振動数をもつ音を倍音という.

音には物理的属性と心理的属性とがある．物理的属性は，音圧・振動数・波形の3つの属性で表わすことができる．一方，音圧に対応して大きさ，振動数に対応して高さ，波形に対応して音色の3つを心理的属性として知覚している．ただし，物理的属性と心理的属性とは1対1対応しているとは限らず，たとえば，音圧（振幅）が変化した場合，音の大きさだけでなく音の高さや音色も変化として聞き取ることがある．心理的属性には他に太さ，鋭さなどがある.

5.3.3─言語音（音声）

人間がコミュニケーションのために，音声器官を使って発する音を，音声といい，複合音の1つである．音声は，言語に使用される言語音と言語に使用されない非言語音とからなり，肺から送り出された呼気による空気が，声帯を振動させて生じる音（喉頭原音）がもとになって作られる．喉頭原音が声帯から口唇までの管（声道）を通るあいだに，多くの異なった周波数で共鳴が生じて，特定の周波数の振幅が増大され，特定の言語音が作られる．声道の形が変わるとそれに応じて共鳴する周波数が変化して，さまざまな言語音を作り上げる．言語音の共鳴を**フォルマント**，共鳴して増幅される振動数を**フォルマント周波数**と呼ぶ．一方，フォルマントの低いほうから順に，第1フォルマント周波数（F_1），第2フォルマント周波数（F_2）……のように呼ぶ．ヒトは，このフォルマント周波数のパターンを聴覚系によって分析して，言語的情報を受け取っている（図5-22）．なお喉頭原音の高さは，基本周波数と呼ばれ，声の高さを表わし，F_0と略記する．一般に男性の基本周波数は低く，女性や子どもの基本

周波数は高い.

　言語音の中で意味の違いに役立つ抽象的な音声部分を音韻といい，さらにある語と他の語とを区別する音韻の最小単位を音素という（たとえば /kame/ と /same/ においては /k/ と /s/ とが音素）．人間は一般に，この音素の差を聞き分けて，語の違いを区別しているわけである（トピック 5-22, 音素の言語としての特性は 6.7.1 項参照）.

トピック 5-22　乳児の音声知覚

　乳児の視知覚や視覚的な認知の働きについては，1960 年代頃から，乳児の視線の動きや注視の時間を目印にしてさまざまな研究が行なわれてきた（トピック 1-1 参照）．聴覚の働きについては，聴覚器官が体の奥深く埋め込まれているため，視覚のように適当な目印がすぐには見つからなかったが，アイマス（Eimas, 1985）によって，乳児の吸啜反射（2.2.1 項参照）による馴化─脱馴化法（トピック 1-1 参照）を利用した乳児の音声知覚研究のための巧妙な方法が開発された．まず乳児に乳首に似た「おしゃぶり」をくわえさせ，乳児が一定以上の強さで吸啜反射をはじめると，ミルクや甘い砂糖水の代わりに，その反応と連動させて正面のスピーカーからコンピュータで合成した特定の子音で始まる音節（たとえば大人には [PAH] と聞こえる合成音＝馴化刺激）を聞かせる．はじめ乳児はその刺激を聞こうとしてさらに頻繁に「おしゃぶり」を吸うが，刺激提示を繰り返すにつれ馴化が生じて吸啜反射の頻度が低下する．その時点で新しい子音で始まる音節（たとえば大人には [BAH] と聞こえる合成音＝テスト刺激）を聞かせると，生後 4 ヵ月の乳児は，吸啜反射の頻度（吸啜反応率）が顕著に回復（脱馴化）する．しかし，馴化刺激とテスト刺激との差と同じ音響的差をもつが同一の音素からなる音節（大人には同じ [PAH] として聞こえる合成音）をテスト刺激とした場合に，そうした著しい脱馴化は生じない．したがってまだ十分に音声の発声が分化していない生後 4 ヵ月でも，言語音を，音響的な相違としてではなく，大人と同じように音素的特徴によってふるい分けて受け取っていると推定できる（図 A）.

　その後の研究によると，乳児は生後しばらくは，さまざまな言語で用いられている多様な言語音をふるい分けて受容する能力を備えているらしいこと，そして特定の言語環境において一定の言語刺激に曝されることによって，その言語環境の音声を聞き分ける能力が十分なレベルにまで達する一方，それ以外の言語音の弁別力は低下すること，しかもそれが生育の比較的初期（1 歳頃）までに形成されるらしいこと，などが見出されている（図 B）.

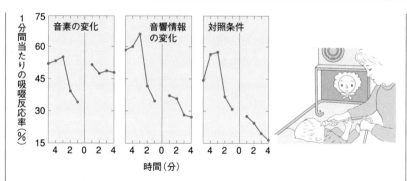

図A 乳児の音声知覚を調べる実験（Eimas, 1985 を改変）
生後4ヵ月の乳児に，記録装置につないだ「おしゃぶり」を含ませておき，上の
スピーカーから合成音の音節を聞かせる（右）．反応は「おしゃぶり」を吸う頻
度（吸啜反応率）の変化で表わす．左のグラフは音素の変化，音響情報の変化，
および対照（同一の音節を提示）の各条件の結果を示す．0分の時点で刺激音を
変化させた．

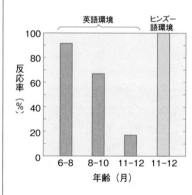

図B 音声知覚と言語環境（Eimas, 1985 を改
変）
英語の環境のもとで育った乳児は，ヒンズー語の
子音のコントラストに対する反応率が月齢ととも
に低下する．一方ヒンズー語の環境で育った1歳
の乳児は，ヒンズー語に固有の言語学的な音素の
区別を知覚することができる．

　日本語の音素ではない［l］と［r］との聞き分けは（そして発音も），日本人の
大人にとって難しいが，生後6〜8ヵ月頃までの乳児ではそれらをふるい分けて受
け取っているという可能性が指摘されている（6.6.1項参照）．

5.3.4──音の大きさと高さの知覚

　図5-23はヒトや種々の動物が聞くことのできる音の大きさと高さの範囲
（可聴範囲）を表わしている．音のエネルギーはきわめて微弱であり，非常に
広範囲にわたる．音圧で表わすと大きさの刺激閾（最小可聴値：トピック5-
23）は 20 µPa（マイクロパスカル），刺激頂（最大可聴値）は 20 Pa で，最大

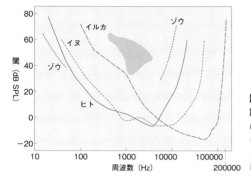

図5-23 ヒトを含めた種々の動物の可聴範囲（Goldstein, 1999より改変）
中央上方の濃い部分は会話音声のおおよその範囲．横軸は対数目盛りである．ゾウの曲線は，他の曲線と重複しないように両端のみ描いた．

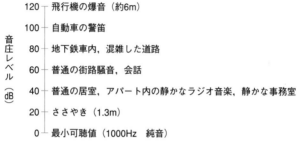

図5-24 日常生活におけるいろいろな音の大きさ

が最小の100万（10^6）倍もの大きさである．このような広範囲の値はそのままでは扱いにくいので，基準になる音の何倍の音圧であるかを示すdB（デシベル）と呼ばれる単位が用いられる．基準になる音を20μPa（1000 Hzの純音を与えられたときのヒトの最小可聴値にほぼ対応）とした場合の音の大きさを，音圧レベル（sound pressure level：SPL）と呼ぶ．図5-24は，日常生活の中で聞こえるいろいろな音の大きさを，音圧レベルで表わしたものである．

トピック 5-23 難聴

　聴力が低下して聞き取りが悪くなり，最小可聴値が数十dB大きくなる場合を難聴という．難聴は原因や部位によってさまざまに分類されるが，大きな音を長時間与えられたために，内耳（図5-20参照）の聴神経が損傷されて生じる場合がある．ヘッドホン難聴もその一例である．ヘッドホンのボリュームを上げて長時間大きな音量で音や音楽を聞いていると，次第に聞こえが悪くなる．当初は聞こえにくさを感じる程度であったのが，やがて聞こえにくさが治らなくなり，日常会話まで不自

由になることがある．なお，一般に，加齢とともに高い周波数の聴力が低下する．

　音の大きさは音の高さによっても影響を受け，同じ音圧レベルなら，中程度の高さの音に比べると高さの低い音のほうがより小さく聞こえる．そこで周波数ごとの音の主観的な大きさを表示する方法が考案され，フォン（phon）という単位が作られた．フォンは 1000 Hz の純音を基準音とし，それと同じ大きさに聞こえる音の大きさを表わす．一方，音の高さ（トピック 5-24）は 1 秒間当たりの波の振動回数で表わされ，Hz（ヘルツ）という単位が用いられる．音の高さの刺激閾（最低可聴値）は 20 Hz 程度，最高可聴値は 20000 Hz 程度と言われている．これは約 10 オクターブにわたる音の高さの範囲である．

トピック 5-24　シェパード・トーン

　音の高さには周波数とともに上下する一次元的なもの（トーン・ハイト）の他に，循環する高さ（トーン・クロマ）がある．循環する音の高さは音楽を構成するのに重要であり，調性あるいは 8 度類似性などと呼ばれる．図 A はこの 2 種類の音の高さの関係を表わしたものである．ピアノの鍵盤は，周波数がちょうど 2 倍（あるいは 1/2 倍）になった高さ（オクターブ）の間を 12 個の半音で構成している．

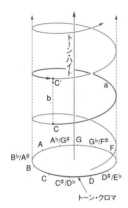

図 A　シェパードの単純螺旋
（Shepard, 1965）

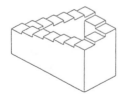

図 B　エッシャーの無限階段

　シェパード（Shepard, 1965）は音の高さを変化させずに循環的な高さのみを変化させて，無限に上がり続ける音列（シェパード・トーン）をコンピュータを用いて作成した．いずれの音も 10 個の部分音から構成されている．いま C から C♯ に移ると，10 個の部分音はすべて半音分だけ増加し，耳には半音だけ音が高くなったように聞こえる．このようにして順に C♯ から D，D から D♯ というように聞かせていくと，音はどんどん上がっていくように聞こえる．しかし実際には，これを 12 回繰り返すと C′ の音になるが，C′ の音はもとの音の高さ C と同じ高さに戻っている．これらの音を順にエンドレスに提示すると，音は螺旋のように永久に上昇しつづけて聞こえる．視覚における無限

階段（図B）と同じような錯覚が聴覚においても生じることがわかる.

5.3.5─聴覚マスキング

話をしているときにそばを電車が通ると相手の話がかき消されて聞こえにくくなる. このように1つの音の存在が他の音を聞こえにくくする現象を聴覚マスキングという. マスキングされた音は強度を大きくしなければ聞き取ることができない. マスキング量は周波数が低い音が高い音をマスクするほうが, その逆の場合よりも大きい. たとえば, 音楽を聴いているときに, 高音域の楽器は低音域の楽器によってマスクされやすい. また, 周波数が近いとマスキング量は大きくなるが, あまりに近いと唸りが生じて逆にマスクされた音は検知しやすくなる. さらに, マスキングは音が同時に与えられる場合だけではなく継時的に提示される場合にも生じることや, マスクする音とマスクされる音とが両耳間（たとえば左耳にマスクする音, 右耳にマスクされる音）に提示される場合にも生じる.

5.3.6─音源定位

聴覚的に認知する空間（聴空間）は, 音を定位することにより成立する. 聴空間の中で音がどこから聞こえるのかを定位することを音源定位という. 音源定位は, 視覚が手がかりとなりにくい暗闇や背面方向にある刺激の定位に役立つ（トピック5-25）. 耳は左右に離れて2つあるため, 音の聞こえてくる方向が真正面から左右に偏ると, 両耳に到達する音は時間的にも強度的にもわずかに異なっている. このように, 音源定位には音が両耳に到達するまでの時間差と強度差が利用されるので, 左右のほうが前後や上下よりも定位が容易である. ヘッドホンを装着して両耳間の時間差と強度差をさまざまに変化させると, 差がまったくない場合には音は頭の中央から聞こえるが, 左右耳への音の到達時間をずらすと, 早く到達した耳の方向から音が聞こえる. また, 左右耳への音の強度に差をつけると, より大きい音が与えられた耳の方向から音が聞こえる.

トピック 5-25　刺激定位の可塑性

生まれてすぐに, 仔ネコの両眼の眼瞼（がんけん）を縫い合わせて, パターンをもった視覚刺

激を遮断して知覚できないようにする．そして，図のような装置で，7ヵ所のどれ
か1つ，音のする位置に歩いていけば報酬の餌が得られるといった手続きで，音源
定位の訓練をしながら育てる．このグループのネコと，視覚をもったままで同じよ
うに音源定位の訓練をして育てたネコとの成績を比較すると，視覚刺激を遮断した
ネコのほうが，視力のあるネコよりも音源定位がより正確であった．また脳の聴覚
野におけるニューロンの活動を同時に記録した結果によると，前者のネコはその視
覚中枢が縮小していた一方，聴覚中枢が拡大しているとともに，聴覚野のニューロ
ンが音の方向定位に敏感になっていたという（Korte & Rauschecker, 1993）．視
覚に障害のある人は，音の知覚に優れているといわれているが，この実験と同様な
メカニズムがその基礎に働いていると考えてよい（トピック1–5参照）．

　なお，同様なことが聴覚障害者でも生じる．実験によると，運動する視標を追い

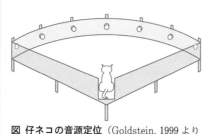

図 仔ネコの音源定位（Goldstein, 1999 より
改変）
音源は方位角20度間隔で，−60度（左）から
正面0度を経て＋60度（右）に設定.

かける課題では，耳の聞こえない被験
者のほうが聞こえる被験者よりもすば
やく，しかも正確に反応し，頭頂葉か
ら記録した誘発電位では，耳の聞こえ
ない被験者のほうが，聞こえる被験者
よりも光の刺激に大きく反応したとい
う．このように，ヒトを含めて多くの
動物は，その情報処理の働きにかなり
の程度の可塑性を備えており，経験に
依存して感覚的環境の長期的な変化に
対応できるようになっている．

　一方，音源の距離の知覚には，音の大きさ，スペクトルの変化，音の反射な
どのいろいろな手がかりが関係している．音の大きさが増大すると音は近づい
てくるように，減少すると遠ざかるように知覚される（トピック5–26）．

トピック 5-26　　ドップラー効果

　音が接近したり遠ざかったりすると，その音の高さが変化しているように聞こえ
る．たとえば，遠くから救急車が近づいてくるときには，そのサイレンの音は高く
聞こえ，自分の目の前を通り過ぎて遠ざかっていくときには低く聞こえる．この現
象はドップラー効果と呼ばれる．

ドップラー効果はなぜ生じるのだろうか．音の伝達速度は空気中では約 340 m である．いま，救急車が時速 60 km で走っているとすると，音は 1 秒間に約 17 m 進む．救急車が近づいてくるときは 17/340 だけ音波が圧縮され，高く聞こえるのに対して，逆に遠ざかるときは 17/340 だけ伸長することになり，低く聞こえることになる．そこで，救急車が目の前を通り過ぎたとたん，サイレンの高さが突然変化したように感じるのである．

5.3.7━脳損傷と聴知覚

脳損傷によって，言語の表出や受容が損なわれる失語（6.8 節参照）の他に，環境音の認知を誤る，聴き慣れた音楽がわからなくなる，またいままで歌えた歌が歌えなくなる，などの障害が生じる．山鳥（1985）によれば，たとえば，右半球側頭葉損傷をもつ症例では，言語の受容にはとくに異常がなく，また音の弁別もできるが，鍵のガチャガチャする音をベルの音と，ハサミで紙を切る音を時計のチクタクする音と間違えるなど，音の意味がわからず，環境音の認知に選択的に障害（環境音失認）が生じたという．

言語能力は健常者であれば誰にも備わっているが，音楽能力にはかなりの個人差や経験の差がある．そこで音楽能力の障害については，とくに職業的音楽家や音楽愛好家の脳損傷例について研究が行なわれている．失語と同じく，よく聴きなれている音楽がなにかわからなくなるといった受容性（感覚性）失音楽と，いままでできていた演奏ができなくなる，歌えた歌が歌えなくなるといった表出性（運動性）失音楽とが区別されている（トピック 5-27）．ただしこの区別は，それほど厳密ではなく，両者が交じり合って生じることも多い．

トピック 5-27　失音楽

受容性失音楽の例として，あるピアニストのフランス人女性は，簡単なピアノの演奏はなんとかできたが，フランス人なら誰でも知っている国歌の演奏を聞かせてもわかる様子を示さなかったという．この場合，左側頭葉に広範囲な病変があり，ウェルニッケ失語（6.8.4 項参照）も併存しているが，音楽能力が，左側頭葉と関連をもっている可能性が指摘されている．一方，右半球の損傷によっても音楽能力の障害が生じる．表出性失音楽の例として，三味線弾きの日本人女性は，右側頭葉に病変があり言語的障害はないが，以前よく歌っていた歌が歌えなくなり，三味線

もうまく弾けなくなったという（岩田，2001）.

　一般に，音楽の聞き取りには，音の高低の弁別から，音の持続時間，リズム，旋律の知覚，音の記憶など，多様な聴知覚が関連しているし，音楽の表出にはさまざまの運動能力もかかわってくる．さらに情動などの働きも関係してくる．したがって，失音楽と一口に言っても，その様相は多様であるが，最近では，機能的脳画像法（トピック5-21，トピック10-15参照）を用いて，音楽にかかわる脳の働きについての研究が進められている.

5.4——触覚

5.4.1——皮膚の受容器

　ヒトの皮膚には，有毛部と無毛部とがある．手指，手のひらのような無毛部は，皮膚全体からすればごく限られた面積を占めているにすぎないが，皮膚に加えられた機械圧を感受して触感，圧感などの体験を引き起こすだけではなく，外界を能動的に探索し，必要な情報を抽出する器官としての機能も担っている．皮膚下には受容器としてメルケル触覚盤，マイスナー小体，ルフィニ終末，パチニ小体などが分布している．これらは一定の圧刺激に対する順応の速度に応じて，表5-4のように分類されている.

5.4.2——体性感覚野の中枢機構

　体性感覚の伝導路は，脊髄・延髄を通り，視床を経由して1次体性感覚野に投射している．身体の末梢と対側の1次体性感覚野とは点対点の対応（体部位局在配列：トピック5-2参照）が保たれている．図5-25は局部麻酔下で，意識のある患者の大脳皮質を電気刺激することにより得られた模式図である．このようなゆがんだ形の投影図となっているのは，口唇や舌，手指が，他の部位に比べ大きな部分を占めているからで，これを体性感覚の「ホムンクルス（小人：homunculus）」という.

5.4.3——2点閾（触覚2点閾）

　皮膚表面の2点に，コンパスの両脚の端を同時に当てて圧刺激を加えたとき，それが2点とわかるのに必要な最小距離（両脚の隔たり）を触覚2点閾もしくは単に2点閾という．図5-26は，2点を同時に刺激した際の2点閾（同時2

表5-4　順応速度による皮膚の受容器の分類（Schmidt, 1978を改変）

	定常的圧刺激に対する順応		
	遅い	やや急速	非常に速い
皮膚の無毛部	メルケル触覚盤	マイスナー小体	パチニ小体
皮膚の有毛部	ルフィニ終末		パチニ小体

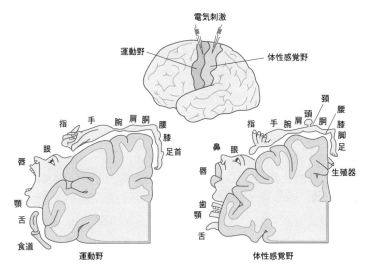

図5-25 大脳皮質の1次体性感覚野・運動野における体部位局在配列
（Penfield & Rasmussen, 1950 を改変）

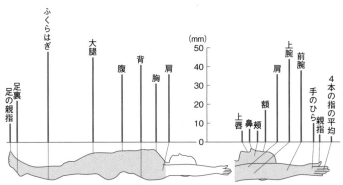

図5-26 身体部位と同時2点閾（Weinstein, 1968を改変）

原図は身体部位の左側と右側の同時2点閾を別々に示してあるが，左右の差がほとんどないので，この図に引用する際，右側のみ示した．

点閾）が，成人の場合，身体部位によってどれほど大きく異なるかを示したものである．たとえば，舌の先では1.1 mm，指先で2.2 mmと小さいが，鼻の先端では6.8 mm，頬では11.3 mmとなっている．それが背では67.7 mmにもなることをすでにウェーバーが見出している（トピック5-3参照）．

2点を同時にではなく，ある時間間隔（stimulus-onset-asynchrony：SOA）をおいて継時的に弁別閾を測定した場合（継時的2点閾）には，同時のときより測定値は小さくなる．身体部位により絶対値は異なるが，全体として約1秒のSOAのときに，閾値は極小となる．

5. 4. 4──触覚によるパターン知覚

ギブソン（1962）は，直径2.5 cmのクッキーの型を3種類用意し，①実験者が被験者の手のひらに型をただ押しつけた場合，②押しつけながら型を回転させた場合，③被験者が指で自由に走査した場合の，パターン知覚の正確さを比較した．その結果，正答率は，①は49%，②は72%，③は95%であり，触覚によるパターン知覚では，受動的触知よりも能動的触知のほうが優れていることを指摘した．このように，他の感覚系一般にも見られる運動成分の関与が，対象の形状や形態的特性をとらえる際に，触覚系にはとりわけ顕著に現われてくる．そのため，二次元パターンや二次元物体などの知覚は触運動知覚（haptics）と呼ばれている．手のひらや指先で，ある対象に触れても，触れている器官を動かすことによってはじめてそのものの外在性が現われてくる（5.1.8項参照）．さらに，その対象の形状を知覚し，それが〈なに〉であるかを特定するためには，手，指先などを能動的に動かして，縁に沿ってたどったり，特定箇所で方向を変えたりすることが必要であり，触運動的な探索活動が不可欠である（トピック5-28，トピック5-29）．なお，触覚によるパターン知覚にはメルケル触覚盤が関与していると推測されている．

> **トピック5-28　点字の触読**
>
> 点字はタテ3点，ヨコ2列の6点の各位置に凸点（単一もしくは複数）を配列して，一連のパターンを構成したものである．それらを仮名文字（墨字）と1対1に対応させることで，凸点式の体系が作られている．6点の位置番号は図Aに示す

ように決められ，このうち，たとえば，図Bのように「1」の位置を凸点（黒丸で示す）とすれば「ア」，「1，2」を凸点とすると「イ」……となる．点字の触読は，指先を能動的に動かすことによる逐次的なパターン知覚（触二次元パターン知覚）に他ならない．通常の文字の読解が困難な先天盲・早期失明者にとっては有力な交信手段になっている．

1829年に現在広く用いられている凸点式の記号体系，すなわち「点字（braille）」を考案したのは，3歳で失明（全盲）したフランスのブライユである．

点字触読のときの脳内の活性化部位を機能的脳画像法により調べる研究が，最近いくつか行なわれている．その1つによれば，点字の触読に習熟した先天盲・早期失明者が点字の読み取り課題を右手で遂行しているとき，PETで両側の1次視覚野を含む後頭葉領域に血流量の増加が認められたという（Sadato et al., 1996）．

図A 点字の配列

各文字は6つの点からなり，その位置番号が図のように定められている．

図B 点字の文字例

五十音図のアイウエオは上方の点の配列で，カサタナハマラの各行はアの点と下方の点の配列との組み合わせからなる．ヤユヨンだけは特別の配列．

トピック 5-29　触覚性の物体失認

素材や形態などの触覚による弁別が可能な状態にありながら，物体の認知ができない触失認症状を触覚性の物体失認という．純粋な触失認の存在を疑わしいとする見解もあるが，表に示したのは，右頭頂葉に銃弾による外傷を受けた女性について，ドレー（Delay, 1950）が報告している観察結果の一例である．症状が出ている左手に，たとえば「鉛筆」を閉目条件下で載せた場合，そのものの硬さ，滑らかさ，長さおよび形態などは完全に知覚しているのに，「それが〈なに〉か」とたずねられても答えられない．これを健常な右手に移すと，即座に「鉛筆」と報告している．

表 提示事物に対する触失認の左手の報告（Delay, 1950）

鉛筆	これは硬く，滑らかで，長く，円筒形である．一方の端は平らで，他の端は尖っている．
スプーン	冷たくて硬い，これは金属に違いない，中央部が細く，平たい足が1本，反対側はもっと大きく，楕円形で，くぼみがある．

　なお，患者が症状のある手のひらで事物を認知しようとするとき，手指の触運動は（マヒや失行がなくとも），きわめてぎこちないと言われている（視覚性の物体失認については，5.2.9項(6)参照）.

[参考図書]

相場　覚（編）　1982　知覚 I （現代基礎心理学 2）　東京大学出版会

石口　彰　2006　視覚（キーワード心理学シリーズ 1）　新曜社

岩田　誠　2001　脳と音楽　メディカルレビュー社

大山　正　2000　視覚心理学への招待　サイエンス社

大山　正・今井省吾・和気典二（編）　1994　感覚・知覚心理学ハンドブック（新編）
　誠信書房

苧阪良二　1985　地平の月はなぜ大きいか　講談社

苧阪良二・中溝幸夫・古賀一男（編）　1993　眼球運動の実験心理学　名古屋大学出
　版会

柏野牧夫　2010　音のイリュージョン　岩波書店

鹿取廣人（編）　1984　発達 II （現代基礎心理学 10）　東京大学出版会

河内十郎　2013　神経心理学　培風館

ギブソン，J. J.（古崎　敬他訳）　1985　生態学的視覚論　サイエンス社

後藤倬男・田中平八（編）　2005　錯視の科学ハンドブック　東京大学出版会

重野　純　2006　聴覚・ことば（キーワード心理学シリーズ 2）　新曜社

下條信輔　1995　視覚の冒険　産業図書

ゼンデン，M. von（鳥居修晃・望月登志子訳）　2009　視覚発生論　協同出版

田﨑權一　2017　触覚の心理学　ナカニシヤ出版

鳥居修晃（編）　1982　知覚 II （現代基礎心理学 3）　東京大学出版会

鳥居修晃・望月登志子　1992・97　視知覚の形成 1・2 （知覚と認知の心理学 1・2）
　培風館

鳥居修晃・望月登志子　2000　先天盲開眼者の視覚世界　東京大学出版会

鳥居修晃・能智正博・望月登志子・山田麗子　2014　認知世界の崩壊と再形成　エス
　コアール出版部

日本色彩学会（編）　2003　色彩用語事典　東京大学出版会

日本色彩学会（編）　2011　新編　色彩科学ハンドブック　（第 3 版）東京大学出版会

ファーラ，M. J.（河内十郎・福澤一吉訳）　1996　視覚性失認　新興医学出版社

ファーラ，M. J.（利島　保監訳）　2003　視覚の認知神経科学　協同出版

ヘッブ，D. O.（鹿取廣人他訳）　2011　行動の機構（上・下）　岩波書店

ムーア，B. C. J.（大串健吾監訳）　1994　聴覚心理学概論　誠信書房

6 章 思考・言語

　この章では，人間が営む最も高次のレベルの行動としての思考と言語の問題を扱う．なにも考えなしにことばを発したり，逆にことばなしに考えたりする場合もある．しかしヒトの場合，本来はコミュニケーションの道具であった言語が，思考の道具としても用いられて，情報処理能力や問題解決の可能性を拡大させている．一方，思考の働きも，言語によるコミュニケーション行動を組織化し，複雑な内容をもった情報の伝達を可能にしている．またそうしたコミュニケーションによって得られた情報を，知識として記憶に蓄えておくことができる．高度なこころの働きとしての人間の意識は，思考や言語の働きと深い関係をもつ．思考過程がかかわる行動には，多くの場合言語の働きがその基礎には含まれている．言語は必ずしも意識の必要条件ではないが，明晰なはっきりとした意識の状態では，言語によって自分自身に語りかける個体内コミュニケーションの過程が含まれているのである．

　この章の後半では，脳の損傷による思考や言語など高次の機能の障害についても触れることにしよう．

6.1―問題解決

　ヒトを含めて生体は，絶えず変化する環境条件に対応していかなければならない．これには生得的に組み込まれた感覚支配的行動（2.2 節参照）によって対応できることも多い．また，以前に経験した状態と同様であれば，すでに習得した反応様式や蓄えられた知識によって対応することもできる．しかし，感覚支配的行動はもちろんのこと，習慣的な行動（2.3 節参照）や既成の知識だけでは対処できないような新しい状況に直面したとき，生体は，問題解決のために新しい行動を生み出すことが必要になる．

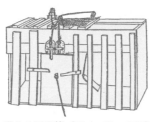

図 6-1 問題箱（Thorndike, 1898）

空腹のネコを閉じこめると、ネコは箱から脱出し
ようとして、でたらめな行動を次々に試みる. ネ
コが偶然に内部の踏み板を踏むか、またはひもに
触れると、ドアの掛け金がはずれて、ドアが開
き、箱の外の餌を食べることができる.

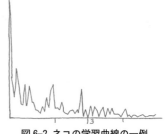

図 6-2 ネコの学習曲線の一例
（Thorndike, 1898）

縦軸は脱出までの所要時間、横軸は
試行回数. 初期には所要時間は長く、
またその変動が激しいが、後期にな
るにつれて所要時間は短くなる.

6.1.1──問題解決と試行錯誤

　思考とは、一般に、生体が問題解決のための新しい手段を見つけて対処する
行動を生み出し、支え、方向づける内的な心的過程を指す. 思考は、学習によ
って獲得された習慣的行動や既成の知識によっては解決できない問題を、解決
することができる. したがって思考は、生体の営む最も高度な適応の働きとい
うことができる. しかし思考は、習慣的行動や既成の知識とまったく無縁では
ない. 思考は、それらの習慣、知識を改変したり修正したりして、新しく再体
制化（再編成）もしくは再構造化する過程である.

　新しい問題解決の状況に直面した生体がまずはじめにできる対処方法は、既
存の反応目録の中から、いろいろな反応を次々に試みることである. ソーンダ
イク（1898）の問題箱の実験において、ネコが示した試行錯誤による解決方法
がその例である（図6-1）. はじめのうちは脱出するまでに時間がかかるが、
試行を繰り返すにつれて、次第に失敗につながる反応は除かれ、成功につなが
る反応だけが確実に生じるようになり、脱出までの時間も短くなる（図6-2）.
そしてはじめの段階のでたらめな反応は、次第に脱出に有効な、方向性をもっ
た一定の反応（踏み板を踏むなど）になっていく（10.5.2項参照）.

　一般に、試行錯誤の行動は、与えられた課題が生体にとって難しく、解決の
ための糸口が直接認知できないような場合に生じる. したがって同一の課題が
与えられたときは、個体発生的にも系統発生的にも発達レベルが低い個体ほど、
試行錯誤による解決方法をとることになる（トピック1-2参照）.

6.1.2─洞察による問題解決

　生体は，課題状況がまだはっきりとつかめない解決の初期の段階では，試行錯誤の行動をいろいろと試みる．やがて行動は，解決に関係がありそうな方向へと向けられ，場面の中で特定の側面に集中してくる．発達レベルが進むにつれて，個体は，特定の仮説（解決に役立ちそうな試案）を立てて，それをもとに系統的に行動を変化させて，仮説の検証を試みるようになり，行動はしだいに秩序だってくる．系統的な行動の秩序化が進むにつれて，次に述べる洞察による問題解決ができるようになる．

　洞察（見通し）とは，生体が新しい課題状況におかれた際に，その状況を新しく見直すことによって再編成して，問題解決のための有効な手がかりを獲得する働きをいう．ケーラー（1917）がチンパンジーを対象として行なった実験が，そのよい例である（トピック1–2参照）．彼は，①目標物に到達するため，通路の迂回（うかい）を必要とする回り道の状況，②目標物に到達するために介在物を必要とする道具の使用の状況，③既成の道具では成功しない状況で，有効な道具を生体自身が作り出す道具の製作の状況，の３つの状況を設けて，洞察行動を記述した．とくにこの③の状況は類人猿にとっても難しい．またヒトの子どもも，幼児期の後期になってようやく成功する．洞察による問題解決では，解決に先立って模索的な行動が繰り返される中で，解決は突如（とつじょ）出現する．すなわち，回り道の状況では，目標物から遠ざかるように見えた経路が実は目標に達する道であることを，また道具の使用・製作の状況では，無縁の対象に見えていた介在物が実は目標と自分をつなぐ手段となることを新しく認知し直したときが，解決のポイントとなっている．ヒトのレベルになると，問題に含まれている構造を，いかに新しく認知するかが核心になっている（トピック6–1）．突然の解決とは，こうした認知の再編成が生じた瞬間を示している．洞察にはこうした認知過程の変化が含まれている．意識的には，新しい解決の糸口が突然の〈ひらめき〉をもって出現したように体験される（6.4.3項参照）．

トピック 6–1　　数学者ガウスの少年時代の発見

　等差級数の和 $1+2+3+\cdots+20=?$ を求める問題を出された少年ガウスは，ただちに正しく 210 を答えた．他の子どもは先頭から $1+2+3+\cdots$ を求めようとして，時間もかかり，計算違いも多くて，正解に達しなかった．ではガウスが成功したの

はなぜか．おそらく他の子どもが先頭の部分にばかり注目していたのに対して，彼は末尾の部分…＋18＋19＋20にも目を向けたのだろう．発見とは，このように他人が気がつかない点に，偶然にまたは意図的に注目したときに生じることが多い．1，2，3，…の数は→の方向に増えている．…，18，19，20の数は←の方向に減っている．彼の発見の核心とは，まさにこのような先頭と末尾の数の対称性を見抜いたことにある．これさえ発見できれば，対応する数と数の和1＋20も2＋19も3＋18もすべて21に等しいことが容易にわかる．後は暗算でも，数と数の和が全部で10組あるから21×10＝210と求めることができる．

のちにガウスの発見について追実験を試みたヴェルトハイマー（Wertheimer, 1945）は，この等差級数の問題の他に，平行四辺形の面積を求める問題を子どもに与えた（図A）．子どもは「ここ（ア）がうまくいかない」と言って凸の部分を指さし，「ここ（イ）もうまくいかない」と言って凹の部分を指さして困っていたが，突然「はさみを使えば，ここ（ア）がちょうどここ（イ）にぴったり合う！」と言って，左側を切り取って右側に埋め合わせて長方形に直した（図B）．ここでも正解に達するために，図形の中の凸と凹という対称性の発見が核心となっている．

図A 平行四辺形の面積を求めよ（問題）（Wertheimer, 1945）

図B 長方形に変形できれば，縦×横で面積が求められる（正解）

この突然の解決の糸口や新しいアイディアは，ただ受動的に待っているだけでは，自然に生まれてはこない．問題解決の初期の段階では，与えられた問題に没頭して，あれこれ場面の分析を反復して行なうことによって，問題構造の明瞭化や認知の編成替えが促進されるのである．ケーラーによる道具の製作の実験で，チンパンジーが見せたさまざまな模索的な行動（たとえば「よい誤り」：トピック1-2参照）は，問題解決における準備過程の意味を示している．

6.2──問題解決と認知発達

ヒトの問題解決の能力は，他の動物に比べて非常に高い．しかしヒトの子どもは，そのような能力を備えて生まれたわけではない．乳児や幼児は，生まれてからの周囲の外界との相互作用の過程，とくに親や養育者とのやりとりを通して，次第に環境に対する認知機能を発達させ，種々の問題解決の能力を備え

ていく．ピアジェら（1966）は，乳児から大人に至るまでのこうした認知機能の発達について組織的な研究を行ない，認知発達の過程を総合的にとらえる発達段階説を提出した．ここではピアジェの発達段階説（3.2.3項参照）に沿って，種々の問題解決の基礎となる認知発達について見てみよう．各時期の順序は一定であるが，それを経過する年齢（おおよその平均）には個人差が大きい．

6.2.1─乳児の感覚運動的知能

生後1ヵ月頃までの新生児の行動は，その大半が反射的な感覚支配的行動（2.2節参照）によって占められている．たとえば物体が衝立の陰に隠されると，それがもはや存在しないかのようにふるまう（2.6.1項参照）．しかし，生まれたての新生児も，周囲の刺激にまったく受け身で曝されているわけではない．むしろ積極的に刺激の変化を求めて種々の定位性の反応を行なっているし，また学習も行なっている．

やがて乳児は，周囲の環境とのかかわり合いの中から反射的な感覚支配的行動を少しずつ修正していく．運動機能の発達につれて，外界の事物にさまざまな働きかけを行なっていく．たとえば，はじめガラガラを振って音が出ると，それをまた振って音を出すことを繰り返す．このように，関心を引くような事物に積極的に働きかけを行なった結果，関心を引くような変化が生じると，さらに働きかけの行動を繰り返す（循環反応）．

2歳頃までに，こうした働きかけによる感覚と運動とを通して，外界の事物についての知識を獲得し，事物・事象についての簡単な予測的行動をするようになる．この時期の終わり頃には，対象物の永続性（2.6.1項参照）について理解し，目の前に存在しないものを想い浮かべることが可能となり，いわゆるシンボル機能とか表象機能と呼ばれる働き（2.4.2項参照）が出現してくる．

ただし，このような認知発達は，乳児と環境の事物との相互作用だけで促されるわけではない．乳児と親や養育者との相互作用もかかわっている．親や養育者は，乳児がぼんやりと退屈している様子を見れば，ガラガラを差し出したりして乳児の関心を引こうとする．逆にものへの働きかけ（いたずら）が激しくなり，混乱したり危険になったりすると，それを取り上げたり他に関心を向けさせたりする．このように乳児による外界の事物への感覚運動的な働きかけも，通常，親や養育者によって適度の調整がなされている（6.6.3項参照）．

6.2.2—幼児の思考様式：前操作期的思考

　ピアジェら（1947）は，内的な処理が正しくできるような内部的構造のことを操作と呼ぶ．そして感覚運動期に続く操作ができるよりも前の時期——操作ができていく準備の時期——を前操作期と呼んだ．この時期（1歳半頃）になると，幼児は急速に言語を獲得し，それに伴って表象機能の働き（2.4.2項参照）も活発になり，象徴遊び（小石をあめ玉に見立てる，腕を広げて走り飛行機をまねる），ごっこ遊び（ままごと，電車ごっこなど）が盛んになる．やがて子どもは，いちいち外的な動作を行なうことなしに，内的に頭の中にイメージを浮かべたり言語を用いたりして，処理しようとするが，それが可能となるには，かなりの期間が必要である．

　この時期の思考には，いくつかの特徴がある．①無生物も意思や感情をもっているように考える傾向（アニミズム）をもつ——たとえば，「お月様がぼくを追っかけてくるよ」とか，「机が怒ってぼくを蹴ったの」というように——．②空間内で視点を移動すると，ものの見え方が変わるということを十分理解していない（図6-3）．このような考え方は，空間認知の範囲だけではなしに，いろいろな面にまで及んでいる．③自分自身の現在の立場からの見方・考え方・感じ方にとらわれる傾向すなわち自己中心性が強い．そして他人が自分とは異なった見方・考え方・感じ方をしているということが理解されていない．④一定の場面ではものごとの1つの側面だけにしか注意を向けることができず，他の側面を無視する傾向（中心化）がある．そのため，事物の相対的な関係，

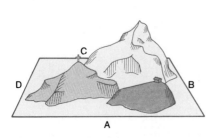

図6-3　3つ山問題（Piaget & Inhelder, 1947）
図のような3つの山の模型が提示され，たとえば子どもがAの位置にいるときに，他の位置（B，C，D）に置いた人形には山がどう見えているかを次のような方法で答えさせる．①3つの山をいろいろの視点から見た絵の中から1つを選ばせる，②人形が見ているのと同じようにボール紙の山を配列させる，③提示した1つの絵のように見えると考えられる位置に人形を置かせる．ピアジェによると，4,5歳児は人形の位置から見るという視点に立つことができず，むしろ自分自身のいまの視点に立って反応する．人形の視点から正確に反応できるようになるのは，9歳以降になるという．ただしこの実験結果を年少児の自己中心性のためとする説には異論もある．

部分と全体との相互関係の理解や事物の系列化（たとえば長さの順に多数の棒を並べる課題）ができないし，保存の概念も十分成立していない（トピック6-2）．以上のような傾向は，7，8歳頃，組織的，論理的な思考ができるようになるまで続く．したがってこの時期は，そのような次の段階の思考ができるためのいわば準備期間と言ってよい．

トピック 6-2　「保存の概念」のテスト

ピアジェら（Piaget & Inhelder, 1941；Piaget & Szeminska, 1941）の研究によると，年少の幼児は，「数・量・重さ（質量）などについて，ものの見せかけの形態が変わっても，それが同一である」という保存の概念をもっていない．

たとえば，「ジュースの量は，たとえその容器の形が変わっても，それにつけ足したり取り去ったりしなければ，変わらない」という量の保存を理解していない．同形同大の2つの容器aとbに同じ量のジュースを入れて，子どもに，「どちらのジュースが多いか，どちらが多く飲めるか」をたずねると，「両方同じ」と答える（図A(1)）．このことを確かめた上で，子どもの目の前で，一方の容器bのジュースを，形の違う細長い容器cに移す．そして再びaとcでは，どちらのジュースが多いかをたずねてみる．4，5歳の幼児では，ほとんどが細長い容器で水面が高くなっているほう（c）が多く飲めると答える（図A(2)）．すなわち，同じ量のジュース（液体）が，形が変わっただけで同じではなくなった，とみなしている．水面の高さだけに注目して多い少ないを判断しているのであり，同時に底面の大小を考慮に入れることができない．逆に，底面を考えるときには，水面の高さのほうは考えない．これに対して，6，7歳以上の子どもは，図A(2)のような場面で，aとc両方のジュース（液体）の量が同じだという判断をする．すなわち，保存の概念をもっており，彼らはまた，容器の高さと幅との両面を考慮に入れて，判断することができる．

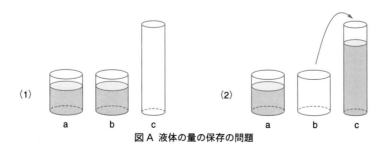

(1)　　　　　　　　　　　　　　(2)

a　　b　　c　　　　　　　　　a　　b　　c

図A　液体の量の保存の問題

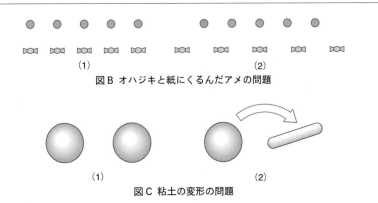

図B (1) (2)

図B オハジキと紙にくるんだアメの問題

(1) (2)

図C 粘土の変形の問題

　図Bの(1)では，オハジキと紙にくるんだアメが同じ間隔で並んでいるので，「両方とも同じ」と答えるが，(2)ではアメの列が長いのを見て「アメのほうが多い」と答える．図Cの(1)では2つの粘土が同じ形なので「重さは同じ」と答えるが，(2)のように片方の粘土を細長く変えると「重さは違う」と答える．

　このように，幼児は，いろいろな側面について保存の概念をもっていない．保存の概念が成立するにつれて，論理的な思考も可能になる．数の保存概念は比較的早期に成立するが，重さ（質量）の保存の概念は，成人にとっても難しい．

6.2.3─思考様式の完成：具体的操作と形式的操作による思考

　子どもは，7，8歳頃になると，外界との相互作用，周囲の人々とのやりとりを通して次々に知識を獲得していくが，それらの知識は，個々バラバラではなく，相互に関連づけられ統合された形で記憶される．問題解決に際しては，それらの知識を利用しながら，ものごとを多面的・総合的にとらえて，組織的で論理的な思考を用いるようになり，事物の相対的関係，部分─全体関係の理解が進むとともに，客観的な立場に立ってものごとを考えることも可能になる．またものごとを多面的・総合的にとらえられるようになり（脱中心化），種々の保存に関する課題も処理できるようになる．しかし，はじめは論理的な思考は具体的事物，具体的状況についての課題に限られ（具体的操作による思考），抽象的な解決ができるようになるには，一層の経験と学習が必要になる．

　11，12歳ごろには具体的な現実に縛られることなく，抽象的に，また形式的に考えることができるようになってくる（形式的操作による思考）．すなわち，言語によって内容を表わした命題について，内容が現実かどうかにかかわ

らず，与えられた条件のもとでどんなことが言えるかを，論理的，形式的に考えることができる．たとえば三段論法──「すべての緑のトリは3つの頭をもつ」「私はモモという緑のトリを飼っている」「このトリはいくつ頭があるか？」──の問題について，この段階の子どもは，3つの頭をもつという非現実な内容にもかかわらず，論理的な帰結から「3つ」と答える．また演繹的に仮説を立て推論を行なって，その結果を事実と照らし合わせてその説が正しいかどうかという，科学的・実証的な思考もできるようになる．

　人間の思考は，適切な条件が整えば，こうした形式的操作による思考として完成した働きをもつようになる．このような完成した思考様式は，外界との，そして周囲の人々との相互作用を通して得た経験と学習に支えられた認知発達の過程を経てできあがってくる．

6.2.4──ピアジェ以降の研究

　ピアジェの認知の発達段階説は，子どものそれぞれの時期の特徴と全体の流れをよくとらえていると考えられ，いまも発達を考える際の重要なよりどころになっている．しかしその後，より詳細な研究が行なわれた結果，批判的な考え方も出てきている．

　ピアジェは，前操作期の幼児は操作の能力をまだもっていないとしているが，近年の研究によると，ピアジェが用いた課題の条件を変えた場合には，子どもはそれらの操作の能力をある程度もっていると見られる結果が示されている．さらに発達の段階は，訓練・学習の影響を受けることが認められている．また，発達段階が全体として均質性をもつというよりは，それぞれの課題の領域ごとに別々に能力が獲得されていく傾向がある．これらのことから，いわゆる発達段階が果たして存在するのか否かという基本的な問いかけもなされている．

　なお，成人でも，常に形式的操作によって，事態を処理しているわけではない．状況によっては種々の非合理的思考に支配されることも少なくない．

6.3──知識

　問題解決において有効に利用されるのは，長期記憶（4.4.4項参照）の形で蓄えられた情報であるが，雑然とした情報の堆積（たいせき）は役に立たない．情報は内部で構造化され，組織化された知識として蓄えられているときに，はじめて有効

に利用される．知覚・認知，記憶，言語，思考などの領域で扱われた中心概念としての情報を知識と呼び，その記憶過程における記銘，保持，想起をコンピュータの働きになぞらえて符号化，貯蔵，検索と呼ぶことができる．すなわち一時的に短期記憶（4.4.3項参照）に入った外の世界の情報は，記憶（記銘）されやすい符号に置き換えられて長期記憶に貯蔵（保持・把持）される．符号化の典型的な形は，〈ことば〉であるが，ときには視覚形態に近いイメージの形をとることもある．新しい情報は古い情報と照合することが必要になる．問題に直面したとき，既存の情報のうち一番有効な情報を取り出すことが必要となるが，有効な情報を探し出すのが検索（想起）である．

6.3.1—概念の学習・達成

知識の基礎である「概念」の獲得について，主な研究を概括しよう．

(1) 等価反応

同じ種類の対象は同じカテゴリないし枠に入れられる．異なる対象であってもある共通の側面に注目して同じ枠に入れてとらえ，いわば同じ対象であるかのように同一視して反応することを等価反応という．動物やヒトの幼児が一連の視覚図形に対して等価反応することは，「三角形の概念」を主題とする実験によって示された（トピック2 5参照）．その際，幼児では身ぶりやことばなど，シンボルを利用することも示されている（トピック2–6参照）．

(2) 概　念

動物の等価反応は，概念の原始的なレベルに相当する．とくに言語をもったヒトの場合は，周囲の事物を時々刻々に変化する感覚属性の束としてとらえるのではなく，それぞれの属性の共通な側面（内包）を「まとめて」とらえようとする．このような働き，すなわち抽象化の働きを概念という（トピック2–5参照）．概念は，他の概念と相互関係をもちつつ，おのずからそれが適用される範囲（外延）をもつ．同時に，上位の概念が下位の概念をその中に含む，といった階層構造をもっている．たとえば，色という上位概念は赤・橙・黄・緑・青の下位概念に分かれ，その赤を上位概念とすれば，赤は朱・紅・茜という下位概念に分かれる．

(3) 概念形成・概念達成

人間の概念形成の過程を分析する実験によると，具体的な〈ものの形〉で分

類させるとき概念は形成されやすく，抽象性が高まるほど学習しにくい．ブルナーら（1956）は，概念そのものがまったく不明な状態で概念が作り上げられる場合（たとえば幼児が抽象的な概念をはじめて学習するとき）を概念形成と呼び，概念について手がかりとなる属性をあらかじめ知識として与えておいて，推理によって隠された概念に到達する場合を概念達成と呼んで区別した．後者の場合，被験者は次々に仮説を立て，有効な仮説を選ぶことによって，実験者があらかじめ設定しておいた概念に到達することができる（トピック6-3）．

トピック 6-3　概念達成の実験

　ブルナーら（Bruner *et al.*, 1956）の実験では，図にあるように4つの属性（形，色，個数，縁の本数）を設け，その中がそれぞれ3つの値に分かれたカード，すなわち形（⊕，○，□），色（赤，黒，緑），個数（1，2，3個），縁の本数（1，2，3本）を組み合わせた，$3^4=81$枚のカードを用いて，被験者にこれらのカードを渡して分類するように教示した．

　分類規則には，（a）1つの属性の1つの値だけで分類し他の属性は無視する（たとえば，赤だけで分類する），（b）異なる2つの属性を「そして（and）」で結んで分類する（赤であり同時に⊕のもので分類する），（c）異なる属性を「または（or）」で結んで分類する（赤であるかまたは⊕のもので分類する），の3種類がある．

　実験者はカードを1枚ずつ示す．被験者は，自分が予想した規則に基づいて，そのカードが正しいか否かを答える．実験者はあらかじめ定めておいた分類規則に合致する（正の事例）か，合致しない（負の事例）かを教えた．

　被験者は，実験者の定めた規則に到達するために，でたらめに思いついた規則を用いるのではなく，有効な作戦を練ること，すなわちさまざまな方略を用いることが見出された．たとえば最初に見せたカードが緑の○○のとき，これが「正しい」と告げれば，被験者は「緑で2つの円」という仮説を立てるだろう．次のカードが黒の●●で「これも正しい」と告げれば，色は緑でも黒でも正しいのだから色には関係がないことを知り，「2つの円」というように仮説を修正するだろう．一方，次のカードが緑の□□で「正しい」と言われた場合には，はじめに立てた仮説のうちの「緑で2つ」という部分は正しいまま残る．ここで被験者が採用している方略は，はじめに立てた仮説をもとにして，次に正しいと告げられたカードと比べて，共通な属性の部分をもとにして新しい仮説へと修正していく方略である．次々に示されるカードによって修正を進めていけば，求められた概念に到達することができる．この方法はブルナーが全体方略と呼んだ一例である．

　この他，最初のカードをもとにして立てる仮説を，与えられた属性・値の一部分しか使わずに「緑の円」とする場合がある（「緑で2つの円」とすべきものを，「2つ」を使わず「緑の円」とした）．この方略は，部分方略と呼ばれ，被験者が概念に到達するためには不利であることが確かめられている．

　なお，これと類似の色・形・数からなるカードを用いて，問題解決における認知的柔軟性，ルールの発見，概念の形成の働きを見る**ウィスコンシンカード分類テスト**（Wisconsin Card Sorting Test : WCST）が工夫されており，前頭葉損傷者の認知機能（とくにワーキングメモリ：トピック4-11参照）の測定に用いられている．

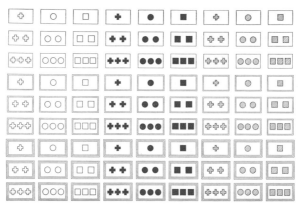

図　概念達成の実験に用いられた刺激図形（Bruner *et al.*, 1956）
4つの属性（形，色，個数，緑の本数）と3つの値（トピック本文参照）を組み合わせた81枚のカードからなる．白抜きは緑，塗りつぶしは黒，斜線は赤．

(4) 逆転学習

　ケンドラー（1961）は弁別学習（4.1.2項(4)参照）によって訓練を完成させた後，それまでの正（強化）の刺激と負（無強化）の刺激の正負を逆転させたときに，後の学習が容易に生じるか否かを検討した．このように先行して学習した刺激の正負を逆転して行なう学習を**逆転学習**という．すなわち彼らは，図6-4のように大小と白黒を組み合わせた刺激を用いて，逆転的移行と「非逆転的移行」との比較実験を行なった結果，成人では，非逆転学習のほうが逆転学習よりも再学習に多くの試行が必要であったが，5歳以下の幼児は，ネズミと同様に非逆転学習よりも逆転学習が困難であった．一方5，6歳ではその中間，それ以後は大人の行動に近づく．5歳以下の幼児の場合は，個々の刺激の強化の集積（S─R結合）の学習が行なわれているため逆転学習の成績が悪い．

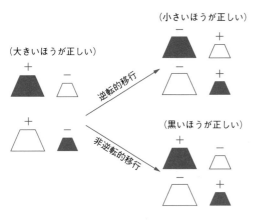

図 6-4 逆転学習（Kendler, 1961）
＋は強化刺激，－は無強化刺激．逆転的移行では，同じ大きさの次元の中で＋と－が入れ替わるだけなので，逆転学習は成人にとって容易である．非逆転移行では，それまでの大きさの次元を捨てて，明るさという別の次元を考慮しなければならない．逆転学習はネズミでは困難であり，ヒトでは年齢段階によって困難さはまちまちである．

しかし，発達が進むにつれて，「大きいのが正しい」「今度は小さいのが正しい」というように，概念にしたがってすぐ仮説を切り替えて応答するため，逆転学習の成績がよくなる．この実験は，一定の発達の段階に達すれば概念形成が容易になることを示唆している．

6.3.2—イメージ

(1) 情報の符号化

外界の情報を記憶の過程で貯蔵するためには，なんらかの心的操作が加えられて，頭の中で後に利用しやすい内部表現の形式である符号に置き換えることが必要である．符号には視覚的な属性，音声としての聴覚的な属性，意味的な属性などいくつかの型がある．記憶への貯蔵のために，情報をこのいずれかの型に当てはめることを符号化という．

視覚的な情報を符号化するには，視覚的符号への符号化と音韻的符号への符号化，さらに場合によっては触運動的符号への符号化（たとえば点字：トピック 5-28 参照）がある．一般に聴覚的情報は，音韻的符号化が行なわれる．

2組の2文字どうしが同じか違うかを判定させる実験では，"AA bb"は文字形が2つずつ一致するので視覚的な符号化が容易である．"Aa Bb"は音韻的な符号化（エイとエイ，ビーとビー）が必要になるので，"AA bb"よりも反応時間が長くなる．

(2) イメージ

眼前に刺激対象が存在しないときに，それが存在したときと類似した知覚体

験をすることをイメージ（心像）という．ただし対象が眼前に存在したときとイメージとでは，一般にその鮮明さの点で違いがある．ことばの習慣の違いにより，同じ対象がイヌとも dog とも呼ばれるように，対象とことばの結びつきは必然性がない（6.7.1 項参照）．しかしことばとイメージは密接な関係をもっていて，イヌと言われれば，おそらく人は自分のよく知っているあの動物の姿を思い浮かべるだろう．

一般に，言語符号化とイメージ符号化について行なわれた実験では，一連の単語を記憶させるときイメージを使うように教示すると，ことばだけの記憶に比べて再生の成績がよくなった．さらに具体語（たとえば "market"）のほうが抽象語（たとえば "soul"）より成績がよかったという．これらの実験をもとに，人間の知識は言語符号化とイメージ符号化の 2 種類の形式で符号化されて記憶されるという二重符号説が提案されている．ただし，インクのしみのでたらめな集まりのような絵（トピック 5-14 図 A 参照）は，絵の意味を知らなければ記憶しにくいが，隠れたイヌの存在に気づけば記憶が向上する．このようなことからアンダーソン（1980）は，命題（6.7.3 項(3)参照）としての意味の記憶を強調する立場から命題符号説を提唱している．

なお視覚的イメージの他に，運動的イメージや聴覚的イメージの働きも重要である．スポーツ選手は練習の際，たとえば鉄棒で回転したり，ひねりを加えて着地するときの身体感覚を含めた運動的なイメージを利用している（4.2.2 項参照）．作曲家モーツァルトが鮮明な聴覚イメージをもっていて，一度しか聴いたことのない曲を後で演奏できたこともよく知られている．

(3) 認知地図

トールマンら（1930）は，潜在学習の実験（トピック 4-7 参照）で，ネズミも迷路の認知地図をもつと指摘した．最近では，ヒトが環境の中で自分を位置づけるために認知地図を利用すること，それがしばしば印刷された地図の記憶から構成されていることが指摘されている．しかし熟知している交差点の角度を思い出させるとき，実際は鋭角や鈍角であっても多くの人は直角と答える．すなわち，実際の地図からのズレが生じる．ただし距離については，熟知した空間の中で 2 つの地点間を推定した距離は，物理的距離とほぼ比例するという．

(4) 心的回転

地図を渡されてはじめての土地を訪ねるとき，地図の北と行く先の方向とが

一致していればよいが，行く先が地図と逆の方向の場合には地図そのものを逆さにして見るだろう．訓練を積めば，頭の中で地図を回転させることも可能になる．このように頭に思い浮かべた視覚像を回転させて同一性を照合することを心的回転と呼ぶ．種々の図形や文字について心的に回転させる実験が行なわれた結果，一般に，イメージを一定の角速度で回転させているかのような傾向が示されている（トピック6-4）．

トピック 6-4　心的回転

　図のeとfは，三次元の空間内で回転させたとき，一致するだろうか（答え：どのように回転させても一致しない）．シェパードら（Shepard & Metzler, 1971）の実験によると，二次元の絵のまま（平面内）で回転する場合，すなわちaを心的に回転させてbと一致すると判断するまでに要する時間は，角度の差に対応して長くなっていく．これに対して絵の中に奥行きがあると考えて，立体的に前後に回転させるような場合，すなわちcとdを一致させるのに要する時間も，同じく角度の差に対応して長くなっていく．このように，回転角の差が大きくなるほど二つの図形（平面・立体図形）が一致するまでの時間は長くなる．人は頭に浮かべた平面・立体図を頭の中で回転させ，回転後の二つの図形が一致するか否かの判断を行なっているようである．それは心的回転がまるで実際の物体の回転と類似した操作であることを示唆する．こうした心的操作には，被験者が以前に物理的回転を見た経験が基礎になっているかもしれない．この心的回転のような三次元的空間把握能力は，通文化的に女性よりも男性が優れており，しかもこの性差はかなり幼少時から見られるという（一方，物体配置の記憶は女性のほうが優れている）．こうした性差は長い進化の過程で生じたと考えられている．

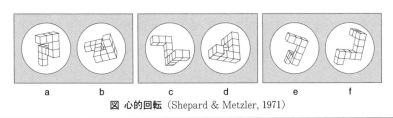

a　　　b　　　　c　　　d　　　　e　　　f

図 心的回転（Shepard & Metzler, 1971）

6.4―推論と発見

　人間の問題解決の過程については，種々の実験的研究，さらには問題解決の途中の言語報告（思ったことを声に出しながら考えるので発話思考と呼ばれ

る）によって，詳しく知ることができる．人間がいかに推理し，いかなる状況
で発見に至るかを追ってみよう．

6.4.1──推理の促進と妨害

(1) 習慣的な構え

　課題が与えられたとき，何度も用いてきたような解法を繰り返して用いると，
習慣的な構えができあがる．それよりもやさしい解法がある場合にも，従来の
解法を機械的に適用してしまうことが，実験によって確かめられている（表6-
1，図6-5）．いったん習慣的な構えができあがると，新たな解法を見つけるこ
とが妨げられる．その反面，日常生活においては，そのつどあらためて解法を
考える必要がないので，習慣的な構えは効率のよい方法とも考えられる．

表6-1 水差し問題（Luchins, 1942）

問題の番号		与えられた水差しの容積			求めるべき水の量
		a	b	c	d
練習問題	1	29	3	─	20
訓練問題	2	21	127	3	100
	3	14	163	25	99
	4	18	43	10	5
	5	9	42	6	21
	6	20	59	4	31
テスト問題	7	23	49	3	20
	8	15	39	3	18

　水の量の単位はクオート．1クオートは1.14リットル．問題5は "a+2c=
d" という別解があるので不適切．cを7，dを19と変更するのがよい．

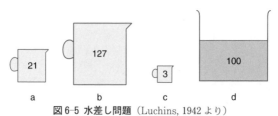

a　　　　　　b　　　　　　c　　　　　　d

図6-5 水差し問題（Luchins, 1942より）

「大きさの違う3つの水差しa，b，cを用いて，容器dに100クオートの水が残るよ
うに測るには，どうすればよいか？」（この図は訓練問題2を示す．練習問題1では
aとbの2つでdの水の量を測る）．
　答え：訓練問題2～6では，bで水をdに1杯汲み入れ，そこからaで1杯，cで2杯
捨てればよい．つまり公式 "b-a-2c=d" を用いる．テスト問題7，8はこれまでの
公式でも解けるが，"a-c=d" または "a+c=d" という簡単な解き方が隠されている
のに気づきにくい．従来用いてきた複雑な解法を機械的に適用してしまうからである．

図6-6 図形の組み立て問題（Kanizsa, 1975）
「6つの断片（台形2枚と三角形4枚）で，正方形を組み立てなさい．」

また，日常使っている道具にはその道具本来の使い方（機能）が決まっている．ときには「思いもよらない別の用途」に適用できる場面でも，従来の道具としてしか使えない場合が多い．たとえばペンチは針金切りの道具であるが，状況によっては金づちにも振り子のおもりにも役立てることができる．しかし，その場に直面したときにはこのことには気づきにくい（機能の固着）．

(2) 図形の構造特性

カニツァ（1975）は，図形のもつ**構造特性**（トピック5-11のプレグナンツの法則参照）が，形を組み合わせて大きな図形を構成する問題を解決する際，ときには妨害的に作用し，またときには促進的に作用することを，実験によって示した．大学生を被験者として「6つの断片で，正方形を組み立てなさい」という課題について，図6-6aのように無印の断片を与えたときは，被験者はなかなか完成に至らない．多くはbのアのように2枚の台形を安定した形に組み合わせやすく，そこで行き詰まってしまう．成功するためには，イのように不安定な形の組み合わせが必要であるが，いったんイの形ができてもすぐに崩してしまうというように，図形の構造がもつ特性が妨害的に作用するため失敗する．ところがcのように各片に赤い丸の断片が描かれている場合は成功する．赤い丸を組み立てるという図形の構造特性が促進的に作用したためである．

さらに一般的には，課題の構造特性の認知が解決に重要な役割を果たす．

(3) ヒントの効果

ドゥンカー（1935）は，数学の問題を解く際，どのようなヒントや例を与えたときに，それが有効に働くかを検討した（トピック6-5）．ヒントもただ与えればよいというものではなく，被験者にとってちょうどよい，核心を突いたヒントが有効であり，それが被験者におのずから正解に気づかせることになる．

トピック 6-5 13で割り切れる数の問題

　ドゥンカー（Duncker, 1935）は，大学生の被験者に，「276276, 591591, 112112のような6ケタの数が，13で割り切れるのはなぜか？（証明せよ）」という問題を与えた．その際，ヒントの与え方を変えると，正解者は括弧内のような割合となった．(a)「これらの数は1001で割り切れる」（59%），(b)「1001は13で割り切れる」（50%），(c)「公約数が13で割り切れれば，その数も13で割り切れる」（15%），(d)「数 N の約数が q で割り切れれば，N 自身も q で割り切れる」（14%），(e) ヒントなし（8%）．このように，(a) と (b) はヒントが解決の鍵になる1001に直接言及しているので有効であるが，(c) や (d) のような抽象的なヒントはあまり役に立たないことがわかる．さらに，(f) ヒントなしで実験例と同じ3つの数字の例を与えた場合の正解者は0%であった（(e) と (f) では被験者が違うため，正解者の割合に違いが生じた）が，(g)「276276, 277277, 278278のような6ケタの数が，……」という適切な例を与えた場合は，ヒントなしでも75%が正解を得た．(g) に正解者が多かったのは，ヒントなしでも，与えられた3つの例数の差がそれぞれ1001であることに，被験者が自然に気づいたからである．このように，適切な例の与え方が解決を促進することに注目しよう．

　［正解］これらの6ケタの数 N は，十進法で $abcabc$ の形をしている．すなわち $N=100000a+10000b+1000c+100a+10b+c=100100a+10010b+1001c=1001\times(100a+10b+c)$ と表わすことができる．ゆえに N は1001で割り切れる．ところで $1001=13\times77$ であるから，N 自身も13で割り切れる．

---

6. 4. 2──推論の方法

(1) 帰納法による推理

　個別の事例を集めて一般的な原理を引き出すような方法を帰納法と呼ぶ．日常ではしばしばこの論法で推理することが多いが，確率についての問題のときなど，常識にしたがった考え方をするため，誤りを犯しやすい．次のような問題を与えた実験によると，多くの被験者が誤りに陥る結果が得られた．

　(a)「k ではじまる英単語と3字目が k の英単語はどちらが多いか？」

　実際は後者が前者の3倍であるのに，「k ではじまるのが多い」と答えた．正しい比率を被験者が知らないために，自分の知っている単語をいくつか思い出して，たまたま思い出せた単語の数の比率から判断したのである．

(b)「硬貨を6回投げたとき表表表裏裏裏と出るのと表裏表裏裏表と出るの
とどちらが多いか？」

確率の性質によれば，表と裏の出る確率はともに 1/2 であり，過去の出方
は次の出方に影響しないので，「等しい」が正しい．しかし多くの被験者は後
者の出方が多いと答えた．前者のように表が続けて出るような規則的な出方よ
りも，表と裏が交互に出る後者のような出方が多いと思ったからである．

(2) 類推による推理

以前に解いたのと類似した問題を与えたときは，問題の本質に含まれる類似
性によって有効な類推による推理が働きやすい．

ドゥンカー（1935）による放射線問題（当時の医学的水準で考えている）で
は，「胃の手術ができない腫瘍（しゅよう）のある患者に，放射線を当てて腫瘍だけを取り
除きたいが，その周囲の健全な組織を破壊しないようにするにはどうすればよ
いか」とたずねた．被験者は発話思考によって「注射で健全な組織を保護して
おく」「患部を身体の表面に押し出す」「食道を通して管を入れる」などの不適
当な解を次々に述べて，ようやく「放射線が健全な組織を通るときは弱くして，
患部に届いたときは強くする」という推論に達した後，「レンズによって，健
全な組織を通るとき1本1本の線は弱いが，患部には強さが最大になるように
焦点を合わせればよい」という正解にたどりついた（次項のヒューリスティッ
クな推論を参照）．

また，放射線問題と解の本質が一致する要塞攻撃の問題（バラバラの兵も集
中させれば屈強（くっきょう）となる）を作り，先行する放射線問題を解決した経験の有無
による正解の達し方の違いを比較する実験によって，類推による推理が有効に
用いられることが確かめられた．

(3) 演繹法による推理

一般的な原理から個別の事例を推論するような方法を演繹法（えんえきほう）と呼ぶ．「冷害
なら不作になる」（p ならば q）という命題があるとき，その命題の逆「不作
なら冷害である」（q ならば p）や，裏「冷害でないなら不作にならない」（p
や q の否定を p̄ や q̄ と書くとき，p̄ ならば q̄）は成立するとは限らない．な
ぜならば冷害だけを不作の原因とすることはできない（他にも原因があるか
ら）．しかし，命題の対偶（たいぐう）「不作でないなら冷害でない」（q̄ ならば p̄）は常に
成立する．日常生活ではこのような演繹法による推理を，論理学など知らなく

ともごく自然に使っていて，正しい結論を導いている．しかし，形式的，抽象的な問題の形で提出されると誤りを犯しやすい（トピック6-6）．

トピック 6-6　4枚カード問題

ウェイソンら（Wason & Johnson-Laired, 1972）は，図Aの4枚のカードを大学生に見せ，「カードの片面にローマ字の母音があれば，裏面の数字は偶数である」と言い，この規則が正しいことを確認するためには，どのカードを調べればよいかをたずねた．母音であることをp，偶数であることをqで表わせば，「pならばq」と対偶の「q̄ならばp̄」を確かめればよいので，A（母音）と5（奇数）のカードの裏面を調べることが正解だが，大学生の正解率は10%に過ぎなかった．

図A 4枚カード問題（Wason & Johnson-Laired, 1972）

ジョンソン-レアードら（Johnson-Laird *et al.*, 1972）が問題を作り変えて，図Bのような手紙の絵を見せて，「手紙が密封ならば，開封より10円高い50円切手を貼らなければならない．この規則が守られているかどうか郵便局員の目でチェックしなさい」とたずねたときは，24人中20人が正解した．密封の手紙に50円が貼られているか（左から2番目），40円のは開封であるか（右端）を調べればよい．密封をp，50円切手をqとすれば，論理関係は4枚カードの問題と同じである．

図B 手紙の問題（Johnson-Laird *et al.*, 1972）

4枚カード問題の実験は，日常生活においては，論理学の対偶のような抽象レベルで考えていないことを示す．しかし手紙の問題のような具体的なレベルの問題の場合は，問題に即した正しい判断がなされる．

（4）後戻りを含む問題

問題解決の実験に，しばしばパズルのハノイの塔が用いられる．はじめ図6-7のように左の柱に3枚の円盤（小から順にa，b，cと名づける）が積んであ

る．このとき，①一度に1つの円盤が動かせる，②中の柱は作業場所として使える，③大の上に小を積んでもよいが，小の上に大を積んではならない，という3つの規則を守って「3枚の円盤を全部右の柱に積み直

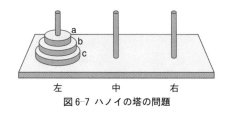

図6-7 ハノイの塔の問題

しなさい」と命じる．正解は，a右，b中，a中と動かせば，中にa，bが積まれて，大きいcが左から右の柱に移せるから，さらにa左，b右，a右と動かすのがよい．円盤が3枚の場合は，実際に円盤を動かさずに，頭の中でも解ける．しかし途中に，目標の方向に動かした円盤を元の位置に後戻りさせる段階を含む点に特色がある．円盤が5枚なら何度も後戻りが必要になり，実際に円盤を用いて動かさなければ解決は難しい．動かしている途中，いまどの段階にいるのか，果たして最後の目標に到達できるのかが，すぐにはわからない．

　賢い解き方に，たとえば5枚の場合一番底の円盤を動かすために，上4枚を中の柱に積むという中間目標の発見がある．これができれば，もう1つ下位の中間目標である上3枚のゆくえを考えることに進める．ハノイの塔に限らず，困難な課題を解くときは，いくつか容易な下位の目標を設定することによって，全体の課題を複数の下位の課題に分割することが適切な方法である．この課題もウィスコンシンカード分類テスト（トピック6-3参照）と同様に，前頭葉損傷患者のテストにしばしば用いられる．一般に患者は，後戻りして中間目標を設定し，最終目標に達するのが困難である．

　なおハノイの塔は，人工知能（トピック10-17参照）の研究の初期に，人間の問題解決のしかたを模倣するコンピュータ・プログラムとして試みられた．プログラムは最終目標をいくつかの中間目標に分割するように構成される．人と対戦するチェス（西洋将棋）のプログラムは，1段階ごとにあらゆる可能な指し手（何億・何兆もある）の短時間の評価計算と，過去の有効な指し手のすべての記憶から作られている．ただし，このような機械による思考様式は，人間の思考の様式をどこまで模倣しているのか疑問が残る．

6.4.3—発見の様相

　発見の様相についてのワラス（1926）の4段階説は，常識的ながら便利であ

る．①準備期：環境から情報を収集し，予備的解決を試みる．②孵卵（あたた
め）期：集めた情報を相互に操作し，過去経験と照合し，適切な解決策を模索
する（ときには当面の問題から離れているとき，たとえば睡眠の後，散歩の際
などに発見が生じるので，無意識の働きを強調する人もある）．③啓示（ひら
めき）期：突然に解決が発見される．洞察が生じ，「わかった！」などの叫び
が発せられる．④検証期：解決の妥当性を吟味し，確認する（トピック6-7）．

　トピック6-7に登場するギリシア語 heureka の原形 heuriskein から，英語
の heuristic（発見学的）ということばが作られた．理詰めに解いていけば必
ず正解に達する手続きにしたがうアルゴリズムの推論に対比して，ヒューリス
ティックな推論は，うまくいく保証はなくとも経験則を用いる，ほんの思いつ
きでも重視する，山をかけて正解を予想するなど，どんなことでも試みる推論
のしかたを指す．たとえば，前述の放射線問題を与えられた被験者が次々に思
いついた不適当な解は，ヒューリスティックな推論の例であるが，それら不適
当な解を1つ1つ排除することによって，正解にたどりつくことができた．

トピック 6-7　　アルキメデスの発見

　ワラス（Wallas, 1926）の4段階説の実例として，古代の有名な話を取り上げる．
①準備期：アルキメデス（B. C. 3世紀）は王から，「贋物の疑いのある金の土冠を
壊さずに，純金か，銀の混ぜ物があるか鑑別せよ」という難問を与えられた．王冠
を割ってみれば真贋は確かめられるが，「王冠を壊さずに」という条件が問題を困
難にしている．彼は考えられる限りの情報を集めたであろう．②孵卵期：彼はあれ
これと思いをめぐらしていた．たまたま浴場に出かけ，浴槽につかったとき，水が
溢れ出ることに気づいた．③啓示期：この瞬間に彼は，これこそ問題を解明す
る理を示すと悟り，「heureka！（見つけた）」の叫びを発し，裸で家に向かったと
言われる．④検証期：彼は，一定の水量を入れた容器に同じ目方の金塊，王冠，銀
塊を沈めたとき，溢れる水の量は王冠の場合，金と銀の中間にあることから，王冠
が純金でないことを証明した（図）．②の段階で，当面の問題に集中する状態から
一時離れ，気ばらしのため浴場に行ったことが発見につながった点に注目したい．

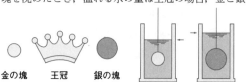

金の塊　　王冠　　銀の塊
　　　　（同じ目方）　　　金を沈める　銀を沈める

図　アルキメデスの王冠問題

6.5—非言語的コミュニケーション

　言語には，先に述べたように思考の道具や自己調整としての働きもあるが，より基本的な働きは，お互いに意思を伝達する道具，すなわち個体間のコミュニケーションの道具としての働きである．ヒト以外の動物はもちろん，ヒトも意図的にあるいは非意図的に，言語以外のいろいろな手段を用いて，相互の意思伝達のためのコミュニケーションを行なっている（トピック6-8）．動物行動学（比較行動学：ethology, 10.6.3項参照）は，種々の動物種のこうした非言語的コミュニケーション行動の様相を明らかにしている．

> **トピック 6-8　　コミュニケーション行動の機能**
>
> 　コミュニケーション行動の働きは，(1) 相手に情報の伝達を行なうことである．しかしそれだけではなく，ヒトは，(2) コミュニケーション行動を通して，相手に情動の喚起（興奮）を引き起こさせる．これは，状況によって，①相手に情動的共感を引き起こし，心理的場の共有をもたらすポジティブな面と，②逆に威嚇・驚愕の信号のように，自己および相手に逃避・回避や攻撃など拒否を生じさせるネガティブな面とがある．(3) コミュニケーション行動を通して，相手の行動を制御しようとする．この3つの機能は相互に深い関連をもつ．情報伝達のためのコミュニケーション行動は情動的共感や行動制御の機能をもちうるし，また情動的共感や行動制御のためのコミュニケーション行動もそれぞれ他の機能をもちうる（図A）．
>
> 　新生児は，他の事物よりもヒトの顔をより多く注視したり追視したりする．同時に，向き合っている大人の顔の動きを模倣する．この新生児の模倣行動はまた，情動的共感の機能をもつコミュニケーション行動でもある．図Bはこの新生児模倣

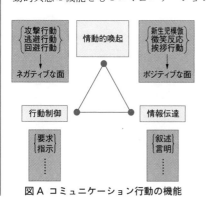

図A コミュニケーション行動の機能

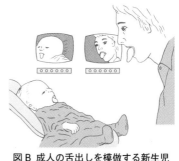

図B 成人の舌出しを模倣する新生児
(*Time*, 1983, Aug. 15 を改変)

（共鳴動作ともいう）の例で，新生児に向かって大人が舌を突き出す／口を開ける
などをすると，新生児はそれと同じ動作を行なう．この新生児の反応によって，大
人は新生児に対して情動的共感をもつことになる．

6.5.1─非言語的コミュニケーション行動

　動物たちは，それぞれの種に固有の手段を利用してコミュニケーション行動
を行なっている．トピック2-1で述べたトゲウオの求愛行動もその1つの例で
ある．信号の発信には，身体全体の運動から，視線や発声器官，ならびに四肢
やその他の身体部分の運動，体色変化，フェロモン（動物の体内で作られ，同
種の他個体の行動に影響する化学的物質）の分泌など，さまざまな手段がとら
れている．こうしたさまざまな発信方法に対応して，受信には，化学信号に対
する嗅覚，トリのさえずりやヒトの音声言語に対する聴覚，身ぶりや体色変化
に対する視覚，身体的接触に対する触覚など，あらゆる感覚系が利用されてい
る．これらの信号を受け取る感覚系のチャネルの特性と行動を示すと表6-2，
図6-8のようになる．

　このような言語によらない非言語的コミュニケーション行動は，「目は口ほ
どにものを言い」といったことわざが示すように，言語に劣らず，ヒトの生活，
とくに「対ひと」関係の維持に大きな役割を果たしている．会話の最中に行な
う身ぶりや表情，顔色の変化，視線の動きなどの非言語的コミュニケーション
行動は，言語的コミュニケーション行動を補い，意思伝達の機能を下から支え
ているばかりではない．ときには，言語によるコミュニケーションよりも重要
かつ効果的な情報を相手に伝え，対人関係に影響を及ぼしている（2.2.2項の

表 6-2 信号のチャネルとその特性（Alcock, 1989）

	信号のチャネル			
	化学的	聴覚的	視覚的	触覚的
伝達距離	長い	長い	中程度	至近
伝達速度	遅い	速い	速い	速い
夜間の利用	適	適	不適	適
発信者への定位	困難	容易	容易	容易
発信者の信号産出エネルギーコスト	小	大	小～中	小

　なお聴覚チャネルによるコミュニケーションでは，視覚チャネルのコミュニケ
ーションに比べて，①受信者が発信源へ感覚器官を方向づけている必要がない
こと，②途中の遮蔽物による妨害をそれほど受けないこと，などの利点がある．

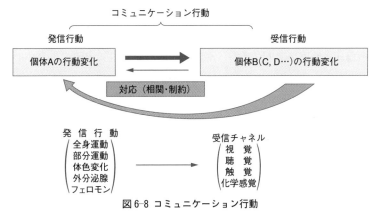

図 6-8 コミュニケーション行動

個体 A のなんらかの行動変化に対応して個体 B（ないし個体 C, D, …）になんらか
の行動変化が生じた場合，両者の間にコミュニケーション関係が成立していることに
なる．一般に，コミュニケーション行動では，個体 A の発信行動に対して個体 B は
うなずく，視線を向けるなど，なんらかの応答を行なう（左向きの細い矢印）．個体
B が十分な応答を行なわない場合には，個体 A は，個体 B に生じた行動変化を読み
取って，発信行動の調整を行なう．さらに個体 B は個体 A に対して新たに発信（ア
ミかけの太い矢印）を行ない，相互のコミュニケーション行動が展開していく．

挨拶行動を参照）．とくにそれは，まだことばをもたない乳児と母親ないし養
育者との関係の維持・発展には，欠かすことのできない意味をもっている．

6.5.2──前言語的コミュニケーション行動

　ことばを話せない乳児と母親や養育者（以下，母親という言葉で父親や養育
者を代表させる）とのあいだには，言語以外の手段によるコミュニケーション
のウエイトが大きい．このような言語獲得以前の非言語的手段によるコミュニ
ケーション行動を，とくに前言語的コミュニケーションという．生育初期の乳
児と母親とのあいだのこうしたコミュニケーション行動は，反射的・本能的な
色彩が強い．乳児は，自分の一定の内的状態や一定の外的刺激に対応して，泣
く，身体を動かすなどの種々の反応を反射的に起こす．母親は，発声，四肢・
身体の運動，表情変化，視線の動きなどの乳児の行動に誘発されて，半ば強制
的に，乳児に対するいろいろな養育行動を行なう．このような母親の養育行動
は，いわば「乳児によって誘発された」社会行動である（7.3.1項参照）．

　乳児の，そしてもちろん親側のコミュニケーション行動は，いつまでもこう
した反射的・本能的段階に留まっているわけではなく，その基礎の上に，さら

に多様なコミュニケーション行動を含んだ相互作用が展開していく．すなわち，乳児：母親に視線を向ける——母親：呼びかけて顔を差し出す——乳児：微笑む——母親：乳児を抱き上げる……というように，お互いのやりとりが次々に発展していく．このようなやりとりの行動が反復されるにしたがって，それぞれの行動は，お互いに条件性の予報的信号や約束的信号（2.3.1項，2.3.2項参照）となって，母子間のコミュニケーション関係が発達していく．言語的コミュニケーション行動は，このような前言語的コミュニケーションとしての母子相互作用を基礎にして形成されるのである．

6.6——言語的コミュニケーション行動の形成

6.6.1——音声コミュニケーション行動の発達

前言語的コミュニケーション行動を母子間で行なう際には，母親は，乳児がことばを理解しているか否かにかかわらず，ことばで話しかけたり，子守り歌を歌ってやったりすることが多い．こうした母親の言語的な働きかけによって，乳児の音声言語の発達が促される．

生後数ヵ月までは，泣き声を上げる（啼泣）だけで，整った形の音声は見られない．やがて乳児は，機嫌のよいときなどクーイング（cooing）と呼ばれる柔らかな発声を行なうようになる．生後2，3ヵ月頃になると，音声の高さや長さを変化させたり，また顎や舌などの構音（調音）器官を動かして[e][a][o]のような音を発声しそれを聞くことを繰り返す，といった「音の遊び」と言われる喃語が始まる．喃語は，はじめ少数の1音節であるが，生後6～8ヵ月頃になると，たとえば，[mammammam]といったような，複雑な子音を交えた多音節の音の反復喃語となる（表6-3）．喃語は，耳の聞こえない聾児でも生じるが，やがて消失する．喃語期には日本語の音韻体系の中には通常見られないようなさまざまな発声が見られるが，母親その他周囲の人との音声的なやりとりを通し

表 6-3 音声言語行動の発達経過

行動変化	開始年齢*
泣く（啼泣）	誕　生
クークーのどを鳴らす	6　週
片言（喃語）をいう	6ヵ月
イントネーション・パターン	8ヵ月
1語発話	1　歳
2語発話	1½歳
語形変化	2　歳
疑問，否定	2¼歳
めずらしい，あるいは複雑な構文	5　歳
完成した言語	10　歳

＊発達には著しい個体差があり，年齢はおおよその目安に過ぎない．

て，やがて特定の言語環境・音韻環境（母国語）のもっている音韻体系に同化していき（トピック5-22参照），コミュニケーションの道具として働きだす．普通は生後1歳前後からことばを習得し始める．1歳半頃になると1語発話（マンマなど）ないし2語発話の音声言語によるコミュニケーション行動が始まり，3歳頃には，日常の会話がほぼ可能となってくる．

　しかし子どもは，ことばを話す人と接する状況に置かれないと，話せるようにはならないし，一定の段階の成熟に達しなければことばの学習はできない．話しことばの学習にとっての適切な時期は，年齢的に限られている．ことばにほとんど接しない状況に10年ほど置かれたままになると，ことばの完全な習得は著しく困難になる（トピック6-9）．ことばの習得は，長期間にわたり段階的に順を追って行なわれてはじめて可能になるのである．

トピック 6-9　　ことばのない環境で育つ

　社会的に隔離され，ほとんどことばに接することなしに放置されてきた子どもたちの記録が，いままでにいくつかある．1799年フランス，アヴェロンの森で見出されたアヴェロンの野生児，1920年インド，ミドナプールで狼に育てられたとされる2人の少女などがその例である．これらの子どもたちは，十分な言語発達が見られなかったという．前者についての医師イタール（Itard, 1801, 1807）による記録は，当時のフランス政府に対する報告書を含み，信頼するに足る資料である．

　こうした痛ましい事例は，20世紀になってもときおり報告され，言語発達に関心のある言語学者，心理学者，神経科学者たちの注目を集め，言語獲得のための働きかけがなされている．その1つは，1970年アメリカで，13歳半ほどで保護されたジーニーという少女である（Curtiss, 1977）．ジーニーは，小さな薄暗い部屋に押し込められ，幼児用椅子にくくりつけられて放置されたままで過ごしていたという．ジーニーは父親の怒鳴り声以外はことばを聞くことがほとんどなく，彼女が受ける聴覚刺激は，時たま耳に入るいくつかの雑音だけだった．救出時には，発達の遅れが著しく，固形食物を噛んだり飲み込んだりできず，まっすぐ立つこともできなかった．ことばは2, 3語の理解は可能であったが，声を出すことはできなかった．救出後5年間で，行動の面でもことばの理解の面でも急速に発達を遂げたが，言語発達の仕方はアンバランスで，語彙の理解に比べて自発的な発話が乏しく，とくに時制や能動・受動の区別などについての文法的な能力が劣っていたという．

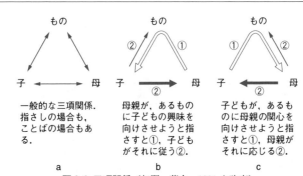

図6-9 三項関係（矢野・落合，1991を改変）
a 一般的な三項関係，b 母親からの能動的働きかけ，c 子どもからの能動的働きかけ．

6.6.2—音声コミュニケーション行動と身ぶりコミュニケーション行動

　音声コミュニケーション行動は，それだけが孤立して発達していくわけではない．生後まもなく，頭の上に手を挙げるといったような手・腕の運動が，舌や唇の構音運動と一緒に出現する．このことは，音声コミュニケーション行動と手・腕の運動による身ぶりコミュニケーション行動とが密接に関連し，1つのシステムを形成していることを示している．

　生後7,8ヵ月頃になると，手を前に出して抱っこをせがんだりして，手・腕の運動が身ぶりとしてコミュニケーション行動の機能をもちはじめる．指さしの行動は，はじめは，単にほしいもの，めずらしいものに手を伸ばすといった行動に過ぎなかったのが，12ヵ月頃になると，対象に手を伸ばす際に，対象から目をそらして傍らの大人に視線を向け，取ってほしいことを大人に訴えたり，対象の存在を知らせたりするような働きに変わる．

　こうした指さしの動作は，母子間のコミュニケーションの輪の中に「自己—事物—他人」を含んだいわゆる三項関係を成立させ，意図的なコミュニケーション行動としての機能をもつようになる（図6-9）．

　さらに1歳半頃になれば，子どもは，鼻のところに指をもっていく，顔の前で腕をブラブラさせるなどの動作によって象を表わすというように，自前の身ぶりを使っていろいろな事物を描写して他人に伝えようとする．こうした身ぶりは，通常，音声コミュニケーションによる発話に先立って出現することが多い．このような身ぶりコミュニケーションの発達は，母親ないし養育者との相互のやりとりによって形成される．

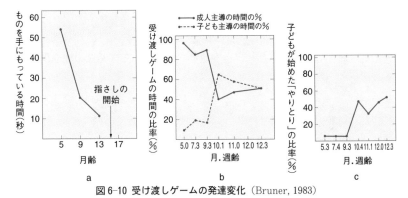

図 6-10 受け渡しゲームの発達変化（Bruner, 1983）
一般に子どもは発達につれて，a：相手の「ちょうだい」のサインに応じてすぐ渡す
ようになる．b：それとともに，「やりとり」の受け渡しゲームを受動的でなく相手
と相互的な関係で進めるようになり，c：自分からゲームをはじめる比率も高まる．

6.6.3—「対ひと」関係と「対もの」関係

コミュニケーション行動は，三項関係として説明したように，乳児と周囲の
人とのいわば「対ひと」関係だけで発達していくわけではない．それは，乳児
の「対もの」関係と相互に支え合って展開していく．

母親は，乳児が退屈そうにしていれば，呼びかけながらガラガラなど振った
りして，乳児の外界への働きかけを促進させる．乳児の外界への働きかけが過
度になって，"いたずら"が激しくなると，それを禁止するか，他の対象に関
心を向けさせる働きかけをして，乳児の「対もの」関係を調整しようとする
（6.2.1項参照）．一方，子どもは，ことばを使わなくても，「もの」を介して
のやりとりによって，「対ひと」関係を促進しようとする．すなわち子どもは
親しい相手，接触したい相手に，自分にとって興味ある対象の存在を知らせた
り提示したりして，相手と注意の共有をしようとする．さらに子どもは，親し
い相手，接触したい相手に好ましい対象，好ましい「もの」を分配したりする．
このような行動は，やがて，「もの」の「やりとり」の受け渡しゲームとして
周囲の人々とのあいだに頻繁に行なわれるようになる．図6-10に見るように，
はじめは渡された「もの」をそのまま自分のものとして抱え込んでしまうが，
やがて「ちょうだい」のことば，身ぶりに応えて「もの」を渡すようになり，
そして自分から受け渡しゲームを好んではじめる．この受け渡しゲームは，事
物のやりとりの形をとった一種のコミュニケーション行動のシミュレーション

であり，コミュニケーション行動の発達にとって重要な意味をもつ．

　以上のような過程を通して，「自己と他者」の関係や「自己と対象」の関係の分化から進んで，前述した「自己─他者─対象」の三項関係の成立が促されるようになる．

6.6.4─外言と内言

　ピアジェ（1923）は幼児が集団の中で発する自発的なことばを分析し，5，6歳児までは，相手の存在を無視したり，聞き手の存在を考慮しないでひとりごとを発語（自己中心語）したりすることが多いが，7，8歳以後になると聞き手を意識し働きかけるような発語，社会的言語（たとえば報告，批評，命令など）が優勢になることを見出した．このことから彼は，5，6歳までは自己中心性（6.2.2項参照）の特徴をもっているが，発達するにつれてその自己中心性を克服して社会化された思考様式を身につけるようになる，と主張した．しかし一般に，自己中心語は 50％ を超えることがないし，4歳児まではごくわずかしか現われない．ヴィゴツキー（1934）の実験によると，①ことばの通じない外国の子どもたちの中に 1 人だけで置いておいたり，部屋の外で大きな音を立てたりすると，こうしたひとりごとは著しく減少する．②子どもに難しい課題を与えたり，絵を描いている最中に必要な色鉛筆を隠すなどして妨害条件を設けたりすると，今度は，課題を行ないながらひとりごとを言うようになる．

　これらのことから，子どものひとりごとは，①周りの仲間が聞いて理解することを期待して発せられている，と考えられる．また②課題の解決に当たって子どもは，ことばの助けを借りて思考過程を推し進めて解決の糸口を見出そうとしている，と言ってよいだろう．つまり，ことばはまず，他人とのコミュニケーションの道具として，すなわち外言として出発するが，やがて思考の道具として内在化して内言としての働きをもつようになってくる．子どもにしばしば見られるひとりごとは，外言の働きをもったことばが，内言へと移行する過渡期に出現する．それは，外言の形をとっているが，その働きは内言である．

　子どもは言語能力の発達につれて，意思伝達の道具として言語を使用して個体間コミュニケーションを行なうだけではない．個体内部でやりとりするなどの個体内コミュニケーションを行なうことによって，言語を用いて外界の事物・事象を代表させ，それを内的に保持したり操作したりして問題解決を行な

うとともに，自己の行動の意図的な制御・調整（自己調整機能）を行なうこと
ができるようになる（2.5.1項参照）．

6.7──言語の特性

　ヒトの意思の伝達には，話しことば（音声言語）が中心的な役割を果たして
いる．書きことば（書記言語）や点字（トピック5-28参照），指文字などの記
号を用いたことばは，重要な言語的コミュニケーションの手段であるが，それ
らは話しことばのもつ特性を基本として作られている．ヒトの用いる言語は，
音声言語を基礎としたいくつかの基本的な特性をもっている．

6.7.1──言語の特徴

　ヒトの操る言語は，(1)単位記号（語）の数が，他の動物のコミュニケーショ
ン行動で用いられる信号の単位数に比べて，はるかに多い．そのため，ヒト
は言語的なコミュニケーションに際して，数多くの事物・事象に対応する適切
なメッセージを送り出すことができる．(2)その場その場の状況の変化に応じ
て，われわれは新しいメッセージを他人に伝える必要に迫られる．ヒトがコミ
ュニケーション場面で生み出すメッセージの数は，まさに無限である．しかし，
それらの状況変化に応じてそのつど新しい単位記号を作り出すならば，その数
は膨大となって，われわれの処理能力をはるかに超えてしまう．ヒトの言語の
単位記号の数は，膨大ではあるが（大辞典の語の数を数えてみよう），次のよ
うなやり方でその数を一定の限度内に留めている．①単位記号を一定のルール
（文法／統語法）にしたがって組み合わせて構造化することによって，文とし
て新しいメッセージを作り出す．同じ単位記号からまったく意味の異なるメッ
セージを作り上げる（「男の子が女の子をぶった」「女の子が男の子をぶった」）．
②さらに言語は，単位記号（語／形態素）自体も一定の構成要素（音／音素）
の組み合わせによって合成されている．そのため，状況の変化に応じて構成要
素の一部を変形したり（たとえば格変化），新しい状況の出現に即応したりし
て既存の構成要素を組み合わせて新たに単位記号を作り出すことができる（造
語）．したがってヒトの言語は，一定数の音（音素）が組み合わさって特定の
語（形態素）が作り出され，さらに一定のルールに基づいて語と語が関係づけ
られて文を構成する，というように多重の分節をもった階層的な構造をもって

いる．また，(3)単位となる記号（語）とそれが指し示す事物・事象との関係は，擬音語・擬態語（「ワンワン」「ブラブラ」などの語）を除いて，一般に恣意的である．たとえば日本語で「イヌ」，英語で「dog」と呼ぶのはそれぞれの言語におけるいわば〈勝手な〉約束ごとである．そのため，特定の場面，特定の状況に縛られることがない．したがって，一般化，抽象化した形で，情報のやりとりができるようになるのである．

　以上のような特徴をもった言語を霊長類，とくにチンパンジーに習得させようとする試みが，手話を使った研究や視覚的な図形記号（レキシグラム）を用いた研究など，いくつか行なわれている（トピック1–3参照）．この場合，かなり多くの単位記号を習得し，また統語的理解も可能なことが示されている．こうした研究とヒトの言語習得過程や言語行動とを比較することによって，言語の発生のメカニズムについての示唆を得ることが期待される．

6.7.2──文の構造と生成

　先に述べたように，ヒトの用いる言語は，特定数の構成要素の合成によって単位記号が形作られ，さらにそれらの有限個の単位記号の記号列が一定のルールによって配列されて無限個の文が作り出される．

　この場合，その記号の配列は，ただ1列に並べられた記号列の連鎖ではなく，特定の構造をもっている．したがって，メッセージの意味内容は，記号列の表面上の結びつきを系列に沿って分析するだけでははっきり決められない．「かわいいネックレスを着けた女の子」だけでは，(1)「かわいい女の子がネックレスを着けている」のか，(2)「かわいいネックレスを女の子が着けている」のか，はっきりしない（図6–11）．このようなメッセージの意味内容を規定しているのは，文としての記号列の表面的な構造（表層構造）の底にあって，それを支えている内部的な，階層をなしている構造（深層構造）なのである．文

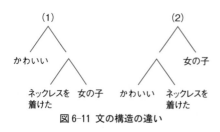

図6-11 文の構造の違い

としての記号列を受け取る場合には，このような内部的な構造を見抜いて，与えられた記号列を解読することが必要になる．一方，文を産出する場合も，こうした内部構造に支えられて文が生成される．通常の日常会話

では，前述の例のように多義的な文であっても，内部構造への手がかりが話し手の話し方やそのときの文脈から与えられている．そのため，相互に誤解することが少ない．しかし，ときには話し手の多義的な文の記号列を，話し手と異なった内部構造として聞き手が解読してしまい，混乱や誤解を招いたりする．

　幼児は，言語習得の過程で，母国語の文についての構造化のルール（統語法）を獲得する．そしてはじめて接する文が，文法的に正しいかどうか，ただちに判断できるようになってくる．言語学者のチョムスキー（1957）は，われわれ人間には，特定の言語環境に曝されると，その中から母国語の文の構造化ルールを見出し，かつそれを生み出す能力（言語獲得装置）が，生得的に備えられている，としている．このような能力は，人類の長い進化の道程の中で獲得されたものなのかもしれない．しかし，それが働きはじめるには，多くの経験と学習とが必要である．

6.7.3─文の理解

(1) スキーマ

　バートレット（1932）は，記憶した材料（絵または文章）を再生し，その結果を次の人に見せるという方法でリレー式に再生させたところ，脱落や合理化，なじみ深い方向への変化など，再生が一定の方向に変化することを見出した（図6-12）．彼はこの結果を説明するため，過去の経験を能動的に体制化する働きを意味するものとして図式の概念を導いた．

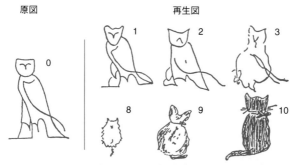

図6-12 リレー式再生による絵の変容（Bartlett, 1932）
原図0はエジプトの絵文字フクロウであるが，リレー式に次々に再生させていくと，絵は変容していき（1, 2, …, 9），ついに10番目には，この実験の被験者である英国人にとってなじみ深いネコに変わった．

図6-13 言語による分類のちがい（Whorf, 1956）
aに見るように英語では「空を飛ぶ機械, 空を飛ぶ生きもの, 空を飛ぶ人」の3語を区別するが, ホピ語では"MASA'YTAKA"の1語で呼び, 逆にbのような雪の3つの状態に対応してエスキモー語では3語で区別するものを, 英語では"snow"の1語で呼ぶ.

　文化人類学者のサピアとウォーフによる言語相対仮説（サピア-ウォーフ仮説）は, 周囲の現象を認知するとき, その民族の言語体系のもつ固有の分類に引き寄せてしまうことを強調した（図6-13）. 日本語の「兄」と「弟」は英語の"brother"の1語に対応し,「歩く」は"walk"に対応するが,「走る」は速さによって"jog""run""sprint"の3語に分かれる. これは, 両国民の人間関係や動作のとらえ方の違いと考えられる. 実験を含む研究によると, 言語相対仮説はある程度まで成立する. これも, 言語の備えている図式の違いと考えることができる.

　図式またはスキーマとは, ある集団, ある民族に共通な, 過去に蓄積された知識の集合であり, 新奇な情報を取り入れるとき, それを従来の見方・考え方に引き寄せてしまう働き, ということができる. その後, 図式やスキーマ概念が新たな立場で取り上げられて, 台本＝スクリプト, 枠組み＝フレームなど, 文脈効果と関連した概念として提出されている（トピック6-10）.

トピック6-10　スキーマ, スクリプト, フレーム

　（1）次の文章を暗記しなさい.（実験の種明かしは下欄）
「手続きはまったく簡単だ. まず, ものをいくつかの山に分ける. もちろん量にもよるが, 一山でもよい. 設備がないためよそに行くなら, それが次の段階だし, さもなければ準備ができたと言える. 大切なのは, やりすぎないことだ. 多すぎるよりは, 少なすぎるほうがましだ. この注意はいまはわからなくても, 守らないとすぐ面倒なことになるし, 高いものにつく. 最初この作業は複雑に見えるかもしれ

ないが，すぐ生活の一部になってしまう．近々作業は必要がなくなるかもしれない
が，誰も予想などできない．手続きがすべて終わると，また山分けして整理する．
それを決まった場所にしまう．それは再び使用され，再び同じことが繰り返される．
とにかくそれは生活の一部なのだ.」

　ブランスフォードら（Bransford & Johnson, 1973）は，文の再認実験において，
われわれが与えられた文を理解する際，もち合わせの知識（スキーマ）を利用して
すばやく情報を補足することが，大きな役割を果たすことを見出した．

　(2) シャンクら（Schank & Abelson, 1977）は，日常的に決まりきった行動や
出来事の系列についての知識を，台本（スクリプト）と名づけた．文章を作り，こ
れを再生させる実験をした結果，実験者が意図的に省略しておいた行動も被験者は
復元して再生することがわかった．

　(3) ミンスキー（Minsky, 1975）は，人間が3次元世界を見て，たとえば見え
ない机の脚を補って「見る」こと，一部しか見えない品物を具体的な「椅子」とし
て理解するときの，知識を利用した認知過程を，コンピュータの画像処理になぞら
えて，人間には理解のための枠組み（フレーム）が備わっていると考えた．

　以上に提示したこれら3つの概念は類似しており，文脈効果とも考えられる．

＊(1) の種明かし　この文章の題目は「洗濯」である．洗濯の経験がある人も，そ
　　のことに気がつかなければ，この文章を読んでも，なんのことかわからない
　　ため，記憶は困難である．あらかじめ「洗濯の文章である」と知らされれば，
　　理解しやすい．また，はるかによく記憶できる．

（2）生成文法

　生成文法とは，特定の言語の文法的な文をすべて生成（生み出す）し，非文
法的な文を生成しないしくみをもつような文法をさす．文の理解に関する研究
は，かつては一種の連合による学習とされていたが，チョムスキー（1957）以
来大きく変わった．彼は，人間には生得的に文法を発生させる装置，すなわち
言語獲得装置（language acquisition device : LAD）が備わっているものと仮
定した．LAD は聞いた会話文や発話の内容から文法を抽出する装置である．
子どもは多くの大人の会話文に曝されているが，それらの文を羅列したまま暗
記するのではなく，生まれつき備わっている LAD によって，聞いた会話文か
ら文法を抽出して，さらにこれを内的に文法に合った形式として産出する．し
かし LAD も，成長につれてひとりでに動き出すものではない．それが作動し

はじめるためには，ブルナー（1983）が述べた**言語獲得支持システム**（language acquisition support system : LASS）の働きも必要である．すなわちLAD は，母と乳児との相互作用の中から，また乳児と環境とのやりとりを通じて，はじめて働き出す．このような言語獲得の前提となる母子の相互作用の形式をブルナーは LASS と呼んでいる．

(3) 命題による表現

文の意味を理解するためには，いろいろな知識を利用して推論を行なう．意味の基本単位を命題という．命題によって表現すれば，文の表現形式（能動形，受動形など）は違ってもその文のもつ意味をとらえることができる．たとえば「花子は太郎に本を与えた」「太郎は花子から本を与えられた」「本は花子から太郎に与えられた」の3つの文の表現は違うが，花子が（主格），太郎に（対象者），本を（対象），与えた（動詞）という命題の内容に変わりはない．

なお，構造化され，組織化された情報すなわち知識には，アンダーソン（1980）によると，「ものごとはこういうことである」という型の宣言的知識と，「このためにはこうすればよい」という型の手続き的知識があるという（4.4.1項参照）．

6.8──脳損傷と高次機能の障害

人間の脳が損傷を受けると，思考や言語などの高次機能にもさまざまな形で障害が起こる（トピック 6-11）．脳の損傷によって全般的な知能が低下する場合もあるが，損傷部位によっては特定の機能のみが選択的に障害されることも多い．そうした脳損傷例のうち，ここでは失語症と失行症（行為についての障害）について述べることにしよう．

トピック 6-11　芸術的才能に及ぼす脳損傷の影響：画家の場合

芸術的才能は，特定の人物だけが持つ特異な高次機能に相当するが，そうした高次機能が，脳損傷によってどのような影響を受けるかを知る手がかりとなる事例が，何例か報告されている（Zaidel, 2005; 河内，2008, 2011）．

脳に損傷が生じた画家は，発症後も強い創作意欲を保持していることが多い．利き手に麻痺が生じることもあるが，逆の手で描くことを学習した後は精力的に創作している例が多い．描く技能自体は保たれていることが多いが，絵のスタイルが変

化する場合がある．発症前は写実的な風景画を好んで描いていた画家が，発症後は
幻想的な内容の絵を描き，高く評価された例もある．逆に，発症前は詩的な表現が
評価されていた画家が，発症後は具体的で写実的な表現へと変化した例もある．描
き方自体が変化する場合もあり，発症前は肖像画を連続した太い線で力強く描いて
いたのが，発症後は細い切れ切れの線で描くようになった例が報告されている．

　左半球損傷では失語症が起こることが多いが，重度の失語症でも絵画の創作能力
は保たれていることが多く，ほとんど話せない自分と，衰えを示さない創作能力を
示す自分との対比に，患者自身が驚嘆を示した例もある．こうした事実は，言語機
能の脳内基盤と絵画創作機能の脳内基盤が相互に独立していることを示す．

　右半球損傷で左半側空間無視（5.2.9項(7)参照）が生じた場合は，その影響が作
品に明瞭に表れ，左側が欠如した作品を描き，回復につれて左側の描かれる部分が
多くなっていく．かなり回復した段階での自画像などでは，左側が描かれていても
顔の輪郭の左側に歪みが見られることがあるが，それはデッサンや素描に限られる．
これは，水彩画や油絵では，描く時間が長いので，知覚の歪みを補正することがで
きるためと解釈されている．特異な例としては，回復過程に描かれた花の絵で，花
瓶も花も輪郭は左側が完全に描かれているのに，色は右側だけ塗られて左側が塗ら
れていない作品がある（図）．これは，ものの空間と色の空間とが，脳内では互い
に異なる機構によって処理されているため，と見ることができる．

　以上述べてきたように，脳の損傷が画家
の創作活動に与える影響はさまざまである
が，発症後も描く技能が保たれている例が
多い．この事実は，先天的に付与されてい
た固有の技能が発症前の創作活動によって
強化され，脳内の広範な領域に及ぶネット
ワークの中に強く表現されているため，脳
の損傷の影響を受けにくくなっていること
によると解釈できるだろう．

**図　左半側空間無視の画家が描いた花
の絵**（Blanke *et al.*, 2003）

6.8.1—失語症と言語野

　失語症は，それまで自由に使いこなしていた言語が，脳の損傷によって使え
なくなった状態を指す．言語の障害は，声が出ない，舌や口が自由に動かない，
耳がよく聞こえない，意識のレベルや知能が低下したために会話ができない，
などでも生じる．ところが失語症は脳における言語機能自体の障害である．失
語症は，1861年のブローカによる発見以来，大脳皮質の特定の部位の損傷に

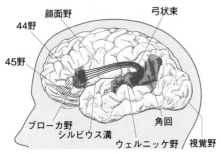

図 6-14 言語野（Geschwind, 1972 を改変）
44 野，45 野はブロードマンの分類（図 6-15）
による.

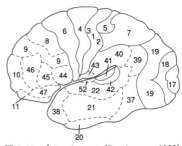

図 6-15 ブロードマン（Brodmann, 1909）
の分類（横山・渡辺，2007）
ブロードマンは細胞構造の相違に基づいて大
脳皮質を 52 の部位に分けた．48～51 は欠番.

よって起こることが知られている．そうした部位を言語野という．図 6-14 に，
言語野の位置と名称を示す．ブローカ野は運動性言語中枢，ウェルニッケ野は
感覚性言語中枢とも呼ばれる.

　図 6-14 は，長年にわたる損傷研究の結果として，広く受け容れられてきた．
しかし，最近の脳画像技術の進歩により，いくつかの問題点が指摘されている.

　まず，ブローカ野については，空間分解能の高い fMRI などの脳機能画像研
究から，細胞構築学的構造も髄鞘（ミエリン：類脂質の皮膜，神経線維の一部
をミエリンが覆う髄鞘化によって，神経興奮の伝達速度が上がる）の形成の時
期も異なっている 44 野（髄鞘化は 3 歳までに終了）と 45 野（髄鞘化は 10 歳
頃まで続く）とに区別され（図 6-15），それぞれが異なる機能をもったものと
して議論されるようになった.

　弓状束については，白質線維を可視化する新しい技術である拡散テンソル
法（diffusion tensor image：DTI）の登場によって，その吻側の先端部がブ
ローカ野ではなく，中心前回の運動前野と一次運動野につながるとする見解が
有力になっている．ブローカ野の中の 44 野につながっているのは，縁上回か
ら出る線維で，一方，45 野につながっているのはウェルニッケ野から出て側
頭葉を前方に向かい，最外包（島皮質の内側に位置する白質の薄い層）を通っ
て前頭葉に入る線維であるとする見解もある．DTI は，まだ白質の起始部と
終止部を確実にとらえるまでには至っていないので異論もあるが，言語と脳の
関係は，こうした新しい知見も踏まえて議論を進める必要がある.

表 6-4 主要な失語症のタイプと損傷部位（Goodglass & Butters, 1988 を改変）

	表出性失語		受容性失語		伝導性失語	混合型 超皮質性失語
	ブローカ失語	超皮質性運動失語	ウェルニッケ失語	超皮質性感覚失語		
損傷部位						
発話	非流暢	非流暢	流暢，錯語	流暢，錯語，反響言語	流暢，錯語	非流暢，反響言語
聴理解	比較的正常	比較的正常	障害あり	重度の障害あり	良好〜正常	重度の障害あり
復唱	障害あり	良好〜正常	障害あり	良好〜きわめて良好	障害あり	良好
呼称	障害あり	障害あり	障害あり	障害あり	正常／障害あり	重度の障害あり
音読	障害あり	障害あり	障害あり	障害あり	障害あり	障害あり
読解	正常／障害あり	おおむね良好	障害あり	障害あり	良好〜正常	障害あり
書字	障害あり	障害あり	障害あり	障害あり	障害あり	障害あり

6.8.2——失語症のタイプと損傷部位

　失語症は，原因となる損傷が脳のどこにあるかによって症状が異なってくる．表 6-4 は，広く受け容れられている古典分類と呼ばれている分類法にしたがって，主要な失語症のタイプの特徴とその損傷部位（濃い色で示した）とをまとめたものである．表の左列に示した項目は，タイプ分けのポイントとなる主要な言語機能である．

6.8.3——表出性失語とブローカ野の機能

　ブローカ失語（皮質性運動失語）は，ことばを滑らかに話すことができないという発話の非流暢性を特徴とし，語音を生み出す働き，すなわち構音（調音）がぎごちなく，ときには音を誤りながら努力して話す．この非流暢性のために，復唱と音読も障害されている．文を話せる場合でも，助詞などの文法語が欠けた単語の羅列になる（失文法）．その場合も，発話量が少なく，後に述べるウェルニッケ失語などと比較すると，コミュニケーションが成立する確率ははるかに高い．言語理解の障害は発話の障害よりは軽く，単語レベルでは理解できることが多いが，文のレベルでは文法構造が理解できない．書字障害も見られるが，読解は比較的良好である．ブローカ失語は，ブローカ野のみの損傷の場合は軽度で回復し，永続するのは，ブローカ野を越えた広い損傷の場合とされている．

　超皮質性運動失語は構音に障害がなく，復唱がよい点がブローカ失語と異なる．発話も努力を必要とせず滑らかだが，発話量が少なく，非流暢性失語に分

類される．しかしその原因はブローカ失語とは異なり，発語の自発性が著しく低下していることによる．こうした特徴が生じるのは，損傷がブローカ野を健全に残して，ブローカ野と他の前頭葉皮質との連絡を遮断する形で生じているためである．超皮質性運動性失語の言語理解と読み書き能力の障害は，ブローカ失語と同様である．

ブローカ野が損傷されると発話の運動面に障害が起こること，健全に残っていても発話が正常に営まれないことから，ブローカ野は，高次の言語機能としての発話よりも，むしろ発話の運動機能に関係していると考えられる．事実ブローカ野は，運動野の中でも声帯や咽喉，舌など，声を出すために働く筋肉に運動の指令を出す顔面野（図6-14参照）のすぐ前にある．そこでブローカ野は，顔面野の活動を一段高次のレベルでコントロールする運動連合野に相当すると考えられている．

ことばを発するためには，多数の筋肉の協応を必要とするが，ことばの習得とともに，こうした協応のための個々のことばを発する運動のプログラム（ことばの運動心像）が，次第にブローカ野に形成されていくと考えられる．ブローカ失語はそのプログラムが失われたために発話が非流暢になった状態，超皮質性運動失語はプログラム自体は残っているが，それが活性化されなくなった状態，と見ることができる．超皮質性運動失語で復唱が可能なのは，プログラムを活性化させる入力が外部から与えられたことによる．

6.8.4──受容性失語とウェルニッケ野の機能

受容性失語の典型は，ウェルニッケによって1874年初めて見出されたウェルニッケ失語（皮質性感覚失語）で，ことばを聞いて理解することが困難である．発話量は発症前よりも多く流暢に話すが，錯語（言い間違い（語性錯語）と音の誤り（音韻性錯語））が多く，聞き手が理解できない発話をとりとめもなく話し続ける（語漏）．ことばの聞き取りが悪いために，復唱も悪く，読み書きの障害も強いが，聴理解と比較すると読解のほうが良好である．

もう1つの受容性失語，超皮質性感覚失語は，ほとんどの点でウェルニッケ失語と同じ特徴を示すが，復唱がよい点が異なる．これは，ことばの聞き取りが障害されていないためで，それでもことばを理解できないのは，ことばを理解する機能自体の障害と見ることができる．損傷部位は，ウェルニッケ野の後

部にあり，ウェルニッケ野自体は健全なまま残されている．したがって**ウェルニッケ野**は，ことばの理解という高等な機能を営んでいるというよりもことばの聞き取りに関与していることになる．近年の PET や fMRI などを用いた研究も，聴理解には皮質の広範な部位が関与しているが，ウェルニッケ野は関与していないことを示している．

　人により声の高低，アクセントの相違など，ことばの物理的性質はかなり異なるが，通常われわれは同じことばとして聞き取ることができる．これを可能にするのがウェルニッケ野の働きなのである．同じことばをさまざまな形で聞く経験を繰り返すうちに，物理的性質がかなり違っていても常に活動してくれる痕跡（ことばの聴覚心像）が，次第にウェルニッケ野に形成されていく．ウェルニッケ失語の場合，聴力が保たれているのにことばの聞き取りが悪いのは，この痕跡が失われたためと考えられる．

6.8.5──伝導性失語と混合型超皮質性失語

　伝導性失語は，他の言語機能が比較的保たれているのに復唱が悪く，ウェルニッケ野とブローカ野とのあいだを結ぶ弓状束が切断されていることが多い．

　これとは逆に，復唱のみが保たれ，他のほとんどの言語機能が重度に障害されているのが**混合型超皮質性失語**である．自発的に話すことも，ことばを理解することもなく，質問には，質問をそのまま流暢に言い返す形で反応する（反響言語）．損傷は，ブローカ野とウェルニッケ野，それに両者のあいだを結ぶ弓状束はいずれも健全に残り，これらを囲む形で生じている．さらに損傷部位の外側の皮質も健全に保たれており，健全に残された言語野全体が，周囲の皮質との連絡が絶たれた状態になっている．そのため，これを言語野孤立症候群と呼ぶこともある．言語野がいずれも健全に残っていても復唱以外の言語機能が成立しないという事実は，すでに述べたように，ブローカ野もウェルニッケ野も言語機能の中では比較的低次の段階の働きを営んでいるに過ぎないことを示している．高次の言語機能は，ブローカ野とウェルニッケ野が他の皮質と連絡することによって成立するのである．

6.8.6──失名辞失語

　言おうとすることばがなかなか出てこない状態を**喚語困難**といい，認知症や

意識の低下，さらには健常者でもよく起こるが，失語症ではどのタイプでも必ず見られる中核症状にあたる．喚語能力は，日用品の絵を見せて名前を言わせる呼称検査で調べられるが，この成績が悪いことを失名辞という．

　失語症には，他の言語機能がよく保たれている中で呼称の成績だけが悪いタイプがあり，これを失名辞失語（健忘失語）という．失名辞失語の患者は，構音障害もなく流暢に話すが，言えないことばを代名詞や間投詞，ときには言語学的により複雑な文章で補う（クツと言えずにソトニイクトキハクモノと言う）こともあり，これを迂言という．動詞や形容詞は言えることが多いが，名詞，特に固有名詞の想起が困難で，高頻度語は言えても低頻度語は言えないことが多い．また，特定のカテゴリの名詞に限って言えないこともある．失名辞失語は皮質のさまざまな部位の損傷で起こる．

6.8.7──言語の半球優位と半球間抑制機能

　ほとんどの右利き成人は言語野が左半球にあり，これを言語の半球優位という．左利き成人は約4分の3が左半球優位，1割が両半球優位で，残りが右半球優位と言われている．両半球優位というのは左右どちらの半球も言語機能を持つ場合で，どちらの半球の損傷でも失語になるが，症状は軽い．この事実からも明らかなように，言語の半球優位にはさまざまなレベルがあり，非常に強い左半球優位と非常に強い右半球優位とを両端とした連続体上に各個人が位置している．家族に左利きが多い場合（家族性左利き）は強い右半球優位を示す．

　言語の半球優位は，言語機能によっても実態が異なる．てんかんの治療のために，右半球と左半球をつなげる脳梁を切断した分離脳患者の場合，聴覚情報は両半球に伝えられるが，言われた単語に該当する日用品を左手で選ぶという課題では，左手が右半球に支配されているので右半球の理解力が示されることになる．分離脳患者は，この課題をこなすことができ，さらに，「時間を知るために使うもの」という文章を聞いて，時計を選ぶこともできる．こうした分離脳患者の言語理解力は，ウェルニッケ失語患者のそれよりも高い．また，左半球切除術を受けた患者も，発話能力はないが，麻酔から覚めた時点で「口を開けてください」といった言語命令の実行が可能で，手術後18カ月時点での言語検査では，発話は重度のブローカ失語に相当するが，理解はよいとされて

いる．こうした例は，ほとんどの右利き成人の場合，言語機能のうち発話は絶
対的な左半球優位だが，理解は相対的な左半球優位にすぎないことを示してい
る．

　ここで右利きのウェルニッケ失語の患者が，右半球が健全に残っているのに，
なぜ言語理解力を示さないのかが問題となる．この問題は，半球間抑制によっ
て説明される．言語理解の優位性をもつ左半球は，損傷されていても優位性を
保とうとして脳梁を介して右半球の言語理解力を抑制するが，分離脳の場合は
脳梁切断によって左半球からの抑制が働かず，右半球は持っている理解力を発
揮できるのである．左半球切除患者の場合も，左半球は存在しないので抑制は
なく，右半球の理解力が示されることになる．

6.8.8──失行症

　失行症は，麻痺や失調などの基本的運動障害にも，知的障害などの一般的な
精神障害にもよらない行為の障害であり，いくつかのタイプが区別されている．
　(1) 肢節運動失行は，身体の一部に局限して運動が困難になる最も低次の失
行で，経験的に獲得された上肢や手指の細かい動作（ボタンをはめる，指折り
数える，など）が拙劣になる．
　(2) 観念運動性失行は，物品を使用せずに行なう単純な動作（たとえば敬
礼）や，物品を対象にして行なう身ぶり（たとえば歯みがき）などの障害であ
る．自動的行為と意図的行為との解離を特徴とする．さよなら，手招きなど日
常場面では問題なく遂行できる動作が，検査場面で命令されると遂行できない
というように，自動的に行なうときは可能であっても，意図的に動作を行なう
ことができない．このタイプは上肢のみに見られることが多く，優位半球の頭
頂葉下部や優位半球前頭葉の広範な損傷が考えられる（前述のように，大脳左
右両半球のうち，言語機能を担っているほうを優位半球，その反対側を劣位半
球という）．
　(3) 観念性失行は，対象の認知は可能で，動作を遂行する能力はあるが，複
数の物品を操作して系列化した動作を行なうことの障害である．タバコに火を
つけるとき，タバコでマッチ箱をこすったり，火のついていないマッチをタバ
コにもっていくというように，個々の動作は正しく行なえるのに，まとめて1
つの行為に組み立てて目的を達することができない場合であり，行為の企図の

時間的・空間的混乱によると見られている．優位半球頭頂葉の広範な損傷によって生じ，感覚失語を伴うことが多い．

（4）構成失行は，物品を操作して形を構成することの障害である．図形を描いたり，マッチや積木で形を作るなど，構成行為に困難を示す．頭頂—後頭—側頭接合部の損傷によって起こり，優位半球損傷の場合は図形描画の簡略化の傾向が，また劣位半球の場合は余分な線を加えたりする傾向がある．

（5）着衣失行は，ズボンの片側に両足を入れようとしたり，左右の袖を取り違えるなど，衣類を正しく円滑に着用できない．劣位半球後方領域の損傷による場合が多い．

［参考図書］

市川伸一（編）　1996　思考（認知心理学 4）　東京大学出版会

今井むつみ　2010　ことばと思考　岩波書店

岩田　誠　1996　脳とことば　共立出版

鹿取廣人　2003　ことばの発達と認知の心理学　東京大学出版会

河内十郎　2013　神経心理学　培風館

御領　謙・菊池　正・江草　浩　1993　最新認知心理学への招待　サイエンス社

佐伯　胖（編）　1982　推論と理解（認知心理学講座 3）　東京大学出版会

サベージ–ランボー，S.　1993（古市剛史監修　加地永都子訳）　カンジ：言葉をもった天才ザル　NHK 出版

重野　純（編）　2010　言語とこころ　新曜社

白井恭弘　2008　外国語学習の科学　岩波書店

ゼキ，S.（河内十郎訳）　1995　脳のヴィジョン　医学書院

中島　誠　1984　言語行動　鹿取廣人（編）　発達 II（現代基礎心理学 10）　東京大学出版会　pp. 137-166

長谷川寿一・ラマール，C.・伊藤たかね（編）　2008　こころと言葉　東京大学出版会

ピネル，J.（佐藤　敬・若林孝一・泉井　亮・飛鳥井望訳）2005　バイオサイコロジー　西村書店

藤田郁代・立石雅子（編）　2009　失語症学　医学書院

正高信男　1991　ことばの誕生　紀伊國屋書店

メイヤー，R. E.（佐古順彦訳）　1979　新思考心理学入門　サイエンス社

渡邊正孝　2005　思考と脳　サイエンス社

7 章 動機づけ・情動

　生体の行動を，始発・方向づけ・推進・持続させる過程を総称して，動機づけ，ならびに情動と呼ぶ．動機づけの語は，広く一般に，行動を始発させる生理学的・心理学的な要因を指す．一方，情動の語は主として外的事象によって喚起され，喜怒哀楽や愛・憎といった快・不快の感情などの主観的体験（動物の場合は，それが行動から推測される）を成分として含んだ状態を指す．情動は一時的で比較的急激な変化を指すのに対して，気分の語は，はっきりした原因が特定できずに生じる微弱で持続的な感情の状態をいう．なお心理学では情動と情緒の語（emotion）は同義に用いられる．この章では，まず基本的な，個体の生存にとって不可欠な食の動機づけ，および種族維持にとって不可欠な性の動機づけについてその特徴を述べる．次いで，生物的情動の中の代表的な恐れと怒り，その他の基本的情動の働きについて見ていこう．

　認知機能の発達しているヒトが社会生活を営むに当たっては，目標を達成しようとする動機づけ，自分自身の能力を発揮しようとする動機づけが大きな役割を果たす．そこでとくに，これらの動機づけにかかわるいくつかの問題を述べる．種々の動機づけに基づく行動は必ずしも順調に展開されるとは限らず，その行動が途中で阻止されたり，複数の動機づけによって混乱が生じたりする．一方，個体はそうした混乱を避けるための心的なメカニズムをもっている．そこで最後にこれらの問題について考察することにしよう．

7.1─食と性の動機づけ

　他の動物との共通性も多く，生理学的な基礎過程についてもかなりよく調べられてきている基本的な動機づけ，すなわち食行動と性行動の動機づけについて，まず見ていくことにする（トピック 7-1）．

トピック 7-1　　動機づけの理論

　動機づけの考え方には，2つの理論，動因説と誘因説とが伝統的に区別されてきた．動因説は，体温調節，渇き，飢え，性ホルモンなどの生理的な内的要因の役割を重視する．行動は，それらの内的要因による動因の低減を目指して駆動され方向づけられるという．そして動因低減をもたらした行動は，強化される．一方，誘因説は，外的な欲求の対象，たとえば食物，性的対象，さらに金銭などの誘因の役割を重視する．行動は，それらの誘因としての対象獲得のために駆動される．誘因は，快を伴う報酬として働き，報酬をもたらした行動は，強化される．

　しかし，一般に，動因説や誘因説においてそれぞれ主張されている過程は，すべての動機づけの働きの中に存在して，相互に作用し合っている（トピック 7-5 参照）．とくにヒトの場合，条件づけや種々の学習，経験によって，基本的な動因がさまざまな変容を受け，金銭欲，名誉欲などの抽象的な誘因が，動機づけの過程で大きな力をもつようになったりする．

7.1.1─食の動機づけ

　食物・飲物を求め食飲する行動をもたらす過程の発生は，生存上必要な栄養物質の欠乏・過剰あるいは不均衡に基づいて生じる（トピック 7-2）．それは，生理学的には血流中の諸成分やホルモンの濃度の変化として，脳幹の視床下部（図 7-1）の空腹中枢，満腹中枢や渇水中枢，飽水中枢で感受されることではじまる．空腹感，満腹感や渇き，飽水感のような意識体験は，食飲行動のきっかけとして重要であるが，これらをもたらす胃や腸の活動や咽喉部の乾燥・湿潤は，脳幹の活動と共働しながら食飲行動の動機づけを構成している（トピック 7-3，トピック 7-4）．

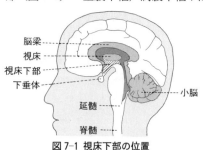

脳梁
視床
視床下部
下垂体
小脳
延髄
脊髄

図 7-1　視床下部の位置

トピック 7-2　　カフェテリア実験

　動物は，不足している栄養成分を含む食物を選択的に摂取する傾向があり，カフェテリア実験（種々の栄養物質を含む食物・飲料を別々の容器に入れておいて自由に摂取させて，毎日の摂取量を測定する実験）などで確かめられている．このよう

に特定の栄養成分が不足している状態は特殊飢餓と呼ばれ，味覚的要因も関与していると考えられている．離乳直後の幼児に食物を自由に摂取させてみた実験によると，くる病にかかっていた子どもは，はじめは肝油（ビタミンD）を自発的に摂り続け，病気が治ってくるにしたがって肝油摂取をやめた．このように，身体的・生理的状態をある一定範囲内に維持しようとする働きは，ホメオスタシスと呼ばれる．身体的・生理的な平衡関係維持の動機づけは，ホメオスタシス性の動機づけとされ，空気（酸素）への動機づけ，体温維持の動機づけ，睡眠の動機づけ，排泄の動機づけ，身体的損傷回避の動機づけ，などがこれに属する．

トピック 7-3　　欲すること 対 好ましいこと ＝ 欲求 対 快

　1950年代半ば，オルズら（Olds & Milner, 1954）は実験により，ラットの脳の視床下部を電気的に刺激すると，電気刺激やそれと連合した食物，性的対象（誘因）を強く求めるような行動をすることを明らかにした．その後，このような視床下部の刺激作用自体が，報酬としての機能をもち，快と欲求との二重の役割をもつとされ，視床下部が「快中枢」と呼ばれるようになった．さらにこうした視床下部の「快中枢」内部では，ドーパミン作動性ニューロンとの結合が生じていることが見出され，神経伝達物質のドーパミンが，快感と結びつけられるようになった．

　しかし，「快」ないし「好ましいこと」と，「欲求」ないし「欲すること」とは，必ずしも同じではない．一般に，ヒトの乳児は，甘いものが口に入ると，微笑み，舌なめずりをする．他方苦いものが口に入ると，口を開けて上唇をもち上げる．類人猿，さらにラットなどでも同様の表情を示すという．そこで，ラットの視床下部におけるドーパミン系を電気刺激し，同時にこの電気刺激を食物と連合させると，満腹するにつれて嫌悪の表情を示すにもかかわらず，食物を報酬としてしきりに求めようとして行動する．逆に，ラットのドーパミン系を，神経毒によって選択的に破壊し，他のニューロンは健全な状態のままにすると，このラットは，食物，水などに興味を示さず，チューブで給餌しないと餓死してしまう．しかし，甘い物質や苦い物質を口に注入すると，通常のラットと同じように，それぞれに対応した表情を示すという．前者の実験では「快」なしに「欲求」が，後者の実験では「欲求」なしに「快」が示されたことになり，一般に存在している「欲求」と「快」との連合が分離されていると見ることができる（Smith *et al.*, 2003）．

　脳の視床下部におけるドーパミン系は，種々の自然的誘因や人工的な誘因を「欲求」する働きと関連してはいるが，「快」や「不快」とは直接的な関係がない．「快」については，他の基礎的な脳神経系（快システム──たとえばアヘン系などの下位システム）の存在が指摘されている．

> **トピック 7-4　　薬物の乱用と中毒（耽溺）**
>
> 　ヘロイン・モルヒネなどのアヘン薬（麻酔薬），コカイン・アンフェタミンなどの精神刺激剤，その他の違法の合成薬物の使用は，最近日本でもかなり広がりつつある．中毒状態に陥ると，これらの薬物が強力な動機づけの対象（誘因）となり，すべてを犠牲にしても，強迫的に（やむにやまれず）薬物を求める行動パターンを示し，薬物摂取のための行動が全人格を占めるようになる．
>
> 　若いチンパンジーに実験的に毎日モルヒネの注射をして，どのような過程でこうした中毒状態に陥るかを調べた研究がある（Hebb, 1972）．このチンパンジーは，5〜6週間のうちに生理的変調をきたし，注射を受けないと落ち着きがなくなり，あくびをする，身体を掻くなど，不快な様子をして禁断症状を示した．この段階では，生理的変調の段階にとどまっており，チンパンジーは，注射が不快な状態から解放するものであることを学習していない．さらに1ヵ月から3ヵ月ほど連続的に注射をすると，動物のほうから積極的に注射を求め，実験者を注射器のところまで引っ張っていき，注射を促すようになる．チンパンジーにとってこの段階では薬物が強力な動機づけの誘因となり，中毒状態になったということができる．ヒトの場合，自分が薬物を使用していること，またその摂取が「不快」な状態から解放して「快」をもたらすものであることを，すでに知っている．そのため第一の段階である生理的変調の中間的な段階と第二の段階の中毒状態とは，ほぼ同時に生じる可能性が高い．したがって，すばやく中毒状態に陥りやすい．
>
> 　ある種の薬物が，とくに強力な中毒状態（耽溺）を生じさせる要因として，第一に，それらの薬物が直接脳ニューロンに働き，自然の誘因をはるかにしのぐほどの過剰な活動をドーパミン系に生じさせること，第二に，それらの薬物が反復摂取されると，薬物摂取を中断したときに「不快」な禁断症状を生じさせること，第三に，それらの薬物は脳のドーパミン系ニューロンに持続的な変化を生じさせ，その結果ドーパミン系が薬物に対してより敏感になり，活性化しやすくなること，などが挙げられる．このような経過から，もはや薬物摂取によって「快」を感じなくても，ひたすら薬物を求めるようになり，薬物からの離脱がより困難になる．

　ヒトにおける食飲行動のきっかけは，必ずしも空腹感や渇きのような直接的な動因としての身体的な感覚に限られている訳ではない．それはさらに，条件づけ（4.1節参照）や習慣化を通じて，目立った聴覚的・視覚的な刺激（誘因）へと間接化・遠隔化し，また多様化していく（トピック7-5）．たとえば食事時刻のようなきっかけがあると，身体的・生理的な必要性はそれほどなく

ても，食行動が実行されたりする．またヒトの場合，認知的機能が発達しているので，身体的・生理的状態とは関係なしに，食物や飲物を見たり想像したり，話を聞いたりすることによって，快感あるいは不快感が想起されて，食欲がそそられたり，そがれたりする．

トピック 7-5　　動因と誘因：条件性満腹仮説

擬餌法という実験方法がある．動物の胃に手術をして瘻管（孔）を開けて食べた食物の一部は消化されないで穴から体外に出るようにしておき，動物に通常のように食物を食べさせる．動物の食物摂取量は次第に増大し，経口的に（口から）摂取される食物が，十分な養分やカロリーを与えないことを学習する．一方，瘻管の蓋を閉めて食物を与えると，はじめは多く摂食し続けるが，摂取量は次第に正常のレベルに戻る．このことから，食事後感じる満腹感は，直接的な生理的動因だけで決定されるのではなく，部分的には学習の産物だとする条件性満腹仮説が導かれることになった（Smith *et al.*, 2003）．手術を受けた患者に，経口的に食物を与えずに，静脈もしくは胃に直接栄養分を与えた場合，栄養的には十分であっても，口さみしい感覚が残り，意図的に食物を味わって飲み込むといった誘因刺激を強く求めるようになる．これらの例は，食物の動機づけにおける生理的な動因と，経口に際しての種々の誘因刺激との強力な相互作用が存在していることを示している．

肥満体型の人では，外的なきっかけによる食飲行動が起こりやすく，空腹感や満腹感という身体的な感じを手がかりとした行動コントロールの度合いが，普通体型の人より比較的弱い（図 7-2）．思春期後期の女性では，神経性食欲不振症（青春期やせ症）が見られることがある．これは，自らに食事制限を課するといった心理的な要因によって食飲行動が抑制されることを示す例である．

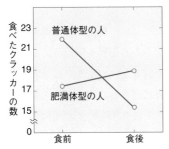

図 7-2　食前・食後に食べたクラッカーの数（Schachter *et al.*, 1968）
肥満体型の人と普通体型の人を，食事前の条件と食事直後の条件とにふり分けて，それぞれクラッカーの味を評定させた．その評定中に，つい手を伸ばしてクラッカーを食べた数を測定した結果．普通体型の人は空腹感を反映した量しか食べないのに対して，肥満体型の人は空腹・満腹にかかわりなく食べてしまう．

7.1.2──性の動機づけ

性行動ならびに性衝動の基礎過程には，成長に伴う性ホルモンの分泌量の増加と，それにかかわる視床下部ならびに大脳辺縁系の活動の基礎過程が含まれる．それほど高等でない動物の場合，成熟メスのオスに対する働きかけや受け容れの度合いは，その動物固有の性ホルモンの周期的変化に対応している．哺乳動物のオスでは周期性が明瞭でないが，メスには周期性（発情期）がある．したがって相互的な性行動はメスの周期性に依存する．ただし，性の動機づけは個体維持的ではないので，ホメオスタシス性（トピック7-2参照）のものとはみなされない．発情期には，相互に異性刺激に敏感に反応し合い，配偶行動が活発になる．異性刺激には，鳴き声・ラブコールなどの聴覚的なもの，姿・形やしぐさのような視覚的なもの，分泌物や排泄物などからの嗅覚的なもの，接触時の触覚的なものがある．それらは通常，合併して作用するが，動物種によってまた進行の時期によって，それぞれの比重は変化する．

認知的機能の発達した動物種では，過去の社会的行動や性的行動（幼少時からその種の行動が見られることがある）や配偶行動について，記憶・学習といった経験的要因が加わってくる．したがって主要な性ホルモンの分泌が阻害（去勢・卵巣摘出）されても，その後もかなりの程度の性行動が生じる．なお，性行動における経験的・認知的要因の関与度は，高等哺乳動物ではメスに比べてオスのほうで大きい，とされている（トピック3-2参照）．

ヒトの場合，エストロゲン，アンドロゲンといった性ホルモンの他に，さまざまな異性刺激（たとえば，身体つきや相手の気を引くしぐさなど）の作用にしたがって，女性的な性行動型や男性的な性行動型が生じる．しかし，認知的機能がよく発達しているので，異性刺激が，過去の記憶イメージや言語のやりとりのような非直接的なものへと広がっている．一方，性行動実行の行動型やそのタイミングの面では，文化的・社会的な要因による促進や抑制があり，さらにさまざまな様式化の影響を受けている．またそれは，個人的な性体験ないし性知識や，それにかかわる期待や想像といったものの影響を受ける．したがって性衝動（性喚起ともいう）は，基礎的な生物的要因の支配からほとんど脱していて，いわゆる心理的なきっかけだけで十分に高まるようになっている．女性ではホルモン分泌の周期性はあっても，それに依存することなく性衝動は高まり，性行動は実行される．

性行動や性的対象に関して偏りが大きい場合を，性嗜好異常と呼ぶ．性行動の異常には，窃視，露出，窃触のように刑事犯罪になるものや，サディズムやマゾヒズムのように苦痛を伴わないと性的満足を得られないものが含まれる．性的対象の偏りには，未熟な子ども（小児性愛障害），体の部位や装身具（フェティシズム障害），異性の服装をすること（異性装障害）に性嗜好を有するものなどがある．

7.2──基本的情動

まず生物的な色合いの濃い代表的な情動として，恐れと怒りを取り上げ，次にその他の認知的な働きを含むものについても見ていこう．

7.2.1──恐怖・恐れ

突然に強度の刺激に曝されたとき，急激な状況の変化が起こったとき，急に身体の支えが失われたときなど，びっくりして跳び上がったり，大きな叫び声を上げたり，身を縮めたりする驚愕反応が生じる．その度合いが大きいと，立ちすくむとか腰が抜けるといった全身硬直や虚脱状態に陥ってしまうこともある．また，はじめての不慣れな状況下では，さほど大きく強くはない刺激や変化にも敏感に反応して，後ずさりや逆戻りのような後退的反応がしばしば生じる．これらの反応は，その個体に恐怖・恐れの情動が生じていることの現われであり，反応中や反応後に「恐怖」や「恐れ」が体験される（トピック 7-6）．

トピック 7-6　　情動の主観的体験と身体的反応

われわれは通常，嬉しいから笑い，悲しいから涙を流すと思っている．19 世紀末のアメリカの代表的な心理学者ジェームズ（James, 1884, 1890 : 10.4.3 項参照）によると，逆に，われわれは笑うから嬉しい，涙を流すから悲しい，逃げるから恐いのだという．すなわち情動は，刺激や状況によって生じる特定の身体的な反応を知覚することによって体験される，と主張したのである．ほぼ同時期に，オランダの医師ランゲ（Lange, 1885）も，情動が身体的変化，とくに自律神経系に生じる反応の知覚によって生じると主張した．このような情動の起源を自律的反応を含む身体的反応に求める説（情動の末梢起源説）を，ジェームズ-ランゲ説と呼ぶ．

しかし，同一の自律的反応でも異なった情動が生じること（たとえば，ヘビを見

て恐怖に襲われたときでも，恋人に出会って素敵な気持ちに満たされたときでも，自律的反応としての心拍数は増大する），また情動における視床下部（図7-1参照）の重要性が指摘されたことによって，20世紀前半，キャノン（Cannon, 1927）とバード（Bard, 1928）は，それぞれに，情動の視床下部起源説を唱えるようになった．生体は，特定の刺激状況に曝されると，まず視床下部が活性化し，その興奮の情報は身体の骨格筋や自律神経系に送られて一連の生理的・身体的反応が生じると同時に，大脳皮質にも送られて情動体験が生じるという．この説を，ジェームズ-ランゲ説と対比して，キャノン-バード説という．

　その後の情動の考え方に大きな影響を与えた実験が，シャクターとシンガー（Schachter & Singer, 1962）によって行なわれた．被験者に，ビタミンの新薬と偽ってエピネフリン（自律神経系を活性化させる）を注射する．その際グループを2つに分け，一方の告知群には副作用として，エピネフリンの薬物作用（心拍・呼吸の増加，震えなど）について知らせておく．もう一方の非告知群には何も知らせない．その後待合室で他の被験者（実は実験者から演技するように求められたサクラ）と一緒にし，質問紙に記入させるが，それぞれのグループは，さらに2つのサブグループ①②に分けられる．①では，待合室のサクラが質問紙で紙飛行機を折ったり，おどったり楽しげにふるまう（愉快状況群）．②では，サクラが実験の悪口を言ったり，質問紙を引き裂くなどして怒り出す（怒り状況群）．その結果，愉快状況では，非告知群の被験者のほうが告知群の被験者よりも愉快と感じ，怒り状況では，非告知群の被験者のほうが告知群の被験者よりも腹立たしく感じたという．この実験により，喜び，怒りのような情動体験の質は，薬物によって引き起こされた自分でも説明できないような生理的喚起（興奮）の状態を，周囲の状況，文脈にしたがってどのように解釈，評価するかに依存している，ということになる．このことから，情動体験の質や強さが生理的喚起と認知的評価の双方に関係して生じるとする情動の2要因説が主張された．

　しかし情動は，自律性の生理的喚起に対する認知的評価だけによって引き起こされるとは限らない．特定の状況についてのなんらかの認知的評価が行なわれ，その評価によって情動の主観的体験と生理的喚起が引き起こされることも多い．そのため，認知的評価を重視する情動の認知評価説が提出されている（トピック7-9参照）．なお，ジェームズ-ランゲ説もあながち荒唐無稽とは言えない．被験者に特定の表情（微笑みまたはしかめ面）を作らせて数秒間持続させると，微笑みのときはより愉快に，しかめ面のときはより腹立たしく感じる．すなわち表情変化と情動の体験とが関連している可能性を示す研究も提出されている（Levenson et al., 1990）．いずれにせよ自律的喚起と認知的評価の相互の関係は，ダイナミックな過程であり，その解明には一層の研究が必要である．

　恐れが生じているときの最も一般的な行動は，その対象やその場から遠ざか
る方向への逃走である．動物では，危険物に出会ったときや，強力な外敵に襲
われたとき，また同種内の強者に攻撃された，ないしは威嚇（いかく）されたときに，こ
の逃走行動がとられる．このように，対象が個体によって明確に識別されて，
一過性に生じる情動が恐怖・恐れであるが，対象が不明確な場合あるいは状況
的な変化がない場合など，そこからの逃走行動がとれないとき，そこで体験さ
れる持続的で不快な情動は，不安と呼ばれる．しかしながら，「恐怖」「恐れ」
「不安」のあいだには，強度や時間経過の違いはあるが，なんらかの同質性ない
いし連続性が認められる．

　恐れの情動ないしは恐怖反応は，条件づけ過程（4.1 節参照）を通じて，本
来のもの以外の刺激や状況によっても生じるようになる．つまり，苦痛や直接
的な危険・脅威（きょうい）の体験があると，その直前に存在していた刺激・状況に接した
だけで，恐れの情動が発生することがある．また，ヒトやサル，チンパンジー
などの霊長類では認知的機能が発達しているので，これから生じる状況を予感
したり予想したりして恐れの情動が生じる（トピック 7-7）．

トピック 7-7　　知覚的な矛盾と恐怖

　ヒトの年少児ではそれほど顕著ではないが，年長児から成人になるほど，たとえ
ばヘビとか毛虫などへの恐怖反応が強くなる．この種のものへの恐怖反応はチンパ
ンジーでも見られる．ヘッブ（Hebb, 1972）によれば認知的機能の発達にしたが
って，見慣れたものやよく知っているものは，その見え方・あり方についての期待
（先入観）が成立し，現実に知覚するものとその期待とのあいだの食い違いないし
ずれが識別でき感知されるようになる．そしてその知覚的矛盾が情動的混乱を引き
起こして，恐れや異様感・気味の悪さのような情動をもたらす．たとえば，生後半
年頃のヒトの乳児に見られる「人見知り」（9.1.1 項参照）や，成熟したチンパン
ジーにチンパンジーのデスマスク（グロテスク）を示すと生じる恐怖反応がこれに当たる．ヘッブ
は皮膚の色の違いや価値観のわずかな違いに基づく偏見（トピック 9-4 参照）の背
景にも，この知覚的な矛盾があると想定している．

7.2.2──怒り

他から直接に身体的侵害が加えられたとき，他から侵入や奪取のような自己

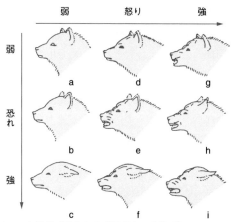

図 7-3 イヌにおける「恐れ」と「怒り」の表情（Lorenz, 1963 を改変）
表情の変化は，↓は恐れが強くなったとき，→は怒りが強くなったときを示す．e, f,
h は恐れと怒りの混合，とくに i では，強い恐れと強い怒りの混合がある．

領域内への行動的な侵害があったとき，また他から軽蔑や侮辱のような自己イ
メージへの言語的な侵害のあったときなどに，怒りの情動が体験される．動物
の場合，怒りの情動の発生が予測されるのは，動物が防衛的攻撃行動に出ると
きである．前記のような「怒り」のきっかけとなる状況も，ある意味で防衛な
いし護身の必要が起こっている状況である．その場合，消極的対応は逃走行動
ないし恐れの情動であり，一方，攻撃行動や怒りの情動は積極的な対応である．
動物についての観察によれば，怒りと恐れの情動の混在を予想させる表情やし
ぐさが見られる（図 7-3）．なお，脳内の特定部位（視床下部，大脳辺縁系，
扁桃体：図 7-1，図 4-7 参照）を電気刺激したり破壊したりすることによって，
逃走（恐れ）と攻撃（怒り）に関与する部位が近くにあるか重なっていること
が示されている．

　より一般的には，フラストレーション状況（7.5.1 項参照），あるいは予期
や期待やイメージどおりにことが進行しない状況では，「怒り」や「腹立ち」
や「いら立ち」の情動が経験される．そして，欲求を阻止している対象そのも
のへの身体的・言語的な攻撃行動や，婉曲化した，あるいは転位した攻撃行
動や，自分自身に向けての自罰的・自傷的行動などが生じる．高等動物では，
同様な状況下で，単に他への攻撃的行動だけでなく，癇癪を起こしているよ
うな，あるいはすねているような行動がしばしば見られる．なお，「怒り」の

表 7-1 基本的情動の 3 つの用語 (Plutchik, 1986)

主観的体験の用語	行動の用語	生物的機能の用語
恐れ，恐怖	後退する，逃走する	護 身
怒り，激怒	攻撃する，咬みつく	破 壊
喜び，歓喜	つがいを結ぶ，交尾する	生 殖
悲しみ，悲嘆	救助を求める	再統合
受け容れ，信頼	きずなを結ぶ，毛づくろいする	結合または親和
嫌気，嫌悪	吐き出す，排除する	拒 否
期待，予知	調べる，計画を立てる	探 索
驚き，驚愕	停止する，硬直する	定位または身構え

情動は，直接的な攻撃行動の実行がむしろ抑制され遅延されている状態におい
て，明瞭に強く体験される．

7.2.3──情動の種類

　情動は，怒りが攻撃行動を生じさせるように，行動を始発させる動機づけの
働きをもつ．そして前述のように，情動の喚起に伴って種々の主観的な体験を
生じさせる．プルチック（1986）は，情動による行動的側面と主観的体験の側
面を生物的な機能と関連づけて，その対応関係を分析している．

　彼によれば，生体には，環境の刺激，状況，事象が自らの生存にとって有益
か有害かをただちに評価しうる生物的機能が生来的に備わっている．有益と評
価されればそれに対して接近する行動が，また有害とされればそれを回避する
行動が生じる．基本的情動とは，そうした生物的機能に応じて種々の行動をも
たらす過程である．ヒトでは，その過程の中で主観的体験としての基本的な情
動を伴う．したがって，情動状態を記述するに当たっては，行動用語と生物的
機能用語と主観的体験用語のそれぞれを用いることができるという（表 7-1，
トピック 7-8）．

トピック 7-8　プルチックによる情動のモデル

　プルチック（Plutchik, 1986）は，種々の情動について行動的・体験的に見て，
その性質が対極的なものを対立した位置に置き，類似したものを隣に置くと，ちょ
うど色相環（口絵 2 参照）のように円環状に位置づけられると考えた（図 A）．ま
た，日常場面で生じる情動を 8 つの基本的情動の混合として説明する試みをしてお
り，たとえば受け容れと喜びの混合したものが「愛」，驚きと悲しみの混合したも

図A 情動の円環的配置と混合型
(Plutchik, 1986)

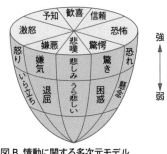

図B 情動に関する多次元モデル
(Plutchik, 1986)

のが「落胆」,嫌気と怒りの混合が「侮蔑」,といった具合になる.この混合は必ずしも隣り合ったどうしで生じるとは限らず,1つおき2つおきの基本的情動の混合もありうるが,対極的なものどうしでは「葛藤(コンフリクト)」状態となり,たとえば,怒りと恐れの混合では身動きできないことになる(7.5.2項参照).

これに加えて強←→弱の強度差という〈縦方向の次元〉も想定され,たとえば,恐怖―恐れ―懸念,激怒―怒り―いら立ち,などといったそれぞれニュアンスの異なった主観的体験との対応づけが可能となる.そこからプルチックは,情動については〈逆円錐状の3次元的配置〉ができる,としている(図B).

認知機能が発達しているヒトの場合(そして哺乳類,とくにサル,類人猿の場合),種々の状況に出会ったときに,それらの状況をどのように認知しどう解釈するかが,情動の種類や強さ,さらにその持続時間を大きく規定している.そしてその認知的評価,解釈にはそれぞれの個体の過去経験や学習が大きく関係して種々の複雑な情動の体験が生じてくる(トピック7-9).たとえば,衆人環視の中で,いままでできなかったことが偶然成功すれば,喜びとともに得意と照れの情動が生じる.逆に,当然できるはずのことに失敗すれば,くやしさとともに恥ずかしさと同時に照れの情動が生じる.また認知機能が発達した場合,情動を引き起こす原因が外的に存在しないにもかかわらず(あるいは消失しても),想像によって情動の原因を作り上げ,しかも長期間記憶に留めて内的に強め合い,心的な混乱が生じることもまれではない(なお,情動の主観的体験と身体的反応の関連性を指摘したジェームズ-ランゲ説などは,トピック7-6参照).

トピック 7-9　　情動の認知評価説

　トピック 7-6 で指摘したように，情動理論では，1980 年代まで支配的であった 2 要因説が，最近では認知評価説にとって代わられるようになった．その理由として，2 要因説に関するその後のいくつかの追試実験でははっきりした結果が見られないこと，実験室以外の実際の場面では，情動が 2 要因説のような説明不可能な生理的な興奮によって生じることはほとんどありえないこと，などが指摘された．

　情動の認知評価説の主張者，ラザルス（Lazarus, 1991）やローゼンバーグ（Rosenberg, 1998）の挙げている図を，ヒルガードの教科書（Smith *et al.*, 2003）の説明に沿って見ていこう．情動は 6 つの成分からなる．情動はまず，①個人とその個人が置かれている環境との関係について，どのように個人が評価するかの，認知的評価の成分から始まる．現在の状況についてのこの個人的な評価から，個人は一連の反応を生じる．②その中で最も頻繁に認められるのが，情動の主観的体験の成分であり，これが，情動がもたらす感情状態である．③さらに認知的評価から，思考と行為の傾向を含んだ成分，すなわち特定の方法で考え行為するための衝動が生じる（たとえば，なにかに興味をそそられれば，もう少しそれを調べてみたいと思ったり，それを手に入れようとしたりする）．④内的な身体的変化の成分で，とくに自律神経系の反応が生じる．その結果，心拍数が増大したり冷や汗が流れたりする．⑤表情の成分．特定の方法で眼，鼻などを動かす筋活動（たとえば，嫌悪を感じた場合，しかめ面をする）を生じる．⑥最後に，以上の②から⑤までの情動反応に対する応答成分．すなわち，どのようにして情動，または情動を引き起こした状況に対して，調整し，応答し，対処するかの問題である．具体的状況ではこの応答によって，さらに個人と環境との関係が変化して，また新たな情動反応が生じる，といった可能性が考えられる（図の一番長い矢印）．

図 認知評価説における情動過程
特定の個人─環境関係によって特徴づけられた状況によって，6 つの情動成分が引き起こされる（Lazarus, 1991 ; Rosenberg, 1998）．

　このような現代の認知評価説の多くは，情動に際して，生理的喚起の成分よりも先に認知的評価が生じ，興奮が，認知的評価によって引き起こされる，ということを前提としている．そして情動経験の強さは，興奮の程度と評価によって，また情動経験の質は評価によって決定されるとしている．

　なお認知的評価説では，評価がすべて意識的レベルで行なわれると仮定しているわけではない．たとえば，ジョギング中にヘビに似たものに気がつき飛びのくが，後で縄だと認知するように，無意識的レベルの評価によってまずすばやく回避行動がとられ，その後で意識的レベルの評価によってより詳細な分析がなされて次の行動の選択が行なわれる，という二重の評価過程が想定される（8.6.4項参照）．

7.3──親和動機づけ，活動と探索の動機づけ

　前節で扱ったものが最も生物的であるとすれば，ここで取り上げる動機づけはそれに準じるものであり，ヒト以外の動物ともある程度の共有性が認められる準生物的な動機づけ・情動である．

7.3.1──親和動機づけ

　多くの動物（とくに哺乳類）では，ある時期，親が子どもの世話をし，子どもが親を慕い依存する行動が見られる．一般的には，子どものしぐさ，姿・形，顔つき（図7-4）によって，また不快や恐れを知らせる泣き（鳴き）声や呼び声によって，養育行動が解発（かいはつ）される．そこにはまた性行動の場合と同様に，動物が高等でないほど親の側のホルモン分泌状態などの内的要因が大きく関与する．親は，子どもによる各種の甘え行動に対して看護的・援助的行動で応える．それには拒むことができない強制力が働いているものと考えられ，ある時期を過ぎると応える度合いが低下し，面倒を見なくなっていき，ときには突き放す場合が多い．

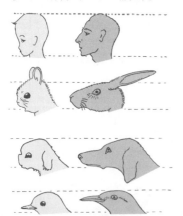

図7-4 親らしい反応を起こさせる顔つき
（Lorenz, 1943）
左側の4つの絵（赤ん坊）はヒトや他の動物の成体にとって親らしい反応を引き起こすが，右側の4つの絵（成体）は，そうした反応を引き起こさない．

表 7-2 親和と排除（拒絶）の現われ（Murray, 1938）

親和的行動	排除（拒絶）的行動
・愛する人の幸福のためには，自分を犠牲にする．	・退屈な人間には我慢がならない．
・気心の合った仲間とブラブラ歩き回り，なんでも思いつくままを話すのが好きだ．	・はっきり差別をつけて友人を選ぶ．
・愛する人からへだてた扱いを受けると，ひどくみじめな気持ちになる．	・くだらない奴に悩まされないように，引きこもることがある．
・いつも友人の行為や関心のことを考慮している．	・反対者を攻撃するより，無視することが多い．
・友人や団体に忠誠である．	・他人とあまり親密な交わりをしない．
・自分ひとりで仕事をするよりも，他人と協力してするのがうれしい．	・知った人に出会うのを避けるために，横道にそれることがある．
・友情はなににもまして大切だと思う．	・大多数の人は馬鹿ではないかと思う．
・会合とか人の集まりに出たときは，愉快に過ごせる．	・自分より思想の劣っている人を少々さげすんでいる．
・他人にこだわりなく，温かい友情や善意を示すことができる．	・自分が好きでない人を相手にしないか，その人に尊大ぶった態度をとる．
・たいていの人をほめる．	・うっぷんをはらそうとするときには，相手とそれ以上交渉をもたないようにする．

　他者との相互的ならびに協力的な関係において，積極的・友好的な方向への行動を支えている過程が，親和動機づけである．これに基づいて，自分に好意的な相手に近づき，喜んで力を貸し，友情を交換し，相手を喜ばせる，などの行動がもたらされる．これとは逆に，社会的・対人的状況における拒否的・消極的な方向については，排除の動機づけが想定されている（表 7-2）．動物では，親やオスの攻撃行動に対して，子どもっぽいしぐさや姿勢をしたり，メスのようなしぐさや姿態をとることで，相手の攻撃性は抑制される．また同種内の強者の威嚇や攻撃の行動に対して，弱者がえり首・腹などを無防備にさらしたり，平身低頭の姿勢をとることによって，相手の攻撃性はそがれる．こうした宥和的（なだめ）行動も，ある種の親和性の現われとして解釈されることがある．

　他個体ないし他者の目的的行動を手助けしたり援助したりする行動の特徴は，利他性と呼ばれる．このような利他行動が生じるためには，他個体の行動の目標あるいは他個体の置かれている状況についての予想や推測が生じているはずであり，それを可能にする高次の認知的機能の存在が想定される．たとえばイルカや霊長類ではそのように解釈できる行動が見られる．ヒトの場合，利己的とされる行動と同時に，困っている人につい手を貸してしまったり，つい他者

の身になってしまったりする利他的行動が，かなり多く生じる．

7.3.2──活動と探索の動機づけ

　安全で平和で安楽にしていられるほどよいことはない，と思われがちである．しかしそうした状態が長く続くと，かえってやり切れない「退屈」を味わうことになる．そのようなときには，刺激の変化を求めたり，それほど必要に迫られているとは思われない身体的・心理的な活動をあえて行なったりする．このように無刺激・無変化の状況から抜け出そうとする動機づけを活動への動機づけという（トピック 7-10）．

トピック 7-10　　感覚遮断実験

　生活のための活動を食事と排泄以外はまったく行なわせず，視・聴・触覚的な感覚刺激や意味のある刺激の入力を極度に制限する感覚遮断実験（図）によると，参加者は，当初はよく眠るが，目覚めた後なんとなく落ち着かず，やがて，いても立ってもいられないほど不快だとか，なんとか手足を自由に動かしたいとか，なにかまとまったものを見たり聞いたりしたい，と訴えるようになる．2, 3 日間この状態を続けると，思考に乱れや空白が生じる，白昼夢（はくちゅうむ）のような空想や幻覚的なイメージが浮かぶ，身体的な違和感が起こる，などを訴えるケースが出てくる．この実験は，正常な心理状態を維持するには，適度の刺激に曝されながら自発的・自主的な行動をしている必要があること，また，そうした行動の制限が，身体的・心理的活動への動機づけを生じさせること，を示している．このような状態に置かれると，一般に荒唐無稽（こうとうむけい）な話，自己の信条と反する説得などを容易に受け容れてしまいやすい．

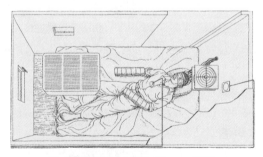

図　感覚遮断実験の模様（Heron, 1957）
目隠しをし，耳栓をはめ，手を筒に入れてものに触れさせなくし，柔らかなベッドに寝たままの状態に置かれる．

図 7-5 覚醒水準と身体的・心理的機能との関係（Hebb, 1972）

　脳幹には睡眠，覚醒，興奮にかかわる中枢（網様体賦活系）があり，この覚醒中枢が中程度に活動しているときに「快適感」が経験される．そのときにはまた，身体的・心理的機能が最もまとまりをもってよく働く．これは「機能的快感」とも呼ばれ，適度の緊張感として体験される．図 7-5 に見るように，この目覚めている程度すなわち覚醒水準には低い状態から高い状態まで，さまざまな段階がある．したがって，刺激が少ないか弱いかして覚醒中枢の活動が不活発なときには，多少とも強い刺激を受けて覚醒水準を上げるような，活動的な方向への行動を好んで行なうようになる．未知の，あるいは不慣れな場面では一般に覚醒水準が高まり，強い緊張感や恐れが経験されるが，慣れてくるにつれて覚醒水準は低下し退屈してくる．そこで未知の不慣れな領域へとあえて進出して，適度の緊張感を味わおうとする行動，すなわち，探査的・探索的な行動が生じるようになる．周辺の環境を熟知しておくことは，生存をよりよく保障するという生物学的な意味もあるが，一方その行動の背後には自らの活動領域を拡大していこうとする探索の動機づけが存在している．

　ヒトでは，あえて危険に身を曝すことで，もっている身体的・心理的機能を十分に活動させ，えも言われぬ快感を味わおうとする場合がある．お化け屋敷に入場する，ホラー映画を見る，ジェットコースターに乗るなど，予想外の出来事や恐怖喚起場面に接してそのときのスリルやグロテスクさを楽しんだり，探検とか冒険のような危険に挑む行動を敢行したりするのは，探索の動機づけによると考えられる．また，未知の事柄や知識に対する好奇心もこの中に入るだろう．ただし，その実行にはかなりの個人差が見られ，置かれている境遇やその人のパーソナリティも関係する．

7.4—達成と自己実現の動機づけ

　認知機能が発達している人間においては，なんらかの目標を設定してそれを
成 就しようとする行動，そして，自分自身の特性や能力を発揮することに満
足を見出す行動の比率が非常に大きい．こうした行動の動機づけを見てみよう．

7.4.1—達成動機づけ

　個人が属している社会・文化において好ましいとされる目標に対して，一定
レベル以上の水準でそれに到達しようとする過程のことを，達成動機づけと呼
ぶ．目標は，ある意味ですでに社会的・文化的に設定されているが，そのうち
のどれを，あるいはどの段階のものを選ぶかは，個人的である．つまり，個人
は一定の目標を設定して，それに到達するであろう行動を実行し，到達すれば
ある満足感・成功感を得，到達しなければ不満を感じる（図7-6）．なお，
個々の課題状況において，その個人が自ら設定する目標のことを要求水準と呼
ぶ．言い換えれば，「これだけは自分でもやれる」といった抱負の水準と言う
こともできる．

　この動機づけは，その個人にとって相対的に高い目標を設定し，困難や障害
を克服し，努力を繰り返しながら，それに到達しそれを達成しようとする行動
の背後で働く過程である．それはまた，他者の存在に刺激されて競い合おうと
する行動や，長期間かかる作業を推進する行動を支えている過程でもある．

　原因帰属（9.2.4項参照）の考え方にしたがえば，達成動機づけが強いとき
には，課題達成における成功の原因を，自分の「能力」とか「努力」といった
内的要因に帰属させる（内的要因のせいにする）ことが多い．したがって成功
が自尊感情（9.2.1項参照）を高めて達成的行動に勢いがつくし，失敗のとき
も自分でコントロールできる努力に原因帰属させるので，達成的行動は持続さ
れる．一方，達成動機づけが弱いときには，成功してもそれを「課題の容易
さ」とか「運」のような外的要因に帰属させがちになり，成功が自尊感情をそ
れほどは高めず，達成的行動の勢いもあまり上がらない．また，失敗のときは
それを内的要因である能力に帰属させがちで，むしろ自尊感情は低下して，達
成的行動も低調となる．なお，達成動機づけが強い場合は，課題の困難度と自
分の能力との関係を十分に吟味しながら目標設定が行なわれるので，その目標

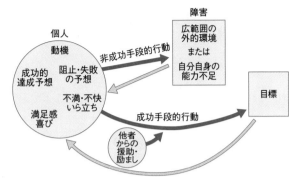

図 7-6 マクレランドによる目標達成過程の図式（McClelland *et al.*, 1953）

は現実的なところに置かれる．一方，それがあまり強くない場合には，運を頼りに目標をかなり高いところに置くようになる．また失敗への恐れが相対的に強いときには，課題の困難度が過大視されて，目標は低いところに置かれる．

　ある問題や人物に自分が深く巻き込まれていく状況を自我関与という（トピック 9-2 参照）．その対象が自尊感情にかかわりをもつ場合には，強い情動を伴い，自分を取り巻く状況を客観的に見ることができなくなる．その際の相手の自分に対する言動は自尊感情に強い影響を与える．

7.4.2—自己実現の動機づけ

　マズロー（1943）によれば，「生理的な要求」が満たされると，「安全を求める要求」が表面化する．さらにそれらがある程度満たされると，家族や友人との親和的愛情関係を求め，なんらかのグループに所属して，そこで一定の地位が占められるように努力する「愛と所属への要求」が表面化する．さらにそれらが満たされると，他者からの「承認と尊重を求める要求」が生じてくる．それはまた，周囲からそれ相応の承認と尊重を通じて，自分自身による「自己承認・自己尊重の要求」へと発展する．そして最後には，精神的に成長して，自らの能力に応じて創造的な自己を実現しようとする自己実現の要求が，「認識の要求」や「審美の要求」とともに，現われてくる．また，マズロー（1962）は，承認・尊重を求める段階までの要求を，その充足がものや他者に依存し，それが満たされれば満足感が生じ，緊張感が解消されるので，「欠乏動機づけ」と呼ぶ．それらに対して，自己実現レベルの要求では，その過程の中で快い緊

張感が体験され，したがって行動すること自体が目標になるので，次々と高次のものを求めるようになる．そのため，これらは「成長動機づけ」と呼ばれる．

7.5──フラストレーションとコンフリクト（葛藤）

ある動機づけにしたがっている行動が，常に順調に順序よく進行するとは限らない．また，ある時点で動機づけが1つだけにまとまっていることも，実際にはさほど多くない．ここでは，そうしたときの典型的な状況を見ていこう．

7.5.1──フラストレーション

動機づけ，とくに達成動機づけの場合には，なんらかの対象（誘因）あるいは目標に接近していく行動がとられるが，その際，障害があったり摩擦が生じたりして，指向的・手段的行動が遮られ，順調に進行しなくなることが起こりうる（図7-6参照）．そうした事態は欲求阻止状況と言われ，個人には欲求不満の情動が体験されるが，それらを総称してフラストレーションと呼ぶ（トピック7-11）．

トピック 7-11　攻撃行動とカタルシス

フラストレーションの状況に置かれると，障壁となっている対象──それは特定の人物であったりあるいは事物であったりする──に対して攻撃行動を仕向けることも往々にして生じる．こうした攻撃行動は，ときとして反社会的な行為を生じさせるため，適切な社会生活を営んでいくに当たっては，攻撃への衝動をうまく制御することも必要である．

攻撃の衝動を生体のもつ基本的な本能と考えて，それをなんらかの形で解消することが必要だとする考え方がある．暴力的な映画やテレビを見たり，暴力的行為を身近に体験したりすることが，攻撃への衝動を発散させる一種のカタルシスである，とする．カタルシス（浄化）とは精神分析の用語で，抑圧され阻止されていた観念・感情・衝動を表出することによって，不安や緊張が解消されることを指す（トピック10-4参照）．

しかし，現在までに得られた資料によると，少なくとも子どもでは逆の結果が生じる．観察学習（4.3.2項参照）で見たように，子どもの場合，大人が人形に対して乱暴を働き攻撃するのを実際に観察したり，その映画を見たりすると，攻撃行動は増大する．8，9歳の子ども，800人以上に暴力テレビを見る習慣を調査し，10

年経ったときの攻撃性を調べたアメリカの追跡研究によると，暴力テレビを見る習慣と 10 年後の攻撃性とのあいだには密接な相関（トピック 8-2 参照）があったという（Smith *et al.*, 2003）．子どもの場合，暴力シーンを見ることが暴力的衝動のカタルシスとなるよりも，むしろ暴力シーンからの観察学習が大きな効果をもつといった可能性が考えられる．カタルシスは攻撃性の一時的な解消になるかもしれないが，特に年少者，若年者の場合，暴力的状況の経験を重ねることによって，暴力性への疎通が形成されてしまう可能性が大きいことに注意する必要がある．

　ネコの視床下部に弱い電気刺激を与えると，毛を逆立て怒りの反応を示し，ケージの中にいるラット（実験用のネズミ）に近寄って殺す．一般にラットやネコでは，攻撃行動はもっぱら視床下部によって直接支配されている．しかし一方，サルでは視床下部に電気刺激を与えると，オスのボスザルは，下位のオスに対して攻撃するがメスに対しては攻撃しない．また下位のサルに刺激を与えるとボスザルに対してはむしろすくんで服従の姿勢を示す．サル，チンパンジー，さらにヒトなどの霊長類の攻撃行動は，視床下部によって直接支配されているのではなく，個体それぞれの過去の経験が関係し，より上位の大脳皮質によって制御されている．

　障害は，個人から見て外的なものと内的なものとがある．外的な障害としては，直接に到達行動を遮るいわゆる障害物，個人の行動に制約を加える社会的制度や文化的慣習，経済的要因，行動を禁止したり妨害したりする教師・親や他者といった対人的要因などが挙げられる．一方，内的な障害としては，内面化された社会的・文化的な規範（それを守らないと恥ずべきこととされるルール，たとえば場所柄をわきまえずに大声でわめいてはいけない）や，親や他者への対人的配慮（たとえば親にほめられるような行ないをすべきだとする考え）などがある．障害物を排除したり乗り越えたりできないときの身体的な力不足，ほしいものを購入できない経済力不足などは外的であるが，個人によっては内的なものと感じられることもある．また各種の試験などの難関にのぞむときなどには，自分の能力不足が内的な障害と感じられる．

　予期しない障害に急に出会うときには，直接的な身体的・言語的な攻撃行動が起こりやすく，同時に「怒り」の情動が体験される．障害がすぐには排除・克服できずにいるときには，緊張発散的なせわしない動きや固執的な反復動作が起こりがちで，同時に「腹立しさ」や「いら立ち」の情動が体験される．欲求阻止状態が長引くと，八つ当たりや弱いものいじめのような転位的攻撃行動

が起こることがある．逃避・回避の不可能な欲求阻止状況が長期化すると，無活動・無為の状態となり，「うつ」や「無気力」の気分に陥る（トピック4-4参照）．障害が比較的早くから予期され気づかれるときには，障害を回避しながら多少遠回りしてでも目標に近づく迂回行動がとられる．また，当初の目標と類似した同質の意味をもつ別の（多くは，強く大きな障害に出会わずにすむ）代理的目標を新たに設定して，それに接近していく代償行動がとられることもある．欲求阻止状況においては，この2種の行動のほうが前述の情動的な反応よりも合理的で現実的な対応である．

障害に出会ったり欲求阻止状況に置かれていたりするときに，情動的な実行行動を自ら抑制し我慢する傾向のことをフラストレーション耐性と呼ぶ．気質や性格といったパーソナリティからくる個人差（8.4節参照）もあるが，この耐性は，障害そのものや目標達成に要する手段についての知識や，社会的規範や価値についての認識，といった要因とも関連しながら発達していく．

7.5.2──コンフリクト（葛藤）

好きな食物，魅力的な異性に対しては人々は引きつけられる．逆に嫌いな食物，嫌いな人物に対しては退けたり遠ざかろうとする．もちろんこの引きつけたり反発させたりする程度は，そのときの空腹の程度や気分によって，言い換えれば個体の側の種々の条件によって異なるはずである．レヴィン（1935）は，このように生体を引きつけたり，反発させたりする環境内の対象の性質を誘発性（または誘意性）と呼び，生体を引きつける場合を正の誘発性，反発させる場合を負の誘発性とした．誘発性は，生体に接近行動ないしは回避行動を生じさせる動機づけの働きをもつ．またレヴィン（1951）は，客観的には同じ環境にいても人によって違う行動が生じるのは，その人によって認知され，とらえられた環境の違いが行動に影響を及ぼすからだと考え，行動は生体に認知されている空間（生活空間）としての心理学的場の中で生じるという理論を展開した．

2つ以上の対象（目標）がある場合，それらのもつ誘発性は，相互に拮抗し合ってどちらの方向への行動もとれずに身動きできなくなるような状況が生じうる．そのような状況や，個体（個人）内部に生じている動機づけ相互間の葛藤のことをコンフリクトと呼ぶ．前項のフラストレーションが長期化した場合も，コンフリクトの一種と考えてよい．レヴィンは，図7-7のように，大別し

図7-7 基本的なコンフリクト状況（Lewin, 1935 に基づく）
大きい楕円は認知された「生活空間」，小円は個人，四角は対象・目標，矢印は行動
の方向性，＋－は対象・目標のもつプラスとマイナスの誘発性の性質を指している.

て3種の典型的なコンフリクト状況がある，としている.

接近─回避型のコンフリクト状況は，同一の対象・目標が相反する誘発性を同時にもつ場合である.「怖いもの見たさ」といったものがあるが，たとえば，親という同一人物が，愛着の対象であると同時に攻撃・敵意の対象となることがあり，そこでは両面価値（相反感情，トピック8-5参照）が生じることになる. フラストレーションにおける目標をプラスの誘発性のものとし，障害をマイナスの誘発性とすれば，目標に達する直前に障害が存在するときには，この型に入れることができる. こうしたとき，一過性には「いら立ち」，長期化すれば慢性的な「不安」の情動・気分が体験される.

接近─接近型のコンフリクト状況は，同時に相反する方向にプラスの誘発性をもつ対象・目標があり，その時点でどちらか一方を選択しなければならない場合である. いわゆる「迷い」が体験され，「後ろ髪を引かれる」思いで他方を諦めねばならない.「二兎を追うもの，一兎をも得ず」となることもあるが，多くの場合，ある程度以上一方に近づくことになれば，他方の誘発性は低下すると言われる（9.3.2項参照）. また，時間をずらして，それぞれを達成する方策が立てられることもある.

回避─回避型のコンフリクト状況は，どちらにしても好ましくない対象や状態が予想され，マイナスの誘発性をもつ対象のあいだに置かれた場合である. 学校や職場はおもしろくないし家庭も居心地が悪いとか，宿題は嫌だが親に叱られるのも怖い，といった例が考えられる.「前門の虎，後門の狼」という諺にも当てはまる. 深刻に言えば，窮地・苦境に陥っている場合であり，生活空間の中に他にプラスの誘発性をもつ場所・対象があれば，そこへの逃避的行動が生じる. それができないときには閉塞した状況となり，強い「不安」や「うつ」が醸成されていき，種々の神経症的症状や行動が生じることになる.

7.5.3─自我防衛機制と自己実現

　精神分析療法ならびに精神分析学を創始（1920年代）したフロイト（1905）は，人間行動の根源的な衝動として快楽原則にしたがう本能的な性（セックス）の動機づけを重視して，その性的エネルギーとしてリビドーを想定した（10.2.3項参照）．リビドーは通常の社会生活において意識下に抑圧されて無意識なものとなっているが，絶えず意識化されようとする．図7-8に見られるように，フロイト（1933）の心的装置（パーソナリティの構造）の中では，リビドーは「エス（イド）」の中に位置している．一方，倫理的，理想主義的な規範は個人の中で内面化されて「超自我」ないし「自我理想」として，個人が社会的規範から逸脱することを防いでいる．「自我」は，エスと超自我の中間にあって，現実原則にしたがってエスと超自我とを調整し個人としての統一性を維持しようとする．このように，フロイトによれば，パーソナリティはエス，自我，超自我の3種の機能から成り立った力学的構造である．なお前意識とは，思い出そうとして注意を向ければ思い出すことができ，いつでも意識に入ることができるものを指す．したがって心は意識，前意識，無意識の3層からなるとする（8.6.1項参照）．

　個人を現実に統合的に適応させようとする自我は，超自我とも協働して，自己実現をはかろうとする．しかし本能的・快楽追求的なエスとのあいだにしばしばコンフリクト関係を生じ，そこから不安が発生するが，対外的・統合的な機能がそのために減弱・崩壊しないように，また不安を緩和・解消するために，さまざまな防衛的措置を講じる．このことを自我防衛機制と呼ぶ．これらはある意味で，自己評価あるいは自尊心が低下しないようにする心理的仕組み，とも言えよう．元来は，神経症者の治療的解釈から見出されたものではあるが，一般の人においても同様の機制が用いられているとされる．トピック7-12に示した代表的なもの以外にも，手の込んだ洗練された防衛機制があるが，それらによって，一時的にあるいは長期的に自我の調整機能が維持され，対社会的に統一した個人としての適応がもたらされて自己の実現がなされる．しかし，自我機能が過剰で，不適切に働き，不安が募ったり慢性化したりすると，種々の神経症的な症状や行動が生じやすくなるし，さらに，特定の防衛機制への固執や常習化のために病理的な状態に陥ることがある，とされる．

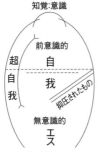

図 7-8 フロイトの心的装置の図式（Freud, 1933）　**図 7-9 ユングの自我と自己**（河合，1967）

トピック 7-12　代表的な自我防衛機制

（1）逃避——自己評価の低下が予想され，不安を感じさせる状況から逃げ出し，それを避けること．単純にその場から退くことで，身を守り安心感を得る「退避」，本質的な適応とは直接関係のない別の行動に集中することで，不安を緩和・解消しようとする「現実への逃避」，行き詰まっているときに自由な空想の中での代償的満足をはかる「空想への逃避」，適応上必要な機能を停止するとか，すでにある機能障害を過大に見せることで，適応困難状況を避ける「病気への逃避」がある．

（2）抑圧——自己評価の低下が予想される情動や思考を，自ら認めないようにすること．倫理的・自尊的に見て好ましくない感情，たとえば性的・攻撃的なものや劣等感情などが抑圧の対象となる．フロイトは，本人にとっては無自覚のまま抑圧が生じること（無意識な抑圧の働き）を強調した．

（3）置き換え——抑圧されている情動の行く先を，社会的に認められた，ないしは無害な代理的・代償的な目標へ置き換えること．有効なものの代表として，性的情動を芸術へ向け，攻撃的情動をスポーツ・ゲームへ向けるように，社会的に承認されない欲求を，容認可能な行動に変容して満足させることを「昇華」という．

（4）取り入れ——同一視を通じて，他者のもつ社会的に好ましい行動・態度・価値を取り入れ，自分自身もその有能な他者になったように感じること．たとえば，親のもつ規範や価値観を取り入れて，自己のうちに内面化する．こうして超自我が形成され発達する．

（5）投射——同一視を通じて，自分の中にある情動や態度を他者に帰属させて責任を転嫁すること．社会的・自尊的に見て好ましくないことが投射されやすい．

（6）反動形成——自分の中にある情動や態度と正反対の行動をとること．たとえば，劣等感が虚勢を張る行動となったり，高く強い関心があるのに表面は無関心を装う行動となったりする．

　(7) 合理化──本来の目標に達しえないときに，自己評価を低下させないですむように理由づけをすること．一般的には負け惜しみによって，イソップに出てくる「酸っぱいブドウ」の論理がよく使われる．

　一方，分析心理学者のユング（1928）は，こころ（プシケ）は多層的であるとみなした．まず，社会的適応のために意識化されている「ペルソナ」層があり，それを統合する中心的機能を自我と呼んだ（図7-9）．その下に抑圧された個人的無意識ならびに「影」の層があり，そのまた下に，男性ならば無意識的な「女性的心性（アニマ）」，女性ならば同じく「男性的心性（アニムス）」がある．そしてさらにもっと深いところに人類全体に共通する「普遍的な無意識」層が存在している，と考えた．意識的なペルソナ層と無意識の各深層とは対立的で相補的に機能するが，プシケ全体を統合する中心的機能として，自我とは別に自己がある．そしてその自己が，自我による意識的な統合性・安定性を崩しても，その個人にとってより高次の統合性・全体性へと志向させる，とする．ユングは，このことを「個性化」あるいは「自己実現」の過程と呼んだ（10.2.3項参照）．しかし，自我が脆弱であると，すべてが自己に飲み込まれて，社会的適応を失してしまう危険性のあることも指摘している．

［参考図書］

遠藤利彦　2013　「情の理」論　東京大学出版会
河合隼雄　2010　ユング心理学入門（新装版）　培風館
小谷津孝明・小川俊樹・丹野義彦（編）　2008　臨床認知心理学　東京大学出版会
デカタンザロ，D. A.（浜村良久監訳）　2005　動機づけと情動　協同出版
バック，R.（畑山俊輝監訳）　2002　感情の社会生理心理学　金子書房
濱　治世・鈴木直人・濱　保久　2001　感情心理学への招待　サイエンス社
福井康之　1990　感情の心理学　川島書店
フロイト，A.（黒丸正四郎・中野良平訳）　1982　自我と防衛機制　岩崎学術出版社
ヘッブ，D. O.（白井　常他訳）　1975　行動学入門（第3版）　紀伊國屋書店
マズロー，A. H.（小口忠彦訳）　1987　人間性の心理学（改訂新版）　産業能率短期大学出版部
松山義則　1981　人間のモチベーション　培風館
ロージャズ，C. R.（伊東　博編訳）　1967　パースナリティ理論（ロージャズ全集8）　岩崎学術出版社

8 章 個人差

　人間がどのように環境に適応していくかに関して，他の動物と比較するとき
にはヒト全体に共通した側面が強調されがちである．人間の行動様式を細かく
見ると，顔立ちや身体つきが各人みな違うように，まったく同じ人はいない．
身体的構造については，一卵性双生児の場合ほとんど同じと言えるぐらい似て
いるが，経験の影響を大きく受ける行動様式やそれらの基盤となる心理的な機
能は，一卵性双生児間でも，ある面ではかなりの違いが見られる．ここではそ
うした行動様式，心理的機能の個人差について見ていくことにする．

　昔から心理的機能は知・情・意の3側面に分けられてきた．近年は知的な機
能の個人差を扱うときには知能という用語が，そして，情・意的な機能の個人
差が扱われるときには性格という用語が使われ，知・情・意のすべてを含めた
個人差に言及するときには，その人特有の〈人となり〉あるいは個性という意
味も込めて，パーソナリティという用語が使われている．

　この章では，知能と性格の概要を述べ，それぞれの検査法を解説する．最後
にパーソナリティの不適応と障害について述べる．

8.1─知能の測定

　知能とは，知的行動の基礎にある能力を指す．生体の環境への適応のしかた
は，合理的な解決と非合理的な解決との2つに大別することができる．合理的
な解決とは，4，5，6章で扱われた注意，知覚，学習，記憶，概念化，推理と
いった各機能をさまざまに働かせて，問題状況を解決することである．その解
決は，生体を環境に客観的に適応させたり，適応しやすい方向に導く．こうし
た合理的な解決を目指す行動を知的行動と呼ぶ．

　一方，非合理的な解決とは，さまざまな問題解決の場面において，7章で扱
われたフラストレーションやコンフリクト状況に陥り，怒り・恐れ・不安など

表 8-1 一般の人の「知能」観 (Sternberg *et al.*, 1981)

Ⅰ　実際的問題解決能力	Ⅱ　言語能力	Ⅲ　社会的有能さ
・論理的で十分に推理する. ・アイディアのあいだの関連を指摘する. ・問題の全側面を見わたす. ・開かれた心をもつ. ・他人のアイディアによく考えて反応する. ・状況を十分にとらえる. ・問題の核心をつく. ・情報を正確に解釈する. ・よい決定をする. ・基本的な情報のためにその源までさかのぼる. ・問題を最適な方法で行なう. ・アイディアのよい源泉である. ・目に見えない想定や結論をとらえる. ・議論をあらゆる側から聞く. ・問題を縦横に扱う.	・はっきり明確に話す. ・流 暢である. ・よく会話をする. ・特定の分野についてよく知っている. ・一生懸命勉強する. ・よくわかって読む. ・幅広く読む. ・うまく人々とつき合う. ・苦もなく書く. ・読む時間をとっている. ・語彙が豊か. ・新しいことを試みる.	・他人をあるがままに受け入れる. ・あやまちを許す. ・広く世界に関心を示す. ・約束を守る. ・社会意識をもつ. ・話したり行なったりする前に考える. ・好奇心を示す. ・思いつきの判断をしない. ・公正な判断をする. ・情報と手近な問題との関連をよくとらえる. ・他人の要求や望みに気がつく. ・自分や他人に素直で正直である. ・身近な環境に関心を示す.

の情動を伴いながら逃避や抑圧などを行なう場合である. この場合は，問題状況の客観的解決にはならないが，個体を心的な緊張から緩和し，破滅から免れさせるという意味をもつ. このような行動様式は知的行動と対比して情意的行動と呼ぶことができる. これについては8.4節以下で述べることにしよう.

　表 8-1 は，一般の人の，現代の文化的・文明的な社会生活における「知的行動」とみなされているもののリストである. それらをもたらす実際的な問題解決能力，言語能力，社会的有能さがいわゆる「知能」ということになる. そしてこの知的行動ないし知能には明らかに個人差が認められる. それを測定しようという試みは，20世紀に入ってはじめられた.

8. 1. 1─ビネの知能テストと精神年齢

　フランスの社会教育省の依頼を受けたビネ（10.6.3項参照）が，精神遅滞者施設の医学者シモンの協力を得て，発達の遅れのある子どもに対する診断用の30項目からなる知能尺度，いわゆる知能テストをはじめて発表したのは，1905年であった. 3年後にはさらに検討が加えられて54項目からなる改訂版が示された（表8-2）. 精神発達の速さには，同じ年齢の子どもでもそれぞれ

表 8-2 ビネらの知能測定尺度の問題例

5 歳児用の問題	2 つのおもりの比較 文章の反唱*（10 音節文） 2 片によるはめ絵遊び	正方形の模写 4 つのコインの数え方
6 歳児用の問題	文章の反唱*（16 音節文） 身近な物の用途による定義 自分の年齢をいう	2 つの顔の美しさの比較 同時になされた 3 つの命令の実行 午前と午後の区別

* ビネ知能テストの日本版で，鈴木（1956）は復唱（répétition）を反唱と翻訳した.

個人差がある．そこで，ビネらは，あらかじめ特定年齢の子どもたちの 50% から 75% が正しく答えられるテスト項目を作っておき，対象とする子どもがその項目に答えられれば，その子どもは，特定年齢の発達水準に達していると評定したのである．このように，テスト項目がそれぞれの特定年齢の子どもの基準になるように統計的に定める手続きを標準化という．前述の改訂版は，3 歳から 13 歳までの子どもの集団を用いて標準化したものであり，たとえば，5 歳の子どもが 4 歳用のテスト項目までしか合格できなければ発達に遅れがあり，6 歳用のテスト項目まで合格すれば進みがあると判定された．こうして評定された精神発達水準は，その後精神年齢と呼ばれるようになり，さらにこれを生活（暦）年齢で割った値が知能指数（Intelligence Quotient：IQ）と呼ばれるようになった．

$$IQ = \frac{精神年齢（月）}{生活（暦）年齢（月）} \times 100$$

その後，アメリカのスタンフォード大学のターマン（1916）による大規模な標準化を通して英語の改訂版が作られた．日本でも 1920 年頃からこのビネ式テストが検討され，各種の日本版が作製されて用いられてきている（トピック 8-1）．

トピック 8-1　　知能テストの妥当性と信頼性

知能テストに限らず心理的機能の測定に際しては，そこで使われる項目・尺度が，対象としている機能を十分に反映し測定できる形になっているか，という妥当性の問題がある．知能テストの場合には，ある子どもの将来の知的行動の程度（表 8-1）を予測しうるものであるかどうかという予測的妥当性，経験者・専門家たちによる知的行動の観察評定と一致するかどうかという併存的妥当性，さらに，その研究者

による知能の概念定義（たとえば「抽象的思考能力」とか「学習能力」とか）に合致した項目・尺度になっているかどうかという構成概念妥当性，あるいは内容妥当性が問題とされる．

　また，テストによる測定の正確さのことを信頼性という．これについては，知能そのものの真の値はわかっていないので，どの程度に正確なのかはあくまで推定的である．一般的には，同一の項目・尺度を同一人に比較的短い期間内に2度試みる「再検査法」で，そのあいだの変動が非常に小さければ（相関が高ければ──トピック8-2参照），安定した知能傾向が測定されているとみなされ，信頼性が高いとされる．その他，もとの検査とほぼ同じ内容をもつ代替形式の項目・尺度による並行検査とのあいだで相関を見る方法と，長めの同一検査の中の項目群尺度を折半して実施してそのあいだの相関を見る方法とがある．

8.1.2─ウェックスラーの成人用知能診断テスト

　ビネのテストは児童の発達の遅速を見ることに重点が置かれていたが，アメリカのウェックスラーは，1939年，成人における知能の質的な差異を調べるための診断用の個人検査を考案し発表した．1955年以降，それは改訂されながら現在も用いられている．これは，WAIS（Wechsler Adult Intelligence Scale）と呼ばれ，適用範囲は16歳以上となっている．テスト課題は言語性と動作性に分けられ，さらにそれらはそれぞれいくつかの下位検査に分けられていて，その結果はプロフィール（横顔の意，個人識別に用いるために個人の検査結果をグラフで表わしたもの）として表示され，そこから診断がなされる．ウェックスラー検査は，その後，5～15歳用の児童用知能尺度（WISC）と就学前児童用尺度（WPPSI）も考案され使用されている．なおまた，言語性検査と動作性検査について，および総合得点について，偏差IQ（Deviation IQ：DIQ）も算出されるようになっている．

$$偏差IQ = \frac{各個人の得点 - 当該年齢段階の平均点}{当該年齢段階の標準偏差} \times 15 + 100$$

8.1.3─集団式知能テスト

　ビネの知能テストもウェックスラーのものも，個人検査である．これに対して，多数の人を対象に，紙に鉛筆で応答させる集団式知能テストは，1917年にアメリカが第一次世界大戦に参戦したとき，軍の依頼を受けた心理学者たち

によって考案され，陸軍の将校・兵士の選抜と配置のために使用されたのがはじまりである（これは軍隊検査と呼ばれた）．これには，英語の読み書きのできる者に適用される言語式検査と，英語の読み書きのできない者に適用される非言語式検査があり，前者はα式またはＡ式，後者はβ式またはＢ式と呼ばれた．現在日本で児童・青年を対象によく用いられる田中Ｂ式知能検査は，この軍隊検査Ｂ式の流れを汲むものである．ビネの個人検査は，知能指数という指標が示すように，精神発達の遅速を見るためのものである．しかし集団検査では，知能指数も算出できるが，むしろ，同じ年齢の集団（年齢水準集団）の中でその個人の得点が，普通か上位か下位かという位置づけを定める観点がとられるので，知能偏差値のほうが指標とされることが多い．

$$知能偏差値 = \frac{各個人の得点 - 当該年齢集団の平均点}{当該年齢集団の得点の標準偏差} \times 10 + 50$$

8.2 ── 知能の因子

知能指数や知能偏差値はある個人の知能の程度をおおまかに示すものであるが，一言で「知能」といっても，そこにはいろいろな種類の認知機能が含まれている．それらを分類し，分離する統計的・数理的な解析の手法として因子分析法が考案されている．とくに多数の項目を含み，多人数を対象として得られる集団式の結果についてこの手法を適用することで，いくつかの知能因子（知的能力ないし知的機能）をいくつかのグループにまとめ直す試みがなされてきている（トピック 8-2）．

トピック 8-2　相関係数と因子分析

たとえば 50 人が検査項目 Ｘ と検査項目 Ｙ を同時に受けたとき，各人の Ｘ 得点と Ｙ 得点の交点の位置に ■ をプロットしていくと相関図が得られる（図）．項目 Ｘ の得点と項目 Ｙ の得点とがほぼ比例していれば，図の各得点（■）は，a のように斜めの直線上に集まって並ぶ．しかし実際には Ｘ 得点と Ｙ 得点の関係にはバラツキがあるため，直線上には並ばず，b のように斜めの方向の楕円の形になる．そこで，項目 Ｘ で相対的に高い得点を取った者が項目 Ｙ でも相対的に高い得点を取り，Ｘ での低得点者が Ｙ でも低得点を取っていれば，その相関係数は正の値をとり（最高＝+1 となる），逆に Ｘ での高得点者が Ｙ で低得点者になっていれば，そ

のときの相関係数は負の値（最高＝−1）となる．XとYとのあいだにそうした傾向性がなければ，そこでの相関係数はゼロ（0）となり，このときは相関図が円の形になる．相関係数 r は下式によって算出される．

$$\gamma = \frac{\{(各個人のXの得点 \times Yの得点)の平均値\} - (Xの平均値 \times Yの平均値)}{項目Xの標準偏差 \times 項目Yの標準偏差}$$

この r の値は，2つの検査への応答状況のあいだに，どの程度の対応性があるかを示す指標となる．aでは $r=0.92$，bでは $r=0.72$ と計算される．r が±1に近いとき相関が高いといい，0に近いとき相関が低いという．

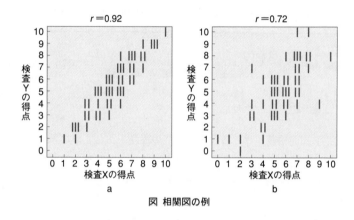

図 相関図の例

たくさんの問題項目を含むテストを多数の人たちに実施し，各検査項目への応答状況のあいだの相関係数の全体（相関行列）を基礎にして，応答のしかたが類似・相関している検査項目群と似ていない項目群とが，分類され分離するように計算，解析するのが因子分析である（詳細な説明は，因子分析の専門書を参照）．

8.2.1─知能の共通因子と特殊因子

認知機能についての因子分析的研究をはじめて行なったのは，イギリスのスピアマン（1904）である．彼が，小学生における各種成績（古典，仏語，英語，数学，音程の弁別，音楽的才能）間の各相関係数を基礎に因子分析的処理を行なったところ，いわゆる一般的な頭のよさに相当する共通因子（g因子）がまず抽出され，続いて個別的な科目の得手・不得手に相当する特殊因子（s因子）が抽出された．そこから彼は，一般的・基本的な知能と個別的・特殊的な知能がある，という2因子説を唱えた．

　これに対して，アメリカのサーストン（1938）は，大学生・中学生に各種の問題項目からなる集団式知能テストを実施し，その結果について因子分析をしたところ，数の演算に関する因子（N），空間的状況を把握する因子（S），同一の図柄を知覚的に同定する因子（P），文章理解に代表される言語的理解の因子（V），語の発想の流暢<ruby>流暢<rt>りゅうちょう</rt></ruby>さの因子（W），暗記的な記憶の因子（M），主に帰納操作に関する推理の因子（IまたはR）の7つの因子，ならびに命名しにくいその他3つの因子が抽出された．そこから彼は，知能は8ないし10の比較的独立した知的機能から構成されている，という多因子説を唱えた．しかしその後，N，W，S，V，M，Iの6因子について再分析したところ，そこには共通する一般的知能の因子が含まれている可能性のあることが確かめられた．

8.2.2──ギルフォードの知性構造モデル

　因子分析によって知能の構造を明らかにしようとする研究は，多くの心理学者によってなされている．その代表的なものとして，ギルフォード（1967）の知性構造モデルがある．すなわちギルフォードは，知能とは情報処理機能であるという観点に立って，知性は①与えられた情報を「内容」の側面からとらえる働き，②その情報を心的な「操作」として分析したり，総合したりする働き，③心的操作による概念化の働きによって得られる結果（所産），の3つから構成される，とする．

　①の内容として図形的，記号的，意味的，行動的，の4種，②の操作として記憶因子，認知因子，多くの可能性の中から唯一の正答に到達するように思考を進める収束的思考因子，いくつもの異なる解決を多様に創造する発散的思考因子，認知したものが要求に合致するか否かを決定する評価因子，の5種，さらに，③の所産（概念化・とらえ方）として単位，クラス，関係，体系，変換，含意，の6種が，それぞれ含まれる．そこで内容，操作，所産の3次元の軸からなる立方体（知性因子立体モデル，図8-1）を構成して，120通り（4×5×6）の組み合わせ（因子）をもつ3次元的な知性構造モデルが構成される．たとえば「種々の図形をふるい分けする原理をできるだけたくさん挙げよ」という課題では，①の内容として図形的（F），②の心的操作として発散的思考（D），③の所産としてクラス（C）を扱う能力FDCが含まれることになる．

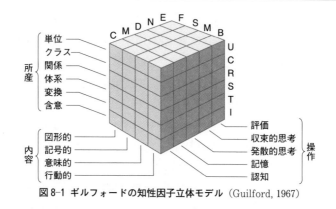

図8-1 ギルフォードの知性因子立体モデル（Guilford, 1967）

8.3─知能発達の要因──遺伝 対 環境

　知能テストは万全のものではない．個人生活や社会的状況の中で観察される知的行動はもちろん，知能テストの測定結果もまた，現在のその人の認知機能の状態のある側面を反映するものに過ぎない．したがって，知能がどれだけどのように遺伝的素質や養育・教育環境に規定されるかという問題は，ある意味，かなり推定的で理論的なものになる（認知機能の発達については6.2節参照）．

8.3.1─知能Aと知能B

　ヘッブ（1949）は，知的機能発達とかかわる生得的潜在力（potential）を知能Aと呼び，成長して知的機能が観察・測定できるようになったときのその発達の水準（内容）のことを知能Bと呼んだ．したがって，知能テストの結果算出される知能指数などは，知能Bの測定値ということになる．つまり，知能Aの程度（測定は不可能）を横軸とし，養育・教育環境の程度（これも測定不可能）を縦軸とすれば，その両軸上の値を乗じた面積が知能B（測定可能）となり，知能の発達にとっては遺伝も環境もともに重要で不可欠な規定要因である，ということになる（トピック8-3，遺伝と環境については3.1節参照）．

　なお，キャッテル（1950）によれば，一般的知能は，文化・教育的環境の影響を強く受けて発達し，経験の結果として結晶した結晶的知能因子（gc）と，文化・教育の影響が比較的少なく，新しい場面に臨機応変に対応する流動性知能因子（gf）とに分けることができるという．gfは，前節のサーストンのW，

Sなどの因子を含み，非言語性テストによく反映され，20歳代以後は下降する．一方gcは，サーストンのV，N，Iなどの因子を含み言語性テストによく反映され，年齢を重ねるにつれて上昇し続ける，という．

トピック 8-3　双生児・近親者の知能比較

　表は，IQないし知能偏差値について，他人どうしから双生児どうしまでの相関関係（トピック8-2参照）を調べた諸研究の結果をまとめたものである．素質も違い環境も違う他人どうしのあいだでは，なんの相関も見られない（相関係数がほとんど0）．それに対して，ヘッブ（Hebb, 1949）のいう知能Aにおいてまったく同一といってよい一卵性双生児が同じ家庭で育った場合は，＋.87という高い相関係数になる．一方彼らが別々に育てられた場合には，＋.75と多少相関が低くなる．以上のことは，遺伝的に同じと考えられている一卵性双生児も，養育・教育環境に影響を受けることを示唆している．なお，同じ家庭内で育った場合も相関係数は＋1ではないのは，子宮内環境や育て方の相違（一方を兄（姉），他方を弟（妹）と呼ぶような）などの影響によるのだろう．また，素質的には関係のない他人どうしが一緒に生活している場合や養子とその親の場合には，相関係数が＋.20前後で，ある程度の類似性が示されている．ただし，そこには単に生活環境の影響だけではなく，比較的似たものどうしが同居することが多かったり，養親が生みの親と似た社会的・経済的階層にあったりすることの影響が含まれてくる．

　なお，実親とその子ども，兄弟姉妹としての同胞，また同じ年齢の同胞である二卵性双生児の場合における，これら近親者のあいだの相関係数は，おおむね＋.50前後であり，中間程度の相関になることが示されており，さらに別々の生活をしている場合には少し低くなることも示唆されている．

表 血縁の程度と知能との相関の程度 （Eysenck, 1979）

血縁の程度	同居		別居	
	研究数	相関係数の中央値	研究数	相関係数の中央値
他人どうし	7	.25	4	−.01
養い親—子ども	6	.19		
同じ両親から生まれた同胞	35	.49	3	.34
実の親—子ども	12	.50	3	.32
二卵性双生児	20	.53		
一卵性双生児	14	.87	4	.75

244 ● ─ II部 こころの働き

8.3.2─階層差・地域差

　親の社会的・経済的地位や教育程度，教育観によって子どもの知能の発達は影響を受けることが予想される．住居様式，収入，学歴，職業の4指標による6段階の社会階層尺度を用いた日本での調査によると，上層とされるほど平均的にわずかずつ知能偏差値が高くなることが示されている．項目ごとに分析してみると，言語式において，また推理問題において階層差が示されたという．これは，知的発達に関する機会に恵まれるかどうかの要因がまず考えられるが，その他に，検査項目の内容に階層文化による偏^{かたよ}りがあることも想定される．つまり，言語式検査や推理問題において差が見られることは，それぞれの階層での言語経験が多少とも異なっており，それに基づいた思考態度も多少とも異なっていることを示している．

　このことは，階層差だけでなく都市部と村部といった地域差についても，さらに文化の異なる地方や民族を比較する場合にも，十分考慮を要する点である．伝統的な知能テストは，文化・教育の影響下で発達するキャッテルの結晶的知能を主に測定するもの，と言ってよい．

8.4─性格

　ここまでは「知的行動」の個体差としての知能を取り上げてきた．ここでは「情意的行動」の個体差を取り上げることにしよう．情意的行動の個体差を扱うとき，性格という用語がよく使われる．ある場合には気質という語も用いられるが，これは，その個人のもつ遺伝的素質ないし生理的特質のことを指すときに使われる．一方，どんな行動も知的側面と情意的側面の働き全体を通じて生じる．したがって，ある個人の行動特徴は知的側面も情意的側面も含んだ全人的なものと見なすことができる．その場合とくにパーソナリティという用語が使われる．ここでは性格とパーソナリティをほぼ同じものとして用いるが，ニュアンスの違いがあることに注意しておく必要がある．なお，personalityを「人格」と訳す場合があるが，「人格者」と言うときなど価値的（道徳的・倫理的）なニュアンスがあるので，この訳語は適切でない．

8.4.1─類型論Ⅰ：クレッチマーによる循環気質・統合失調（分裂）気質

　ドイツの精神医学者クレッチマー（1931）は，臨床上の経験から，内因性の

表8-3 クレッチマーによる精神障害と体格の比率 （Kretschmer, 1931）

精神障害 ＼ 体格	肥満型	細長型	闘士型	その他
双極性障害（1,361例）	64.6%	19.2%	6.7%	9.5%
統合失調症（5,233例）	13.7	50.3	16.9	19.1
てんかん（1,505例）	5.5	25.1	28.9	40.5

表8-4 クレッチマーによる各気質とその性格特徴 （詫摩ら, 1990を改変）

気質	循環気質			統合失調（分裂）気質			粘着気質
	一般的	躁的	うつ的	一般的	過敏性	鈍感性	
性格特徴	社交的 善良 親切 暖かみあり	明朗 ユーモアあり 活発 激しやすい	寡黙 平静 気が重い 柔和	非社交的 静か 内気 きまじめ 変りもの 自然や書物 に親しむ	臆病 はにかみ 敏感 神経質 興奮しやすい	従順 おひとよし 温和 無関心 鈍感 愚鈍	誠実 几帳面 忍耐強い 頑固 爆発性あり

精神障害（8.6節参照）とされる双極性障害（躁うつ病）として診断された者には肥満型の体格をした人が多く，同じく統合失調症（精神分裂病）者では細長型の体格の人が多いこと，そして彼らの発病前の偏った性格（病前性格）および近親者たちの体格・性格についてそれぞれ一定の特徴があることを見出した．この傾向性は健常者についても適用できるものと考え，それぞれ循環（躁うつ）気質・統合失調（分裂）気質という類型を想定した．後には，てんかん者の傾向も考慮して粘着気質という類型を加えている．それぞれの体型の比率は表8-3に，また，性格的特徴は表8-4に示してある．

　アメリカの心理学者シェルドンら（1940）は，体型の発生的要因に注目して，消化器官など内臓の機能が相対的に優位に発達した内胚葉型，骨格や筋などの機能が優位な中胚葉型，皮膚や感覚器官や神経系が優位な外胚葉型，の3体格類型があることを想定し，そのそれぞれに心理的・行動的特徴が認められるとして，内臓緊張型，身体緊張型，頭脳緊張型の3性格類型のありうることを唱えた．その内臓緊張型はクレッチマーの循環気質に，身体緊張型は粘着気質に，頭脳緊張型は統合失調気質にかなり似通った性格特徴となっている．

8.4.2━━類型論Ⅱ：ユングの外向性・内向性

　スイスの精神医学者・分析心理学者のユング（1921）は，臨床上の経験と思

索に基づいて，心的エネルギーが外（客体）との関係に対してより多く向かっていて，外的存在物を重視してそれを基準に判断を下し行動する態度が習性化している外向性の人と，心的エネルギーが内（主体）に対してより多く向かっていて，主観的認識のほうを基準として判断し行動する態度が習性化している内向性の人がいることを見出した（10.2.3項参照）．そして，外向性の人は，迎合的で気さくな態度を特徴とし，状況への適応がよく，自信たっぷりで未知の状況へ飛び込む傾向を示す．これに対して，内向性の人は，躊躇し反省が多く引っ込み思案であり，なかなか自分を開かず，受け身の姿勢で周囲を疑い深く観察するような傾向を示す，とした．さらに，心的エネルギーの機能形式を大きく2つに分け，一方を合理的判断機能，もう一方を非合理的判断機能とする．前者には「思考」と「感情（好き・嫌いという合理的判断を下す）」があるとし，後者には理性の外にあって理性では説明できない（合理的には相容れないことを，そのまま絶対的に感じ取る）「直観」と「感覚」があるとした．そして，思考，感情，直観，感覚のそれぞれの機能ごとに外向性と内向性とがあるとして，8つの類型がありうることを示唆した．

8.4.3—特性論Ⅰ：キャッテルの特性論

以上のように，人の性格をいくつかのタイプ（類型）に分けて理解するといった類型論のアプローチに対して，個人のもつ多くの特性によって性格を記述しようとする特性論のアプローチがある．

知能について結晶性と流動性とに分けたキャッテル（8.3.1項参照）は，「パーソナリティとは，ある特定の個人がある一定の状況下でなにをするかについての予測を可能にするもの」として，それを推定するための基礎となる単位を特性（trait）と呼んだ（1950）．特性はまず，その個人に特有な独自特性と，すべての人が程度の差はあれ共有する共通特性とに分けられる．そして，状況的で不安定な表面特性は，独自特性と共通特性の2つに基づいて外から観察される．しかし，より深いパーソナリティの理解にとっては，そうした表面的行動の背後にある要因の想定が必要である．そこで，臨床観察に基づく資料，日常行動評定に関する資料，質問紙法による自己評定の資料，客観的テストによる資料，の4種の資料を用いて因子分析（トピック8-2参照）により根源特性を探る試みを行なっている．そしてパーソナリティは，根源特性による16

表8-5　5大因子の本質と特徴（辻，1998）

病理的傾向	一般的特徴	名称（本質）		一般的特徴	病理的傾向
臆病・気おくれ	控え目な	内向的─外向性	（活動）	積極的	無謀・躁
敵意・自閉	自主独立的	分離性─愛着性	（関係）	親和的	集団埋没
無為怠惰	あるがまま	自然性─統制性	（意志）	目的合理的	仕事中毒
感情鈍麻	情緒安定	非情動性─情動性	（情動）	敏感な	神経症
権威主義	堅実な	現実性─遊戯性	（遊び）	遊び心のある	逸脱・妄想

軸の両極性をもった各特性尺度における程度を示すプロフィール（8.1.2項参照）として描かれるが，第1因子はクレッチマーによる循環気質─統合失調（分裂）気質の軸に，第2因子はいわゆる知能の高・低に相当する軸をなしている．その他の因子についても，内向・外向に相当すると思われるものなど，類型論において言及されていた性格特徴が多く含まれている．

8.4.4──特性論 II：アイゼンクの因子論的類型論

アイゼンク（1970）は，因子分析法を用いながら，生物学（脳神経生理学）的基礎を考慮した実験的研究をも行ない，諸特性を統合して，まず，向性（外向─内向）と神経症性（情緒安定─不安定）の2因子類型に統合し，その下位に各特性を配置する階層説を唱えたが，さらに，精神病性〈双極性障害─統合失調症〉の因子類型を加えている．彼の説は因子論的類型論とも呼ばれる．

8.4.5──特性論 III：5大因子（ビッグ・ファイブ）論

ゴールドバーグ（1990）は，パーソナリティ記述語彙の分類ならびに質問紙〈因子分析〉法的研究を通じて，諸特性が5つの大因子に集約されうる可能性のあることを見出し，その大特性因子にいくつかの下位次元（特）が含められうるとする，ビッグ・ファイブ論を示してきている．これが各国で翻案されているが，日本では，辻（1998）により，内向性─外向性，分離性─愛着性，自然性─統制性，非情動性─情動性，現実性─遊戯性，の5超特性（5大因子）と，その下位にそれぞれ5要素特性を配置する考えが示されている（表8-5）．

8.4.6──類型論と特性論の長短

類型論は，比較的少数の典型を設けて個人的な全体像を記述するので，直観

的に理解しやすい面をもつが，各個人における細かい特徴や程度の差異が見失われがちになる．そのため中間型ないしは混合型を想定しなくてはならない．一方，特性論では，プロフィールで示されるように各個人におけるパーソナリティの諸側面が程度あるいは強弱として理解できる側面をもつが，それらが並列的であるために，特定個人の全体像ないし独自性を直観的に思い浮かべることができない難点をもつ．また，類型論は臨床的な観察と洞察に基づく場合が多いので，理解のしかたが本人の意識化していない深層にまで及ぶのに対して，比較的極端な，ときに病的な典型例が示されるので，それを広範囲の一般者に適用する際に問題が残る．一方，特性論では，行動評定や質問紙による自己評定に基づく場合が多いので，集められる資料は行動化・意識化された側面に限られる．したがって，あまり極端でない一般の人の範囲において特徴を細分したり区別したりすることができるのに対して，表層的側面に限られているため，パーソナリティの核心がなにかをとらえることは難しい．

8.4.7—パーソナリティの検査法

パーソナリティを理解する方法としては，いろいろな場面で個人の行動観察をするのが基本的であり，最も一般的である．これを通じてその個人の全体像はつかめるが，あまりにも多面的となり，また観察者の主観（ときに偏見）も入りがちである．

より深く専門的に理解しようとするときには面接法がとられる．これにはまず，その個人と面接者とのあいだの親和的な信頼関係（ラポールという）の成立が肝要であるし，加えて，面接者のほうにパーソナリティ理解に必要な基本的知識が備わっていなければならない．臨床心理学的・精神医学的な面談が最も専門的な方法であるが，それは1回ではなく何回にもわたって行なわれるのが普通である．

パーソナリティの評定や判定に際しては，種々の検査法が工夫されている（トピック8-4）．質問紙法は知能テストの集団式に対応する方法であるが，それぞれの質問項目に対して被検査者に自己評定を行なわせるもので，比較的簡単に個人の意識的・表層的なパーソナリティ特徴をおおまかにとらえるには便利である．一方，投映法は，検査者と被検査者が1対1で実施される方式のもので，個人の無意識的・深層的な心的状態が投映・反映されるようなあいまい

な素材を示して，それに対する被検査者の諸反応を臨床心理学的に分析する方式の検査法である．分析と判定は，専門家によって行なわれる．

トピック 8-4　　検査法の種類

（1）質問紙法：これは知能テストの集団式（8.1.3 項参照）に対応するもので，特性論に基づく各特性因子の尺度上におけるその個人の位置づけ（得点による）として表示されることが多い．

キャッテル（Cattell, 1950）は自らの抽出した 16 の根源特性（因子）を尺度化した 16PF というテストを考案している．日本では，知能構造モデルの提案者ギルフォード（Guilford, 1940 ; Guilford & Martin, 1943）のパーソナリティ目録ならびに人事考査目録を参考にして，矢田部達郎らが作成した 120 項目 12 尺度からなる矢田部・ギルフォード（Y-G）性格検査が現在最もよく用いられており，結果はプロフィール（8.1.2 項参照）として表示されるようになっている（辻岡，1965）．なお，精神障害者に対する医学的診断に客観性を与えるためにハサウェイら（Hathaway & Mckinley, 1943）が考案し作成した 550 項目からなる MMPI （Minnesota Multiphasic Personality Inventory）は，適用範囲を広げて一般の人に対するパーソナリティ検査としても利用されている．これは，心気症，抑うつ性，ヒステリー性，精神病質的偏倚性，性度，偏執性，精神衰弱性，統合失調性（精神分裂性），軽躁性，社会的向性の 10 の臨床診断尺度と，妥当性ないし統制性にかかわる 4 尺度に関しての指標が得られるようになっている．その他にも，MPI や TPI などと呼ばれるいろいろなパーソナリティ目録法が考案され使用されている．近年のビッグ・ファイブ論（8.4.5 項参照）に基づく辻（1998）の 5 因子性格検査（FFPQ）では，5 超因子×5 要素因子×6 項目の計 150 項目に回答する形式になっている．

質問紙法に答える人は，自分の核心に触れる質問には回答をはぐらかし，また全般的に自分をよく見せる選択肢を選ぶ傾向がある．そのため，妥当性や統制性にかかわる質問項目を設けて，回答態度を検出する工夫がなされている．

（2）投映法：代表的なものとしてロールシャッハ・テストがある．スイスの精神医学者ロールシャッハ（Rorschach, 1921）が考案したもので，紙面にインクを落としてそれを紙の中央線で折り畳んで広げたときにできる左右相称的なブロット（しみ）の図版 10 枚（半数は色彩混じり図版）を見せて，それからなにが見えるかを問う（図 A）．各図版は個人によって「なにが見えるか」がいろいろに違っており，その反応資料についての統計的基準に基づく専門的な形式分析と，より詳細な内容分析を通じて，その個人のパーソナリティが判定され理解される．

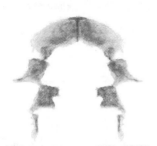

図A ロールシャッハ図版（模造）　　　**図B TAT図版**（模造）
原図の掲載は心理検査の倫理規定に触れるため模造図版を例に挙げる.

　絵画統覚検査（Thematic Apperception Test : TAT）は，アメリカの心理学者
マレーら（Morgan & Murray, 1935）が考案したもので，具体的な生活場面の中
にいる人物（複数のこともある）を描いた多義性のある絵図版を示して，そこから
その人物（たち）の過去・現在・将来にわたる空想的な物語を作らせる形式になっ
ている（図B）.　絵図版は全部で20枚あり，各図版について被検査者が語った空想
的物語に含まれている「目標達成への成功願望」や「失敗への恐れ」などが専門的
に内容分析される.　それらを通じてその個人がもつ諸欲求のあり方，そしてパーソ
ナリティが判定され理解される.

　この他,「私の父は,」などに続いて自由記述をさせて，それらを通じてパーソナ
リティを理解する文章完成法（Sentence Completion Test : SCT）がある.　また
絵画欲求不満テスト（Picture-Frustration Study : P-F Study）は，図Cのよう
な状況に置かれた絵の中の人物（右側）が，吹き出しの中になんと答えるかを，自
由に記入させる.　これはローゼンツワイク（Rosenzweig, 1978）の理論に基づい
て，被検査者の欲求阻止状況への反応からパーソナリティを解釈しようとするもの
である.　その他，人物とか樹木などを自由描画させたものを資料とする方法など，
さまざまな手法が考案され使用されている.

　（3）作業検査法：一定の作業を行なわせて，その作業の経過や結果を資料として
性格・パーソナリティを判定し理解しようとする方法がある.　そのうち最もよく使
用されているのが内田クレペリン精神作業検査である.　これは，ドイツの精神医学
者クレペリン（Kraepelin, 1902）の研究を基礎にして，内田（1941）が考案した
ものであり，ランダムにずらっと並んだ1桁の数字について隣どうしを合算して，
その1の位の数をあいだに次々と記入していく（図D）.　15列を各1分ずつ行ない,
休憩5分をはさんで，さらに15列各1分ずつ行なう.　そして，各1分の作業量を
前半15列・後半15列について結んでいき，その曲線の型や作業量の大きさなどに
よって性格の判定がなされる.

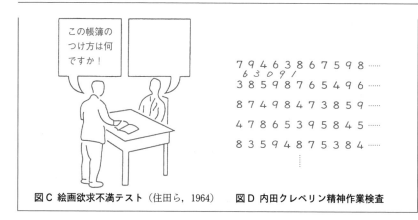

図C 絵画欲求不満テスト（住田ら，1964）　　図D 内田クレペリン精神作業検査

8.5—パーソナリティ発達の要因

パーソナリティの発達ないし形成に関しては，一般的には，中核部における素質あるいは生理学的特質としての気質と，生後の養育環境下での親子関係や，同胞関係との相互作用を通じて形成される層とがある（ここまでを「気質」と呼ぶこともある）．さらに，それらと子どもどうしの集団生活下での影響が相乗され，児童期・青年期以降は，社会的価値観の取り入れがなされて，性役割，その他の社会的要請に基づく役割などについての演技も加わって，その個人特有の意識のもち方や行動様式が確定されてくる．そして，階層的・地域的な文化は，養育態度，教育の方向づけ，価値観，役割要請といった種々の形で，間接・直接に常にその個人に影響を与え続ける．

8.5.1—親子関係の影響

家庭における親の養育態度と子どもの性格との関係を見る調査が多く行なわれてきた．ただし，母親が主として直接育児にかかわっているとは限らないし，父親がどの程度子どもと接しているかも確定しにくい．また子どもの気質的な違いによって両親の態度や受けとめ方も変わりうるので，明瞭な傾向性を見出すことはかなり難しい．調査では，親の子どもに対する態度について，受容的―拒否的の軸と支配―自由の軸，ないしは愛情―敵意の軸と統制―自律の軸が想定されている．これらは母親と父親とで異なることが多いので，それぞれを区別して調査する必要があるし，その異なり方がどうであるかも取り上げられ

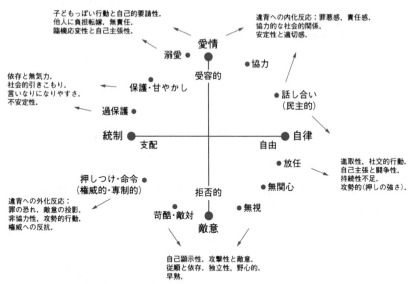

図 8-2 親の養育態度と子どものパーソナリティとの関係（Vinacke, 1968）
→の先に小さい文字で記した内容が，親のそれぞれの養育態度によって生じやすい
子どものパーソナリティを示す．

ねばならない．図 8-2 は，そうした調査の結果をまとめたものであるが，あく
までおおまかな傾向を示しているにすぎない．

8.5.2──パーソナリティの発達段階説

　前述のように，発達変化は量的な変化として記述できる面もあるが，質的な
変化としてとらえたほうがよりよく記述できることが多い（3.2 節参照）．ピ
アジェによる認知発達の段階説（3.2.3 項および 6.2 節）はその 1 つの例であ
る．パーソナリティの発達も，質的に異なったいくつかの段階を経て変化する
ものとして記述できる．その発達段階説のうち，ここではフロイトの性愛説と
エリクソンの漸成（発達）説を取り上げることにしよう．

　精神分析学の創始者フロイト（10.2.3 項参照）は，性（セックス）の快楽
追求的な本能衝動であるリビドーをもって，人間行動の原動力と考えた
（7.5.3 項参照）．そしてこの衝動が満たされたり抑制されたり，さらには発散
されたりするしかたが，各年齢段階によって変化することを仮定して，独特の
発達段階説を主張した（トピック 8-5）．それぞれの時期におけるリビドーの

充足のされ方，抑制のされ方と防衛的な発散のしかたは，成人になっても名残りを留め（その時期への固着があり），それが口唇愛期であれば依存傾向の強い口唇愛性格となる．また，排泄のしつけが厳し過ぎれば，几帳面とか頑固とか意地っ張り，あるいは強迫的な肛門愛性格となる．さらに，親の養育拒否や罰への恐れや不安が解消されていないと，反動形成的に尊大ぶったり負けず嫌いだったりの攻撃的・復讐的な男根愛性格がもたらされる，などとされる．さらに，同性の親との同一視（9.1.3項参照）が優勢となれば，その親の性格傾向が引き継がれるし，また，親の社会的態度や価値観も取り込まれていくようになる．フロイトは，生後約5年間に形成された初期のパーソナリティ基盤がその後の人生に作用し続けると考える．

トピック 8-5　　フロイトの性愛説

フロイト（Freud, 1905）によれば，生後1年前後までは，吸乳時に生じる口唇快感がリビドーを満たすが，離乳によってそれは抑制・中止される（この時期を口唇愛期と呼ぶ）．

次に1歳を過ぎると，排泄時の肛門・尿道快感が求められるが，それはトイレット・トレーニングによる制約を受ける（肛門愛期）．

3歳前後より男根（ペニス，クリトリス）快感が求められるが，これは厳しい禁止を受ける（男根愛期）．この頃から異性の親への心理的な性愛的愛着が芽生え，その充足を求めるが，それは，異性の親そのものからの無視や拒絶によってその親への恨みを生み，また，同性の親とのライバル関係からくる対抗心や敵意を生む．

そうした好ましくない情動は，愛着・養育の拒否をもたらすのではないかという恐れから抑圧されるが，そこから両面価値（相反感情）に基づく不安や罪悪感が生まれてくる（エディプス期）．

その後，同性の親への同一視の機制を通じて，これらが克服されて心理的な充足が得られるようになり，やがて児童期に入ると，運動技能の習熟・行使や知識の獲得・使用という高次の心理的快に昇華（トピック7-12参照）されるようになる（潜伏期）．

続いて成人に近い異性愛へと移行・発展する（性器愛期）．

一方，エリクソン（1950）は，フロイトの性愛説に基づきながらも，社会的発達の要因ならびに青年期やそれ以降の段階をも重視した考えを示し，漸成説

表8-6 エリクソンの発達段階と各課題 (Erikson, 1950)

段 階	年 齢	課題または構成要素	基礎的活力	心理・性的段階
乳児期	0～1.5	基本的信頼―基本的不信	希 望	口愛―呼吸, 感覚―運動
早期児童期	1.5～3	自律性―恥と疑惑	意志力	肛門―尿道, 保持―排泄
遊戯期	3～6	自発性―罪悪感	目的性	幼児―性器, 侵入―包括
学齢期	6～12	勤勉―劣等感	適格感	潜伏期
青年期	12～20	自我同一性―役割拡散	忠 誠	思春期
初期成人期	20～40	親密さ―孤独	愛	性器愛期
成人期	40～60	生産性―停滞	世 話	
成熟期	60～	自我統合―絶望	英 知	

を主張した. すなわち, ライフ・サイクルを8段階に分け, それぞれの段階に
おいて社会から課せられるライフ・タスクをその個人がどのように解決してい
くか, あるいは, そこでの心理社会的危機をどのように乗り切るかによって,
パーソナリティのあり方が決まってくるとする. そして, 各段階で到達するで
あろう適応的解決（成功）と不適応的解決（失敗）との両極によってその課題
特徴を示した（表8-6）. 個人は, それぞれの段階における課題達成という危
機的状況を乗り切ることで, 次の段階へと発達していくものとし, 中でも自我
同一性の確立を重視した（9.1.3項参照, トピック8-6）.

トピック 8-6　　**エリクソンの漸成説と自我同一性（アイデンティティ）**

　エリクソン（Erikson, 1957）は, とくに思春期から青年期にかけての「課題」
である自我同一性（アイデンティティ）の確立を重要視する. 自我同一性とは, 現
実的に予想される将来へ向けて, それまでに種々の同一視を通じて取り入れたもの
を再構成し統合する過程を指し,「自分とはこういう者だ」「真の自分とはこれだ」
という一定の自信をもつに至ることと言える. ここに至るまでには, とくに青年期
では, さまざまな役割実験を行なうことが必要であるとして, 青年期をわざと延長
するモラトリアム（社会的な責任や義務を果たすことを一定期間猶予された状態に
置くこと）が要求される. その後, 広い社会的可能性（配偶者や職業）のうちから
特定のものを選んで, それにコミットし忠誠を尽くすようになる, という. しかし,
文明化された平穏な社会においては, モラトリアム期間をより長くとるスタイル
（独身期間を長くとり, 定職につかないなど）や, 社会的価値（フロイトのいう超
自我や自我理想）を重視せずに自己愛のみに生きるスタイルが多くなっている, と
いう指摘もある.

8.6──パーソナリティの不適応・障害

パーソナリティ障害とは，思考，判断，行動などが個々の文化における平均的な個人のそれとは極端に偏ってはいるものの，疾患というよりは人格面の障害と言ったほうが適切な状態を指す．すなわち，一般的パーソナリティ特性とのあいだに連続性があることを特徴としている（詳しくは DSM-5 を参照）．

心的障害，精神障害について，従来は次のように3つに分けて扱われていた．①外因性精神障害──アルコール精神病や脳血管性精神障害などのように，脳や身体における特定の原因によるもの．②内因性精神障害──統合失調症や双極性障害などのように，脳の生物学的な機能障害によるもの．③心因性精神障害──神経症や心身症などのように，心理的・環境的要因によって生じるもの（抑うつ障害を含む）．ただし，最近の研究によれば，種々の心的障害，精神障害とその臨床像の出現には，さまざまな身体的・生物学的要因と心理的・環境的要因とが絡み合いながらかかわっていることが明らかになってきた．したがって，以上の分類はおおまかな目安としてとらえておいたほうがよいだろう．

パーソナリティ理論のいくつかは，神経症などの心的障害との関連のもとに展開されてきた．たとえば，これまでに説明したフロイト（7.5.3項，8.5.2項参照），ユング（7.5.3項，8.4.2項参照），エリクソン（8.5.2項参照），および後述のロジャーズ，アイゼンクなどのパーソナリティ理論や，パーソナリティの検査法（8.4.7項参照）の多くは，神経症の症状（表8-7）を理論化し，さらにその測定・治療を行なうという臨床的な問題意識から発展してきた．なお，DSM-5 では神経症という概念はすでに用いられなくなっており，表8-7に含まれる症状は，次のような症状群として分類されている．不安症群，強迫症および関連症群，心的外傷およびストレス因関連障害群，解離症群，身体症状症および関連症群，食行動障害および摂食障害群，秩序破壊的・衝動制御・素行症群，物質関連障害および嗜癖性障害群．

次に，神経症の問題に焦点を当てながら，パーソナリティの変化に関する代表的な3つの理論について簡単に説明する．なお最近では，種々の精神障害に対応するためのいくつかの薬物が見出され，精神医学では，精神療法に加えてそうした薬物を利用した薬物療法が行なわれるようになってきている．一方，後述のように，心理学では，学習理論に基づいた行動療法ないし認知行動療法

表8-7 神経症の症状（笠原，1984を改変）

主観面	不安：不安発作(呼吸困難や心悸亢進などの身体症状を伴う，理由のない突然の苦悶感) 　　　慢性不安状態（不安発作が起こるのを予期し，不安が慢性化した状態） 恐怖：特定の対象や状況で不安になり，抑えられない（①物理的空間に関係した高所恐怖や閉所恐怖，②対人状況に関係した対人恐怖，③物体に関係した先端恐怖，細菌恐怖，不潔恐怖など） 強迫：ばかげた考えや行為が，自分の意志に反して繰り返し起こる（繰り返し手を洗う洗浄強迫など） 抑うつ：うつ状態を訴えるが，双極性障害のうつ状態よりは軽く，不安・無気力・焦燥が目立つ 離人：外界，自分の身体，自分の存在に関して，生き生きした現実感がなくなる
身体面	心気：ささいな身体の異常を重い病気と思い込み，それにこだわる ヒステリー性転換：身体的な異常がないのに，知覚や運動の障害を示す（視力・聴力の減退，痛み，不感症，失立，失歩，失声，ヒステリー性けいれん発作など）
行動面	ヒステリー性解離：一時的な人格の解体（二重人格，遁走，生活史健忘など） 自己破壊行動：自殺，自傷など 攻撃的行動：児童や配偶者への虐待，親虐待（家庭内暴力）など 衝動行動：摂食障害（過食，拒食），薬物乱用，非行など 無気力的行動：神経症型不登校，長期留年など

が，より実証的証拠（エビデンス）に基づいた心理療法として注目されている．

8.6.1──精神分析理論

フロイト（1933）は，7.5.3項でも述べたように，人間のこころをエス，自我，超自我の3つの領域に分けた（図7-8参照）．

無意識の領域にあるエスの欲求が意識の領域にある自我に上ろうとするとき，超自我のもつ倫理的規範は，それを許すかどうかの選別をする（これをフロイトは「超自我による検閲」と呼んだ）．超自我に許された欲求は自我によって受け容れられ，許されぬ欲求は意識下に閉じ込められる（後者の働きが抑圧）．自我は，外界とエスと超自我とを適切に折り合わせる調整役であるが，調整に失敗すると自我は強い不安に曝される．この不安を解消するのが自我防衛機制（トピック7-12参照）であり，その最も基本的なものが抑圧である．自我防衛機制が成功すれば不安は鎮まるが，解消に失敗するとさらに不安は強まる．フロイトによれば，これが神経症の「不安症状」である．不安が他の対象に置き換えられたものが神経症の「恐怖症状」，ある考えや行為を余儀なくされる状態になり自分の意志に反してもそれを遂行しないと極度の不安になるのが「強

迫症状」，不安が身体症状に置き換えられ，常に病気の中に逃げ込むのが「ヒステリー転換症状」である．

このように，フロイトは，神経症症状を抑圧された無意識の欲求（欲望）の現われであると考える．こうした抑圧を取り去るための方法がフロイトの精神分析療法である．基本的な技法として，彼ははじめ催眠法を用いていたが，後には自由連想法を用いるようになった．治療者は，患者が治療者に向けてくる個人的感情を分析する．こうした感情は転移感情と呼ばれ，患者の父や母に対する未解決のままもち越された感情や願望を表わすことが多いので，これを分析すると，患者の幼時期の親子関係を明らかにする手がかりが得られるとする．8.5.2項で述べたフロイトの発達理論はこのような患者の分析に基づいている．精神分析における療法では，このように患者自身が不合理な抑圧や自我防衛機制を意識化（洞察）して，それらを自ら取り去ることによってパーソナリティの変容を図ろうとする（トピック 8-7）．

トピック 8-7　幼時期健忘

三島由起夫は小説『仮面の告白』の中で，産湯に入れられたときの盥のふちにゆらめく光の輝くさまの記憶を生き生きと描写している．しかしこれは，あくまでも文学的創造の世界である．

ヒルガードの教科書（Smith *et al.*, 2003）の幼時期健忘についての説明に沿って見てみよう．幼時期の記憶を調べるには，再生したことが本当に事実かどうか，時期はいつかを確定することが必要である．そこで，大学生を被験者として妹や弟の誕生にまつわる出来事について質問してみる．すると3歳以前の出来事は誰も再生できず，ほぼ完全な忘却を示すが，3歳以降は年齢とともに再生が増大するという．フロイト（Freud, 1905）も患者が一般に3歳前後までの出来事を想い出せないことを見出し，これを幼時期健忘と名づけた．誕生初期の出来事を再生できないのは，単に再生までに多くの時間が経過しているからではない．40歳の人が学生生活の頃の出来事を鮮明に想い出せるのに，20歳の大学生は同じく20年経過している誕生後しばらくの出来事をまったく想い出せないからである．そこでフロイトは幼時期健忘の原因を，親に対して経験した性的・攻撃的感情の抑圧（トピック 7-12参照）に求めている．

しかし，健忘の対象となる出来事の多くは性的・攻撃的な事柄ではないので，抑圧では説明できない．これには，記憶と関連した海馬（4.5.5項参照）が誕生後し

ばらくは未熟なこと，3，4歳以降は言語など認知機能が急速に発達し，知識構造
が形成され記憶の補助が容易となること，さらに初期の子どもの学習が技能を主に
した潜在的記憶に基づくこと，などが関係する．いずれにせよ誕生初期の記憶シス
テムと，4，5歳以降の記憶システムとの働きの相違が主な原因だろう．

8.6.2─自己理論と来談者中心療法

来談者中心療法を提唱したロジャーズ（1951）は，マズロー（7.4.2項参照）
と違って，来談者（クライエント，すなわち相談を受けに来た人）の内的な実
現傾向を重視するとともに，動機づけ過程はすべて成長的であると見ている．
すなわちロジャーズは，生命体である人間には，本来，自らを維持し強化する
方向に全機能を発展させようとする内的な自己実現の傾向が備わっている，と
考える．この実現傾向に基づく生命体としての全経験のことを自己経験と呼ん
だ．一方，認識機能の発達に伴って，その経験のうちから「自己」として象徴
化・概念化される側面のことを自己概念と呼んで，この自分自身による自己観
（自己イメージ）を実現化しようとすることを自己実現傾向とした．そして彼は，
「自己」を，現象的に図8-3のようにイメージする．まず，時々刻々と変化する
感情や感覚など，その人の生き生きした体験または「自己経験」全体を，破線
の丸で示す．これに対してわれわれは，「自己概念」によって，「体験」を概念
的・意識的にとらえようとするが，この自己概念を実線の丸で示す．図8-3で，
自己概念と体験とが一致する①の領域が大きいaのような人は，自分の体験
を十分に意識化しており，適応的な人と言える．自己概念は，本来，柔軟性を
もつが，固定化すると，体験の領域からズレてしまい，bの状態となる．①の
領域が小さいbの状態では，自己概念が自分の体験をとらえきっていない．b
では，自分の本当の体験に対して嫌悪したり目をふさいだりして，自己概念と
矛盾する体験や感情が多くなるので，自己概念は脅かされる．つまり不適応状
態である．ロジャーズによれば，こうした自己概念と体験との不一致状態，つ
まり自己認知の歪みこそ，神経症ないし広く心理的不適応状態であるという．

したがって，この不適応状態から脱するためには，図8-3で言えば，bから
aに近づければよい．人間には元来，自己の経験を受容して，体験と自己概念
とを一致させ，自ら十分に機能する状態になろうとする真の自己実現への成長
動機づけが備わっている．したがって，治療者の仕事は，具体的には以下の3

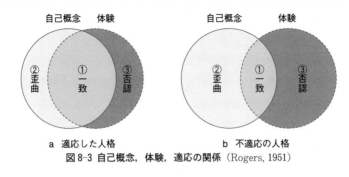

a　適応した人格　　　　　　　b　不適応の人格
図8-3 自己概念，体験，適応の関係（Rogers, 1951）

つに集約できる．①治療者は来談者を共感的に理解しようとすること，②治療者は来談者の思考，感情，行為などに対し，無条件に肯定し受け容れるように配慮すること，③来談者との関係の中で，治療者自身が自分に正直であること．ここでは，具体的な治療技法もさることながら，治療者と来談者との人間関係の質が重視される．これがロジャーズの提唱する来談者中心療法の原理である．

8.6.3──学習理論と行動療法

アイゼンク（1960）は，神経症の症状を誤って学習された行動であると考え，3段階に分けて説明する．

①情動反応──強い精神的ショックを受けて，情動的に混乱し，自律神経系が強く反応する．②条件性情動反応──自律神経系の混乱が，それまで無関係だった刺激と結びつく．たとえば，幼児に白ネズミを見せながら数回大きな音を出して驚かせたところ，その幼児は白ネズミ恐怖症になったというワトソンらの有名な実験がある（トピック1-4参照）．ここにはパヴロフのいう古典的条件づけの原理が働く（4.1.1項参照）．これは条件性情動反応と呼ばれ，神経症の不安症状や恐怖症状を説明できる．③回避反応──条件性情動反応がたまたま低減したとき，他の行動をしていると，スキナーのいうオペラント条件づけの原理が働く（4.1.2項参照）．つまり，不安，恐怖の低減が強化となって，その行動が学習され，今度は似たような場面で，その行動を儀式的に繰り返すようになる．これは回避反応と呼ばれ，神経症の強迫症状が説明できる（7.5.2参照）．

以上のように，神経症の種々の症状は，このような条件づけの原理に従って，不適切な行動が学習されたものとすれば，その症状を除去するには，適応的な

行動習慣を再学習させればよいはずである．そこで，同じような条件づけの原理によって神経症の症状を消去しようとするのが，行動療法である．その技法としては，系統的脱感作法，オペラント学習法，バイオフィードバック法など多くの種類がある．最近は，認知の役割を重視する技法が多く開発され，それらは認知行動療法と呼ばれるようになっている．

8.6.4──情動，パーソナリティの神経科学

情動の働きは，脳における複数の下位システムの相互作用によって支えられている．その１つは，皮質下の大脳辺縁系，とくに扁桃体（図4-7参照），視床下部（図7-1参照）などの働きである．さらに認知的な過程が含まれている場合には大脳皮質の働きが関与し，とくに大脳右半球皮質後部および前頭前皮質の働きが重要な役割をもつ．扁桃体はそれぞれの刺激に応じて感情的記憶を活性化させて快・不快などの感情的色づけをしている，とされている．

　動物が高等になるにつれて，大脳皮質は情動行動に対して重要な役割を果たすようになる．この場合，右半球皮質後部は情動を生じさせる刺激情報の認知，解釈に重要な働きをもつ．さらに前頭前皮質は，情動の意識的体験および対処行動の決定にかかわってくる．そして皮質下を含めてこれらの脳の各領域は，１つのループを形成して相互に関連し合って情動行動を推し進めていく．たとえばジョギング中ヘビに似たものを眼にすると，その視覚情報が扁桃体へと投射されて感情的記憶を活性化するとともに，心拍数や血圧を増加させて，ヘビと認知する以前に反射的に跳びのく行動を生じさせる．しかしすぐに皮質知覚野の活動によって縄だと認知し，さらに前頭前皮質によって次の適切な行動の選択がなされて，ジョギングの再開に脚を踏み出す，ということになる．

　ヒトの場合，右半球が情動の認知にとってとくに重要とされている．右半球損傷者は，左半球損傷者に比べて声の情動的な調子の理解，情動的な顔の弁別や解釈が劣る．健常者でも同様の傾向が見られ，声の情動的調子の判断では右耳（左半球）よりも左耳（右半球）のほうが，また顔の情動的な弁別でも，刺激を右視野（左半球）よりも左視野（右半球）に提示したほうが優れていること，などが見出されている（図8-4）．右半球損傷者では，他人の身になって考えられないとか，不適切なときに笑うといった，状況と合わない情動行動を示すなど，基本的・社会的な技能の障害が問題となることがある．

a　　　　　　　　　　　b

図8-4 キメラ顔の観察：どちらの顔が楽しそうか？（Levy *et al.,* 1983）
a は楽しい笑顔と普通の顔の2枚の写真を合成して作ったキメラ顔である．b は a を
鏡影像の関係によって左右を反転させた顔である．多くの右利きの人は，笑顔が左側
にある a のほうを，笑顔が右側にある b よりも楽しい表情であると認知する．その
理由は本文を参照．なおキメラとは，ギリシア神話に登場する頭はライオン，胴はヤ
ギ，尾はヘビの怪物．転じて複数の身体部分から成るモザイク状の個体をさす．

　社会的行動やパーソナリティについては，ヒトやサルなど霊長類の場合，前
頭前皮質，とくに眼窩前頭皮質が深い関係をもつ．サルの眼窩前頭皮質の損傷
後には，社会的行動，情動行動のいくつかに一貫した変化が見られ，たとえば
①社会的交渉の減少：引きこもり，家族のメンバーとも密接な関係を確立でき
ず孤独な状態となる，②社会的支配の喪失：グループで優位な個体は術後に支
配的な地位を維持できなくなる，さらに③不適切な社会的交渉：優位な相手に
対してもそのまま接近して攻撃を受ける，などである．なお眼窩前頭皮質を，
心の理論（2.6.4項参照）と関連する部位として挙げる研究者もいる．

　ヒトの場合，前頭前皮質の損傷後パーソナリティが劇的に変化することが以
前から知られていた．フィニアス・ゲージはその顕著な例である（トピック8-
8）．いくつかの資料によると，前頭前皮質損傷者は一般的に，認知能力，知的
能力は通常であるにもかかわらず，社会的行動に問題があり，まとまったプラ
ンをもとに行動を組織化することができないという．

トピック 8-8　「フィニアス・ゲージ」の物語

　1848年，鉄道建設作業員のフィニアス・ゲージ（Phineas Gage）は，北アメリ
カ，ヴァーモントの建設現場で働いていた．彼は25歳の若さで作業の責任者とな
り，ダイナマイトを装塡する危険な作業に従事していた．作業が終わりに近づいた
とき，ふと注意がそれて火薬を砂で覆ったかどうか点検せずに，鉄の突き棒で突い

てしまった．爆発は作業場全体を吹き飛ばした．ゲージは地面に倒れ，左の頬と頭に大きな穴が開き，そこから血がにじみ出ていた．直径3cm，長さ1mあまりの鉄棒は，頭蓋骨を突き抜けて数m先に転がっていた．ゲージはしばらくボーッとしていたが意識はあり，数分後には起き上がって作業員に自分を医者に連れていくよう指示した．2ヵ月ほどでゲージの傷は治ったが，その治癒は表面的なものに過ぎなかった．彼は，事故の前には，責任感が強く勤勉で，個人的な事柄，経済的な問題を巧みに処理する判断力のある模範的な市民だった．しかし事故後，言語能力，運動能力にはとくに問題がなかったが，粗野ですぐ怒りを爆発させ癇癪（かんしゃく）を起こすようになり，友人や医者の忠告に対して罵詈雑言を弄して拒否するなどした．仲間の1人は，「ゲージはもはやゲージではなくなってしまった」と言ったという．彼はその後サーカスの見せ物となったり，ゴールドラッシュのカリフォルニアで仕事につくなど，流れ者の生活をしていたが，後遺症のてんかん発作によって38歳の短い生涯を閉じ，その遺体は傍らにあった鉄棒とともに葬られた．

　彼の主治医ハーロウは，5年後ゲージの死亡を知り，遺族に遺体の発掘を申し入れ，頭蓋骨と例の鉄棒とをハーバード大学の博物館に寄贈した．ハーロウは，ゲージに関する論文を発表して，その反社会的な性格が左前頭前皮質の損傷による障害であるとした（Harlow, 1868）．この説は，当時の学界からは無視されるか，もしくはその障害が失語と運動障害とによるものにすぎないとされた．この理由として，ハーロウの論文には剖検（ぼうけん）（解剖による検査）の資料が欠けていたこと，およびブローカ（Broca, 1865）の運動性失語，ウェルニッケ（Wernicke, 1874）の感覚性失語の症例発表が相次いで行なわれたため，当時の学界の関心が言語機能と脳との関連に集中して，社会的性格のようなあいまいな働きと脳との関連には関心が向けられなかったことなどによると思われる（6.8節参照）．

　ダマジオら（Damasio *et al.*, 1994）は，この頭蓋骨を詳細に測定し，コンピュータ・グラフィックスを用いてゲージの脳の再構成をした（図）．

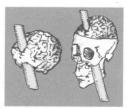

図　フィニアス・ゲージの頭蓋骨と鉄棒（Damasio *et al.*, 1994 を模写）
フィニアス・ゲージの頭蓋骨と，鉄棒が脳をどのように突き抜けたかを示すコンピュータ・グラフィックスによる再構成．鉄棒は左眼の真下から入って頭の上部へ突き抜けた．それによって，前頭前皮質の内側領域のほとんどが損傷を受けた．

　鉄棒は，前頭皮質を突き抜けて左右半球の腹内側前頭前皮質を破壊しているが，言語野，および運動皮質，前運動皮質には損傷がなく，彼が言語機能や運動能力に障害が認められなかった事実と対応している．この事例は，脳の特定部位（前頭前皮質）の損傷によって，劇的なパーソナリティの変化がもたらされたことを示す．これは，人の個性，社会性，パーソナリティとはなにか，自我を形成するものはなにかを考察する上で，貴重な示唆を与えてくれる．

［参考図書］

安香　宏（編）　1990　性格の理解（性格心理学新講座4）　金子書房
American Psychiatric Association（高橋三郎・大野　裕監訳）2014　DSM-5　精神疾患の診断・統計マニュアル　医学書院
金生由紀子・下山晴彦（編）2009　精神医学を知る　東京大学出版会
坂本真士・丹野義彦・安藤清志（編）　2007　臨床社会心理学　東京大学出版会
佐治守夫・水島恵一　1974　臨床心理学の基礎知識　有斐閣
詫摩武俊・瀧本孝雄・鈴木乙史・松井　豊　2003　性格心理学への招待　改訂版　サイエンス社
丹野義彦　2003　性格の心理　サイエンス社
丹野義彦・坂本真士・石垣琢麿　2009　臨床と性格の心理学　岩波書店
ビネ，A. 1911（波多野完治訳）　1961　新しい児童観　明治図書出版社
本明　寛（編）　1989　性格の理論（性格心理学新講座1）　金子書房
本明　寛・大村政男（編）　1989　現代の心理臨床（応用心理学講座10）　福村出版
ロージァズ，C. R.（伊東　博編訳）　1967　パーソナリティ理論（ロージァズ全集8）岩崎学術出版社
渡部　洋（編）　1993　心理検査法入門　福村出版

9 章 社会行動

　社会的環境，すなわち他者が存在する環境，ないしは他者の存在が予想されるような環境は，われわれの行動により大きな影響を及ぼす．そこでまず社会行動の発達について述べる．次いで社会行動にかかわる種々の問題を取り上げることにしよう．自他の関係を含むいろいろな対人関係をわれわれはどのように認知しているのか．その中心となる「自己」の概念とはなにか．人々の「態度」を変化させる説得過程とその効果にはどのような特徴があるのか．認知的に「不協和」な状態に陥った場合の影響やそれを除去するための条件とはなにか．さらに，集団に所属する人々は他者の存在によってどのような影響を受け，集団の中で成立した基準にどのようにして同調するのだろうか．「対人魅力」や「対人関係」を進展させる条件にはどのようなものがあるのか．また，集団として意思決定をする過程において，リーダーはどのような役割を果たしているか．このような問題を，広く社会的環境において生起する行動としてとらえるとともに，社会行動の基礎に働く脳メカニズム，「社会脳」や，顔の認知，自閉症などについての研究にも触れる．

9.1―社会行動の発達

9.1.1―初期の社会行動と愛着

　乳児は，生後 2〜3 ヵ月頃までに周囲の人に対して自発的に微笑を向けるようになる．はじめは誰に対しても微笑を示すが，次第に特定の人に対してだけ微笑するようになる．乳児が微笑すると，親は喜んで，笑いかけたり声をかけたりする．それはまた子どもの微笑や声を出す反応を強化する．このようにして，親と子の初期の社会的相互関係が成立する（6.5.2 項参照）．なおこの章で，親，母親という語は主な養育者の代表として用い，血縁関係の親もしくは生母だけを指すものではない（発達段階の区分については 3.2.2 項，3.2.3 項参照）．

265

図 9-1 針金の母親と布の母親（Harlow, 1959 から模写）
アカゲザルの仔は針金の代理母（左）の胸に取りつけられた哺乳ビンによって育てられたが，一日中，肌触りのよい布の代理母（右）にすがりついている．

　生後 7，8 ヵ月頃になると，人見知りが現われ，見知らぬ人が近づくと，不安や恐れを示し，避けようとしたり泣き出したりする．これは，特定の人を記憶し，見慣れたものとそうでないものとを識別することのできる認知機能が発達したことを示している（トピック 7-7 参照）．

　子どもがある特定の人に接近を求め，その人と一緒にいると安心した感じをもつことを愛着という．子どもは 1 歳頃までに，親，とくに母親に強い愛着を示すようになる．すなわち，いつもそばにくっついていたがり，離されて見えなくなると，不安や悲しみを示す．これは分離不安と言われる．そして，親が戻ってくると大喜びする．このような愛着のあり方は，個人差や条件差が大きい．母親への愛着は，かつては授乳やその他の世話による快感とが連合することによって生じる，と考えられていたが，それが主な要因ではない．カモやニワトリなどの雛に見られる刷り込みは，親を見ることで生じる（3.2.4 項参照）．ハーロウ（1959）によるアカゲザルの人工的な代理母の実験によれば，仔ザルは，食餌として与えられる乳よりも，肌触りのよさのほうを好む（図 9-1）．動物の種による差異はあるが，このような現象も，愛着を生じる刺激の 1 つになりうる．

　年少の幼児は，1 人で見知らぬ場所に置かれると，おびえてただ親を求めようとする．一方，親がそばにいると，新しい場所でも親を基地にして次第に周りを探索し始める．このように，愛着の対象は，子どもに安心感のよりどころを与え，積極的活動を可能にする．また愛着をもたれた人は，子どもにとって，同一視の対象となり，その結果，子どものいろいろな社会的学習を促進することになる（8.5.2 項参照）．

乳幼児が，母親のように密接な世話をしてくれる愛着の対象になる人をもたなかった場合，その発達に影響が及ぶことが考えられる．社会的な行動や感情の表出が不適切になったり，言語発達が遅れたりすることがある（トピック 6-9 参照）．

9.1.2──自我の形成過程と対人関係の発達

2 歳を過ぎると，それまで親に従順だった子どもが，なにについても「いや」と拒否したり，自分の言うことを無理に通そうとする．このような時期を第一反抗期と呼ぶ．この時期の反抗は，子どもが自分の考えをもてるようになったため，それと親の意向とが衝突することによって起こる．自分の考えがもてるようになったということは，自我の芽生えとして重要な発達である．この頃から次第に，食事，トイレ，着替えなど自分の身の回りの基本的なことは自分でできるようになり，行動的に自立の度合いが増していく．幼児期の終わりから児童期には，子どもは親の保護のもとにあり，親子関係は落ちついており，子どもは親を絶対的権威のように認めている．

青年期に入ると，子どもは，身体的に成熟し，知的能力も発達し，大人の状態に近づく．自我の確立が進み，自分も 1 人の独立した人間であるということを意識し始め，いままで絶対的権威と見ていた親や教師とも対等であると考える．そのため，権威による圧迫や自由を束縛されることなどに強く抵抗する．このような時期は，ときに激しい対立関係を生じるので，第二反抗期と呼ばれる．しかし，この時期のあり方は，社会・文化の型によって，また親と子の関係によっても異なり，必ずしも対立反抗の形で現われるわけではない．この時期は，いままで心理的に大人に依存していたのが，1 人の成人として独立して，自分の考えで行動していかなければならない時期であり，したがって子どもが大人になる上で，どうしても通らなければならない過程なのである．

一方，子どもの対人関係は，発達の過程で次第に多様化していく．乳児期では，家族との関係が主なものであるが，幼児期になると近所に遊び友達ができたり，保育園や幼稚園へ行くようになったりする．さらに，児童期以後には，学校へ入学し多くの仲間や先生と接することになる．学校のような社会的組織の中では，家庭の中でのような個人の自由は許されず，子どもは，集団の規則にしたがった行動の仕方を学習していかねばならない．子どもの友人関係も発

達に伴って変化していく．すなわち幼児は，3歳頃になると友達と遊びたがるようになるが，はじめから上手に遊べるわけではない．はじめは「並行遊び」などと言われるように，同じ場所で互いに遊んではいるが，それぞれが勝手に遊んでいる．やがて，互いに関連性のある遊びができるようになり，組織的な集団の遊びにも加わることができるようになる．10歳頃になると，とくに男子は集団的な行動を好むようになり，グループを作って，いつも一緒に行動したりする．その特徴から，「ギャングエイジ」と呼ばれることがある．

　青年期に入ると，集団の中に入って，その成員の1人として，役割に応じた行動をすることができるようになる．一方，少数の特定の友人と，個人的な非常に親密な人間関係を作ることが多く，いわゆる親友をもつようになる．このように，いろいろな人間関係によって多面的な行動をするようになっていく．

9.1.3——社会化と同一性

　人間の子どもは，ある社会の中で生まれ，社会の中で育つ．その過程で，子どもは，その社会の成員（メンバー）として必要な行動のしかた，規範，知識，態度などを身につけていく．これが社会化である（トピック9-1）．これには，いくつかの学習の方法がある．その1つは，子ども自身が行動していくあいだに，直接に外的な強化を受けて学習していく場合である．もう1つは，他の人が行動するのを観察することによって起こる学習もある．これは，観察学習またはモデリングと言われる．この場合には，モデルと自分との関係の認知が重要である（4.3.2項参照）．

トピック 9-1　　乳児期初期の脳損傷とその社会行動

　乳児期初期に前頭前皮質に損傷を受けた場合，成長後，フィニアス・ゲージ（トピック8-8参照）のように，社会性やパーソナリティに欠陥が生じるようになるのだろうか．あるいは成長過程におけるその後の教育，社会的経験によって，そうした障害を克服することができるのだろうか．また脳発達の可塑性によって，そうした障害の出現が抑えられるようになるのだろうか．

　ゲージの研究を行なったダマジオらは，生後16ヵ月以前に前頭前皮質に対して損傷を受けた2人の症例についても検討を行なっている（Anderson *et al.*, 1999）．その1人は，生後15ヵ月のときに車に轢かれ前頭部を損傷したが，数日後には損

傷はほぼ完全に回復したという女性の患者，もう1人は，生後3ヵ月のときに脳腫瘍のため前頭部分を除去，その後再発の徴候はないという男性の患者である．ダマジオらはこの2人の患者に20歳前後から接触して，医学的記録や学校の記録，施設などの公文書，両親へのインタビューなどから過去の生育歴を分析するとともに，機能的脳画像法の検査，種々の神経心理学的検査（知的能力，その他の認知能力，社会的能力，道徳的判断など）を行なっている．

機能的脳画像法の検査結果によれば，2人とも前頭前皮質に病巣性の損傷があるが，他の領域には損傷の証拠はなにも認められない．2人とも幼児期初期までは行動的異常はほとんど観察されなかったが，青年前期までに次第に反社会的行動を示すようになる．攻撃的行動が顕著になり，他者への共感を示さず，感情が不安定でときに爆発的な怒りを示す．他人を傷つける，盗みを働くなどによって処置施設に収容されたが，施設での援助・矯正はほとんど役に立たず，結局，社会的自立ができずに法的な保護を受けるようになったという．彼らの知的能力は，WAIS-R（WAISの改訂版，8.1.2項参照）や他のテストによると，一般的知識，数字の順唱・逆唱，暗算，言語的推理などは平均もしくはそれ以上の成績を示す．一方，種々の社会的能力や道徳的推理能力のテストでは，きわめて貧弱な成績しか示さなかった．

このように，初期発症の前頭前皮質損傷者は，ゲージその他の成人発症の前頭前皮質損傷者と同様に，言語能力，運動能力，その他の認知能力には障害が認められないが，社会性やパーソナリティでは著しい欠陥を示した．さらにダマジオらによると，成人発症者は，社会的ルールを知識としてすでに獲得しているため，抑制が働くが，初期発症者は，そうした知識が欠けているため，他人への身体的，物質的な暴力，盗みなど，反社会的行動を示すようになるという．

子どもは，自分が親近性を感じたり，自分がそのようでありたいと憧れ（あこが）たりする人，あるいは自分がその一員でありたいと思う集団に対して，自分を同一視し，自分を同一化しようとし，それにふさわしいような行動をするようになる（8.5.2項参照）．これを，同一性という．

生育の早い時期から見られる同一性に，性役割の習得がある．子どもは，小さいときから自分の性別を教えられ，意識させられ，その性にふさわしい行動をするように強化される．たとえば，男の子は，男らしく行動するとほめられたり承認されるが，男らしくしないと拒否されたり笑われたりして罰せられる．このような外的な強化によって，その性に合った行動を学習する．しかしそれと同時に，子どもは，自分が男か女かを強く意識し，とくに同性の親に同一化

しようとすることが多い．その後，青年期にかけて，社会的に自分の性として認められている特性，男らしさあるいは女らしさを身につけていく．これは，生物学的性とは区別して，ジェンダー（社会的性）の同一性と言われる．男らしさ・女らしさの特性の内容は，生物的に男か女かだけで固定的に決まるのではなく，その社会のあり方によって大きく変化する．また，こうした性質は，社会の変化とともに変わっていく．

　子どもは出生以来，父母や家族をはじめ，いろいろな人や集団との関係の中で，それらに同一化し，同一性をもつようになる．エリクソン（1957）は，青年期後期に，これらの同一性を統合する自我同一性が確立することが重要だとしている（トピック 8-6 参照）．これによって社会的な大人としての自己が確立される．青年期は，自我同一性の確立が延期され，いろいろな試みを可能にしている猶予の時期であるという意味で，モラトリアムの時期と言われる．この時期を経て，自我同一性が確立し，はじめて本当の自分ができるのである．

9.2─社会的認知

　自他の性質，対人関係，また広く社会的環境において生じる事象の特徴や構造をどのように見て，どのように認知しているかに関する知識やその習得過程を，一般に社会的認知という．

9.2.1─自己の認知

　人々が自分自身に関して抱いているさまざまな考えは，1つのまとまりとして体制化して結びついて自己概念を形成する（トピック 9-2）．そうした自己概念には通例よい─悪い，好き─嫌いといった評価的な感情が含まれているので，これを自尊感情ということもある．たとえば親に温かく受容されて育てば，自尊感情は高まる．

> **トピック 9-2　　自我と自己**
>
> 　この2つの概念は，ときには日常用語として自我の芽生え（9.1.2 項参照），自己鏡映像（トピック 2-8 参照）のように用いられる．しかし，心理学では次のように区別して用いられることもある．
> 　自我のほうは，とくに行動や心的活動を発動させる主体を意味し，欲求や情動を

伴い，ときには葛藤を経験し，欲求や情動を抑制するように働く（7.4.1項の自我関与などを参照）.

　自己のほうは，他者との対比で客観的にとらえられた自分のことを指し，自己意識（2.6.2項参照），自己概念などのように用いられる．自分の顔や身体についてもつ自己像，他者との比較による自己評価，地位，職業，名声などによる社会的自己などがある．なお自己開示（9.5.2項参照）や自己中心性（6.2.2項参照）などについては，該当の箇所を参照.

　研究者によってはこれらを以下のように使いわけている．フロイトは行動主体の原動力を説明するために，エス，超自我と並んで自我（ego）の働きを重視した（7.5.3項参照）．ユングはこころの統合機能として自我とは別に自己（self）を考えた（7.5.3項参照）．この2つの概念のどちらか，または両方を対比させて独自の理論を述べたマズロー（7.4.2項参照），エリクソン（8.5.2項参照），ロジャーズ（8.6.2項参照）については，該当の箇所を参照.

　人は他者との比較を通じて自分の意見や能力を明確にしようとする．そうした比較は，通例自己評価を高めるような，あるいは自己評価がそれ以上悪くならないような形で行なわれることが多い．また人はしばしば，高い評価を受けている他者（個人ないし集団）と自分自身とのあいだになんらかの結びつきがあることを強調することにより，自らの自尊感情を高めようとする．たとえば出世した友人と同級生であることを強調する．こうしたやり方を栄光浴という.

　成功するか失敗するか確信がもてない場合，結果が出る前に自分に不利な条件があることを他者に主張したり，不利な条件を自ら作り出してしまうことがある．こうすることによって，実際に失敗した場合に，その原因をあらかじめ主張しておいた不利な条件，すなわちハンディキャップのせいにすることができる．成功した場合には，不利な条件の存在にもかかわらず成功したということで，自分の能力をいっそう高く評価することができる．こうした行為をセルフ・ハンディキャッピングという.

9.2.2──対人認知

　社会的認知のうち，他人の性格・能力・意図・態度・情動などの個人的特徴に関する認知や判断，対人行動や対人関係について推測する過程をとくに対人認知という．顔の認知（9.7.2項参照）はその際に重要な要素となる．未知の

人物に対する第一印象の形成については，中心となる重要な性格特性と周辺的な重要でない特性とがあることが明らかにされている（トピック9-3）．性格特性の一般的な考え方については8.4節参照．

トピック 9-3　　人物の印象形成

アッシュ（Asch, 1946）は，たとえばある人物を記述して紹介する際，その性格特性として，ある一群の被験者には「知的な―器用な―勤勉な―温かい―決断力のある―実際的な―用心深い」という形容詞のリストを示し，他の一群の被験者には，「知的な―器用な―勤勉な―冷たい―決断力のある―実際的な―用心深い」という別のリストを示した．これら2つのリストは，「温かい」と「冷たい」という部分が異なっているだけであるが，話題としている人物について作り上げられた全体印象は，前者のほうがずっと好意的であった．アッシュは，「温かい」「冷たい」という形容詞がいわば核となり，これを中心にして他の語がまとめられて（体制化されて）人物の全体的な印象が形成されると考えた．これらの特性を中心特性という．

一方，リストの中の「温かい」の代わりに「礼儀正しい」「冷たい」の代わりに「無愛想な」という形容詞を用いた場合には，話題となった人物に対して形成される全体印象には大きな違いはなかった．このように，印象形成の過程にあまり影響を及ぼさない特性を周辺特性という．

ハイダー（1958）は，ある人Pと他者Oとその両者に関係するもの・事象Xとの3者をひとまとめにした認知的ユニット（P―O―Xユニット）を想定した．そこにはP―O，P―X，O―Xなる3つの関係が含まれるが，ユニット全体として均衡の状態に向かう傾向があることを指摘した．「PはOが嫌いである．Pは旅行Xが好きであり，Oも旅行Xが好きであることがわかった」という例では，Pの嫌うOが，Pの好むXを好むのは不愉快なので，PとOとXの関係は，全体として不均衡である（すなわちP―O関係は―，P―X関係は＋，O―X関係は＋なので，関係全体として符号の積は―となる）．この状態を打開するため，PとOの関係を良好（＋）にするか，もしくはPが旅行Xを嫌いになる（P―X関係が―）ならば，全体としての均衡が回復されることになる（符号の積が＋となる）．

9.2.3──スキーマ

　人は日常生活上よく知られているさまざまな事物・事象を認知するとき，それらを新たな経験としてでなく，既知の知識の枠組みに照らして解釈しようとする傾向がある．このように定型的な認知のしかた・認知の枠組みをスキーマという（トピック 6-10 参照）．スキーマの例としては，人物スキーマ，事象スキーマ，役割スキーマなどがある（トピック 9-4）．なお，これらのうち，社会生活における一連の定型的行動がどんな連鎖をなすかが対人認知の要因となる．この連鎖にかかわるスキーマをスクリプトと呼ぶ．

トピック 9-4　　スキーマの種類

　(1) 人物スキーマ──人が特定の他者の性格や，相手の目標に関してもっている定型的な見方をいう．また，他者に関するスキーマと同様に，われわれは自分自身に関して〈自己スキーマ〉（たとえば，自分は男性的である─女性的である，依存的である─独立的である，など）をもつことがある．自己スキーマが明確であれば，それに関連する他者スキーマも明確になるという相補的な関係が見られる．

　(2) 事象スキーマ（スクリプト）──トピック 6-10 参照．

　(3) 役割スキーマ──われわれは，政治家・教師・警察官など〈職業〉に関するスキーマ，父親・恋人といった社会的〈役割〉に関するスキーマなどをもっている．職業や民族集団に関する定型的なスキーマはまたステレオタイプとも呼ばれ，これをもつことがその職業や民族集団に対する偏見につながることが指摘されている．

9.2.4──帰属過程

　社会的環境における種々の出来事を，われわれはしばしば因果的な観点からとらえようとする．たとえば，「○○の出来事が生じたのは誰それのせいだ」「△△のような結果になったのは自分のせいだ」など，本来はあいまいな因果関係を，このような特定の原因に帰する過程を原因帰属過程（attribution process）という．

　ケリー（1967, 1973）は，行動の原因を推測する場合，その行動が生じたときに存在し，生じないときには存在しない要因を探ることが重要だとしている（トピック 9-5）．行動の有無に同調して働く共変要因には，①人物，②刺激事象（実体），③時や周囲の状況（様態）が考えられる．たとえば，その人物の

反応は，他の人物の反応と一致しているか（合意性），他の刺激事象と区別して，その刺激事象にだけ反応しているか（弁別性），その反応は，時と様態にかかわらず一貫しているか（一貫性）を調べることによって，ある程度他者の行動の原因を推測することができる．合意性・弁別性・一貫性すべてが高い場合には，観察された反応の原因は刺激事象の側にあると判断されやすい（外的帰属）．一方，合意性と弁別性が低く一貫性が高い場合には，行為者内部の属性（態度や性格など）に原因があると判断される傾向がある（内的帰属）．

トピック 9-5　　ケリーの共変動モデル

　ケリー（Kelley, 1967, 1973）は，行動の原因について共変要因を探るには，①人物，②実体，③時／様態が重要であると考えた．たとえば，今日，映画館で映画Nを見てきたAさんが「おもしろい」と発言した行動（図の濃色部分．Eは効果（effect）で，「おもしろい」という発言が生じたことを示す）について，その原因を推測する．図aのように，B，Cさんも同じように「おもしろい」と言い（合意性），Aさんが他の映画O，Pでなくて映画Nに対してだけ「おもしろい」と言い（弁別性），またAさんが映画Nを1週間前，それに昨日ビデオで見たときも「おもしろい」と言う（一貫性）場合，その発言の原因は映画Nに求められる．これを外的帰属という．一方，図bのように，Aさんだけが映画Nを「おもしろい」と言った場合，その発言の原因は，Aさんの内部に求められ，内的帰属と呼ばれる．映画O，Pについても原因はAさんの内部に帰属する．

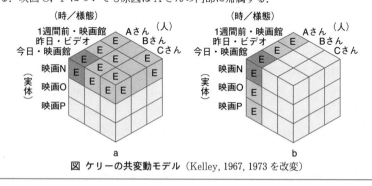

図　ケリーの共変動モデル（Kelley, 1967, 1973 を改変）

　しかし人々が行なう帰属には，情報の処理のしかたや自尊感情（9.2.1項参照）などによって次のような種々の「歪み」が生じる（7.4.1項参照）．たと

えば，①観察された行為の原因を行為者の能力の高さや努力の量などの内部属性に帰する一方で，課題の困難さなど状況的要因を過小評価してしまう（基本的な帰属の誤り）．②観察者が行為の原因を行為者の内的属性に求めようとするのとは対照的に，行為者自身は自分の行為の原因を外部に求める傾向がある（行為者と観察者の帰属のズレ）．③自分が成功をおさめた場合には原因が自分の能力の高さや努力の量など内部にあると考えやすいのに対し，失敗した場合にはその原因が課題の困難さ，運の悪さなど外部に求められることが多い（利己的な帰属の歪み，トピック 7-12(5) 参照）．

9.3──態度と説得

　態度とは，一般に周囲のさまざまな事物・事象，あるいは個人や集団に対して，一定の行動を生じさせる働きをする心的傾向をいう．その構成成分は，①対象についての善─悪の判断のような認知的成分，②対象についての快─不快の感情的成分，および③対象に対する接近─回避の傾向を生じさせる行動的成分の 3 つからなる．これらの成分は，たとえば，特定の対象を非好意的に見ていると，その対象に対して否定的意見をもち，不快感を抱き，その対象から遠ざかろうとするように，互いに関連し一貫性をもつ傾向がある．

9.3.1──説得的コミュニケーションによる態度変化

　人々の態度を変化させようとする試みは，多くの場合，説得的コミュニケーションの形態をとる．すなわち，ある送り手が，受け手に対して，なんらかのメッセージを直接的な会話，文書，あるいはテレビなどのマスメディアを通じて送ることによって行なわれる．その結果として生じる説得効果は，トピック9-6 のような諸条件によって影響される．なお，日常的な場面では，説得内容を注意深く検討せずに，議論の本質とはかかわりのない手がかりに基づいて安易な判断が下される場合がある．「多くの論点が議論されているから，内容も正しいだろう」「専門家の言うことだから正しいだろう」といったような判断がそれである．内容を熟慮した上で生じる説得を説得の中心的ルートと呼ぶのに対して，このように安易な判断に基づいて生じる場合は周辺ルートによる態度変化と呼ばれる．

トピック 9-6　　説得効果を左右する諸条件

（1）送り手の信憑性（確かで信用できる度合）：送り手が，「メッセージの扱う内容に関して専門的な知識をもっており（専門性），それを偏りなく伝えようとする意図をもっている（信頼性）」と受け手が認知する場合，すなわち受け手にとって送り手の信憑性が高い場合には，そのメッセージ内容は受け手に受容されやすく，受け手の態度変化を強く促す傾向がある．しかし，信憑性の低い送り手からのメッセージであっても，ある程度の時間が経過して送り手の印象が薄れると，内容次第で説得効果が効いてくることがある．後になってじわじわと現われてくるこうした効果をスリーパー効果と呼ぶ．他の人々の会話をなにげなく聞いた場合なども，内容に偏りが生じる可能性が少ないと受け手に判断されると，説得効果が強まる（漏れ聞きコミュニケーション）．

（2）恐怖アピール：受け手に，ある種の不安や恐怖感を喚起するタイプの説得的コミュニケーションは，とくに恐怖アピールと呼ばれる．喚起される恐怖感はある程度強いほうが説得効果があると言われるが，恐怖感だけでは必ずしも効果が生じるわけではない．とくに，受け手が，メッセージの中に示された事態が実際に自分にも降りかかる危険性があると判断するか，またその中で指示される行動（自動車保険に入れ，歯を磨け）によって確実にその危険を回避することができると信じるか，その程度によって，説得効果が異なる．

9.3.2──認知的不協和

前項のように，外からの積極的な働きかけによって態度変化が生じる他に，なんらかの行動をするように誘導されると，態度や後続の行動が自然に変化する場合があることが知られている．フェスティンガー（1957）の認知的不協和理論は，人間には，自分の行動や感情も含めて，さまざまな事物・事象に関する知識のあいだに不一致がないような協和状態を求める傾向がある，という基本的な前提に立っている．自分のもっている知識のあいだの不一致は，心理的に不快な状態（認知的不協和）を生じさせる．たとえば自分の喫煙の事実と，タバコは肺ガンの原因であるという知識とは，不協和をもたらす．その場合には，態度や行動を変化させたり（禁煙を試みたり），不協和を生じさせる情報を避けたりする（喫煙の悪影響について書かれた医学記事を読まないようにする）ことによって，少しでもその不快感を低減しようとする．

認知的不協和理論によると，ある条件のもとでは，①自分の態度に反した行

動を行なった場合，やがてその行動に合致する方向に態度が変化する，②複数の選択肢の中から1つを選択すると，選ばれた選択肢の魅力は高くなり，選ばれなかった選択肢の魅力は低下する，③自分がもともと興味をもっていることを実行するのを制止されると，制止する圧力が弱いほどその行動に対する興味が減じるようになる，④ある目標を達成するために大きな努力を払った場合のほうが，あまり努力を払わない場合よりもその目標を高く評価するようになる，といった結果が予測される．これらは実験によって確かめられている．

9.4──社会的影響

われわれの態度や行動は，他者の存在やその働きかけの方法によって大きく影響される．こうした影響過程を一般に社会的影響という．

9.4.1──社会的促進

社会的影響のうち，他者の〈単なる存在〉によって課題遂行に影響が及び，その課題の遂行が促進される場合を社会的促進という．このような社会的促進が生じるのは，同じ課題を行なう人や観察者がそばにいると，行為者がその課題を遂行しようとする動機づけ（動因水準）が高まるためと思われる．動因水準の上昇は，さらにその時点で優勢な（十分学習されていて生起しやすい）反応をいっそう引き起こしやすくする傾向を強めると考えられる．

ただし他者の存在が，常に課題遂行を促進するとは限らず，逆に抑制する場合も生じる．これは，やさしくて十分に学習された課題では正反応（課題の達成に導くような反応）が優勢であり，未学習の難しい課題では誤反応が優勢であることから，それぞれ優勢の反応の動機づけの上昇によって前者の課題の遂行は促進され，後者の課題の遂行は抑制されるためだと考えられる．

なお，社会的促進と抑制の現象については他のさまざまな解釈が提出されている．他者が〈単に存在する〉だけで動因水準が上昇するという考え方に対して，課題を行なう人が「自分が評価の対象となっている」という一種の不安感（評価懸念）をもつことが課題促進に必要であるという説，課題と他者の両方に注意を向けることによって生じる一種の葛藤（7.5.2参照）が覚醒水準（7.3.2項参照）を高めるという説，などがある．

9.4.2─社会的手抜き

社会的促進の場合，他者と並行してある課題を遂行するとき，少なくともその課題が単純であれば，1人で行なうときよりも遂行結果が促進される．

ところが，他者と一緒に課題を遂行するとき，1人の場合と比べてメンバー1人当たりが発揮する努力の量が減ってしまうという現象もある．これは社会的手抜きと呼ばれる．たとえば，被験者に目隠しをし，ヘッドホンからノイズを流して他の被験者を見聞きできないようにした上で，できるだけ大きな声で叫ぶように求めた実験がある．1人だけで叫んでいると信じている場合に比べて，他の被験者6人と一緒に叫ぶように指示された場合には，1人当たりの音量が3割近く小さくなった．おそらく，このような状況では，1人1人の努力の量が明確に評価されにくい，ということが原因となって，社会的手抜きが生じると考えられる．

9.4.3─同　調

他者の〈単なる存在〉によってさえ，われわれの行動にはさまざまな影響が現われる．まして，クラスやサークルといった明確な集団の一員となると，その成員の行動や考え方が，陰に陽に他の成員から加えられる集団の圧力によって大きな影響を受ける．このように，個々人の行動や信念が所属集団の基準に一致する方向へと変化することを同調という．ドイッチュら（1955）は，社会的影響を2つの要素に分けた．第1は規範的な影響であり，集団規範に合致した行動をとることをいう．もう1つは情報的な影響であり，他者の意見や判断を参考にして，より適切な判断や行動を行なおうとすることを指す．アッシュ（1951）の実験（トピック9-7）では前者のウエイトが大きかったと考えられるが，日常的な場面では，状況によっていずれか一方の要素が優勢に働く．

トピック 9-7　　アッシュによる同調行動の実験

アッシュ（Asch, 1951）は，線分の長さを比較判断させる課題を用いてこの問題を検討した．この課題では，図の左側のカードの線分 x と同じ長さの線分を，右側のカードに描かれた3つの線分（a，b，c）の中から選ぶことが求められた．試行ごとに線分の長さは異なっていたが，右側のカードには正解が必ず含まれ，また，それは誰の目にも明らかなものであった（図の場合，正答は b）．1人でこの課題

を行なう場合には，正答率はほぼ100%であった．

アッシュは，1人の〈本当の〉被験者と7人の実験協力者から成る8人ずつの集団を作り，実験協力者（本当の被験者よりも先に答えを言う）にはわざと誤った答えをするようにあらかじめ指示しておいた．このような実験場面を設定すれば，本当の被験者が集団の圧力に屈してどの程度誤答をするかによって，同調行動の程度が調べられる．この実験では，50人の被験者が行なった全判断のうち，誤答は32%にものぼった．すなわち，実験協力者の答えに同調したことを示している．実験協力者の人数を1人から15人までの範囲で変化させて実験を繰り返したところ，実験協力者が3人の場合に最も強く同調が生じ，それより人数が増えても同調率にあまり変化がないことが明らかにされた．

 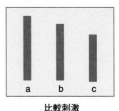

標準刺激　　　　　比較刺激
図　実験で用いられた線分（Asch, 1951）

9.4.4——少数派集団の影響

同調行動の研究では，一般に少数派が多数派にしたがう場合が多いが，少数派が常に多数派に追従するわけではない．ある状況のもとでは，少数派が逆に多数派の行動に大きな影響を与える場合があることが知られている．とくに，①少数派が一貫した主張を行なう，②多数派の主張を実現するには，実現に伴うコストが大きい，③少数派のほうが自律性が高い（原則や他の動機にとらわれない），④少数派のほうが柔軟性が高い，などの条件が満たされている場合には，少数派集団の影響力が強くなると言われている．

9.5——対人魅力と対人関係

われわれは，日常，さまざまな人と出会う．その中の大多数は，ただ目を合わせるだけで終わり，再び会う可能性は少ない．しかし，ある人とは，比較的長い間つき合いを続ける．なぜ，特定の人に対しては好意を感じ，なにが対人魅力を生じさせるのだろうか．また，なぜ良好な関係を築くようになり，なにが対人関係を進展させるのだろうか．さらに，自己についての情報を他者に伝えると，どのような結果を生じるだろうか．

9.5.1─対人魅力の規定要因

　他者に対して抱く好意や嫌悪，すなわち人々とのつき合いにおいて，対人魅力を感じさせる条件にはいろいろなものがあるが，最近の研究では外見，接触頻度，誤帰属などの諸点が知られている（トピック 9–8）．外見や環境的な要因によって好意を感じても，それだけで〈より深い〉人間関係が形成されるわけではない．人間関係の進展には，さらに態度の類似性，他者からの評価，自己開示などの要因が関与している（トピック 9–9）．

トピック 9-8　　対人魅力を決めるもの

　(1) 外見──とくに関係の初期の段階では，外見が対人魅力を決める有力な要因となる．ウォルスターら（Walster *et al.*, 1966）は大学生の男女をランダムに組み合わせてダンスパーティーを開催したところ，男女とも，自分自身の魅力度にはかかわりなく，外見的魅力の高い相手に対して好意を抱くことが明らかになった．また，外見がよいと，その人の性格も好ましいとする一種のステレオタイプ（トピック 9-4(3)参照）が存在することも知られている．ダイオンら（Dion *et al.*, 1972）は，魅力度が高・中・低の男女の顔写真を被験者に見せて，いくつかの側面から評価を求めたところ，外見的魅力が高い人の場合のほうが，性格や職業生活などに関して好意的な評価を受ける傾向が認められた．

　(2) 接触頻度──一般にある刺激を目にする頻度が高いという理由だけで，その刺激に対する好意度が増す傾向があることが指摘されている．これを「単純接触（mere exposure）」の効果という．「見慣れた」他者の行動はある程度予測可能になることや，その他者と自分との態度が類似していると認知するようになることが好意の高まる理由であると考えられている（トピック 9-9参照）．

　(3) 誤帰属──なんらかの要因によって生理的喚起が高まっている場合，それが特定の相手のせいだと「誤って」解釈され，その相手に対する好意的感情が増すことがある．ダットンとアロン（Dutton & Aron, 1974）の研究によれば，谷底まで70 m もある，恐怖をそそる吊り橋を渡っている男性観光客に，女性インタビューアーが近づいて，いくつかの質問を行ない，後で電話をしてくれれば結果を教える，と言って電話番号を書いたメモを渡した．その結果，恐怖を感じないような石橋の上で同じ実験を行なった場合と比べて，後で実際に電話をかけてきた人の割合が多かった．これは，吊り橋上の恐怖感による興奮を，眼前の美しい女性に対する（性的）興奮と誤って解釈したものと考えられる．

トピック 9-9　　人間関係を進展させる諸条件

（1）態度の類似性──ニューカム（Newcomb, 1961）は，互いに面識のない学生を半年間学生寮で共同生活させて，親密化の過程がどのように進行するかを調べた．その結果，入寮当初は同じフロアの近いものどうしが親密であったが，日が経つにつれて，態度が類似した者どうしが親密になっていったという．態度の類似した相手は「自分の意見に賛意を示す」という報酬を与えてくれるだろうし，好意をもつ相手が自分と類似した考えをもっているということは，互いに認知的一貫性を求める気持ちを満たしてくれるからだろう．

（2）他者からの評価──他者からの好意的な評価は，その他者に対する「お返し」としての好意を生み出すことがある．ただし，好意的な評価が複数回なされる場合には，その回数よりもパターンの影響を受ける．アロンソンとリンダー（Aronson & Linder, 1965）の研究では，被験者が他者からの評価的な発言を7回聞く場面を作り出したところ，否定的な評価から肯定的評価に転じる条件（−＋）のほうが，好意的評価が続く条件（＋＋）よりも，その他者に対する被験者の好意度は高かった．また，肯定的評価から否定的評価に転じる条件（＋−）は，否定的評価が続く条件（――）よりも，その他者に対する被験者の好意度は低かった．

（3）自己開示（9.5.2項参照）

9.5.2─自己開示と自己呈示

　人間関係を発展させる条件のうち，とくに自己開示の概念は，臨床の分野でも重要である．親しい友人に悩みを打ち明けたり，恋人に幼少のころの思い出話をしたりなど，自分自身に関する情報を特定の他者に言語を介して伝達するといった自己開示によって，一般に，より親密な人間関係を発展させることができる．自己開示には次のような機能がある．①感情表出：自分が抱えている問題や葛藤を開示することによって，不安や緊張が解消（カタルシス）される．②自己明確化：開示の相手の存在によって，自分の意見・態度がはっきり自覚されるようになり，その一貫性・統合性が保たれる．③社会的妥当化：開示の相手からの応答によって，自分の意見・態度の妥当性の評価ができる．

　一方われわれは，自分に対して望ましい印象を他者に与えるため，意図的，作為的に行動することがあるが，このような行動を特に自己呈示もしくは印象操作と呼ぶ．この自己呈示は，①他者に好ましい印象を与えることができそうにないとき，あらかじめ自分が不利な条件にあることを強調したり（セルフ・

ハンディキャッピング，9.2.1項参照），弁解や正当化を行なったりして肯定
的な印象に変化させる意図をもつ防衛的自己呈示，②自己宣伝や威嚇などによ
り積極的な印象を植えつけようとする意図をもつ主張的自己呈示に分けられる．
　以上の自己呈示の方法には，相手や置かれた状況に応じて自分の行動を巧み
に変化させることができる人，それが苦手な人など，個人差がある．

9.6──集団の中の個人

　われわれは，日常生活の中でさまざまな集団に所属しており，それが個人の
行動にさまざまな影響を及ぼす．個人が集団から受ける影響のある側面につい
ては，すでに9.3節および9.4節において取り上げたが，この節では別の視点
から集団的影響の問題を考えてみることにしよう．

9.6.1──集団意思決定

　集団の意思決定の問題については，レヴィンら（1939）の集団力学（10.6.1
項参照）の研究以来，多くの研究が行なわれてきた．一般に，集団意思決定は，
意思決定に参加した集団メンバーの行動を種々の面で拘束する．

　集団討議で意思決定するときと個々独立に判断を行なったときとを比較する
と，①集団で決定したほうが個人で決定を行なうよりも，成功の確率は低いが
成功したときの報酬が大きい危険な決定を下す傾向（リスキー・シフトの現
象）と，②決定すべき項目によっては，集団で決定したほうが個人で決定を行
なうよりもより慎重で保守的な決定を下す傾向（コーシャス・シフトの現象）
とが生じうる．前者の傾向は，とくに集団内で個人の匿名性がより高まり，責
任が分散するとき生じやすいとも言われる．いずれにせよ一般的には，集団決
定は個人の意見や判断が集団討議を通して，事前にあった傾向をいっそう強め
るようになり，個人による個々の決定よりも極端になる．このような現象は集
団分極化現象もしくは集団極性化現象と呼ばれる．

9.6.2──没個性化

　不特定多数の人々の偶然の集まりが，漠然とした一体感をもつ場合に群集と
呼ばれる．群集はときには攻撃的になり，ときには不安に駆られて逃走する．
個人がこのような群集の中に埋没して，1人の人間としてのアイデンティティ

（トピック 8-6 参照）を喪失してしまう場合がある．これを没個性化という．
ジンバルド（1970）によると，没個性化は，①匿名性が保証されている，②責
任が分散されている，③興奮している，④感覚刺激が多過ぎる，などの場合に
生じる．このような条件のもとでは，自分自身を評価することをやめてしまい，
他の人から評価を受けることへの不安も薄れ，本来ならば行動を抑制するはず
の罪，恥，恐怖感が機能しなくなる．その結果，情動的・衝動的・非合理的な
行動が出現し，同時に反応性が高まって，周囲の行動的な人の行動に感染する
ことが多くなる（トピック 9-10）．

トピック 9-10　群集心理と没個性化

　フランスの社会学者，ルボン（LeBon, 1895）は，『群集心理』を著し，群集は
衝動的で偏狭であり，常に道徳性に欠け，被暗示性，興奮性に富むとした．おそら
くフランス革命後の民衆による騒乱の集団行動に触発されたものと思われる．彼の
こうした主張は，民衆を知的に劣るとしたことから貴族主義的とされることがある．
　この初期の群集行動の観察は，1950 年代以降，社会心理学者たちの研究に受け
継がれて，集団の没個性化の概念の発展へと導かれることになる．とくにジンバル
ド（Zimbardo, 1970）は，不特定多数の集団行動における没個性化が，匿名性に
よって衝動的，非道徳的な行動に走るとして，次のような実験を行なった．彼は，
学習実験と見せかけて女子大生の〈実験者〉役が〈被験者〉役に電気ショックを与
える場面を設定した．〈実験者〉役は覆面をし，ダブダブの白衣を着て，氏名を相
互に知られないようにする．〈被験者〉役は（実際はショックを受けないのに）痛
がって悲鳴を上げた．この匿名性の条件のもとでは，〈実験者〉役相互が顔を出し
氏名を紹介し合った対照群に比べて，2 倍ほど強い電気ショックを与えたという．
しかし同じく匿名性の条件であっても，看護師の制服を着た〈実験者〉役は，むし
ろ対照群よりも少ししか電気ショックを与えなかった．特定の制服を着ることによ
って，陰に陽に制服によって与えられる社会的規範が，行動や信念に対して制約を
与え，それによって集団同一性を増大させたと考えられる（Smith *et al.*, 2003）．
　一方，特定の集団同一性をもたない匿名の没個性化した集団は，攻撃者による攻
撃を受動的に受け入れる傾向があり，往々にして攻撃者による非道徳的な無差別の
攻撃に曝される可能性がある，という点にも注目しておく必要がある．

　没個性化には 2 つのタイプがある．第 1 は，「非社会的な」没個性化であり，
これはジンバルドが描き出した前述の没個性化にほぼ対応する．第 2 のタイプ

は「社会的な」没個性化の状態であり，この場合には私的な自己意識は低下しているものの他者からの評価への関心はむしろ高まっており，スポーツでの組織的な応援や一糸乱れぬ軍隊の行進のように，集団の秩序ある行動が生み出されるという．

9.6.3──リーダーシップ

　集団がその目標を追求する過程において，〈特定のメンバー〉が集団あるいは同一集団内の他のメンバーに対して積極的な（集団目標の達成にとって役に立つような）影響を与える場合がある．このような場合，影響過程そのものに注目するときリーダーシップといい，そのような影響を与える「特定のメンバー」をリーダーと呼ぶ．

　初期の研究では，どのような特性をもつ人がリーダーになるのかが問題と考えられ，その結果，能力・素質・責任感・地位などの側面がリーダーとしての能力と関連することが明らかにされた．その後，リーダーの示す行動様式，リーダーとメンバーとの関係，および種々の状況的要因によって集団行動の効率が大きく左右されることが指摘されるようになった．レヴィンら（1939）によると，「民主的」なリーダーは，通例，「専制的」なリーダーや「放任的」なリーダーよりも，集団目標へのメンバーの参加意欲を高め，不平や不満の発生を抑制する傾向があるとされた．しかしその後の研究では，リーダーの性質と集団業績との関係は単純な直線的関係ではなく，リーダーとメンバーとの関係の良否や課題の構造化の程度に応じて変動することが明らかにされた．

　三隅（1966）は，リーダーシップの機能を集団の目標達成（performance）機能と集団維持（maintenance）機能という2つの側面からとらえ，それぞれの機能を果たす行動をP行動，M行動と名づけた．具体的には，P行動は目標達成のための計画を立てたりメンバーに指示を与えるなどの行動を，また，M行動はメンバーの立場を理解し集団の中に友好的な雰囲気

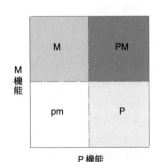

図9-2 リーダーシップ機能の類型
（三隅，1966）
目標達成機能Pおよび集団維持機能Mのそれぞれが強い場合には大文字（P, M），弱い場合には小文字（p, m）で表わされる．

を生み出す行動を指す．特定のリーダーの行動はPかMか，いずれの行動が顕著に認められるかによって4つに類型化され（図9-2），集団の生産性やメンバーの満足度は，両方の行動が顕著なPM型で最も高く，両方の行動ともあまり示さないpm型のもとでは最も低いことが示されている．

9.7──社会脳

ヒトは成長するにつれて社会化の過程を経て「人間」となると言われている．しかし，新生児模倣（トピック6-8参照）でも見られるように，生まれてまもない新生児も母親とのあいだでコミュニケーションが成立している．すなわち，われわれはすでに，社会的な相互作用の機能をもった「人間」として生まれてくると言ってよい．そして成長するにつれて，周囲との「対ひと」関係もゆたかになっていく．それに伴って自己意識，他者意識が形成されて社会的な認知の働きも次第に拡大し，他者の行動の予測，意図，意思などを読み取る働きも，多くの場面へと広げられて社会的な相互作用も多彩になる．最近では，このような社会的相互作用や社会行動を支える脳組織や脳活動をまとめて，「社会脳」と呼ぶことが多い．

9.7.1──社会脳を支える脳内メカニズム

社会脳とは，一般に，社会的な認知を司る一群の脳領域を指す．この社会脳によって，われわれは他の人びととの社会的な相互作用が可能になるとともに，社会的相互作用の場面での予測ができるようになる．ただし，脳の中にこうした働きを示す特定部位が存在するわけではない．フリス（2007）によれば，近年の社会神経科学（トピック9-11）の成果から，社会脳としては，扁桃体，側頭極（先端部），上側頭後部とそれに隣接する側頭─頭頂接合部，内側前頭前皮質などの四つの部位，およびミラーシステム（トピック9-12）などが挙げられている．扁桃体（図4-7参照）は，情動，とくに恐れの情動と関連して社会的行動に影響を与える．側頭極は，種々のモダリティからの特徴をまとめて情報を収斂させる領域で，直面している社会的状況についてさまざまな知識を適用することを可能にする．上側頭後部と側頭─頭頂接合部は，顔の認知に際して他者がどこに視線を向けているかの処理にかかわる．さらに内側前頭前皮質は，自己認識を含めて他者認識の高次の処理が行なわれているという．

　ただし，これらのいずれの領域も，「対ひと関係」という他者との相互作用の処理にかかわりをもってはいるが，「対もの」関係という物理的対象の処理ともかかわりをもっている．したがってそれらの領域は，社会的相互作用の処理のみに特定化されているわけではない．

　一方，ミラーシステムは，他者とのかかわりの基礎的な過程で働いていると言えるだろう．ただしミラーシステム自体は，その大部分が自動的過程であり，意識による制御を必ずしも受けない．

　したがって，社会的相互作用の中での他者の理解には，こうしたミラーシステムの働きに加えて，置かれた状況における「対ひと」関係について，過去の経験を踏まえた認知的な活動が必要となる．社会的な認知の形成にとっては，種々の状況における社会的な経験の積み重ねと学習とが重要な要因としてかかわっているのである．したがって社会脳といっても，経験を経つつ学習によって形成された，皮質から皮質下を含む複数の神経ネットワーク（ヘッブ（1949）のいう細胞集成体や位相連鎖と対応する）を指し，それぞれのネットワークはそのときの状況に応じて活性化されると考えられる．

トピック 9-11　社会神経科学

　認知過程の神経科学的研究は，20世紀後半から今世紀にかけて活発化し，最近ではとくに人間の社会行動，社会的な相互作用にも関心がもたれるようになってきている．この領域は，「社会神経科学（social neuroscience）」といった名称で呼ばれている．その中には，神経倫理学，神経経済学，さらに神経政治学などといった人文・社会科学の諸分野との関連を目指すいくつかの領域が展開しつつある．

　人間の行動やそれを支えている心のメカニズムの理解には，社会的存在である人間の社会的行動や社会的相互作用の理解が欠かせない．社会心理学では，とくにそこに力点を置いて研究が進められてきた．そうした社会行動や社会的相互作用の基礎にある神経メカニズムには，「社会脳」と言われる脳領域が深くかかわっている．社会神経科学は，神経科学の方法を利用してこの社会脳の研究を行なう分野である．

　そこでは心理学，特に社会心理学で用いられたさまざまなテストや実験的手法を用いながら，種々の脳科学的手法，たとえば脳の事象関連電位（event-related potential: ERP，種々の外部の刺激に対して誘発される脳の電位の変化を頭皮を通して記録する）や，PET，fMRIなどの機能的脳画像法（トピック10-15参照）によって，ミラーシステムを含む社会行動や社会的相互作用の過程における脳メカニ

ズムを明らかにしようとしている.

その研究対象には,顔の認知,「心の理論」,模倣,
道徳性,信頼性,「生物学的運動」,社会的優位性,
意思決定など,従来の社会心理学が研究対象として
きた多様な社会行動の側面が取り上げられている.
したがってその研究目標は,社会心理学のそれと表
裏一体をなしていると言ってよい.

なお「生物学的運動」とは,ヨハンソン(Johan-
sson, 1973)によって発見された現象.人の頭,手
足などの関節部に光点をつけ,暗室で観察すると,
静止時にはランダムな光のパターンとして見られる
にすぎないが,動き出すと人の運動が知覚される.
光点の動きから歩行,ランニング,さらに人物の性
や社会的・道具的動作(物を差し出す)などの区別
ができるとされている(図).

図 生物学的運動の例
(Johansson, 1973)

トピック 9-12　ミラーシステム

「他者がどんなことを感じ,なにをしようと思っているか」といった他者の感情,
行為,意思を,われわれはどのように受け取り,かつ理解しているのだろうか.こ
うした他者の感情,行為,意思などの理解は,経験を重ねるにつれて他者の動作,
周囲の状況から推論するようになる,ということもあるかもしれない.しかし,込
み入った状況での複雑な意図はともかく,日常生活の状況では,相手の感情,意思
をすばやく直感的に,自動的に読み取って対応していることもまれではない.この
ような他者の感情,意思を無意識のうちに受け取る働きが,社会生活におけるわれ
われの相互理解にとって1つの重要な要因となっている.「ミラーシステム」と呼
ばれる脳の機構が,そうした無意識的な相互理解の神経的基礎となっているという
ことが指摘されている.

リゾラッティら(Rizzolatti & Sinigaglia, 2006)は,サルを使った実験で,次
のようなことを見出したという.サルが物をつかむというような目標指向的な行為
をするときに活性化する脳の運動皮質(下前頭回,F5:図A)のニューロンは,
そのサルが,他のサルやヒトの実験者が同じような行為をするのを見ているときに
も活性化する.同様なことは,視覚的情報の観察の際に生じるだけではなく聴覚刺
激によっても生じるという.たとえばサルに,紙を裂くなどの音を伴う手の行為を
観察させてから,次に音だけを聞かせると,音を聞くだけでその行為を観察したと

きに活性化した多くのニューロンが活性化する．こうしたニューロンは，他者の行
為を反映している鏡という意味で，「ミラーニューロン」と名づけられた．その後
の研究によって，このような行為の産出と「理解」にかかわる神経組織は，分散し
たニューロン・ネットワークを形成していることから，「ミラーニューロン・シス
テム」または単に「ミラーシステム」と呼ばれることが多い．

　ヒトの場合も，このようなミラーシステムが他者との相互作用の過程で働いてい
る．たとえば被験者に，物をつかむ，手を振るなどの行為を観察させたときは，被
験者の運動皮質の筋にかかわるニューロンが活性化する．またPET（トピック5-
21，トピック10-15参照）による実験では，手を握る行為を観察させた場合には，
下前頭回，上側頭溝などいくつかの領域が活性化するという．これらの領域は，被
験者が動かない物体を観察しているときには活性化しない．さらに被験者が，他者
の嫌悪感（嫌な匂いをかいだときの他者の表情）を観察したり，他者の痛み（電気
ショックを与えられた状況）を観察したりしたときには，島や前部帯状回（図B）
が活性化するという．それらの領域はそれぞれ，ミラーシステムとして他者の行為，
意思の「理解」，および他者の感情に対する共感とかかわっていると考えられてい
る．さらにまた，トピック6-8で取り上げた新生児模倣も，このミラーシステムの
働きの例とする見解もある．

　ただし，ミラーニューロンが最初に発見されたサルのF5は，ヒトではブローカ
領野ではなく運動前野である6野の一部に相当すること，ミラーニューロンの反応
自体が，単なる連合学習の結果にすぎず，他者の行為の理解とは関係ないことなど，
批判的な見解も有力になっている．

　なお，ラマチャンドランら（Ramachandran & Oberman, 2006）によると，自
閉症（3.3.1項；9.7.3項参照）では，こうしたミラーシステムにかかわる脳機能
が十分働いていない．そのため他者の意図の解釈の欠陥，共感の欠如などの「心の
理論」（2.6.4項参照）の障害が生じると推測している．ただし，これにはいくつ
かの反論がある．

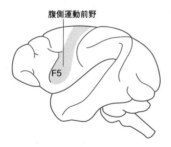

図A　サルの左半球におけるF5の位置

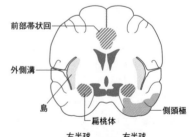

図B　ヒトの脳の横断面

9. 7. 2──顔の認知

顔の認知は，個体の識別，同定に重要であるだけでなく，他者の意図，意思，考えを推理する手がかりを提供し，「心の理論」（2.6.4 項参照）の形成，他者の情動・感情状態の認知（8.6.4 項参照）にも重要な役割を果たしている．いわゆる相手の「顔色を窺う」といった働き，つまり表情の認知の働きは，対人関係の展開にさまざまな影響を与えている．顔の認知によるこうした社会的情報処理の能力によって，複雑な社会的環境における種々の社会的行動はスムーズに展開していくことになる．

相手を攻撃する際の姿勢，恐怖の際の震えなどのような全体的な身体の動きや手足の動きも，対人関係におけるコミュニケーションにとって重要な情報である．しかし，顔の表情変化は，対人関係のコミュニケーションにとってより大きな役割を果たしている．引きつった顔，震える口などのさまざまな顔面の筋の動きは，相手の心的状態を知る重要な手がかりになる．さらにまた，落ち着きのない視線，逆にじっと見つめる視線など，視線の動き・状態によって相手の心的状態を知ることができる．「眼は口ほどにものを言い」といったことわざに示されるように，視線がどこを見ているか，安定しているか，おどおどしているかなどによって，あるときは直感的に，またあるときは推論によって相手の心的状態をとらえることができる．こうした顔認知の処理の仕組みは，社会脳として長い間の進化の道程の中で機構化され，形成されてきた．

顔認知の処理には，とくに紡錘状回顔領野（FFA）と呼ばれている部位がかかわっていることが指摘されている．紡錘状回顔領野には，顔認知における中核的な機能が特定化されており，たとえば相手の顔は顔として見えていても，それが誰であるかがわからず，識別，同定できない顔認知の障害をもつ相貌失認（5.2.9 項(6)参照）には，この紡錘状回顔領野の損傷がかかわっているという（トピック 5–21 参照）．

しかし，実際の社会状況，対人的なコミュニケーションの過程では，状況に応じて，よりいっそう複雑な顔認知の処理と判断とが必要とされる．そのために，紡錘状回顔領野以外のいくつかの高次の皮質領野がかかわってくる．さらに，情動と関連した扁桃体（図 4-7 参照）の働きとのかかわり合いも必要となる．つまり，状況によっては，紡錘状回顔領野のような基本的な顔モジュール（情報処理の機能的単位）以外に，多くの関連した部位が顔認知に関連をもつ

ようになる（トピック 9-13）．そのような顔認知の情報処理機能は，「対人関係」のやりとりを通して，成長の過程の中で次第に学習され，形成されてくるのである（トピック 9-14）．

トピック 9-13　　顔の認知の脳内メカニズム

　紡錘状回顔領野（FFA）の損傷は，相貌失認といった障害を生じさせる（トピック 5-21 参照）．一方，健常の大学生に顔の見本合わせと位置の見本合わせを行なわせて，その間の脳活動部位を PET（トピック 10-15 参照）によって測定すると，前者では主として頭頂皮質，後者では腹側側頭皮質，とくに紡錘状回顔領野が活性化するという（Haxby *et al.*, 1994）．したがって，この紡錘状回顔領野を顔モジュールといってもよいかもしれない．

　また，MEG（トピック 10-15 参照）の研究によると，こうした顔認知の過程には，腹側側頭皮質における質的に異なった情報処理がかかわっていることが示されている．すなわち最初に，刺激提示後 100 ミリ秒ほどですばやく顔を他の物体から区別するといったカテゴリー化の過程が生じ，それに続いて 170 ミリ秒ほどで他の顔との識別，同定の過程が生じるという．カテゴリー化の過程は，目，鼻，口などの顔の部分的な要素的処理であるのに対して，同定の過程は，部分の形態的なパターンの特徴に対する全体的処理がかかわっており，前者では比較的後部の腹側側頭皮質，後者では全部の腹側側頭皮質の活性化が見られるという（Liu *et al.*, 2002）．

　さらに fMRI（トピック 5-21，トピック 10-15 参照）の研究によると，こうした領域は，従来観察されてきた限定された領域（たとえば紡錘状回顔領野）よりも，腹側側頭皮質内でより分散した情報処理が行なわれており，また物体処理との重複の可能性があることも指摘されている（Haxby *et al.*, 2001）．

　図は，もとの絵を粗い四角に分割し，それぞれの四角の中を平均の明るさにした絵である．高い空間周波数（トピック 1-1 参照）の情報は排除されているので，目や口などの細部の特徴はよくわからない．しかし，基本的な低い空間周波数の情報が残されているため，顔同定のための大まかな配列のパターン，顔の形，髪形の空間的配列などのパターンがわかり，なんとかモナリザとしての同定が行なわれることになる．前述の MEG の実験にもあるように，同定には，個々の目や口などの特徴よりも，その空間的な配列，パターンの処理が重要な役割を果たしているようだ．

　生まれてすぐの新生児は，種々の物体（その絵や図形）よりも人の顔（その絵や図形）の動きに対して眼や頭で追跡運動をする．このような新生児初期の顔への反応は，上丘や視床枕などの皮質下の感覚運動経路による顔への反射的な選好の反応とされている．その後，こうした基本的な顔への定位反応傾向に導かれて顔への視

覚経験を積み重ねた結果，腹側側頭皮質を含む上位の
特定領域の精緻化，組織化が促されるという（Johnson，
2011）．やがて，特定の顔の同定や，他人の意図の推
測など，より複雑な顔認知の働きが備えられるように
なる．

図 粗くした画像（誰か？）
（Sergent, 1986）

　ゼンデン（Senden, 1932）が収集した文献やその
後の研究によると，先天盲開眼者（5.2.8項参照）で
は図形や物体の認知が成立しても顔の認知はなかなか
形成されないという．保有視覚が第3群に近い先天盲
開眼者KT（25歳）の場合も，日頃接している男女を，
当初は服の色などを手掛かりに区別していたが，次第
に，顔を直接観察することで区別できるようになり，「知っている顔」を見分ける
ようになった．しかし，写真では繰り返し見て知っている「自分の顔」の認知が最
初に成立したものの，個人の顔の判別は難しく，確実にできるのは自分とそれ以外
の人を見分けることのみであった（鳥居・望月，2000）．

トピック 9-14　顔逆転効果

　一般に，上下逆転した顔では，よく見知った人でも一目で正確に同定することは
難しい．またそれがどんな表情をしているかを認めることはさらに困難である．脳
にとっては，前述したように長期の学習の結果，正立した人の顔のイメージが深く
刻み込まれている．そのため，逆転した顔に対しては，顔の認知に関連した脳部位
（とくに紡錘状回顔領野を中心とした）が，顔のパターン処理にかかわる機能を十
分に発揮できないと考えられる．

　トンプソン効果，いわゆるサッチャー錯視（顔逆転効果または表情変貌）と呼ば
れる現象がある（図）．逆転しているときは一見しただけでは誰だかすぐにはわか
らないが，顔の形，髪型，さらに目，鼻，口などを手がかりとして，図のaも，
そして多少奇妙だがbも，サッチャー（英国初の女性の首相）の顔としてなんと
か判断することができる．次に本を逆さにしてみよう．図のbは奇怪な表情に一
変する．顔が逆転しているときは，顔の部分部分の特徴をもとにした分析を手がか
りとして，不正確ではあるがおおよその判断をしていたのが，本を逆さにして正立
の顔にすると，目，鼻，口などの特徴が顔の中にどのように埋め込まれ，配置され
てパターン化されているかがはっきり感じ取られ，グロテスクな表情としてとらえ
られることになる．

a　　　　　　　　　　　　　b

図 サッチャー錯視（Thompson, 1980）

　相貌失認の患者では，健常者とは逆に，正立した顔よりも逆転した顔の同定のほうが容易であるという．たとえばLH（40歳，20年前の学生時，自動車事故による両側の後頭側頭皮質損傷．回復後の言語性IQ132, 動作性IQ93）と対照群（大学生）に対して，継時的に提示された二つの顔が同じか違うかを判断させたところ，正答率（300試行における）は，対照群では正立顔93.9%，逆転顔82.2%であったが，LHでは正立顔58.0%，逆転顔72.0%となった．LHの場合，逆転顔では部分部分による分析によって顔の判断をしていたのが，正立顔では損傷している顔認知システムを使い続けたためエラーが生じたのだという（Farah *et al.*, 1995）.

9.7.3──対人関係・社会的相互作用の障害

　自閉症については，3.3.1項で取り上げ，「心の理論」（トピック2–9参照）やミラーシステム（トピック9–12参照）でも簡潔に触れてきた．ここでは，社会行動を扱ってきたこの章の締めくくりとして，とくに対人関係・社会的相互作用と関連づけて，自閉症について簡単に述べておこう．

　自閉症についての最初の系統立った報告は比較的新しく，20世紀半ばのカナー（1943）による11事例の報告とされている．しかしその後，対人関係・社会的相互作用に関して種々の程度の情動的接触や知的能力の欠陥を示す事例が数多く見出されるようになってきた．ウイング（1996）によれば，現在では，こうした多様な状態を示す自閉症は，自閉スペクトラム症（autistic spectrum disorders : ASD）としてまとめられることが多い．

　自閉スペクトラム症とは，定型（健常）発達に比べて，①発達早期からの社会性，②コミュニケーション，③イマジネーション（想像力，思考の柔軟性）の三つの領域である「三つ組」のなんらかの質的障害をもつ（3.3.1項参照）.

すなわち，①他人への関心が薄い，他人に触られるのを嫌う，アイコンタクトを避ける，など社会性が乏しい．②話しことばが欠けているか，あっても反復的に言葉を使用するか独特な使い方をする，身ぶりことばも乏しい，などコミュニケーションに障害がある．さらに，③ものまね，ごっこ遊びが欠けている，物体の一部に持続して熱中するなど思考の柔軟性に欠けている，といった特徴をもつ．なお，アスペルガー（1944）により，対人関係に障害をもつが，知的な能力は保持されている事例も多く見出され，高機能自閉症，もしくは，アスペルガー症候群と呼ばれている．

　自閉症の発症については，次のような仮説が提出されている．①「心の理論」の障害説：自閉症者は，自己および他者の心的状態，信念，意図などを直感的に理解できず，そのため社会性やコミュニケーションに欠陥が生じるとする．②中枢性統合の弱化説：自閉症者は，物事の全体よりも細部に焦点を当てた情報処理を行なっているとする．③実行機能障害説：自閉症者は，将来の目標に向かって問題解決の態度を持続すること（実行機能）に欠陥があるため，常同的行動や特定の事物へのこだわりが生じるとする．これらのそれぞれの説は，単独では自閉症の特徴を説明できないが，この三つによってその特徴のほとんどが説明できるとされている（トピック 9–15）．

トピック 9-15　自閉症の発症原因

　自閉症の発症率，発症原因についてはまだ不明のことが多いが，飯塚（2007）を参照しつつ，まとめておこう．

　自閉症の発症率は，日本では 1 万人当たり 96.7〜161.3 人（Honda *et al.*, 2005）程度とされ，1% 前後とそれほどまれな障害ではない．自閉症の発症原因としては，1940〜50 年代にかけては，生育条件などの心因性要因が強調されていた．しかし，現在ではこうした説は否定され，むしろ遺伝的要因との関連が深いと考えられている．発症の一致率は，一卵性双生児では 69〜92%，二卵性双生児では 0〜10% である．ただし，その発症については，複数の遺伝子がかかわっている可能性があり，また胎児期から生後 2 年ほどの間のウイルス感染なども 1 つの要因とされているなど，単純にはとらえられない．

　現在のところ，自閉症と特定部位の脳損傷との明確な局所的関連は認められていない．ただし，扁桃体を中心とした神経ネットワーク（前頭前皮質，帯状回，上側頭回，紡錘状回，大脳基底核を含む情動や顔認知，アイコンタクトなど，いわゆる

社会脳にかかわる領域）および小脳の障害を伴うとされている．なお自閉症では，生後1〜2ヵ月，および6〜14ヵ月に頭の大きさ（頭周）が急激に増加し，脳の過剰な成長が見られる．この場合，灰白質領域よりも白質領域の成長が大きいという．

　自閉症については，さらなる研究の発展が必要であり，またその支援の方策についても，今後いっそうの進展が望まれる．

　なお，「社会脳」や「心の理論」，「ミラーシステム」などの語は一種の比喩であり，そのメカニズムを表わす厳密な用法ではないが，その働き，機能を適切にイメージさせてくれる．科学の用語には，こうした例もあることに注意しておく必要がある．

［参考図書］

蘭　千壽・外山みどり（編）　1991　帰属過程の心理学　ナカニシヤ出版

安藤清志・村田光二・沼崎　誠（編）　2017　社会心理学研究入門（補訂新版）　東京大学出版会

池田謙一・村田光二　1991　こころと社会　東京大学出版会

池田　進　2015　人の顔または表情の識別について　関西大学出版部

鹿取廣人（編著）　2013　障がい児心理学への招待　サイエンス社

河内十郎　2013　神経心理学　培風館

ジョンソン, M. H.（鹿取廣人・鳥居修晃監訳）　2014　発達認知神経科学　原著第3版　東京大学出版会

末永俊郎・安藤清志（編）　1998　現代社会心理学　東京大学出版会

千住　淳　2012　社会脳の発達　東京大学出版会

チャルディーニ, R.（社会行動研究会訳）　2007　影響力の武器（第2版）　誠信書房

中村陽吉　1983　対人場面の心理　東京大学出版会

バロン−コーエン, S.（長野　敬他訳）　2002　自閉症とマインド・ブラインドネス　青土社

東田直樹　2007　自閉症の僕が跳びはねる理由　エスコアール

開　一夫・長谷川寿一（編）2009　ソーシャルブレインズ　東京大学出版会

ミルグラム, S.（山形浩生訳）　2008　服従の心理　河出書房新社

レヴィン, K.（末永俊郎訳）　1964　社会的葛藤の解決　創元社

III部 こころの探求

10^章 心理学の歴史

古代の心理学は形而上学的な色彩が強く，哲学と不可分の関係にあった．近代的な「こころ」の考えは17世紀の哲学者（たとえば，デカルト）に始まる．その後精神異常や感覚の経験的研究が蓄積されて，19世紀後半には科学的な心理学が誕生した．また，進化論の影響のもとに，動物の「こころ」を客観的にとらえようとする生物学的研究の流れはやがて心理学にも広がり，20世紀初頭の「行動主義」に結実した．初期の心理学は「意識」を「内観」によってとらえる主観的な立場をとっていたが，今日ではむしろ，意識も行動も客観的な立場からとらえる新しい研究方法が確立されるようになってきた．最近飛躍的な発展をとげている認知科学的研究，「情報処理」的構想，脳神経科学の発展は，今日の心理学の視野を拡大し，その進展に大きく貢献している．

10.1— 「こころ」の概念

心理学という成語が現われたのは比較的新しい（トピック10-1）．しかし，こころについての叙述や考察ははるかに古く，すでにギリシアの医学者や哲学者たちのあいだにも見出され，曲折を経て，後世におけるこころの概念へと移っていく．

トピック 10-1　「心理学」ということば

心理学（psychologia）ということばは「こころ」（psyche）の学（logos）を意味し，それぞれの単語としてはすでにギリシアの昔から使われていたが，「心理学」（psychologia）という成語として文献上に現われるのは比較的新しく，1520年頃に書かれたと推定されるユーゴスラヴィアの詩人マルコ・マルリッチ（M. Marulić）の著述の表題として残っているのが最初であると伝えられている．16世紀の終わり頃には「心理学」という名を冠した論文（R. Goeckel；O. Casmann）

が現われ，18世紀には著書（Chr. Wolff）が出版され，やがて19世紀以降の心理学隆盛期を迎えるようになる．日本では，1873（明治6）年，東京大学の前身，開成学校のカリキュラムの中に記載された「心理学」ということばがこの用語の現われた最初であると言われる．

10.1.1—ヒッポクラテス

あらゆる学問はギリシアに始まると言われるが，とりわけ哲学や医学が早くから発達していた．「医学の祖」と言われたヒッポクラテス（Hippokrates, *ca.* 460–377 B.C.）は，自然を構成する4つの根（火，水，土，空気——エンペドクレス）の考えを受けて，「からだ」を構成する4つの体液（血液，粘液，黒胆汁，黄胆汁）を仮定し，その影響を受けたガレノス（Galenos, *ca.* 130–200）はこれらに対応する4つの気質（多血質，粘液質，憂うつ質，胆汁質）を仮定した（表10–1）．この考えは後の心理学における「性格類型」の考えに大きな影響を及ぼしている（8.4節参照）．ヒッポクラテスはまた呼吸によって体内に取り入れられる「精気」（pneuma, spirit）を「生命」や「こころ」の担い手とする精気説をとったが，このような考えは後のアリストテレス，ガレノス，および中世の哲学者たちを経て，近世のデカルトにまで及んでいる（「動物精気」説）．

10.1.2—アリストテレス

アリストテレス（Aristoteles, 384–322 B.C., 図10–1）は，はじめて『こころについて』（*De Anima*）という体系的な叙述を残した．彼の「こころ」の概念は「生命」の概念と不可分であり，あたかも「質料」（hyle）と「形相」（eidos）との関係のように，「こころ」の働きは身体を通してはじめて具象化される．またその立場は経験論的で，「こころ」は，最初「文字の書かれてい

表10-1 ヒッポクラテスとガレノスの類型説

根	物的性質	体液	気質	性格的特徴
火	温	血液	多血質	陽気な
水	湿	粘液	粘液質	鈍重な
土	冷	黒胆汁	憂うつ質	うっとうしい
空気	乾	黄胆汁	胆汁質	怒りっぽい

ない書板」のようなものだとした（後のロックを思わ
せる）．さらに，「こころ」は人間のみならず植物や動
物にも備わっており，植物の「こころ」は栄養と生殖，
動物の「こころ」は感覚と運動，人間の「こころ」は
理性的思惟（思考）の働きをもち，この3種の「ここ
ろ」のうち，動物は前2者を，人間は3者すべてを備
えている，とされた．このように，アリストテレスで
は「こころ」とはいわば生命の機能原理であり，その
生物学的な立場は後の意識主義的な立場（10.4.3項
参照）よりもむしろ現代の心理学に近いとさえ言える．

図10-1 アリストテレス
（©AFP/The Picture Desk/Gianni
Dagli Orti）

10.1.3─デカルト

　「近世哲学の祖」と言われるデカルト（R. Descartes, 1596-1650, 図10-2）
は，ギリシアにおけるプラトン（Platon, 427-347 B.C.）と同じく，「こころ」
の働きを人間に生まれつき備わっているものと考えた（生得説）．また，アウ
グスティヌス（A. Augustinus, 354-430）と同様，「こころ」の属性を思惟に
求め，「もの」の属性を延長にあるとして両者を峻別する物心二元論の立場を
とった．デカルトの言う「こころ」は，アリストテレスと異なり，人間にのみ
経験される意識的事実に他ならず，これに対して身体は「もの」の世界の法則
によって支配される自動機械のようなものだとされた．ただ，「こころ」と
「からだ」とのあいだには相互作用があり，神経の中を循環する「動物精気」
（esprits animaux）が脳の中にある松果腺を刺激することによって精神現象
が起こると考えた．一方，「からだ」の動きは，操り
人形のようなもので，たとえば，火のそばから足を引
っ込める「反射運動」は，動物精気や神経の中を通っ
ている細い糸を仮定して機械論的に説明された（図
10-3）．

　その後200年あまりのあいだ，イギリスを中心に経
験哲学が盛んになるが，そこでは心理学はデカルト的
な「こころ」の学としてもっぱら意識現象を中心に研
究されるようになる（トピック10-2）．

図10-2 デカルト（©AFP/
leemage）

図 10-3 デカルトの「反射運動」の説明図（Descartes, 1662）

A：火
B：足
c：足部末端から頭部にいたる神経の中を通っている細い糸
d：細い糸の頭部終端の孔（脳への入口）
e： 〃
F：脳の空室（ここから「動物精気」が流れ出て手足を動かす）

トピック 10-2　デカルトの網膜像観察実験

　網膜が光受容機能をもつことをはじめて説いた（1583 年）のは，解剖学者のプラッター（F. Platter）である．この新説に立脚し，網膜上での外界の物体の像（すなわち網膜像）が，もとの物体とは上下左右逆さに形成されることを，幾何光学的につきとめた（1604 年）のは天文学者のケプラー（J. Kepler）であった．さらにこの推定を動物の死後摘出眼を用いて直接観察した（1625 年）のは修道士シ

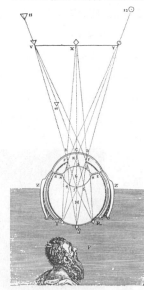

図　網膜像を観察する方法
（Descartes, 1637）

ャイナー（C. Scheiner）であるが以後，同様の観察実験は多くの研究者により試みられた．『方法序説』の著者であり，解析幾何学の創始者としても知られるデカルトもその 1 人である．図は彼の『屈折光学』（1637 年）に載せられている「網膜像を直接観察する方法」の図解である．すなわち，ウシなどの大型動物の眼を用いて，その後背部（角膜の反対側）の三重の膜を切り取り，そこを 1 枚の紙か卵の殻（RST）で再び覆う．この眼を暗くした部屋の窓の穴（Z）にはめ込み，角膜側（BCD）を日光に照らされたさまざまな対象（VXY）のある方向に向けると，部屋の内部の観察者（P）は（RST）のところに外部（VXY）のほうにある対象を表現する絵を見る，というわけである．そして，この絵（すなわち生きた人間の網膜像）の欠点の 1 つは，絵の各部分が対象のそれとは逆になっていることだとデカルトも書いている．

> 一方ケプラーは，網膜像が倒立しているのに，われわれが外界の対象を正立した
> ものとして見るのはなぜかという疑問をすでに提出していた．この問題が 19 世紀
> 末のストラットンによる変換視の実験（トピック 5-10 参照）を生み出した．

10. 1. 4—経験主義の哲学

先のデカルトの生得説に対して，ロック（J. Locke,
1632–1704, 図 10-4）はアリストテレスと同様，知識
の根元は経験にあるとし，経験を経る前の「こころ」
は白紙（tabula rasa）のようなものであるという経
験主義の立場をとった．彼によると，すべての観念は
外界に関する感覚と内界に関する反省とから生じると
され，また，不合理な思考，共感，反感の説明という
特殊な文脈においてであったが，はじめて観念の連合

図 10-4 ロック（©AFP/Photo12）

(association of ideas) という考えが現われてくる．複雑な観念の分解や単純
な観念の合成によって心的過程の変化を説明する精神化学的発想は，同じ頃オ
ックスフォードにいた化学者ボイル（R. Boyle）の影響であると言われる．ロ
ック以後，バークリ（G. Berkeley, 1685–1753），ヒューム（D. Hume），ハー
トレイ（D. Hartley, 1705–1757）を経てミル親子（J. Mill ; J. S. Mill），ベイ
ン（A. Bain），スペンサー（H. Spencer）に至る一連の経験哲学者たちは，
先天的観念を否定し，経験こそ知識の根元であると主張する点で共通の特徴を
もつ．とくにハートレイはロックやヒュームにおいて断片的に述べられた観念
の連合という考えを拡張し，それに基づいて心的諸過程の説明を試みたので，
「連合主義の祖」と言われている．彼はまた，感覚を神経内部の振動，観念を
その微弱な名残り（vibratiuncles）といった物理的概念で説明しようとした点
で，後に台頭する生理心理学的傾向のはしりとみなすこともできる．

10. 2—精神医学の影響

10. 2. 1—古代の精神医学

ヒッポクラテスは，精神病，たとえばてんかんが，神に「こころ」を奪われ
た「聖なる病」ではなく，脳の不調和状態に基づく自然の病であることを強調
した．彼はメランコリー，マニー，うつ病，パラノイア，ヒステリーなどにつ

**図 10-5 サルペトリエール病院においてヒステリー患者を目の前においたシャルコー
の臨床講義**（P. A. Brouillet の絵, 1887）
フロイトは, ウィーンの自宅の相談室にこの絵のコピーをかけていた.

いても明確な記述を残している. ただ, ヒステリー（hysteria）は精神の病で
はなく, 子宮（hystera）が体内を動き回る一種の婦人病と考えられた.

　ところが, 中世に入ると迷信や魔術が横行し, 精神病はもはや医学の対象で
はなく, 悪魔や魔女のなせる業<ruby>業<rt>わざ</rt></ruby>と考えられるようになった.

　精神医学の近代化は 18 世紀末になってやっと始まったと言われる. たとえ
ば, ピネル（P. Pinel）は, 精神病院で<ruby>鎖<rt>くさり</rt></ruby>につながれていた人々を順次通常の
病人として解放していった（1793 年）.

10. 2. 2──催眠現象

　催眠を医療の手段として積極的に用い始めたのはオーストリアの医師メスメル
（F. A. Mesmer）であるが, それを科学的研究の対象としたのはイギリス
の医師ブレイド（J. Braid）であった（トピック 10-3）. 催眠現象に関するブ
レイドの考えは 1860 年頃フランスに紹介されたが, その後ナンシーのリエボ
ー（A. A. Liébeault）やパリのシャルコー（J. M. Charcot, 図 10-5）が催眠
現象に関心を示すようになった. この当時フランスでは精神医学, とりわけヒ
ステリーや催眠の研究に一般の関心が集まり, シャルコーのもとには後にフラ
ンス心理学のパイオニアとなったジャネ（P. M. F. Janet）やビネ（10.6.3 項
参照）らが学んだが, フロイトも精神分析を始める前の一時期ここに学んだ.
このように, 催眠の現象やその研究は, 精神医学を通じて臨床心理学や異常心

理学の領域につながりをもつようになる.

> **トピック 10-3　　初期の催眠研究**
>
> 　18世紀の半ば過ぎメスメルは，古くから神秘的と考えられていた催眠の現象が，磁石によって人体を撫でるという人為的方法によっても生じることを見出し（1766年），「動物磁気」でこれを説明したが，この説は学界の容れるところとはならなかった．その後パリに移って彼一流の催眠法「メスメリズム」（Mesmerism）による治療を行なったが，晩年にはスイスに移り，1815年に生涯を閉じた．
>
> 　ブレイドはこの現象を神経の睡眠と考え，これを生じさせる原因を「動物磁気」ではなく，凝視，注意の集中，暗示に求めた（『神経催眠学』（*Neurohypnology*）1843年）．催眠に関するこうした考えを，「メスメリズム」に対して「ブレイディズム」（Braidism）ともいう．なお，「催眠」（hypnosis），「催眠術」（hypnotism）といった用語が用いられるようになったのは彼以後のことである．

10.2.3─フロイトと精神分析学

　ウィーン大学でブリュッケ（E. Brücke）に生理学を，ブレンターノ（F. C. Brentano）に心理学を学んだフロイト（S. Freud, 1856-1939, 図10-6）は，卒業後，精神科医としてブロイア（J. Breuer）のところで患者の治療に当たった．一時フランスに留学してシャルコーに師事し，オーストリアに帰還後，ブロイアと共著で『ヒステリーの研究』（1895年）を著して精神分析学の一歩を踏み出した（トピック10-4）．

図 10-6　フロイト（©AFP/Photo12）

> **トピック 10-4　　フロイトの精神分析学**
>
> 　フロイトははじめ，患者を催眠状態におき，催眠下での対話を通して抑圧された経験を探り，患者にこれを語らせることによって症状の軽減を図るカタルシス（浄化）療法を主として用いた．しかし，催眠法の効果は一時的で症状が再発しやすいこと，患者が医師に対して愛着の転移を起こしやすいことなど，不都合な点が明らかになったので，後にはこれに代わって，思いつくままを患者に語らせる自由連想法を治療の手段として用いるようになった．
>
> 　フロイトは意識下に抑圧された性的動機（リビドー）の影響を重視し（7.5.3項

参照），それが機会あるごとに意識の面に上がろうとして，夢の中にその象徴的表現を求めることを指摘して『夢の解釈』（1900年）を公にした．このような構想は，意識主義に留まっていた当時の表面的な心理学界においては，きわめてユニークなものだった．心的活動の原因を観念表象の単なる連合にではなく，より深い情動的契機に求め，意識の内部よりは無意識の基底に求めようとしたその構想は，その後の「動的心理学」（dynamic psychology）への傾向に先鞭をつけたものと言える．

その一方では，フロイトの汎性欲説（人間行動の根源をリビドーすなわち性欲におく考え方）には同調しきれない人たちも多く，初期の同調者であったアドラー（A. Adler）やユング（C. G. Jung）も，やがて学説上の意見の相違から別派を樹立するようになる．アドラーは性欲よりも優越欲を重視し，その阻害からくる劣等感とそれに対する補償作用が人間行動の原動力であると考えた．さらに，ユングはリビドーを性欲に限定せず，もっと幅の広い生命的エネルギーとみなした．彼は人間の精神生活を自己の内部統一（「自己実現」）を求める絶えざる努力であると考えたが，リビドーの不均等な分布は内部的葛藤を生じさせ，極端な場合には神経症の原因になるとした．彼は，リビドーが自己の内面に向く傾向が強いか外面に向く傾向が強いかに応じて，人間の性格が「内向性」と「外向性」とに分かれるとした．こうした向性は性格の基本的類型として今日も広く用いられている（8.4.2項参照）．

精神分析学は，精神異常の臨床的観察とその治療から出発して，「こころ」の世界の見方を広げるのに大きな貢献をした．その反面，その発想や説明概念には，現実に生じる事実と照合し検討することが困難なものが多く，科学としての心理学に吸収されるにはかなりの抵抗があった．しかし，臨床心理学や人格（性格）心理学の隆盛に伴い，精神分析の長所と短所を選別して，心理学に対する意義を見直そうとする試みも行なわれてきた．

10.3──感覚の研究

10.3.1──感覚の生理学

19世紀のはじめ，心理学より一足早く生理学，とくに神経生理学の領域で感覚や運動に関する種々の事実が見出された．たとえば，運動神経と感覚神経との区別（「ベル・マジャンディの法則」），脳の中枢と脊髄中枢との区別，随

意運動と不随意運動ないし反射運動との区別，などが明らかにされた．J. ミュラー（J. Müller, 1801-1858）は当時の生理学の知見を集大成した『人間生理学ハントブーフ』（1833-40 年）を編集し，神経生理，反射運動，感覚生理はもとより，連合，記憶，思考，感情など，広く心理学にかかわる事実や学説にも言及しているが，そこでは今日すでに過去のものとなった有名な「神経特殊エネルギー説」（一定の感覚を司る神経は刺激の種類にかかわらず特定の感覚を生じるという説）にも触れている．

ベルリン大学のミュラーのもとには多くの優れた研究者が集まったが，中でもヘルムホルツ（H. L. F. von Helmholtz, 1821-1894，図 10-7）は 3 巻にわたる『生理光学ハントブーフ』（1856-66 年）や『聴感覚論』（1863 年）を著し，感覚生理学の確立に大きな足跡を残した．色彩感覚における 3 色説（トピック10-5）や聴覚における共鳴説は，ヘルムホルツの名とともに記憶されている．彼の心理学説そのものは比較的単純で，基本的には生得的観念を否定する経験主義の立場をとるが，複雑な知覚については，感覚的な基礎過程に加えて記憶の影響や「無意識的推理」（unbewusster Schluss）による説明が行なわれた．

図 10-7 ヘルムホルツ
(National Library of Medicine: NLM 蔵)

トピック 10-5　3 色説と反対色説

1801 年にイギリスの物理学者ヤング（T. Young, 1773-1829）は，3 種の原色を赤，黄，青と考え，各原色に対応してそれを感受する 3 種の神経線維の末端が網膜にあると仮定した．翌年ヤングは赤，緑，菫（すみれ）を 3 原色とするようにその色覚理論を修正している（Young, 1802）．これをヤングの 3 色説という．その後，ドイツの物理学者・生理学者であるヘルムホルツはヤングの 3 色説を発展させて，図に示すような興奮特性を示す 3 種の神経線維を想定した（Helmholtz, 1866）．この新しい想定に立つ色覚理論はヤング-ヘルムホルツの 3 色説と呼ばれている．3 色説は，1960 年代以降，大きく進展した（Rushton, 1963, 1965; Stiles, 1978; Nathans, 1989）．

ドイツの生理学者ヘリング（E. Hering, 1834-1918）は 1872 年から，原色として赤，緑，黄，青の 4 色を仮定し，これに白と黒を加えた 6 色を 3 対に分けて，赤と緑，黄と青，白と黒を対立する色，反対色であると提唱した．このヘリングの色覚理論を，4 原色説または反対色説という（Hering, 1878 ; Hurvich, 1981 参照）．

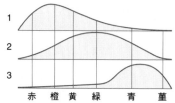

図 ヤングが仮定した3種の神経線維の特性に対して，ヘルムホルツがそれらの
興奮特性を理想化して描いた3種の分光感度曲線（Helmholtz, 1866）
1は赤，2は緑，3は菫に対応する．

10. 3. 2——精神（心理）物理学

図10-8 フェヒナー（Karl-
Marx-Universität Leipzig 蔵）

　1840年代にライプチヒでは，生理学者のウェーバ
ー（E. H. Weber, 1795–1878）が触覚の研究を基にし
てウェーバーの法則を見出した．フェヒナー（G. T.
Fechner, 1801–1887，図10-8）はこれを一般化して
フェヒナーの法則を定式化した（トピック5-3参照）．
さらにフェヒナーは，感覚と刺激とのあいだの量的関
係を測定するための具体的手続きを体系化し，精神
（心理）物理学的測定法の基礎を築いた（『精神物理学
綱要』1860年）．

10. 4——心理学の成立

10. 4. 1——「実験心理学」の始まり

ヴント（W. M. Wundt, 1832–1920，図10-9）ははじめ医学を学び，J. ミュ

図10-9 ヴント（NLM 蔵）

ラーやヘルムホルツとも接触したが，『感官知覚論へ
の寄与』（1858–62年）においてはじめて「実験心理
学」（experimentelle psychologie）を提唱し，『生理
心理学綱要』（1873–74年）においてその構想を具体
化した．
　心理学を，哲学や間接的経験を扱う自然諸科学と異
なる独自の対象と方法とをもつ研究領域として規定し，
その実験化と体系化に努めた点で，彼はしばしば「実

験心理学の父」と呼ばれる（トピック 10-6）．彼が 1879 年に創始した心理学の実験室には，外国からも多くの研究者が学んだ（1.2.1 項参照）．しかし，その対象を意識内容におき，それを内観法によって分析するという立場（意識主義・内観主義）や，単純な心的要素の存在を前提にし，要素と要素との連合によって意識的経験を構成していく立場（構成主義），さらには統覚による意思的な統合を目指す見解には，やがていろいろな立場からの批判が寄せられることになる．

トピック 10-6　ヴントの実験心理学

　ヴント（Wundt, 1873-74）はまず経験科学としての心理学を哲学から切り離し，「直接経験」される意識内容を心理学固有の対象と考えた．研究法としては意識的事実の自己観察，すなわち内観を用いる．それは自己の意識に浮かぶままに記述することではなく，外的刺激を系統的に統制して実験室内で被験者に与えることによって生じる意識的経験を，熟練した被験者の内観報告によって確認するという実験的内観法でなければならないとされた．こうした手続きは感覚生理学や精神物理学でも採用されている．それらの領域は事実上ヴントの実験心理学と重なり合う．ただし，ヴントは実験法の適用範囲を外的刺激の統制しやすい感覚，知覚および感情の一部に限定したので，その範囲はきわめて狭く，実験的「内観」心理学とも言うべきものであった（1.2.1 項，1.2.2 項参照）．またこのような「実験心理学」の領域は感覚生理学的過程とも密接に関連しているので「生理心理学」とも呼ばれた．

10.4.2─記憶の実験的研究

　ヴントは心理学における実験法の適用範囲を感覚や知覚に限定し，記憶や思考のような「高次精神過程」については実験的な研究が不可能であると考えた．同じ頃エビングハウス（H. Ebbinghaus, 1850-1909，図 10-10）は，この説とは無関係に，フェヒナーの『精神物理学綱要』をモデルにして，記憶の厳密な実験的研究を始めた（トピック 10-7）．これらの実験は『記憶について』（1885 年）にまとめられた．その後このような方向の記憶研究はG. E. ミュラー（G. E. Müller）らの手によって発展させられた．

図 10-10 エビングハウス
(NLM 蔵)

トピック 10-7　エビングハウスの記憶実験

　記憶の実験的測定のために用意された刺激は，任意のアルファベット 3 文字を，子音，母音，子音の順に並べて作られた意味のない音節（無意味綴り）──たとえば，zat, bok, sid, など──で，約 2300 組の音節中からランダムに抽出して種々の長さの音節系列を作り，節約法（Ersparungsmethode）を用いて実験的測定が行なわれた（Ebbinghaus, 1885）．節約法とは，いったん習得された系列を一定時間後に再学習する際に，原学習と比べて学習完成までの反復回数ないし時間がどの程度少なくてすむか（どの程度節約されるか）を測る方法である．なお，この実験の被験者となったのはただ 1 人，エビングハウス自身であった．

　学習が成立した後，およそ 20 分，1 時間，9 時間，1 日，2 日，6 日，31 日を経過したところで，再学習を行なわせた．その結果，経過時間と忘却率とのあいだに図のような関係が見い出された．縦軸は，原学習の所要時間を 100 としたときの割合（％）で表わしている．

　学習直後の短時間に急激な忘却（節約率の急減）が起こり，その後の忘却の過程は徐々に進行する．このような曲線を通常忘却曲線と呼ぶ．原学習の成立に要した時間を A，再学習に要した時間を B としたとき，節約率 C は $C = 100 \cdot (A-B)/A$ で定義される．忘却曲線とは，節約率 C によって忘却の経過を示したものである．

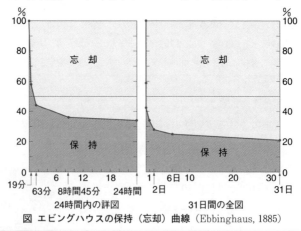

図 エビングハウスの保持（忘却）曲線（Ebbinghaus, 1885）

　なお，文章や図のような有意味な材料の記憶，とりわけその変容過程の実験的研究が現われるのはバートレット（F. C. Bartlett）の『想起の心理学』（1932 年）以後のことである（6.7.3 項(1)参照）．

10. 4. 3—意識の流れ

ジェームズ（W. James, 1840-1910, 図 10-11）は，ドイツ留学中にヘルムホルツやヴントの業績を知り，生理学から心理学に関心を移したが，ヴント流の心理学にあきたらず，人間のこころの動きをできるだけ生のままとらえ，表現しようとした．彼は，1870 年代にアメリカで主流であったプラグマティズム（ある言葉の意味を知るには，「なんらかの操作を及ぼした結果として，特定の経験が生まれる」という効果を求める哲学の立場）の影響を受け，機能主義の立場に立ち，また意識の流れを強調した（トピック 10-8）.

図 10-11 ジェームズ
(NLM 蔵)

トピック 10-8　ジェームズの意識の流れ

　個々人の意識の中で，思いは絶えず変化し，連続して感覚され，意識のある部分に関心を持てば，他の部分は退けられる．このように心理学の対象は，ヴントが考えたような，不変な単位としての「単純感覚」や「感覚の連合」としてとらえられるものではない．また，「統覚」のような統合原理を持ち出す必要もない．ジェームズ（James, 1890）は，心理学者にとっての第一の事実は，「なんらかの思いが進行していることである」とし，それを意識の流れと呼び，心理学の目的は，内観法と実験法を用いてそれを報告することである，とした．さらにジェームズは知る立場の自己（I）と知られる立場の自己（me）を区別した．

　なお，ジェームズによる情動の理論については，トピック 7-6 参照.

---

10. 5—生物科学の発展とその影響

10. 5. 1—進化思想

中世キリスト教の思想では，人と動物は峻別され，聖書の特殊創造説に従って，すべての生物ははじめから別々に創られていたという信念が支配的であった．しかし，18 世紀の終わり頃になると，宇宙や生物の進化を容認する考えが台頭してきた．生物進化の考えは，文豪ゲーテや E. ダーウィン（C. R. ダーウィンの祖父）にもその兆しが見える．はじめて体系的な学説を立てたのはラマルク（J. B. Lamarck）である．彼は，動物が環境に適応するため身体の特

図10-12 ダーウィン
(© AFP/Leemage/Photo Josse)

定部分を使用しているうちに頻繁に使用される部分が発達変形して新たな形質となり，それが遺伝を通して子孫に受け継がれていくという獲得形質の遺伝説（1809年）を唱えた．今日この説は否定されているが，スペンサーやマクドゥーガル（W. McDougall）に大きな影響を与えた．

　進化の証拠を丹念に収集してより適切な進化論を発表したのはダーウィン（C. R. Darwin, 1809–1882，図10–12）である．彼の進化論の根幹をなすのは「自然選択（自然淘汰）」(natural selection) の考えである．

マルサス（T. R. Malthus）は『人口論』（1798年）において，人口の増減はそれを許容する自然界の条件，たとえば食物の量によって規制されるという考えを表明した．ダーウィンはこの構想に刺激されたという．自然界では，ほとんどの動物種が親の数をはるかに上回る子孫を生んでも，生き残る個体数はあまり変わらない．これは多数の子孫のうち，たまたまその環境に適する個体のみが存続し，適しない個体は生存競争に敗れて死滅するという「適者生存」(survival of the fittest) の原理によると考えた．生物の子孫は遺伝の原理により一定の範囲内での変異をもつが，環境が異なればその中で淘汰されるものの範囲も異なってくる．したがって，同じ種の中から親とは異なる性質をもち，より適応的な子孫が存続するようになり，やがてそこから新たな種が分化すると考えた．こうした構想を展開した『種の起源』（1859年）は，生物科学界のみならず，一般思想界にも大きな反響を呼び起こした．この構想にしたがえば，一動物種であるヒトもまた進化の影響を免れないからである．

10. 5. 2──動物研究の台頭と比較心理学

　中世以来単なる自動機械とみなされていた動物は，進化論の出現とともに人間との連続性の観点から取り上げられ，動物行動の観察や人間との比較が盛んに行なわれるようになった．ダーウィン自身『人間と動物における情動の表出』（1872年）において，ヒトの情動的表出には，かつて動物の生活において適応的機能をもっていた反応の名残りが数多く残っていることを指摘した．彼の友人ロマネス（G. J. Romanes）は『動物の知能』（1882年）において種々

の動物行動の観察記録を集め，こうした研究領域を比較解剖学になぞらえて比較心理学と名づけた．ただその研究方法は逸話的（anecdotal）であり，観察事実と解釈との区別が明瞭でない．とりわけ進化論の影響で動物とヒトとの連続性が強調されたため，動物の知能を過大に評価するきらいがあり，結局動物をヒトになぞらえる，すなわち擬人化（anthropomorphize）する結果となった．

こうした擬人観による解釈の行き過ぎを戒めたのはモーガン（C. L. Morgan）である．彼は「低次の心的能力の結果として解釈できる事実を，高次の能力の結果として解釈してはならない」という有名なモーガンの公準を設定し（『比較心理学入門』1894年），動物の能力への過大な期待やヒトからの類推に基づく不用意な解釈を退けた．その後，ロエブ（J. Loeb）がトロピズム（tropism）の説を掲げて動物行動を機械的に説明しようと試み（1890年），ユクスキュル（J. von Uexküll，トピック10-9）らの生物学者は，神経系の生理学における語彙の中に感覚や記憶のような主観的・心理学的用語を採用しないことを提案して（1899年），生物学における客観主義的傾向の先達となった．

トピック 10-9　環境と環世界

生物学者ユクスキュルは，ヒトおよび動物の視空間が貫通できない壁，すなわち最遠平面によって取り囲まれていると考えた（Uexküll & Kriszat, 1934）．それは動物種により，また同一種内でも乳児と成人のあいだでは異なるとし，乳児では10 m，成人では6〜8 kmの距離で視空間が閉じられていると考えた．この限界内では遠近弁別が可能であるのに対して，その外側では遠近がわからず，大小の知覚しか生じないとする．その意味で，最遠平面とは奥行き知覚の限界と考えられる．

ユクスキュルは，単に客観主義的な主張に終始したわけではない．後年には，動物は固有の心理学的世界の中で生きていることを認め，客観的な環境世界に対して図A〜Cのように動物はそれぞれの環世界をもつとした．すなわち，イヌにとっては食物と座れる椅子（回転椅子以外），ハエにとっては飲食物と電灯が対象となる．

図A ヒトにとっての部屋　　**図B イヌにとっての部屋**　　**図C ハエにとっての部屋**
（Uexküll & Kriszat, 1934）

　ソーンダイク（E. L. Thorndike, 1874-1949）は，ニワトリ，イヌ，ネコなどの学習過程に関する数々の実験を行ない（6.1.1 項参照），試行錯誤によってたまたま得られた成功は満足を伴うのでそれに先行する反応傾向を強め，逆に失敗は不満足を生じさせるのでそれに先行する反応傾向を弱めるという効果の法則を提唱した（『動物の知能』1898 年）．以後，アメリカでは実験室の状況での動物行動の研究が盛んになり，動物実験はアメリカ心理学の大きな特色の 1 つとなった．いくつかの大学において比較心理学の実験室が開設され，やがて動物行動や比較心理学の専門誌も発行されるようになった．

10.5.3──ワトソンの行動主義

　1912 年，ワトソン（J. B. Watson, 1878-1958，図 10-13）は行動主義を宣言した（1.3.1 項参照）．同年コロンビア大学の講演で述べたその主張は，翌年「行動主義者の見た心理学」という論文の形で発表された．それによると，

図 10-13 ワトソン（The Johns Hopkins Gazette: 22/01/2001）

図 10-14 パヴロフ（© AFP/ The Picture Desk）

心理学は「純粋に客観的かつ実験的な自然科学の一部門」であり，その目標は行動の予測と統制にある．従来の心理学における内観法の使用や意識の用語による解釈は，動物とヒトを含めた行動の統一的図式を目指す行動主義者には容認できない．行動主義者が取り扱うのは「刺激と反応」に他ならず，「刺激が与えられればどんな反応が起こるかを予測でき，反応が与えられれば有効な刺激がなにであったかを指摘できるような，資料と法則とを明確にすること」が心理学の研究目標であるとされた（1913 年）．刺激（S）と反応（R）の用語を中心とするこのような心理学は S-R 心理学とも呼ばれた．

　その頃ロシアではパヴロフ（I. P. Pavlov, 1849-1936，図 10-14）やベヒテレフ（V. M. Bechterev）による反射学の研究が進展しつつあり，ヤーキーズ（R. M. Yerkes）がいち早くその客観的方法に注目した（1909 年）．ワトソンも条件反射（conditioned [conditional] reflex）の考えを学習の基本原理とし

て積極的に受け容れた（1916年）．ワトソンの主張は，意識の学を目指す従来の心理学の主観性・非科学性を突き，心理学を客観的な科学へと前進させるための一歩ではあった．しかし，反応を筋収縮や腺分泌のような末梢部分の過程に還元する分子的（molecular）・末梢的な立場として非難され，やがてこれを補う全体的（molar）行動や中枢的媒介過程への関心が高まってくる（たとえば，10.6.2項のトールマン参照）．

10.6—科学としての心理学の展開

ワトソンの行動主義が心理学の客観化を目指して以来，とくにアメリカの心理学では感覚，知覚，思考，感情などを主観的として排除・回避する傾向が強まり，外的観察の容易な行動や学習などへの関心が顕著になった．同じ頃ドイツではゲシュタルト心理学が台頭し，知覚や認知の問題の基底にある従来の暗黙の諸仮定（トピック10-6参照）を批判し，新たな観点の展開に努めた．フランスでは児童の発達を量的にとらえようとするビネの立場，児童のことばや思考を認知機能の発達としてとらえるピアジェの理論が現われた．動物研究においては，動物の生得的な行動を野外観察と刺激条件の分析に重点をおいて研究する比較行動学または動物行動学が台頭することとなった．

10.6.1—ゲシュタルト心理学とその影響

G. E. ミュラー（10.4.2項参照）の指導を受けたカッツ（D. Katz）やルビン（E. J. Rubin）らは，ヴントのとった特殊な分析的態度に基づく内観法を排して，現象をあるがままにとらえ，その現象的特性とそれを生起させている本質的条件とを実験的に明らかにしようとした．彼らの研究上の立場は実験現象学と呼ばれている．カッツの「色の現われ方」に関する研究（1911年）（5.2.2項(1)参照）やルビンの視知覚における「図と地」に関する研究（1915年）（5.2.4項(1)参照）はその代表的な研究成果とされている．

この実験現象学の手法を受け継ぎながら，新たな観点からゲシュタルト心理学が生まれてくる．この新たな心理学の出発点となったのは，ヴェルトハイマー

図10-15 ヴェルトハイマー（NLM蔵）

（M. Wertheimer, 1880–1943, 図10–15）の運動視の実験（1912年）である（5.2.6項参照）．後にゲシュタルト心理学の中心的な担い手となるケーラー（W. Köhler, 1887–1967, 図10–16）やコフカ（K. Koffka, 1886–1941）が被験者として協力した（トピック10–10）．

トピック 10-10　ゲシュタルト心理学──恒常仮定とプレグナンツの法則

　静止した2本の線分を適当な時間・空間的間隔をおいて継時的に反復提示すると，線分の置かれた場所のあいだにスムーズな運動現象（仮現運動）が観察される（5.2.6項(1)参照）．線分の中間には，運動する刺激対象が存在しないにもかかわらず，移動する線分が知覚される．これは「感覚要素と刺激要素とは常に1対1の形で対応する」というヴントたちの暗黙の仮定──いわゆる恒常仮定（Konstanzannahme）──に反する現象であり，また「過去の経験による」といった説明も十分に納得のいくものとは言えなかった．ヴェルトハイマー（Wertheimer, 1912）は，この現象に対する生理的機序として，刺激によって生じた中枢の局所的興奮がその周囲に波及する周辺効果（Umkreiswirkung）によってある種の生理的短絡が生じることを仮定した．ケーラーはさらに『物理的ゲシュタルト』（1920年）の構想に基づいてこれを一般化し，「現象的ゲシュタルトにはその対件（Korrelat）として中枢における生理的ないし物理的ゲシュタルトが同型的に対応する」とする心理物理同型説（psychophysischer Isomorphismus）を主張するとともに，そこに含まれる諸過程が「場」における相互依存的事象として力学的に影響し合い，条件の許す限りにおいて全体として「よりよい」体制化に向かう傾向を示すことを指摘した（プレグナンツの法則，トピック5–11参照）．

図 10–16 ケーラー（© AFP /ROGER_VIOLLET）

　行動の研究に関しても，ゲシュタルト心理学はソーンダイクからワトソンへと受け継がれた機械論的な説明に対して批判的であった．ケーラーは類人猿の問題解決行動が「試行錯誤」の結果としての偶然的な解決ではなく，場面の全体的構造に即した「見通し」的行動であることを強調した（『類人猿の知恵試験』1917年，トピック1–2参照）．この立場からすれば，生活体（生体）の行動は末梢的な「刺激と反応」の機械的結合の結果としては説明しつくせない行動であり，よ

り高次なレベルで認知し判断し選択して行なう行動で
あり，目標を目指す有意味な行動であると考えられる.
　ゲシュタルト理論の基本的な前提である力学的
「場」の構想を，個人の生活空間をめぐる諸問題や集
団行動の分野にまで拡張したのは，レヴィン（K.
Lewin, 1890-1947, 図 10-17）である. 彼は，個人の
生活空間の理論（7.5.2 項参照）を，巧妙な実験の場
面を設定することにより，集団決定が集団内の個人に
及ぼす効果（9.6.1 項参照）や，集団のリーダーシッ

図 10-17 レヴィン（Karl-
Marx-Universität Leipzig 蔵）

プの違いがメンバーに及ぼす影響（9.6.3 項参照）などのテーマにまで拡張し
た. これらのユニークな実験研究は，その背景をなす理論的アイディアと相ま
って，**集団力学**と呼ばれ，第二次世界大戦後の社会心理学の展開に大きなイン
パクトを与えた.

10.6.2——〈新〉行動主義の諸説

　このような幅広い見解に刺激されて，行動研究に携わる人たちにも，ワトソ
ン流の末梢主義を修正して刺激—反応系列（S-R）のあいだに介在する生活体
自身（O）の役割を正当に評価する立場が現われた. こうした傾向を一括して
〈新〉行動主義または〈後期〉行動主義と呼ぶ. それは多種多様で，「認知」の
ような「主観的」過程の役割を考慮しようとする立場から，ラディカルな行動
主義ないし客観主義を堅持し続けようとする立場まで多岐にわたっている.
　ワトソンが行動を分子的反応に還元しようとしたのに対して，生活体の環境
への適応行動を「目的的・全体的」な過程としてとらえ，環境の刺激対象が手
段・目的関係のネットワークに組み込まれた「**サイン・ゲシュタルト**」（sign-
gestalt）として行動への手がかり機能を担うことを指摘したのはトールマン
（E. C. Tolman, 1886-1959, 図 10-18）である（『動物と人間における目的的行
動』1932 年）. 彼によれば，生活体は行動に先立って環境に関する「認知地
図」を構成し，それに即した「期待」や「仮説」に基づいて行動する. また，
報酬による「強化」を学習の成立条件とみなす強化説に対し，無報酬の場合に
も環境の認知的構造化による「**潜在学習**」が生じることを強調した（トピック
4-7 参照）. このように認知的要因を積極的に行動過程の中に取り入れたため，

図 10–18 トールマン (University of California History Digital Archive 蔵)

図 10–19 スキナー (NLM 蔵)

彼の立場は〈新〉行動主義者の中でもゲシュタルト心理学に近い．それにもかかわらず彼の学説が行動主義の中に入るのは，認知を含む生活体の側の諸変数を，行動の結果である観察可能な「従属変数」と行動に先立って実験者が独立に操作しうる「独立変数」とをつなぐ，論理的な中継ぎの役目を担う仲介変数として規定し，生活体の内的過程にかかわる諸変数を先行条件の関数として操作的に定義しようとしたからである．

　トールマンと並んで行動主義の新傾向を代表する学者の1人はハル（C. L. Hull, 1884–1952）である．トールマンと異なり，ハルはむしろワトソン以来の伝統である「刺激と反応」の客観的心理学やパヴロフの条件反射学に関心を示し，「行動の数量的法則化と演繹的体系化」の方向にこれを発展させた（『行動の原理』1943 年，『行動の体系』1952 年）．彼の理論体系では，トールマンと同じく刺激と反応とのあいだに数々の仲介変数が設定されているが，仮説的構成概念とも言うべき質的性質の濃厚なトールマンの体系に対して，ハルは文字どおりの「変数」として数量化に努力を払い，それらの変数を組み合わせて遂行行動を誘導する演繹体系の構築を試みた点にその特色がある．

　これらの〈新〉行動主義者とかなり趣を異にするのはスキナー（B. F. Skinner, 1904–1990，図 10–19）の立場である．彼は外的刺激によって誘発されるレスポンデント（respondent）型の反応に対して，そうした明瞭な刺激を指摘しにくい生活体の側から自発（emit）するオペラント（operant）型の反応を区別し（トピック 2–2 参照），後者の型の反応を中心に種々の強化スケジュール（トピック 4–6 参照）がもたらす反応累積曲線への効果を詳細に分析していった（ファースター（C. B. Ferster）との共著『強化のスケジュール』1957 年）．

　ともあれ，行動主義がこのように一般化され，主義としての特殊な性格を失った結果，行動の研究は今日では「行動学」（behavioristics）という普通名詞で呼ばれるようになった．

10.6.3──発達心理学と動物（比較）行動学の展開

ビネ（A. Binet, 1857-1911, 図10-20）は，精神発達遅滞児の診断のため1905年に知能テストを開発し，子どもの発達を量的にとらえることを可能にした（8.1.1項参照）．これはアメリカにおける診断用の個人検査の開発を促すとともに，さらに集団式知能テストというビネも予想しなかった検査形式をも生み出した．また，従来はとらえにくいと考えられた性格についての多様な検査方法を導入する契機となった．ワトソンの行動主義（1.3.1項，10.5.3項参照）は児童研究に1つの方法を与えたが，その極端な経験万能説（トピック1-4参照）は，ゲゼル（A. L. Gesell, 1880-1901）の成熟優位説（3.2.6項参照）の批判を受けた．

図10-20 ビネ（NLM蔵）

発達の研究に大きな影響を与えたのは，スイスのピアジェ（J. Piaget, 1896-1980, 図10-21）による認知機能の発達段階説である（3.2.3項，6.2節参照）．それは遊ぶ子どもを観察，発言を記録し，さらに〈臨床的な〉

図10-21 ピアジェ（© AFP/HARCOURT）

問答によって子どものことばや思考の特徴をとらえる独自の方法を確立した．とくに幼児期の子どもは，事象を1つの側面からしかとらえることができず，物事の相対的な関係を正しく扱うことができない．また他人の視点からの見え方が自分の見ているのと異なることが理解できない．このような観察と実験から，幼児期の認知と思考の特色を自己中心性と呼んだ（6.2.2項参照）．ピアジェの発達理論は「発生」（genesis）と「構造」（structure）の2つの課題を総合的にとらえようとした点において，心理学に強いインパクトを与えた．

一方，ロレンツ（K. Z. Lorenz, 1903-1989）やティンバーゲン（ティンベルヘン，N. Tinbergen, 1907-1988）によって推進された動物（比較）行動学は，動物の誕生初期に見られる「刷り込み」（3.2.4項参照）の事実を発見し，またいわゆる本能行動（2.2.2項参照）を引き起こす信号刺激（トピック2-1参照）の性質を明らかにした．これはアメリカ流の実験室内での動物実験の代わりに，野外の棲息環境の中での観察と，動物に似せたモデルを用いる巧妙な実験方法によって，動物種に特有な生得的・本能的行動について多くの知見をも

たらし，人間行動の理解にとっても貴重な示唆を与えた．

10.7──心理学の現況

10.7.1──心理学における意識と認知心理学

　意識内容を内観法によって研究したヴントの立場は，ワトソンによって根底から批判され，心理学は刺激と反応に基づいて研究すべきであるとされた．この「行動主義」の立場は，心理学からこころや意識を排除した．しかし行動主体の内側で働く「**内的過程**」を仮定しなければ，幼児の言語習得過程すら説明できない．〈新〉行動主義の刺激と反応を結ぶ「**仲介変数**」や「**仮説的構成概念**」などは，この点を救う試みであった．ゲシュタルト心理学の「**体制化の原理**」や生活空間の「**場**」や全体機構に即した「**見通し**」などの概念も，行動の主体による場面の把握や的確な選択過程を強調するためであった．ピアジェによる「認知的枠組み（スキーマ）の発達」の研究において用いられた実験と観察の方法は，〈新〉行動主義者の用いた厳密な条件の統制を第一とする実験方法を超える，新たな枠組みをもたらした．

　心理学は，1970年代に公然と意識を研究対象として取り上げるようになった．ただし，乳幼児や類人猿の行動を説明する際には，成人には追体験できないため，意識の代わりにしばしば「内的過程」という語を用いる．この新しい立場は**認知**（cognition）の機能を強調するので認知心理学と呼ばれる．

10.7.2──空間知覚理論の展開

　デカルト（10.1.3項参照）は，距離（奥行き）を知る手段として，眼球の変形（水晶体の調節作用），両眼相互の関係，形の明瞭さ，あるいは混乱，光の強弱などを挙げているが，それらは，いずれも確実なものではないとした．モリヌー（W. Molyneux），バークリは，距離とは眼に届く1本の線であり，眼底ではただ1点となって，見えないと主張した．とくにバークリは，距離は視覚の対象ではないとする説を展開した（『視覚新論』1709年）．

　一方，15世紀半ばのヨーロッパでは大気（空気）遠近法，色彩遠近法（レオナルド・ダ・ヴィンチ）や線遠近法が，また古代エジプトでは重なりの遠近法が，奥行き表現の手法として用いられた．これらは陰影，大小関係，相対的位置とともに奥行き知覚の絵画的・単眼性の手がかりとして一括されている

（5.2.5項(1)参照）．他方，調節，輻輳^{ふくそう}以外に，ホイートストン（C. Wheat-stone）のステレオスコープの発明（1838年）により，両眼視差（左右眼の網膜像差）が奥行き知覚を実現させることが発見され，絵画的・両眼性手がかりが加えられた．

その後，バークリらの理論に代わってギブソン（J. J. Gibson, 1904-1979）は，巨大空間や鳥瞰的視点に立脚した空間知覚理論，すなわち「きめの（密度）勾配説」（1950年）を確立した（5.2.5項(3)参照）．後年ギブソンは視覚系には情報を抽出し，直接知覚する機能が備わっているとする「情報抽出理論」（1979年）を提唱し，勾配を刺激情報と位置づけている（トピック 10-11）．

トピック 10-11　アフォーダンスと「用」

ギブソン（Gibson, 1979）は，人間と環境の相互依存性にかかわる**アフォーダンス**という概念を提出し，人間の情報抽出活動における生態学的見解を発展させた．afford という動詞は，「（照りつける日差しの中に生い茂る）その木は，われわれに素敵な木蔭を提供してくれる（The tree affords us welcome shade）」という具合に用いられる．ギブソンはこの語から affordance という名詞を新たに造り，自らの見解を端的に示す用語とした．

環境のアフォーダンスとは，環境が人間や動物にアフォードする──用意したり，備えたりする──ものを指す，と規定されている．具体的には，もし陸地の表面がほぼ水平で，平坦で，十分な広がりがあり，その材質が硬いとすると，その表面は「支える」ことをアフォードする．その表面は姿勢を維持し，歩行を可能にする特性をもつ表面，というわけである．さらに，これら4つの特性を備えた「支え」の面が，地面よりも膝の高さほど高い場合には，その面は「座る」ことをアフォードし，一般にそれは「座るもの」と呼ばれる．それはスツールであったり，ベンチであったり，イスであったりする．そこがどんな形，どんな色かには関係がない．「ギブソンの主な目標は，アフォーダンスを特定する情報を見出すことにある」（Reed, 1988）と評されているが，その意味で，新観点に立つ情報抽出理論と言える．

これとはまったく独立に，結城（1971）は，「物の本質」は「用」に存するとした．「用」とは作用，機能，効果のことを指す用語で，たとえば机の机たるところは脚の数や，平らな板をのせた構造にあるのではなく，その上で読み書きができるところにある，と指摘している．さらに，「物」はわれわれの行為を誘発し，変改し，妨げ，助けるものとして，われわれの世界に登場する，と述べている．この「用」の概念は，ギブソンのいうアフォーダンスの意味にきわめて近い．

10.7.3─認知心理学の成立

1940 年代から急速に発達した**コンピュータ**は，高度の情報処理を可能にした結果，人間を含む生体の行動を一種の情報処理システムとみなし，知覚，注意，記憶，思考という従来の心理学の概念を情報処理の観点から見直す立場を提供した．また概念学習における方略や反応結果のフィードバックを重視する行動理論，問題解決過程の模倣（シミュレーション）などが提唱され，変形文法の理論による言語構造の研究が進められるなど，人間の行動を心理学の立場から理論的かつ実験的・実践的に研究することを可能にした．このような諸科学の発展が集大成されて認知心理学が成立することとなった（トピック 10-12）．

トピック 10-12　認知科学と情報科学の発展

1940 年代，電子技術の急速な発展とノイマン（J. von Neumann）による「プログラム内蔵方式」という画期的な発明を載せたコンピュータを基盤として，超高速・超容量の情報処理が可能となった．これと並行して，ウィーナー（Wiener, 1948）の**サイバネティックス**（cybernetics）や，シャノンら（Shannon & Weaver, 1949）の通信理論は，情報についての新しい科学の成立を促した．生体の行動の「刺激→高次の内部処理→反応」はコンピュータの「入力→情報処理→出力」と類比され，また生体の生理学的構造：心理学的機能は，ハードウェア：ソフトウェアと類比され，「人間を一種の情報処理システムとみなす」考え方が出現した．こうして，「人間の心理学的機能はコンピュータ・モデルによってどこまで模倣できるのか」「コンピュータと人間とはどこまで共通な機能をもち，どこから違うのか」の観点から，人工知能（Artificial Intelligence : AI）の研究が台頭した．

これらは，心理学では認知心理学という新分野に集大成された．ブルナーら（Bruner *et al.*, 1956）の『思考の研究』は，概念学習の際の方略を認知の立場でとらえた（トピック 6-3 参照）．G. A. ミラーら（Miller *et al.*, 1960）の『プランと行動の構造』は，反応結果に関するフィードバック・ループを含む TOTE（Test-Operate-Test-Exit）なる過程を行動の基本単位として採用し，一般的なイメージやプランから検証と修正を繰り返しつつ進んでいく過程を人間行動の基本とした．ニューウェルら（Newell *et al.*, 1958）の『人間の問題解決の原理』は，汎用問題解決器（General Problem Solver : GPS）というコンピュータ・プログラムを作って人間の問題解決を模倣した（6.4.2項(4)参照）．チョムスキー（Chomsky, 1957）はスキナーによる行動主義的な言語形成理論を批判し，変形文法の理論から，認知的な立場に立つ言語構造の研究を推進した（6.7.2項参照）．表題に『認知心

理学』を冠したナイサー（Neisser, 1967）の著書は，当時までの認知的研究をまとめている．1970年代には認知心理学の雑誌も刊行され始めた．

　コンピュータや情報処理の研究者はむろん心理学者に限らない．神経科学者，計算機理論学者，人工知能学者，言語学者，哲学者などの学際的な研究が相互交流した結果，今日の認知科学が成立したのである．

10.7.4—神経科学（脳科学）の発展

20世紀半ばに，ヘッブ（D. O. Hebb, 1904-1985，図10-22）は心理学的な行動研究をもとにして，独創的な神経科学的なモデルを提出した．彼のモデルは現在の神経科学の指導的モデルとなっており，その基本的な部分は最近の神経科学の研究で実証されつつある（トピック10-13）．その後，やはり心理学者のオルズ（J. Olds, 1922-1979）は脳内の快中枢を見出し（トピック7-3参照），後の心理学・神経科学における報酬・強化の研究に多大な影響を与

図10-22 ヘッブ (© The Canadian Medical Hall of Fame)

えた．その他に，20世紀の中ごろには，脳幹網様体賦活系の働きや大脳辺縁系の役割について新たな発見が相次いだ．それとともにドーパミン，セロトニン，アセチルコリン，ノルアドレナリンなどの神経伝達物質の脳内分布や役割について明らかにされ，こころの研究，とくに学習や動機付けの研究において神経科学的方法がより広く用いられるようになった．

トピック 10-13　ラシュレーの量作用説とヘッブの神経生理学的モデル

　ラシュレー（K. S. Lashley, 1890-1958）は，当時の行動主義的傾向に批判的なゲシュタルト心理学の全体論的な立場から，ラットの大脳皮質のさまざまな部分を種々の程度に切除して迷路学習の成績を検討し，切除の部位は成績には無関係だが，切除が大きいほど成績の低下が著しくなることを明らかにした（Lashley, 1929）．その結果を，学習の成績は切除の量と関係すること（量作用説），また大脳皮質は部位に関係なく等しい能力を生得的に備えていること（等能性）を示すとして，全体論的主張や生得説の基礎とした．しかし，迷路学習には，視覚的モダリティ，触運動的モダリティなど多数の感覚様相（5.1.1項参照）が関係し，いくつもの皮質

部位がかかわっているため，この結果から等能性や量作用説が一義的に支持された
とは言えない.

　ヘッブ（Hebb, 1980）は，ラシュレーの指導のもとに，**パターン知覚の働きが**
生得的であることを証明するために，暗闇で育てたラットと通常の環境条件で育て
たラットについて，パターン知覚の比較実験を行なった．結果はラシュレーの予想
に反して，パターン知覚では前者のラットは，後者のラットよりも多くの訓練を必
要とすることが明らかになった．ヘッブは，このラットの実験結果やチンパンジー
での同様の実験結果（すなわち，暗闇で育ったチンパンジーのほうがパターン知覚
に長期の訓練を必要とした），およびゼンデンの先天盲開眼者による視覚回復の資
料（Senden, 1932）をもとにして，単純なパターン知覚の働きも，ラシュレーやゲ
シュタルト心理学が言うような自生的な（auto cthonous：生まれつき備わった）
ものではなく，特定期間の学習の積み重ねによって形成されることを指摘した.

　さらにその著，『行動の機構』（Hebb, 1949）において，ラシュレーやケーラー
らの皮質等能性理論を批判しつつ，当時の神経生理学で明らかになりつつあった皮
質中におけるニューロンの閉回路の存在にヒントを得て，**神経生理学**的モデルを提
唱した．脳は多数の**ニューロン**（神経細胞）から構成されており，脳の活動は，多
数のニューロンが網の目のように絡み合った中を，個々のニューロンの興奮が次々
に伝わっていく過程に他ならない．**シナプス**と呼ばれるニューロンとニューロンの
連絡部位は，ニューロンの出力線維である**軸索**の尖端が多少ふくらんで，わずかな
空間（シナプス間隙：20 nm 程度）をもって次のニューロンの細胞膜に接している
（図）．ニューロンが興奮すると，化学的伝達物質がシナプス間隙に放出され，それ
が次のニューロンの細胞膜に到達して作用することによって，次のニューロンが興
奮する（化学的伝達）．しかしシナプスの伝達は効率が悪く，1つのニューロンが
繰り返し興奮して伝達物質の放出が繰り返される（時間的加重）か，次のニューロ
ンにシナプスを形成している他のいくつかのニューロンも同時に興奮してそれらの
シナプスでも伝達物質が放出される（空間的加重）必要がある．ヘッブは，1つの
シナプスが伝達物質を放出したときに，加重が成立して次のニューロンが興奮する
事態が繰り返されると，そのシナプスの伝達効率が上昇し（促通），加重なしでも

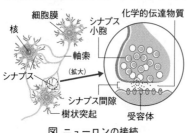
図 ニューロンの接続

次のニューロンが興奮するようになると
考えた（**ヘッブシナプス**）．さらに，特
定の刺激が繰り返されるとその刺激によ
って興奮するニューロン群の間でヘッブ
シナプスが成立し，ニューロン群全体が
まとまって興奮するようになると考えた
（細胞集成体）．また，複数の刺激が同時

に頻繁に生じるときには，それぞれの刺激に対応する細胞集成体相互の間で結合（位相連鎖）が生じ，これによって複雑な認知過程や思考過程が可能になるとした．

　ヘッブはこのモデルを，脳，特にニューロンレベルについての知見が十分得られていない時期に推論を重ねて提唱し，将来脳についての詳細な情報が得られた時には修正されるべきであると述べているが，「ヘッブシナプス」や「細胞集成体」などの概念は，現在でも心理学や神経科学だけではなく，コンピュータサイエンス，計算理論，工学などの分野で重要な概念として取り上げられている．

　1960年代に，ヒューベル（D. H. Hubel）とウィーゼル（T. N. Wiesel）は，麻酔中のネコやサルの視覚皮質中の単一ニューロンが特定のパターンの視覚的な刺激作用にいかに応答するか（トピック5-20参照）を明らかにした．1970年代以降には，無麻酔で学習行動を行っている動物のさまざまな脳部位から単一ニューロン活動を記録する技術も開発され，動物がなにを一時的に覚えているか（ワーキングメモリ：トピック4-11参照），どのような反応をしようとしているのか（意図），空間内のどのような位置にいるのか，何を期待しているのか，というような動物の心的過程を反映した単一ニューロン活動が，サルの前頭連合野やラットの海馬などで次々と報告され，しかも，こうした心的過程にはどのような神経伝達物質がかかわっているのかについても明らかにされるようになった．

　最近は，光（オプト）を使った遺伝学（ジェネティクス），すなわちオプトジェネティクスと呼ばれる技術が注目されている．これは遺伝子操作によりニューロンに光活性化タンパク質を発現させた後，そのニューロンに光を当てると，ニューロンの活動がコントロールできる，という技術である．これを使えば，生きている動物の任意のニューロン活動だけを変化させることができ，ニューロン同士の接続やニューロン集団の機能を見るだけでなく，特定の心的機能を高めたり，ブロックしたりすることができ，動物実験レベルでは記憶内容の操作も可能であることが示されている．

　1960-1970年代には脳の左右差や意識，睡眠・夢の神経科学的研究も大いに進歩した（トピック10-14）．脳損傷患者において特定脳部位が果たす役割について調べる神経心理学的研究は，長い歴史があり，心的過程の脳メカニズムを調べる上では依然として重要な役割を果たしている（4.5節；6.8節参照）．

> **トピック 10-14　夢と意識の研究**
>
> 　夢の内容に関しては先史時代から夢占いなどいろいろな形で扱われてきたし，フロイトは夢の持つ意味について多くの考察を行なった．夢が神経科学的に扱われるようになったのは，20世紀の中頃に，ヒトが眠っているときには定期的に急速に眼が動く REM（Rapid Eye Movement）期があること，そしてその時期（REM睡眠期）には夢を見ていることがきわめて多いことが明らかになってからである．REM睡眠中にはそれとともに，体中の筋肉が弛緩してダラッとした状態になる．REM睡眠は20分ほど継続し，続いて REM のない睡眠になるのが正常な移行であるが，睡眠段階が正常に移行せず，また体と脳では移行が乖離して，脳は覚醒しかかっていながら，体では REM睡眠が続いており筋肉を動かせない状態になる場合がある．これが世界中で報告されている金縛り（睡眠麻痺）現象である．
>
> 　夢の内容に関して，夢をみている人が「夢をみている」という意識をもっている明晰夢というものがある．最近の研究では，この明晰夢をみることのできるのは人口の約10％であり，また，寝る前に自己暗示をすることによって明晰夢をよくみることができるようになり，さらに夢の中である程度その内容を自分の思うように変えるという訓練も可能なことが示されている．
>
> 　心肺停止の状態になった後に「生き返った」人の中には，空中に浮遊しながら自分が他人に囲まれているのを見たとか，明るいお花畑のような場所に行った，というような臨死体験を報告する人がいる．最近の研究によると，脳の特定部位（側頭─頭頂接合部）を磁気刺激すると空中浮遊の幻覚を見るという．金縛り，臨死体験など，これまで不思議に思われた現象についても神経科学はそのメカニズムの解明に貢献するようになっている．

　一方，人での心的過程を脳活動でとらえる試みは，20世紀前半に発見された脳波を用いて行われてきたが，20世紀の終わり頃には新たな技術が次々に開発され（トピック 10-15，トピック 10-16），健常者において非侵襲的に（脳に侵襲的操作を加えることなく）記憶，学習，思考，言語など，ほとんどあらゆる心的過程の脳活動を調べる研究が行なわれるようになった．こうした研究では，心理学が蓄積してきた実験計画法，分析法が重要な役割を果たしたのは言うまでもない．また心理学者の中にも積極的にこうした機能的脳画像法を用いた研究に参加するものも出てきている．最近では公平性，利他性，道徳性などの社会的存在としての人の高次な心的過程にかかわる脳活動（社会脳）についても報告されるようになっており，社会神経科学（トピック 9-11 参照）と

いう研究分野も認められるようになっている.

トピック 10-15　非侵襲的脳機能研究法

　コンピュータ技術などの進歩に伴って，X線CT（computed tomography：コンピュータ断層撮影法）やMRI（magnetic resonance imaging：磁気共鳴画像法）などの方法が開発され，脳内の損傷部位の同定が可能になった．さらに特定の行動や心的活動を行ないながら，その際の脳の活動部位の情報を視覚的にとらえるための種々の機能的脳画像法（脳機能イメージング）が開発されてきている．そこでは，脳内に電極を埋め込むなどの処置を行なわずに，非侵襲的に脳の活動変化をとらえることが可能となった．以下に，非侵襲的脳機能研究法として現在用いられているいくつかの機能的脳画像法と脳刺激法の主なものを紹介する．

　（1）心的活動に伴う脳の電磁的活動変化を直接にとらえる方法

　①脳波（electroencephalography：EEG）：特定の刺激や心的活動に対応した脳波の変化を，頭皮につけた電極から誘導することにより計測する．中でもよく用いられるのが事象関連電位（event-related potential：ERP，トピック9-11参照）という方法である．時間分解能は高い（数ミリ秒）が，空間分解能は数cmと低い．

　②脳磁図（magnetoencephalography：MEG）：ニューロンの活動に伴う磁気変化をとらえようとするものである．脳波が対象とする電気的変化は頭蓋骨という絶縁体によって大きく歪められるが，磁気変化はそうした歪みは受けない．しかし，人の脳からとらえられる磁気変化は地磁気の1億分の1以下というレベルのきわめて微弱なものであるため，測定は地磁気を完全に遮蔽できる装置で行なう必要がある．また，頭蓋骨に平行する脳表面の「脳回」部分の活動はセンサーにとらえることができず，ごく一部（「脳溝」部分）の脳活動しかとらえられないという大きな短所がある．時間分解能と空間分解能は脳波に近い．

　（2）心的活動に伴う脳内の血流変化をとらえる方法

　③機能的磁気共鳴画像法（functional magnetic resonance imaging：fMRI）：血中ヘモグロビンが酸素と結びついているときと，酸素を脳に受け渡したときとでは磁性に差があることを利用して，部位別の磁気変化をセンサーでとらえることにより，脳のどこでどのくらい酸素が使用されたのかを調べようとするもの．空間分解能は高い（1〜2mm）が．時間分解能は低い（1〜2秒）．

　④陽電子放射断層画像法（positron emission tomography：PET）：放射性同位元素でラベルした物質を血管から注入し，それが脳のどの部位にどのくらい取り込まれるのかを，放射能センサーでとらえることにより，脳の血流をとらえるもの．放射性物質を使うため，繰り返しの計測はできない．空間分解能（3〜5mm），時

間分解能（数分）は fMRI より劣る.

⑤近赤外線分光法（光トポグラフィ）（near infrared spectroscopy：NIRS）：波長が赤外線に近い近赤外光を頭蓋を通して脳内に入れ，脳からの反射光の量により脳内の血流変化をとらえるものである. 被験者を拘束することなく，比較的自然な状況下での測定が可能である. 時間分解能は fMRI と近く，空間解像度は低い（2〜3 cm）. 脳表面の活動しかとらえられないというところが短所である.

なお，こうした fMRI，PET，NIRS で測定しているものは脳の部位別血流量や，部位別糖代謝量であり，脳活動の反映ではあっても脳活動そのものではないことに注意する必要がある. また技術や分析法がまだ発展途上なので，結果に必ずしも一致が見られていないことにも注意する必要がある. 以下には脳活動を「測定」するのではなく，「変容」する方法として最近広く用いられるようになった脳刺激法について紹介する.

（3）その他の方法（脳刺激法）

⑥経頭蓋磁気刺激（transcranial magnetic stimulation：TMS）：頭部に置いたコイルに電流を流して急激な変動磁場（パルス磁場）を発生させ，脳に渦電流を誘導することによって脳を「電気刺激」するものである. 種々の感覚刺激の提示中や特定の課題の遂行前や遂行中に磁気刺激を与えると，磁気刺激を与える部位やタイミングに応じてさまざまな心的機能の変容が報告されている.

⑦経頭蓋直流電気刺激（transcranial direct current stimulation：tDCS）：頭に電極をつけ，1〜2 mA 程度の弱い直流電流を5〜30 分程度通すことにより，脳活動を興奮または抑制するもの. 磁気刺激より簡便に行なうことができ，認知機能の向上やブロックが報告されている.

トピック 10-16 デフォルトモードネットワーク

fMRI を中心とした多くの非侵襲的脳機能研究法（トピック 10-15 参照）では，実験課題中にコントロール課題中より大きな活動を示す部位を捉えることにより，その実験課題に特有な心的過程に関係した脳部位を見出している. しかし，なにもしていない時期と比較すると実験課題中に脳活動が減少する（なにもしていないときに活動性が上がる）部位があり，しかも課題の種類によらずそうした部位はほぼ一定であることがレイクルら（Raichle et al., 2001）によって示された. 直感的には，安静にしているときに脳はあまり働かず，その活動性は低いと思われるが，逆に安静時に知的活動時よりも高い活動を示す部位があることは，多くの研究者の興味を引くことになった.

こうした安静時の大きな活動は，「なにも負荷のない状態で，もともと存在して

いる活動」という意味で「デフォルト脳活動」と呼ばれる．このデフォルト脳活動は，主に前頭連合野の内側部，頭頂連合野の後帯状皮質と楔前部と呼ばれる部位および頭頂連合野の外側部で見られる（図）．デフォルト脳活動は「内的思考過程」，すなわち「自分が過去にしたことを想起する」「こころに浮かぶことにとりとめもなく思いをめぐらす」「自分の体の状態や，感情状態について考える」「いろいろなことを夢想する」というような過程に関係していることが知られる．デフォルト脳活動は，成人の精神活動に必要とされ，個体発達に伴って成熟すること，老化に伴って減退すること，さらにアルツハイマー病，うつ病，統合失調症，自閉症などでは活動に異常が見られることが示されている．

　fMRI信号には「低周波（0.1 Hz以下）のゆれ」が認められる．特に安静時における内発的低周波脳信号のゆれは，デフォルト脳部位間で非常に高い相関を示すことが知られており，高い相関を示す部位全体をデフォルトモードネットワークと呼ぶ．安静時に高い活動を示す脳部位とデフォルトモードネットワークはかなりオーバーラップしている．デフォルト脳活動に関して最近ではこの指標を用いた研究が最も多い．子どもや精神障害者などの課題をこなすことが困難な被験者でも，睡眠中や麻酔下でも調べられ，さらに診断や将来の発症予測につながる可能性が指摘されているからである．なお，社会性認知に関わる社会脳（9.7節参照）とデフォルトモードネットワークの間には大きな重なりがあり，デフォルト脳活動と社会脳の関係についての研究も進んでいる．

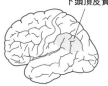

前頭連合野内側部
後帯状皮質／楔前部
下頭頂皮質

図　デフォルトモードネットワーク

10.7.5—進化心理学の創成と人の社会性の進化的基盤研究の進展

　1980年代後半以降，こころや行動の進化に関する研究が大きく進展した．トゥービィ（J. Tooby）とコスミデス（L. Cosmides）は，進化生物学や行動生態学の影響を受け，**進化心理学**という新領域の創成を提唱した．彼らによれば，進化心理学とは「人間の心的活動の遺伝的基盤が進化の産物であるという事実に立脚した心理学」と定義される．彼らは，こころを**心的器官**（mental organ）あるいは**心的モジュール**（mental module）の集合体ととらえる考え方を示した．すなわち，彼らは身体器官（たとえば，目や耳）がそうであるように，心的器官は生存や繁殖上の諸課題に対する適応によって領域固有的に形作られたとする．人間の心を機能ごとに特化した領域固有的なモジュールの総

体ととらえる見方は，20世紀初頭の機能主義心理学の延長線上に位置づけることができるが，進化心理学者の新しさは，心理学を進化理論の総合説と融合させ，心理学と進化学の距離を一気に縮めたことにある．

進化心理学では，心的器官において潜在的，無自覚的に自動処理される個別的なこころの適応的意義が主な課題である．研究例として，コスミデスは，社会契約状況において「裏切り者検知」機構が無自覚的に作動することを，4枚カード問題（トピック6-6参照）を用いて検証した．バス（D. M. Buss）は，人の性行動や配偶者選択にかかわる心理を性選択理論を用いて分析し，性的嫉妬に顕著な性差があることなどを明らかにした．

21世紀に入ると，こころの進化研究のなかでも，とりわけ協力行動の進化や人の社会性の進化的基盤に関する研究が中心的なテーマになっている．人は他の動物と異なり，血縁者以外とも広く協力し複雑で組織的な社会生活を営んでいる．人が示すきわめて高度な社会性は，どのような古環境の下で進化したのか，協力行動が維持される条件とは何か，なぜ人は他者のこころを理解でき，他者とこころを重ねることを好むのか，といった問いに対して，認知心理学，社会心理学，比較認知科学，進化心理学，実験経済学，認知脳科学が伝統的な学問領域を越え，協働しながら研究に取り組んでいる．

現代の環境は人の身体やこころの基本が形作られた古環境とは大きく異なっている．この古環境と現代環境のずれによって，心身にさまざまな問題や不適応，疾病が生じている．進化心理学は隣接分野の進化医学と連携して，現代社会に特有な精神病理やこころの疎外などについても新たな観点を提供している．

こうして1980年代後半から，認知心理学，神経心理学，脳神経科学，人工知能（トピック10-17）などの人間の心的活動の理解を目指す種々の領域間に密接な関連が生まれつつある（日本の心理学の歴史的状況についてはトピック10-18）．

トピック 10-17　人工知能（Artificial intelligence: AI）

人工知能とは，人の行う知的行為（認識，推論，言語理解，創造など）を，コンピュータによって再現するもの．具体的には，画像認識・画像処理，音声認識・音声合成，自然言語処理，機械翻訳，動く身体を実現するロボティクス，さらに医療

診断，自動運転などに用いられる．人工知能は2種類に分類される．1つは特化型
人工知能（弱いAI）であり，1つのこと，たとえば画像認識に特化した人工知能
をさす．もう1つが汎用人工知能（強いAI）であり，これはいわば鉄腕アトムの
ように人ができることならなんでもできる人工知能であるが，現在のところまだ存
在していない．

　最近は，碁や将棋のような複雑なゲームで，何手も先の展開を読み，考えつかな
いような妙手を編み出すことにより人間を負かすというように，人工知能の能力は
計り知れないように思われる．しかし，これらも碁や将棋に特化した働きしかしな
い（画像認識や自動運転には役立たない）「特化型人工知能」の1つなのである．

　このような複雑なゲームに勝つ人工知能は，従来のように「すべての手順をプロ
グラムに書き込む」手法では不可能であった．もう少し進んだ人工知能では「機械
学習」という手法が用いられ，先生役の人間があらかじめ用意した情報を人工知能
に与えてルールや知識を学習させるという，いわば受動的な学習が用いられたが，
応用範囲は限られていた．碁や将棋で人間に勝つような人工知能が可能になったの
は，「深層学習」と呼ばれる手法が開発されたからである．これは，人間の脳の情
報処理メカニズムを取り入れ，処理単位が多階層化された大規模なニューラル・ネ
ットワークを活用することにより，人間の脳が学習する仕組みをモデルに開発され
たものである．そこではコンピュータ自身が膨大なデータ（ビッグデータ）を読み
解き，そこに隠れているルールや相関関係などの特徴を発見し，自律的に解法を見
出すとともに，フィードバックに基づいてその後も学習を継続することができる．

　未だできていない「汎用人工知能」については，これが完成したときにはシンギ
ュラリティ（技術的特異点：人間を超える知能をもつ人工知能が発明されるときの
ことをさす）が起きると言われている．そうなるとその人工知能は，さらに賢い人
工知能を生み出すことが可能になると考えることができ，現在のわれわれが想像で
きない，またコントロールできないようなものを生み出すのではないかという不安
も生じている．こうしたことから人工知能のさらなる開発に対し社会はどのように
対処すべきか，という問題も提起されている．

トピック 10-18　日本の心理学小史

　心理学がはじめて日本に導入されたのは，明治の初め，1875（明治8）年，ヘヴ
ン（J. Haven）著西周 訳の『心理学』（文部省出版）によるとされている．アメ
リカのジョンズ・ホプキンズ大学においてヴントの最初の弟子，ホール（G. S.
Hall）の教えを受けた元良勇次郎は，1888年，帝国大学講師として精神物理学の
講義を始め，1890年，教授となって心理学を担当した．1896年には，日本で初の

先天盲開眼事例を扱った（元良・松本，1896）．元良の弟子，松本亦太郎は，エール大学でヴントの弟子であったスクリプチャー（E. W. Scripture）の指導を受けたが，その後ヴントの研究室を訪ね，帰国後の1903年，元良に協力して東京帝国大学に日本最初の心理学実験場を設立した．松本は，さらに1906年，京都帝国大学に移って日本最初の心理学専任教授となったが，1908年，ここにも本格的な心理学実験場を建設した．1927年，日本心理学会が設立されるとともに，松本はその会長となった．

　初期の日本心理学はヴントの影響が著しいが，1920年頃になると，**ゲシュタルト心理学**が台頭し，それに対する関心が高まり，何人かの研究者によってその翻訳・紹介が行なわれ，その結果，第二次世界大戦前にはヴントに代わる有力な学説として受け入れられた．その影響は戦中から戦後にも及んだ．またドイツのゲシュタルト心理学とは異質の病理学的な視点を踏まえたフランス流の心理学の導入・紹介もなされた．当時の心理学者たちの多くは，先進諸国の心理学の単なる導入に終始したわけではなく，独創的な質の高い研究を行なっている．

　第二次世界大戦後，アメリカ心理学の流入によって日本の心理学は大きな変貌を遂げた．ドイツ心理学に代わってアメリカ心理学，たとえば新行動主義の諸説が盛んに紹介され，学習の諸問題に対する関心が急速に高まった．研究の分野も，感覚・知覚・記憶などを扱う領域だけでなく，発達心理学，社会心理学，臨床心理学など，より現実的な問題を含む幅広い分野へと広がった．また各種の障害事例に対する学習過程の分析・形成を図る独自の研究がなされるようになった．1960年頃からは，研究分野の細分化・専門化が急速に進み，それとともに抽象的な理論よりも，データに基礎を置く具体的な事実的・問題中心的水準での議論が研究活動の大勢を占めるようになった．なお1972年には国際心理学会議が東京プリンスホテルで国外約1400名，国内約1200名の参加を得て開催され，日本の心理学界の国際化を促進する契機となった．それとともに，日本心理学会への登録会員数は，次第に増え，1950年代初期には1000名ほどであったが，2018年現在では8000名に迫っている．また，多くの単科学会が設立されて，それぞれ独自の研究成果の発表と討論が行なわれている．なお2016年には横浜で国際心理学会議が開かれた．

　現在，心理学に関連する研究分野は大幅に広がり，心理学固有の分野はもとより，隣接の諸領域においても心理学的ないし行動的諸問題に関する関心が高まり，その結果，従来の心理学的常識にこだわらない新しい発想や研究に手法が相次いで開発され，心理学に豊かな知見をもたらした．通信工学を含む工学系のアプローチ，脳神経科学からのアプローチ，生物学，とくに動物行動学関係のアプローチなどは，とりわけ新しい視点を導入して刺激的な貢献を行なっている．

[参考図書]

今田　恵　1962　心理学史　岩波書店

梅本堯夫・大山　正（編）　1994　心理学史への招待　サイエンス社

大泉　博（編）　2003　日本心理学者事典　クレス出版

大山　正　2010　心理学史　サイエンス社

苧阪良二　1998　明治から昭和初期にいたる実験心理学の形成過程　心理学評論，41
　　(3), 333-358.

ジェームズ，W.（今田　寛訳）　1992・93　心理学（上・下）　岩波書店

シュルツ，D.（村田孝次訳）　1986　現代心理学の歴史　培風館

ジョンソン，M. H.（鹿取廣人・鳥居修晃監訳）　2014　発達認知神経科学　原著第3
　　版　東京大学出版会

末永俊郎（編）　1971　歴史と動向（講座心理学1）　東京大学出版会

末永俊郎（編）　2005　心理学群像1・2　アカデミア出版会

スミス，E. E. 他（編）（内田一成監訳）　2005　ヒルガードの心理学　第14版　ブレ
　　ーン出版

長谷川寿一・長谷川眞理子　2000　進化と人間行動　東京大学出版会

ピンカー S.（山下篤子訳）　2004　人間の本性を考える（全3巻）日本放送出版協会

ヘッブ，D. O.（鹿取廣人他訳）　2011　行動の機構　岩波書店

ミラー，G. A.（戸田壹子・新田倫義訳）　1967　心理学の認識　白揚社

八木　冕（編）　1986　歴史的展開（現代基礎心理学1）　東京大学出版会

リーヒー，T. H.（宇津木保訳）　1986　心理学史　誠信書房

Boring, E. G.　1950　*A history of experimental psychology*, 2nd ed. Appleton-Century-Crofts.

Bringmann, W. G. *et al.*（Eds.）1997　*A pictorial history of psychology*. Quintessence Publishing.

Degenaar, M.　1996　*Molyneux's problem*. Kluwer Academic Publishers.

Gazzaniga, M. S., Ivry, R. B. & Mangun, G. R.　1998　*Cognitive neuroscience*. Norton.

Hergenhahn, B. R.　2009　*An introduction to the history of psychology*, 6th ed. Wadsworth Publishing.

Pastore, N. 1971　*Selective history of visual perception: 1650-1950*. Oxford University Press.

Murphy, G. & Kovach, J. K.　1972　*Historical introduction to modern psychology*, 3rd ed. Harcourt Brace Jovanovich.

Woodworth, R. S. & Sheehan, M. R.　1964　*Contemporary schools of psychology*, 3rd ed. Ronald Press.

引用文献

［　］内は，本文およびトピックで引用したページ.

Alcock, J. 1989　*Animal behavior*, 4th ed. *Sinauer Associates.*　　　　　　　　　　[188]

Alpern, M. 1962 Movements of eye. In H. Dawson (Ed.), *The eye*, Vol. 3. Academic Press. pp. 1–5.　　　　　　　　　　[111]

Alpern, M., Holland, M. G., & Ohba, N. 1972　Rhodopsin bleaching signals in essential night blindness. *Journal of Physiology*, **225**, 457–476.　　　　　　　　　　[114]

Alpern, M., Rushton, W. A. H., & Torii, S. 1969 Encoding of nerve signals from retinal rods. *Nature*, **223**, 1171–1172.　　　　　　　　　　[114]

Alpern, M., Rushton, W. A. H., & Torii, S. 1970 The attenuation of rod signals by bleachings. *Journal of Physiology*, **207**, 449–461.　　　　　　　　　　[113]

Anderson, J. R. 1980　*Cognitive psychology and its implications*. W. H. Freeman. (富田達彦他 (訳) 1982　認知心理学概論　誠信書房)　　　　　　　　　　[178, 200]

Anderson, S. W., Bechara, A., Damasio, H., Tranel, D., & Damasio, A. R. 1999　Impairment of social and moral behavior related to early damage in human prefrontal cortex. *Nature Neuroscience*, **2**(11), 1032–1037.　　　　　　　　　　[268]

Arnheim, R. 1954　*Art and visual perception*. University of California Press. (波多野完治・関計夫 (訳) 1963・64　美術と視覚　上・下　美術出版社)　　　　　　　　　　[127]

Aronson, E., & Linder, D. 1965　Gain and loss of esteem as determinants of interpersonal attractiveness. *Journal of Experimental and Social Psychology*, **1**, 156–171.　　　　　　　　　　[281]

Asch, S. E. 1946　Forming impressions of personality. *Journal of Abnormal and Social Psychology*, **4**, 258–290.　　　　　　　　　　[272]

Asch, S. E. 1951　Effect of group pressure upon the modification and distortion of judgements. In H. Guetzkow (Ed.), *Groups, leadership and men*. Carnegie Press. (岡村二郎 (訳) 1969　集団圧力が判断の修正とゆがみに及ぼす効果. D. カートライト・A. ザンダー　三隅二不二・佐々木薫 (訳編)　グループ・ダイナミックス1 (第2版) 誠信書房)　　　　　　　　　　[278, 279]

Asperger, H. 1944　Die 'aunstisehen Psychopathen' im Kindesalter. *Archiv fur psychiatrie und Nervenkrankheiten*, **117**, 76–136. (詫摩武元・高木隆郎 (訳) 2000　小児期の自閉的精神病. 自閉症と発達障害研究の進歩, **4**, 30–68.)　　　　　　　　　　[293]

Atkinson, J., Barlow, H. B., & Braddick, O. J. 1982　The development of sensory systems and their modification by experience. In H. B. Barlow & J. D. Mollon (Eds.), *The senses*. Cambridge University Press. pp. 448–469.　　　　　　　　　　[7]

Baddeley, A. 2012　Working memory. *Annual Review of Psychology*, **63**, 1–29.　　　　[86]

Bandura, A. 1973　*Aggression*. Prentice-Hall.　　　　　　　　　　[78, 79]

Banks, W. P., & Printzmetal, W. 1976　Configurational effects in visual information processing. *Perception & Psychophysics*, **19**, 361–367.　　　　　　　　　　[125]

Bard, P. 1928　A diencephalic mechanism for the expression of rage with special reference to the sympathetic nervous system. *American Journal of Physiology*, **84**, 490–515.　　　　[216]

Bartlett, F. C. 1932　*Remembering*. Cambridge University Press. (宇津木保・辻正三 (訳) 1983　想起の心理学　誠信書房)　　　　　　　　　　[197]

von Békésy, G. 1960　*Experiments in hearing*. Wiley.　　　　　　　　　　[151]

Binet, A. 1905　Échelle métrique de l'intelligence. *L'Année Psychologique*, 191–244.　　　[236]

Blakemore, C., & Cooper, G. F. 1970　Development of the brain depends on the visual environment. *Nature*, **228**, 477–478.　　　　　　　　　　[57]

Blanke, O., Ortigue, S., & Lanbdis, T. 2003 Colour neglect in artist. *Lancet*, **361**, 264. [201]

Blough, D. S. 1959 Delayed matching in the pigeon. *Journal of Experimental Analysis of Behavior*, **2**, 151–160. [30]

Boring, E. G., Langfeld, H. S., & Weld, H. P. 1948 *Foundations of psychology*. Wiley. [107]

Bower, T. G. R. 1971 The object in the world of the infant. *Scientific American*, **225**, 30–38. [37, 38]

Bower, T. G. R. 1974 *Development in infancy*. W. H. Freeman. (岡本夏木他 (訳) 1979 乳児の世界 ミネルヴァ書房) [38]

Bowles, B., Crupi, C., Mirsattari, S. M., Pigott, S. E., Parrent, A. G., Pruessner, J. C., Yonelinas, A. P., & Köhler, S. 2007 Impaired familiarity with preserved recollection after anterior temporal-lobe resection that spares the hippocampus. *Proceedings of the National Academy of Science*, **104**, 16382–16387. [97]

Brain, R. 1954 Loss of visualization. *Proceedings of the Royal Society of Medicine*, **47**, 288–298. [97]

Bransford, J. D., & Johnson, M. K. 1973 Consideration of some problems of comprehension. In W. G. Chase (Ed.), *Visual information processing*. Academic Press. [199]

Broca, P. 1861 Remarques sur le siège de la faculté du langage articulé, suivies d'une observation d'aphémie (perte de la parole). *Bulletin de la Société d'Anthropologie*, **6**, 330–357. (萬年甫 (訳) 1982 失語症の一例にもとづく構音言語機能の座に関する考察 秋元波留夫他 (編), 神経心理学の源流 失語編 (上) 創造出版 pp. 21–41.) [201, 262]

Brodmann, K. 1909 *Vergleichende Lokalisationslehre der Grosshirnrinde in ihren Prinzipien dargestellt auf Grund des Zellenbaues*. Barth. [202]

Brown, P. L., & Jenkins, H. M. 1968 Auto-shaping of the pigeon's key-peck. *Journal of Experimental Analysis of Behavior*, **60**, 64–69. [70]

Bruner, J. S. 1983 *Child's talk*. Oxford University Press. (寺田晃・本郷一夫 (訳) 1988 乳幼児の話しことば 新曜社) [193, 200]

Bruner, J. S., Goodnow, J. J., & Austin, G. A. 1956 *A study of thinking*. Wiley. (岸本弘他 (訳) 1969 思考の研究 明治図書) [175, 176, 320]

Campos, J. J., Langer, A., & Krowitz, A. 1970 Cardiac responses on the cliff in prelocomotor human infants. *Science*, **170**, 196–197. [130]

Cannon, W. B. 1927 The James-Lange theory of emotions. *American Journal of Psychology*, **39**, 106–124. [216]

Cattell, R. B. 1950 *Personality*. McGraw-Hill. (斎藤耕二他 (改訳) 1981 パーソナリティの心理学 金子書房) [242, 246, 249]

Chesselden, W. 1728 Observations made by a young gentleman, who was born blind, or lost his sight so early, that he had no remembrance of ever having seen, and was couched between 13 and 14 years of age. *Philosophical Transactions*, **35**, 235–237. [140]

Chomsky, N. 1957 *Syntactic structures*. Mouton. (勇康雄 (訳) 1963 文法の構造 研究社出版) [197, 199, 320]

Cornsweet, T. N. 1970 *Visual perception*. Academic Press. [112]

Curtiss, S. 1977 *Genie*. Academic Press. (久保田競・藤永安生 (訳) 1992 ことばを知らなかった少女ジーニー 築地書房) [191]

Dalton, J. 1798 Extraordinary facts relating to the vision of colours. *Manchester Memoirs*, **5**, 28–45. (井山弘幸 (訳) 1988 色覚に関する異常な事実 伊東俊太郎他 (編) 科学の名著 第2期6 朝日出版社). [114]

Damasio, H., Grabowski, T., Frank, R., Galaburda, A. M., & Damasio, A. R. 1994 The return of Phineas Gage. *Science*, **264**, 1102–1105. [262]

Dartnall, H. J. A., Bowmaker, J. K., & Mollon, J. D. 1983 Microspectrophotometry of human photoreceptors. In J. D. Mollon & L. T. Sharpe (Eds.), *Colour vision*. Academic Press. pp. 69–79. [113]

Delay, J. 1950 *Les dissolutions de la Memoire*. Presses Universitaires de France. (岡田幸夫・牧原寛之（訳）1978 記憶の解体 海鳴社) [163]

De Renzi, E., Liotti, M., & Nitchell, P. 1987 Semantic agnosia with perseveration of autographic memory. *Cortex*, **23**, 575–597. [96]

Descartes, R. 1637 *La disptrique*. (青木靖三・水野和久（訳）2001 屈折光学（デカルト著作集 1）増補版 白水社) [300]

Descartes, R. 1662 *De honine*. (伊東俊太郎・塩川徹也（訳）2001 人間論（デカルト著作集 4）増補版 白水社) [300]

Deutsch, M., & Gerard, H. B. 1955 A study of normative and informative social influence upon individual judgement. *Journal of Abnormal & Social Psychology*, **51**, 629–636. [278]

Dion, K. K., Berscheid, E., & Walster, E. 1972 What is beautiful is good. *Journal of Personality & Social Psychology*, **24**, 285–290. [280]

Down, J. L. H. 1866 Observations on an ethnic classification of idiots. *London Hospital Reports*, **3**, 259–262. [44]

Duncker, K. 1935 *Zur Psychologie des produktiven Denkens*. Springer. (小見山栄一（訳）1952 問題解決の心理 金子書房) [181–183]

Dutton, D. C., & Aron, A. P. 1974 Some evidence for heightened sexual attraction under conditions of high anxiety. *Journal of Personality & Social Psychology*, **30**, 510–517. [280]

Ebbinghaus, H. 1885 *Über das Gedächtinis*. Duncker u. Humbolt. (宇津木保・望月衛（訳）1978 記憶について 誠信書房) [308]

Eibl-Eibesfeldt, I. 1970 *Ethology*. Holt, Rinehart & Winston. (伊谷純一郎・美濃口坦（訳）1978・79 比較行動学 1・2 みすず書房) [24]

Eichenbaum, H., Bonelinas, A. R., & Keane, M. S. 2007 The medial temporal lobe and recognition. *Annual Review of Neuroscience*, **20**, 123–152. [99]

Eimas, P. D. 1985 The perception of speech in early infancy. *Scientific American*, **252**, 46–52. [153, 154]

Erikson, E. H. 1950 *Childhood and society*. Norton. (仁科弥生（訳）1977 幼児期と社会 I・II みすず書房) [253, 254]

Erikson, E. H. 1957 Identity and the life cycle. *Psychological Issues*, **1**(1), *Monograph*, 1. International Universities Press. (小此木啓吾（訳編）1973 自我同一性 誠信書房) [254, 270]

Eysenck, H. (Ed.) 1960 *Behaviour therapy and the neurosis*. Pergamon Press. (異常行動研究会（訳）1965 行動療法と神経症 誠信書房) [259]

Eysenck, H. J. 1970 *The structure of human personality*. Methuen. [247]

Eysenck, H. J. 1979 *The structure and measurement of intelligence*. Springer-Verlag. (大原健史郎（監訳）1981 知能の構造と測定 星和書店) [243]

Farah, M. J., Wilson, K. D., Drain, H. M., & Tanaka, J. R. 1995 The inverted inversion effect in prosopagnosia. *Vision Research*, **35**, 2089–2093. [292]

Fechner, G. T. 1860 *Elemente der Psychophysik*. Breitkopf und Härtel. [107]

Ferster, C. B., & Skinner, B. F. 1957 *Schedules of reinforcement*. Appleton-Century. [74]

Festinger, L. 1957 *A theory of cognitive dissonance*. Harper & Row. (末永俊郎（訳）1965 認知的不協和の理論 誠信書房) [276]

Fisher, G. H. 1967 Preparation of ambiguous stimulus materials. *Perception & Psychophysics*, **2**, 421–422. [133]

Fischer, C. M., & Adam, K. D. 1956 Transcient global amnesia. *Transcriptions of the American*

Neurological Association, **83**, 143–146. [93]

Freud, S. 1905 *Drei Abhandlungen zur Sexualtheorie.* Deuticke.（懸田克躬（訳）1974　性欲論（フロイド選集 5）改訂版　日本教文社） [232, 253, 257]

Freud, S. 1933 *Neue Folge der Vorlesungen zur Einführung in die Psychoanalyse.* Internationaler Psychoanalytischer Verlag.（古沢平作（訳）1974　続精神分析入門（フロイド選集 3）改訂版　日本教文社） [232, 233, 256]

Frith, C. D. 2007　The social brain? *Philosophical Transactions of the Royal Society B*, **362**, 671–678. [285]

Frith, U. 1989 *Autism.* Basil Blackwell.（富田真紀・清水康夫（訳）2009　新訂　自閉症の謎を解き明かす　東京書籍） [44]

Gaillard, R., Naccache, L., Pinel, P., Clémenceau, S., Volle, E., Hasboun, D., Dupont, S., Baulac, M., Dehaene, S., Adam, C., & Cohen, L. 2006　Direct intracranial, fMRI, and lesion evidence for the causal role of left inferotemporal cortex in reading. *Neuron*, **50**(2), 191–204. [149]

Gardner, R. A., Gardner, B. T., & van Cantfort, T. E. 1989 *Teaching sign language to chimpanzee.* State University of New York Press. [11]

Gazzaniga, M. S., Ivry, R. B., & Mangun, G. R. 2009 *Cognitive neuroscience*, 3rd ed. Norton. [81]

Gellermann, L. W. 1933　Form discrimination in chimpanzees and two-years old children. *Journal of Genetic Psychology*, **42**, 1–50. [32, 33]

Geschwind, N. 1972　Language and the brain. *Scientific American*, **226**, 76–83.（河内十郎（訳）1972　言語と脳のはたらき　サイエンス, **2**(6), 28–36.） [202]

Gesell, A., & Thompson, H. 1929　Learning and growth in identical twins. *Genetic Psychology Monographs*, **6**, 1–123. [57, 58]

Gibson, E. J. 1969 *Principles of perceptual learning and development.* Prentice-Hall.（小林芳郎（訳）1983　知覚の発達心理学　I・II　田研出版） [11]

Gibson, J. J. 1950 *The perception of the visual world.* Houghton Mifflin.（東山篤規他（訳）2011　視覚ワールドの知覚　新曜社） [127, 128]

Gibson, J. J. 1962　Observations on active touch. *Psychological Review*, **69**, 477–491. [162]

Gibson, J. J. 1966 *The senses considered as perceptual systems.* Houghton Mifflin.（佐々木正人他（監訳）2011　生態学的知覚システム　東京大学出版会） [132]

Gibson, J. J. 1979 *The ecological approach to visual perception.* Houghton Mifflin.（古崎敬他（訳）1985　生態学的視覚論　サイエンス社） [319]

Glanzer, M. 1972　Storage mechanisms in recall. In G. H. Bower & J. T. Spence (Eds.), *The psychology of learning and motivation*, Vol. 5. Academic Press. [88]

Goldberg, L. A. 1990　An alternative description of personality. *Journal of Personality & Social Psychology*, **59**, 1216–1229. [247]

Goldstein, E. B. 1999 *Sensation and perception*, 5th ed. Brooks/cole. [155, 158]

Goodglass, H., & Butters, N. 1988 *Psychology of cognitive processes.* In R. C. Atkinson *et al.* (Eds.), *Stevens' handbook of experimental psychology.* Wiley. [203]

Gregory, R. L. 1968　Visual illusions. *Scientific American*, **219**, 61–76.（大山正（訳）1975　錯視のメカニズム．別冊サイエンス, **10**, 47–59.） [119]

Gregory, R. L. 1970 *The intelligent eye.* Weinfeld & Nicolson.（金子隆芳（訳）1972　インテリジェント・アイ　みすず書房） [133]

Guilford, J. P. 1940 *An inventory of factors : STDCR.* Sheridan Supply. [249]

Guilford, J. P. 1967 *The nature of human intelligence.* McGraw-Hill. [241, 242]

Guilford, J. P., & Martin, H. G. 1943 *The Guilford-Martin inventory of factors : GAMIN.* Sheridan Supply. [249]

原口證　2006　ぶっちぎり世界記録保持者の記憶術　日刊工業新聞社　　　　　　　[89]

Harlow, H. F. 1959　Love in infant monkeys. In S. Coopersmith (Ed.), *Frontiers of psychological research.* (Readings from *Scientific American*). Freeman. pp. 92–98.　　　　[266]

Harlow, H. F., & Harlow, M. K. 1962　Social deprivation in monkeys. *Scientific American*, **207**, 136–146.　　　　[56]

Harlow, J. M. 1868　Recovery from the passage of an iron bar through the head. *Publications of the Massachusetts Medical Society*, **2**, 327–347.　　　　[262]

Hathaway, S. R., & McKinley, J. C. 1943　*The Minnesota multiphasic personality inventory*, rev. ed. University of Minnesota Press.　　　　[249]

Haxby, J. V., Gobbini, M. I., Furey, M. L., Ishai, A., Schouten, J. L., & Pietrini, P. 2001　Distributed and overlapping representations of faces and objects in ventral temporal cortex. *Science*, **293**, 2425–2430.　　　　[290]

Haxby, J. V., Horwitz, B., Ungerleider, L. G., Maisog, J. M., Pietrini, P., & Grady, C. L. 1994　The functional organization of human extratriate cortex. *Journal of Neuroscience*, **14**, 6336–6353.　　　　[290]

Hayes, K. J. & Hayes, C. 1952　Imitation in a home-raised chimpanzee. *Journal of Comparative & Physiological Psychology*, **45**, 450–459.　　　　[11]

Hebb, D. O. 1949/2002　*The organization of behavior.* Wiley. (鹿取廣人他 (訳) 2011　行動の機構　上・下　岩波書店)　　　　[100, 141, 242, 243, 286, 322]

Hebb, D. O. 1972　*A textbook of psychology*, 3rd ed. Saunders. (白井常他 (訳) 1975　行動学入門　第3版　紀伊國屋書店)　　　　[20, 50, 51, 212, 217, 225]

Hebb, D. O. 1980　*Essay on mind.* Erlbaum. (白井常他 (訳) 1987　心について　紀伊國屋書店)　　　　[134, 135, 322]

Heider, F. 1958　*The psychology of interpersonal relations.* Wiley. (大橋正夫 (訳) 1978　対人関係の心理学　誠信書房)　　　　[272]

Held, R. 1993　Development of binocular vision revisited. In M. H. Johnson (Ed.), *Brain development and cognition.* Blackwell. pp. 159–166.　　　　[129]

Held, R., & Hein, A. 1963　Movement-produced stimulation in the development of visually guided behaviour. *Journal of Comparative & Physiological Psychology*, **56**, 607–613.　　　　[139]

von Helmholtz, H. L. F 1866　*Handbuck der physiologischen Optik.* voss.　　　　[305, 306]

Hering, E. 1878　*Zur Lehre vom Lichtsinne.* Gerolds Sohn.　　　　[305]

Heron, W. 1957　The pathology of boredom. *Scientific American*, **196**, 52–69.　　　　[224]

Hess, E. H. 1958　"Imprinting" in animals. *Scientific American*, **198**, 71–80.　　　　[55]

Honda, H., Shimizu, Y., Imai, M., & Nitto, Y. 2005　Cumulative incidence of childhood autism. *Developmental Medicine & Child Neurology*, **47**(1), 10–18.　　　　[293]

Hunter, W. S. 1913　The delayed reaction in animals and children. *Behavior Monograph*, **2**, 1–86.　　　　[27, 28]

Hurvich, L. M. 1981　*Color vison.* Sinauer Associates. (鳥居修晃・和氣典二 (監訳) 2002　カラー・ヴィジョン　誠信書房)　　　　[305]

飯塚直美 2007　自閉症スペクトラムとは　笹沼澄子 (編) 発達期言語コミュニケーション障害の新しい視点と介入理論　医学書院, pp. 3–11.　　　　[44, 293]

Inoue, S., & Matsuzawa, T. (2007). Working memory of numerals in chimpanzees. *Current Biology*, **17**(23), R1004–R1005.　　　　[85]

Itard, E. M. 1801　*De l'Education d'un homme sauvage ou des premiers développements physiques et moraux du jeune sauvage de l'Aveyron.* (中野善達・松田清 (訳) 1978　新訳　アヴェロンの野生児　福村書店)　　　　[191]

Itard, E. M. 1807　*Rapport fait á son Ecellence le Ministre de l'Intérieur, sur les nouveaux développements et l'état actuel de l'Aveyron.* [191]

岩田誠　2001　脳と音楽　メディカルレビュー社 [160]

James, W. 1884　What is an emotion? *Mind*, **9**, 188–205.（宇津木成介（訳）2007 ウィリアム・ジェームズ著『情動とは何か?』近代, **98**, 35–68.） [215]

James, W. 1890　*The principles of psychology*. Holt.（松浦孝作（訳）1940　心理学の根本問題　三笠書房） [215, 309]

Johansson, G. 1973　Visual perception of biological motion and a model of its analysis. *Perception & Psychophysics*, **14**, 202–211. [287]

Johnson, M. H. 2011　*Developmental cognitive neuroscience*（*3rd ed*）. Blackwell.（鹿取廣人・鳥居修晃（監訳）2014　発達認知神経科学　原著第3版　東京大学出版会） [291]

Johnson-Laird, P. N., Legrenzi, P., & Legrenzi, M. S. 1972　Reasoning and sense of reality. *British Journal of Psychology*, **63**, 305–400. [184]

Julesz, B. 1971　*Foundation of cyclopean perception*. University of Chicago Press. [129]

Jung, C. G. 1921　*Psychologische Typen*. Rascher.（林道義（訳）1987　タイプ論　みすず書房） [245]

Jung, C. G. 1928　*Die Beziehungen zwischen dem Ich und dem Unbewußten*. O. Reichl.（野田倬（訳）1982　自我と無意識の関係　人文書院） [234]

可児一孝　1978　視野検査　眼科一般検査法（眼科 Mook 3）　金原出版　pp. 60–75. [110]

Kanizsa, G. 1975　Prägnanz as an obstacle to problem solving. *Italian Journal of Psychology*, **2**, 417–425. [181]

Kanizsa, G. 1976　Subjective contours. *Scientific American*, **234**, 48–52. [120]

Kanizsa, G. 1979　*Organization in vision*. Praeger Publishers.（野口薫（監訳）1985　視覚の文法　サイエンス社） [127]

Kanner, L. 1943　Autistic disturbances of affective contact. *Nervous Child*, **2**, 217–250.（十亀史郎他（訳）2001　情緒的交流の自閉的障害　精神医学選書2　幼児自閉症の研究　黎明書房　pp. 10–55.） [292]

Kapur, N., Ellison, D., Smith, M. P., & McLellan, D. L. 1992　Focal retrograde amnesia following tempral lobe pathology. *Brain*, **115**, 73–85. [94]

Karni, A., & Sagi, D. 1991　Where practice makes perfect in texture discrimination. *Proceeding of the National Academie of Science, USA*, **88**, 4966–4970, Neurobiology. [136]

笠原嘉（編）1984　必修精神医学　南江堂 [256]

粕谷英樹　2005　音響学　廣瀬肇（監修）言語聴覚士テキスト　医歯薬出版, pp.176–182. [152]

鹿取廣人　2003　ことばの発達と認知の心理学　東京大学出版会 [34]

Katz, D. 1911　Die Erscheinungsweisen der Farben und ihre Beeinflussung durch die individuelle Erfahrung. *Zeitschrift für Psychologie*, Erg. Bd. 7. [115]

Katz, D. 1925　*Der Aufbau der Tastwelt. Zeitschrift für Psychologie*. Eng. Bd. 11. [110]

河内十郎　1984　左半側空間無視　東京大学教養学部人文科学科紀要, 心理学, **7(79)**, 83–115. [148]

河内十郎　2008　脳損傷と芸術　小泉英明（編）, 脳科学と芸術　工作社　pp. 163–179. [200]

河内十郎　2011　芸術と脳の左右差——視覚芸術の場合　*Brain Medical*, **23**, 185–194. [200]

河合隼雄　1967/2010　ユング心理学入門　新装版　培風館 [233]

Kelleher, R. T. 1958　Fixed-ratio schedules of conditioned reinforcement with chimpanzees. *Journal of the Experimental Analysis of Behavior*, **1**, 281–289. [73]

Keller, F. S., & Schoenfeld, W. N. 1950　*Principles of psychology*. Appleton-Century. [26]

Kelley, H. H. 1967　Attribution theory in social psychology. In D. Levine（Ed.）, *Nebraska symposium on motivation*, Vol. 15. Nebraska University Press. [273, 274]

Kelley, H. H. 1973　The processes of causal attribution. *American Psychologist*, **28**, 107–128. [273, 274]

Kellman, P. J., & Spelke, E. S. 1983　Perception of partly occluded objects in infancy. *Cognitive Psychology*, **15**, 483-524.　　　　　　　　　　　　　　　　　　　　　　[7]

Kendler, H. H. 1961　Problems in problem solving research. In W. Dennis *et al.*, *Current trends in psychological theory*. University of Pittsburg Press. pp. 180-207.　　　[176, 177]

Koffka, K. 1935　*Principles of gestalt psychology*. Harcourt Brace.（鈴木正彌（訳）1998　ゲシュタルト心理学の原理　新装版　福村出版）　　　　　　　　　　　　　　　[123]

Köhler, W. 1917　*Intelligenzprüfungen an Menschenaffen.* → ［英訳］1925　*The mentality of apes*. Harcourt Brace.（宮孝一（訳）　1962　類人猿の知恵試験　岩波書店）　　[9, 10, 167]

Kolb, B., & Whishaw, I. Q. 1990　*Fundamentals of human neuropsychology*, 3rd ed. W. H. Freeman.　　　　　　　　　　　　　　　　　　　　　　　　　　　　　　　[146]

Korte, M., & Rauschecker, J. P. 1993　Auditory spatial turning of cortical neurons is sharpened in cats with early blindness. *Journal of neurophysiology*, **70**, 1717-1721.　　[158]

Kraepelin, E. 1902　Die *Arbeitskurve*. *Philos. Stud.*, **19**, 459-507.　　　　　　　[250]

Kretschmer, E. 1931/1955　*Körperbau und Charakter*, 21/22. Aufl. Springer.（相場均（訳）　1960　体格と性格　文光堂）　　　　　　　　　　　　　　　　　　　　　[244, 245]

Lamb, T. D. 1990　Dark adaptation. In R. F. Hess, L. T. Sharpe, & K. Nordby（Eds.）, *Night vision*. Cambridge University Press. pp. 177-222.　　　　　　　　　　　　　[114]

Lange, C. G. 1885　*Über Gemütsbewegungen*. Thomas.　　　　　　　　　　　　[215]

Lashley, K. S. 1929 *Brain mechanisms and intelligence*. University of Chicago Press.（安田一郎（訳）2006　脳の機序と知能　青土社）　　　　　　　　　　　　　　　[321]

Lavenex, P., & Amaral, D. G. 2000　Hippocampal-neocortical interactions. *Hippocampus*, **10**(4), 420-430.　　　　　　　　　　　　　　　　　　　　　　　　　　　　　　　[99]

Lazarus, R. S. 1991　Cognition and motivation in emotion. *American Psychologist*, **46**, 352-367.　　　　　　　　　　　　　　　　　　　　　　　　　　　　　　　　　[221]

Le Bon, G. 1895　*Psychologie des foules*. F. Alcan.（櫻井成夫（訳）1993　群衆心理　講談社）　　　　　　　　　　　　　　　　　　　　　　　　　　　　　　　　[283]

Levenson, R. W., Ekman, P., & Friesen, W. V. 1990　Voluntary facial action generates emotion-specific nervous system activity. *Psychophysiology*, **27**, 363-384.　　　[216]

Levy, J., Heller, W., Banich, M. T. & Burton, L. A. 1983 Asymmetry of perception in free viewing of chimeric faces. *Brain and cognition*, **2**, 404-419.　　　　　　　　[261]

Lewin, K. 1935　*A dynamic theory of personality*. McGraw-Hill.（相良守次・小川隆（訳）1957　パーソナリティの力学説　岩波書店）　　　　　　　　　　　　　　[230, 231]

Lewin, K. 1951　*Field theory in social science*. Harper.（猪股左登留（訳）1979　社会科学における場の理論　増補版　誠信書房）　　　　　　　　　　　　　　　　[230]

Lewin, K., Lippitt, R., & White, R. K. 1939　Patterns of aggressive behavior in experimentally created "social climates." *Journal of Social Psychology*, **10**, 271-299.　　[282, 284]

Lindsay, P. H., & Norman, D. A. 1977　*Human information processing*, 2nd ed. Academic Press.（中溝幸夫・箱田裕司・近藤倫明（訳）1983-85　情報処理心理学入門　I 感覚と知覚　II 学習と記憶　III 言語と思考　サイエンス社）　　　　　　　　　　[108, 113, 151]

Liu, J., Harris, A., & Kanwisher, N. 2002　Stages of processing in face perception. *Nature Neuroscience*, **5**（9）, 910-916.　　　　　　　　　　　　　　　　　　　[290]

Loftus, E. F., & Ketcham, K. 1994　*The myth of repressed memory*. St. Martins Press.（仲真紀子（訳）2000　抑圧された記憶の神話　誠信書房）　　　　　　　　　　[90]

Lorenz, K. 1935　Der Kumpan in der Umwelt des Vogels. *Journal für Ornithologie*, **89**, 137-213 ; 289-413.　　　　　　　　　　　　　　　　　　　　　　　　　　　[54]

Lorenz, K. 1943　Die angeborenen Formen moeglicher Erfahrung. *Zeitschrift fur Tierpsychologie*, **5**, 235-409.　　　　　　　　　　　　　　　　　　　　　　　　　　[222]

Lorenz, K. 1963 *Das sogenannte Böse*. Borotha-Schoeler.（日高敏隆・久保和彦（訳）1985 攻撃 新装版 みすず書房） [218]

Luchins, A. S. 1942 Mechanization in problem solving. *Psychological Monographs*, **54**, 6. [180]

ルリヤ, A. R. 1968／天野清（訳）2010 偉大な記憶力の物語 岩波書店 [89]

Luria, A. R., & Yudovich, F. I. 1971 *Speech and the development of mental processes in the child*. Penguin. [34, 35]

Maslow, A. H. 1943 A theory of human motivation. *Psychological Review*, **50**, 370–396. [227]

Maslow, A. H. 1962/1968 *Toward a psychology of being*, 2nd ed. Van Nostrand.（上田吉一（訳） 1998 完全なる人間 第2版 誠信書房） [227]

松沢哲郎 2000 チンパンジーの心 岩波書店 [11, 12]

McClelland, D. C., Atkinson, J., Clark, R., & Lowell, E. 1953 *The achievement motive*. Appleton-Century. [227]

Metzger, W. 1953 *Gesetze des Sehens*. Kramer.（盛永四郎（訳）1968 視覚の法則 岩波書店） [133]

Miles, R. C. 1971 Species differences in "transmitting" spatial location information. In L. E. Jarrard（Ed.）, *Cognitive processes of nonhuman primates*. Academic Press. pp. 165–179. [29]

Miller, G. A. 1956 The magical number seven, plus or minus two : Some limits on our capacity for processing information. *Psychological Review*, **63**, 81–97.（高田洋一郎（訳）1972 不思議 な数 "7", プラス・マイナス2 心理学への情報科学的アプローチ 培風館 pp. 13–44.） [85]

Miller, G. A., Galanter, E., & Pribram, K. H. 1960 *Plans and the structure of behavior*. Holt, Rinehart & Winston.（十島雍蔵他（訳）1980 プランと行動の構造 誠信書房） [320]

Miller, N. E., & Dollard, J. 1941 *Social learning and imitation*. Yale University Press.（山内光 哉他（訳）1956 社会的学習と模倣 理想社） [78]

Minsky, M. 1975 A framework for representing knowledge. In P. H. Winston（Ed.）, *The psychology of computer vision*. McGraw-Hill.（白井良明・杉原厚吉（訳）1979 コンピュータービ ジョンの心理 産業図書） [199]

Mishkin, M. 1978 Memory in monkeys severely impaired by combined but not by separate removal of amygdala and hippocampus. *Nature*, **273**, 297–298. [98]

三隅二不二 1966 新しいリーダーシップ ダイヤモンド社 [284]

望月登志子 1997 開眼手術後における鏡映像の定位と知覚 基礎心理学研究, **15**(2), 89–101. [41]

Moran, J., & Gordon, B. 1982 Long term visual deprivation in a human. *Vision Research*, **22**, 27–36. [142]

Morgan, C. D., & Murray, H. A. 1935 A method for investigating fantasies. *Archives of Neurology & Psychiatry*, **34**, 289–306. [250]

元良勇次郎・松本孝次郎 1896 白内障患者の視覚に関する経験 哲学雑誌, **11**, 695–707. [330]

Murdock, B. B. 1962 The serial position effect of free recall. *Journal of Experimental Psychology*, **64**, 482–488. [88]

Murray, H. A.（Ed.）1938 *Explorations in personality*. Oxford University Press.（外林大作 （訳編）1961・62 パーソナリティ I・II 誠信書房） [223]

Nathans, J. 1989 The genes for color vision. *Scientific American*, February, 28–35.（神山暢夫・ 神田尚俊（訳）1989 色を判別する色素遺伝子の発見 日経サイエンス, 4月号, 24–33） [305]

Neisser, U. 1967 *Cognitive psychology*. Appleton-Century.（大羽蓁（訳）1981 認知心理学 誠 信書房） [321]

Newcomb, T. M., 1961 *The acquaintance process*. Holt, Rinehart & Winston. [281]

Newell, A., Shaw, J. C., & Simon, H. A. 1958 Elements of a theory of human problem solving. *Psychological Review*, **65**, 151–166. [320]

Olds, J., & Milner, P. 1954 Positive reinforcement produced by electrical stimulation of septal area and other regions of rat brain. *Journal of Comparative & Physiological Psychology*, **47**, 419–427. [211]

苧阪良二 1995 月の錯視 梅岡義貴・小川隆・苧坂良二・川村幹・鳥居修晃・野澤晨・原一雄 心理学基礎論文集 新曜社, pp. 163–253 [120]

Palmer, S. E. 1999 *Vision science*. MIT Press. [112, 120]

Pavlov, I. P. 1927 *Conditioned reflexes*. Oxford University Press. (川村浩（訳）1994 大脳半球の働きについて 上・下 岩波書店) [68, 69]

Penfield, W., & Rasmussen, T. 1950 *The cerebral cortex of man*. Macmillan. (岩本隆茂他（訳）1986 脳の機能と行動 福村出版) [161]

Piaget, J. 1923 *Le langage et la pensée chez l'enfant*. Delachaux & Niestlé. (大伴茂（訳）1970 臨床児童心理学 1 児童の自己中心性 改訳改版 同文書院) [194]

Piaget, J., & Inhelder, B. 1941 *Le développement des quantités chez l'enfant*. Delachaux & Niestlé. (滝沢武久・銀林浩（訳）1992 量の発達心理学 新装版 国土社) [171]

Piaget, J., & Inhelder, B. 1947 *La représentation de l'espace chez l'enfant*. Presses Universitaires de France. [170]

Piaget, J., & Inhelder, B., 1966 *La psychologie de l'enfant*. Presses Universitaires de France. (波多野完治他（訳）1969 新しい児童心理学 白水社) [169]

Piaget, J., & Szeminska, A. 1941 *La genése du nombre chez l'enfant*. Delachaux & Niestlé. (遠山啓他（訳）1992 数の発達心理学 新装版 国土社) [171]

Plutchik, R. 1986 *Emotion*. Harper & Row. [219, 220]

Posner, M. I., & Petersen, S. E. 1990 The attention system of the human brain. *Annal Review of Neuroscience*, **13**, 25–42. [138]

Premack, A. J., & Premack, D. 1972 Teaching language to an ape. *Scientific American*, **277**, 92–99. [11]

Premack, D., & Woodruff, G. 1978 Does the chimpanzee have a theory of mind? *Behavioral & Brain Science*, **1**, 515–526. [42]

Printzmetal, W., & Banks, W.P. 1977 Good continuation affects visual detection. *Perception & Psychophysics*, **21**, 389–395. [125]

Raichle, M. E., MacLeod, A. M., Snyder, A. Z., Powers, W. J., Gusnard, D. A., & Shulman, G. L. 2001 A default mode of brain function. *Proceedings of the National Academy of Sciences of the United States of America*, **98**, 676–682. [326]

Ramachandran, V. S., & Anstis, S. M. 1986 The perception of apparent motion. *Scientific American*, **254**, 102–109. [132]

Ramachandran, V. S., & Oberman, L. 2006 Broken mirrors. *Scientific American*, November, 62–69. (佐藤弥（訳）2007 自閉症の原因に迫る 日経サイエンス, 2月号, 28–36.) [288]

Reed, E. S. 1988 *James Gibson and the psychology of perception*. Yale University Press. (柴田崇・高橋綾（訳）2006 伝記ジェームズ・ギブソン 勁草書房) [319]

Rescorla, R. A. 1967 Pavlovian conditioning and its proper control procedures. *Psychological Review*, **74**, 71–80. [67]

Rizzolatti, G., & Sinigaglia, C. 2006 *So quel che fai*. Cortina Raffaello. (柴田祐之（訳）2009 ミラーニューロン 紀伊国屋書店) [287]

Rogers, C. R. 1951 *Client-centred therapy*. Houghton Mifflin. (保坂亨他（訳）2005 クライアント中心療法（ロジャーズ主要著作集 2）岩崎学術出版社) [258, 259]

Rorschach, H. 1921 *Psychodiagnostik*. Hans Huber. (片口安史（訳）1976 精神診断学 改訳版 金子書房) [249]

Rosenberg, E. L. 1998 Levels of analysis and the organization of effect. *Review of general psychology*, **2**, 247–270. [221]

Rosenzweig, S. 1978　*The Rosenzweig picture-frustration（P-F）study.* Rana House.　[250]

Rubens, A. B., & Benson, D. F. 1971　Associative visual agnosia. *Archives of Neurology（Chicago）,* **24,** 305–316.　[147]

Rubin, E. 1921　*Visuell wahrgenommene Figuren.* Gyldendalske Boghandel.　[123]

Rushton, W. A. H. 1963 A cone pigment in the protanope. *Journal of Physiology,* **168,** 345–359.
　[305]

Rushton, W. A. H. 1965 A foveal pigment in the deuteranope. *Journal of Physiology,* **176,** 24–37.
　[305]

Sadato, N., Pascual-Leone, A., Grafman, J., Ibanez, V., Deiber, M. P., Dold, G., & Hallett, M.
　1996　Activation of the primary visual cortex by Braille reading in blind subjects. *Nature,*
　380, 526–528.　[163]

Salapatek, P., & Kessen, W. 1996　Visual scanning of triangles by the human newborn. *Journal of Experimental Child Psychology,* **3,** 155–167.　[23]

Savage-Rumbaugh, S. E., & Lewin, R. 1994　*KANZI.* Wiley.（石館康平（訳）1997　人と話すサル
　「カンジ」　講談社）　[12]

Saxe, R., & Kanwisher, N. 2003　People thinking about thinking people. *NeuroImage,* **19**(4),
　1835–1842.　[45]

Schachter, S., Goldman, R., & Gordon, A. 1968　Effects of fear, food deprivation, and obesity
　on eating. *Journal of Personality & Social Psychology,* **10,** 91–97.　[213]

Schachter, S., & Singer, J. E. 1962　Cognitive, social and physical determinants of emotional
　state. *Psychological Review,* **69,** 379–399　[216]

Schank, R. C., & Abelson, R. P. 1977　*Scripts, plans, goals and understanding.* Erlbaum.　[199]

Schmidt, R. E.（Ed.）1978 *Fundamentals of sensory physiology.* Springer-Velag.（岩村吉晃他
　（訳）1989　感覚生理学　第2版　金芳堂）　[161]

Sekuler, R., & Blake, R. 1994　*Perception,* 3rd ed. McGraw-Hill.　[127]

Seligman, M. E. P. 1975　*Helplessness.* Freeman.（平井久・木村駿（監訳）1985　うつ病の行動学
　誠信書房）　[72]

Seligman, M. E. P., & Maier, S. F. 1967　Failure to escape traumatic shock. *Journal of Experimental Psychology,* **74,** 1–9.　[71]

von Senden, M. 1932　*Raum-und Gestaltauffassung bei operierten Blindgeborenen vor und nach
　der Operation.* Barth.（鳥居修晃・望月登志子（訳）　2009　視覚発生論　協同出版）
　[140, 142, 291]

Sergent, J. 1986　Microgenesis of face preparation. In H. D. Ellis *et al.*（Eds.）, *Aspects of face
　processing.* Martinus Nijhoff. pp. 17–33.　[291]

Shannon, C., & Weaver, W. 1949 *The mathematical theory of communication.* The University of
　Illinois Press.（植松友彦（訳）2009　通信の数学的理論　筑摩書房）　[320]

Sheldon, W. H., Stevens, S. S., & Tucker, W. B. 1940　*The varieties of human physique.* Harper
　& Row.　[245]

Shepard, R. N. 1965　Approximation to uniform gradients of generatization by monotone
　transformations of scale. In D. I. Mostofsky（Ed.）, *Stimulus generalization.* Stanford University Press. pp. 94–110.　[156]

Shepard, R. N., & Metzler, J. 1971　Mental rotation of three-dimensional objects. *Science,* **171,**
　701–703.　[179]

Siqueland, E. R., & Lipsitt, L. P. 1966　Conditioned head turning in human newborns. *Journal
　of Experimental Child Psychology,* **3,** 356–376.　[49]

Skinner, B. F. 1938　*The behavior of organisms.* Appleton-Century.　[74]

Smith, E. E., Nolen-Hoeksema, S., Fredrickson, B., & Loftus, G. R. 2003 *Atkinson & Hilgard's introduction to psychology*, 14th ed. Thomson.（内田一成（監訳）2005　ヒルガードの心理学　第14版　ブレーン出版）　　　　　　　　　　　　　　　　　　　　　　　［口絵1, 211, 213, 221, 229, 257, 283］

Sorger, B., Goebel, R., Schiltz, C., & Rossion, B. 2007　Understanding the functional neuroanatomy of acquired prosopagnosia. *Neuroimage*, **35**, 836–852.　　　　　　　　　　　　［150］

Spearman, C. 1904　General intelligence, objectively determined and measured. *American Journal of Psychology*, **15**, 201–293.　　　　　　　　　　　　　　　　　　　　　　　　　［240］

Sperling, G, 1960　The information available in brief visual presentation. *Psychological Monographs*, **74**.　　　　　　　　　　　　　　　　　　　　　　　　　　　　　　　　　　［83, 84］

Spiker, C. C. 1959　Stimulus pretraining and subsequent performance in the delayed reaction experiment. *Journal of Experimental Psychology*, **52**, 107–111.　　　　　　　　　　［31, 32］

Squire, L. R., & Zola-Morgan, S. 1991　The medial temporal memory system. *Science*, **253**, 1380–1386.　　　　　　　　　　　　　　　　　　　　　　　　　　　　　　　　　　　　　　　［99］

Sternberg, R. J., Conway, B. E., Ketron, J. L., & Bernstein, M. 1981　People's conceptions of intelligence. *Journal of Personality & Social Psychology*, **41**, 37–58.　　　　　　　　　［236］

Stevens, S. S. 1957　On the psychophysical law. *Psychological Review*, **64**, 153–181.　　　［107］

Stevens, S. S. 1958　Problems and methods of psychophysics. *Psychological Bulletin*, **55**, 177–196.　　［109］

Stiles, W. S. 1978 *Mechanisms of colour vision*. Academic Press.　　　　　　　　　　　［305］

Stratton, G. M. 1896　Some preliminary experiments in vision without inversion of the retinal image. *Psychological Review*, **3**, 611–617.　　　　　　　　　　　　　　　　　　　　［122］

Stratton, G. M. 1897　Vision without inversion of the retinal image. *Psychological Review*, **4**, 341–360, 463–481.　　　　　　　　　　　　　　　　　　　　　　　　　　　　　　　　［122］

住田勝美・林勝造・一谷彊　1964　P-Fスタディ使用手引　三京房　　　　　　　　　　［251］

Supa, M., Cotzin, M., & Dallenbach, K. M. 1944　"Facial vision". *American Journal of Psychology*, **57**, 133–183.　　　　　　　　　　　　　　　　　　　　　　　　　　　　　　　［16］

Sur, M., Pallas, S. L., & Roe, A. W. 1990　Cross-modal plasticity in cortical development. *Trends in Neuroscience*, **13**, 227–233.　　　　　　　　　　　　　　　　　　　　　　［102］

鈴木治太郎　1956　実際的・個別的　智能測定法〔鈴木ビネー〕　東洋図書　　　　　［237］

鈴木光太郎　2014　ボナテールのアヴェロンの野生児　人文科学研究, **135**, 1–30.　　　［41］

詫摩武俊・瀧本孝雄・鈴木乙史・松井豊　1990　性格心理学への招待　サイエンス社　［245］

Tanabe, H., Hashikawa, H., Nakagawa, Y., Ikeda, M., Yamamoto, H., Harada, K., Tsumoto, T., Nishimura, T., Shiraishi, J., & Kikura, K. 1991　Memory loss due to transcient hypoperfusion in the medialtemporal lobe including hippocampus. *Acta Neurologica Scandinavia*, **84**, 22–27.　　　　　　　　　　　　　　　　　　　　　　　　　　　　　　　　　　　　　［93］

Terman, L. M. 1916　*The measurement of intelligence*. Houghton Mifflin.　　　　　　［237］

Thompson, P. 1980　Margaret Thatcher: A new illusion. *Perception*, **9**, 483–484.　　　［292］

Thorndike, E. L. 1898　*Animal intelligence*. Macmillan.　　　　　　　　　　　　　　［166］

Thurstone, L. L. 1938　Primary mental abilities. *Psychometric Monographs*, No. 1.　　［241］

Timberlade, W., & Grant, D. S. 1975　Auto-shaping in rats to the presentation of another rat predicting food. *Science*, **190**, 690–692.　　　　　　　　　　　　　　　　　　　　　［71］

Tinbergen, N. 1951　*The study of instinct*. Clarendon Press.（永野為武（訳）1959　本能の研究　三共出版）　　　　　　　　　　　　　　　　　　　　　　　　　　　　　　　　　　　［23, 24, 39］

Tinklepaugh, O. L. 1928　An experimental study of representative factors in monkeys. *Comparative Psychology*, **8**, 197–236.　　　　　　　　　　　　　　　　　　　　　　　　　［31］

Tolman, E. C. 1932　*Purposive behavior in animals and men*. Appleton-Century.（富田達彦（訳）1977　新行動主義心理学　清水弘文堂）　　　　　　　　　　　　　　　　　　　　　　　　［75］

Tolman, E. C., & Honzik, C. H. 1930　Introduction and removal of reward and maze learning in rats. *University of California Publications in Psychology*, **4**, 257–275. [75, 178]

Treffert, D. A., & Christensen, D. D. 2005 Inside the mind of a savant. *Scientific American*, **293**, 108–113. [89]

鳥居修晃 1982 視知覚の発生と成立 鳥居修晃（編）知覚Ⅱ（現代基礎心理学3） 東京大学出版会 pp. 45–82. [142]

鳥居修晃・望月登志子 2000 先天盲開眼者の視覚世界 東京大学出版会 [141, 142, 291]

辻平治郎（編）1998 5因子性格検査の理論と実際 北大路書房 [247, 249]

辻岡美延 1965 新性格検査法 竹井機器工業 [249]

Tulving, E. 1972 Episodic and semantic memory. In E. Tulving & W. Donaldson (Eds.), Organization of memory. Academic Press. pp.381–403. [95]

内田勇三郎 1941 内田・クレペリン精神作業検査 日本・精神技術研究所 [250]

von Uexküll, J. & Kriszat, G. 1934 *Streifzüge durch die Umwelten von Tieren und Menschen.* Bedeutungslehre. （日高敏隆・羽田節子（訳）2005 生物から見た世界 岩波書店） [311]

Umezu, H., Torii, S., & Uemura, Y. 1975 Postoperative formation of visual perception in the early blind. *Psychologia*, **18**, 171–186. [142]

Vargha-Khadem, F., Issacs, E., & Mishkin, M. 1994 Agnosia, alexia and a remarkable form of amnesia in an adolescent. *Brain*, **117**, 376–380. [98]

Vinacke, W. E. 1968 *Foundation of psychology*. Van Nostrand. [252]

Vygotsky, L. S. 1934 *Thought and language*. Wiley. （柴田義松（訳）2001 思考と言語（新訳版） 新読書社） [194]

Walk, R. D., & Gibson, E. J. 1961 A comparative and analytical study of visual depth perception. *Psychological Monographs*, **75**, No. 15. [130, 131]

Wallas, G. 1926 *The art of thought*. Harcourt Brace. [185, 186]

Walster, E., Aronson, E., Abrahams, D., & Rottman, L. 1966 Importance of physical attractiveness in dating behaviour. *Journal of Personality & Social Psychology*, **4**, 508–516. [280]

Warrington, E. K., & Shallice, T. 1969 The selective impairment of auditory verbal short term memory. *Brain*, **92**, 885–896. [95]

Wason, P. C., & Johnson-Laird, P. N. 1972 *Psychology of reasoning*. Harvard University Press. [184]

Watson, J. B. 1913 Psychology as the behaviourist views it. *Psychological Review*, **20**, 158–177. [15, 312]

Watson, J. B. 1930 *Behaviorism*, rev. ed. Norton. （安田一郎（訳）1980 行動主義の心理学 河出書房新社） [15]

Watson, J. B., & Rayner, R. 1920 Conditioned emotional reactions. *Journal of Experimental Psychology*, **3**, 1–14. [14]

Wechsler, D. 1939/1955 *Wechsler adult intelligence scale manual*. Psychological Corporation. [238]

Weinstein, S. 1968 Intensive and extensive aspects of tactile sensitivity as a function of body part, sex and laterality. In D. R. Kenshalo (Ed.), *The skin senses*. Thomas. pp. 195–218. [161]

Wernicke, C. 1874 *Der aphasische Symtomencomplex*. Cohn & Weigert. [204, 262]

Wertheimer, M. 1912 Experimentelle Studien über das Sehen von Bewegung. *Zeitschrift für Psychologie*, **61**, 161–265. [131, 314]

Wertheimer, M. 1923 Untersuchungen zur Lehre von der Gestalt, II. *Psychologische Forschung*, **4**, 301–350. [124, 132]

Wertheimer, M. 1945 *Productive thinking*. Harper & Row. （矢田部達郎（訳）1952 生産的思考 岩波書店） [168]

Whorf, B. L. 1956 Science and linguistics. In J. B. Carroll（Ed.）, *Language, thought, reality.* MIT Press.（池上嘉彦（訳）1993 言語・思考・現実 講談社）　　　　　　　　　[198]

Wiener, N. 1948 *Cybernetics.* Wiley.（池原止戈夫他（訳）2011 サイバネティックス 岩波書店）　　　　　　　　　　　　　　　　　　　　　　　　　　　　　　　　　　[320]

Williams, D. R., & Williams, H. 1969 Automaintenance in the pigeon. *Journal of the Experimental Analysis of Behavior*, **12**, 511–520.　　　　　　　　　　　　　　　　　　[71]

Wing, L. 1996 *The autistic spectrum.* Constable.（久保紘章他（監訳）1998 自閉症スペクトル 東京書籍）　　　　　　　　　　　　　　　　　　　　　　　　　　　　　　　[292]

Wundt, W. 1873–74 *Grundzüge der physiologischen Psychokogie.* Leipzig.　　　　　[307]

Wynn, K. 1992 Addition and subtraction by human infants. *Nature*, **358**, 749–750.　[8]

山鳥重 1985 神経心理学入門 医学書院　　　　　　　　　　　　　　　　　　　　[159]

矢野喜夫・落合正行 1991 発達心理学への招待 サイエンス社　　　　　　　　　[192]

Yarbus, A. L. 1965［英訳］1967 *Eye movements and Vision.* Plenum.　　　　　　　[137]

横山詔一・渡邊正孝 2007 記憶・思考・脳（キーワード心理学シリーズ3）新曜社　[202]

Young, P. T. 1928 Auditory localization with acoustical transposition of the ears. *Journal of Experimental Psychology*, **11**, 399–429.　　　　　　　　　　　　　　　　　　[105]

Young, T. 1802 On the theory of light and colours. *Philosophical Transactions*, **92**, 12–48.[305]

結城錦一 1971 物とは何か 北海道大学文学部紀要 , **19**(1), 31–79.　　　　　　　[319]

Zaidel, D. W. 2005 *Neuropsychology of arts.* Psychology Press.（河内十郎（監訳）2010 芸術的才能と脳の不思議 医学書院）　　　　　　　　　　　　　　　　　　　　　　　[200]

Zimbardo, P. G. 1970 The human choice. In W. J. Arnold *et al.*（Eds.）, *Nebraska symposium on motivation.* University of Nebraska Press.　　　　　　　　　　　　　　　　[283]

Zola-Morgan, S., Squire, L. H., & Amaral, D. 1986 Human amnesia and the medial temporal regions. *The Journal of the Neuroscience*, **6**, 2950–2967.　　　　　　　　　　　[99]

人名索引

事項索引

執筆者紹介（執筆順・＊は編者）

かとり ひろと
鹿取 廣人＊　東京大学名誉教授（1–3章, 5–10章）　2018年逝去

わたなべ まさたか
渡邊 正孝　東京都医学総合研究所精神行動医学研究分野（1章, 4章, 10章）

とり い しゅうこう
鳥居 修晃＊　東京大学名誉教授（2章, 5章, 9章, 10章）

さい が ひさたか
斎賀 久敬　学習院大学名誉教授（3章, 4章, 6章, 9章）　2020年逝去

いしがき たくま
石垣 琢麿　東京大学大学院総合文化研究科（3章, 7章, 8章）

かわ ち じゅうろう
河内 十郎＊　東京大学名誉教授（4–6章, 10章）

しのはらしょういち
篠原 彰一　東京都立大学名誉教授（4章）　2015年逝去

すぎもと とし お
杉本 敏夫　元 日本女子大学人間社会学部（5章, 6章, 10章）

しもじょうしんすけ
下條 信輔　カリフォルニア工科大学生物／生物工学部（5章）

しげ の すみ
重野 純　青山学院大学名誉教授（5章）

きんじょうたつ お
金城 辰夫　専修大学名誉教授（7章, 8章）　2018年逝去

たん の よしひこ
丹野 義彦　東京大学名誉教授（8章）

すえなが としろう
末永 俊郎　元 東京大学文学部（9章, 10章）　2007年逝去

あんどう きよ し
安藤 清志　東洋大学名誉教授（9章）

は せ がわ としかず
長谷川 寿一　東京大学名誉教授（10章）

心理学［第 5 版補訂版］

1996 年 9 月 20 日	初　版第 1 刷
2004 年 2 月 29 日	第 2 版第 1 刷
2008 年 9 月 26 日	第 3 版第 1 刷
2011 年 10 月 31 日	第 4 版第 1 刷
2015 年 7 月 21 日	第 5 版第 1 刷
2020 年 3 月 10 日	第 5 版補訂版第 1 刷
2024 年 1 月 20 日	第 5 版補訂版第 5 刷

［検印廃止］

編　者　鹿取廣人・杉本敏夫・鳥居修晃・河内十郎

発行所　一般財団法人　東京大学出版会

代表者　吉見俊哉

153-0041 東京都目黒区駒場 4-5-29
電話 03-6407-1069・振替 00160-6-59964

印刷所　株式会社理想社
製本所　牧製本印刷株式会社

Ⓒ2020 Katori, H. *et al*., Editors
ISBN 978-4-13-012117-0　Printed in Japan

心理学研究法入門——調査・実験から実践まで

南風原朝和・市川伸一・下山晴彦 [編]　A5 判・272 頁・2800 円

仮説生成のための質的研究法や, 教育・臨床現場での実践研究など, 心理学研究の新しい展開から, 仮説検証や統計法の適用に関する方法論的問題まで論じた本格的な入門書. 研究計画, 論文執筆, 学会発表, 研究倫理についても具体的に説く.

ウォームアップ心理統計 補訂版

村井潤一郎・柏木惠子　A5 判・176 頁・2000 円

数学嫌いでもフォローできるわかりやすい記述と身近な例で, データ分析の初歩をじっくり解説. 読み進めるうちに, 最低限おさえておきたいポイントが身につき, 研究のおもしろさに誘われる一冊. SAS, SPSS に加え, 補訂版では R について補充.

心のかたちの探究——異型を通して普遍を知る

鳥居修晃・川上清文・高橋雅延・遠藤利彦 [編]　A5 判・240 頁・4400 円

視覚, 顔の認知, ことば, 感情, 発達, 記憶, 感性, 学習……様々な領域において報告されてきた特異な事例に対する実験・調査は, 心理学の発展に過去いかなる貢献をし, また今後していくのか——「異型」を通して心の普遍性を問い直す.

ベーシック発達心理学

開一夫・齋藤慈子 [編]　A5 判・288 頁・2400 円

心と体の生涯発達への心理学的アプローチの方法から, 乳幼児期の認知・自己・感情・言語・社会性・人間関係の発達の詳細, 学童期〜高齢期の発達の概要, 発達障害への対応まで, 子どもにかかわるすべての人に必要な発達心理学の基礎が身に付くようガイドする. 幼稚園教諭・保育士養成課程にも対応.

社会心理学研究入門 補訂新版

安藤清志・村田光二・沼崎誠 [編]　A5 判・264 頁・2900 円

社会の中で相互作用しながら生きている人間——その心と行動を科学的に明らかにしようとする研究の方法とは？　問題の設定から, 実験・調査, 資料収集, 分析, 論文作成や事後の留意点まで, 平易に解説したスタンダード・テキスト.